청각장애아동교육

이론과 교과지도

| 유은정 · 백무진 · 안성우 · 최상배 · 서중현 · 이광렬 · 서유경 · 허민정 공저 |

학지사

머리말

특수교육의 세부 분야 중에서 '청각장애아동교육' 영역은 오랜 역사와 전통을 지니고 있지만, 새로운 책이나 연구물이 많이 쏟아지는 분야는 아니다. 그렇지만 교육의 현장은 정보화시대에 맞게 신속하게 변해가고 있다. 집필진은 최근의 내용과 실제적 적용에 초점을 둔 청각장애아동교육 교재의 필요성을 공감하면서 집필을 계획하였다.

이 책은 예비교사가 청각장애아동을 어떻게 이해하고 교육해야 하는지를 다루고자 하였다. 1부에서는 청각장애아동의 특성을 이해하기 위한 내용을 담았다. 1장 '청각장애의 정의 및 분류'는 유은정, 2장 '청각생리와 청각장애'와 3장 '보청기와 인공와우'는 백무진, 4장 '청각장애아동 심리'는 안성우가 집필하였다. 2부에서는 청각장애아동교육의 핵심주제를 다섯 가지로 나누어, 5장 '구어교육'은 허민정, 6장 '수화언어교육'은 최상배가 집필하였는데, 조기교육에 대한 내용을 각각 포함하여 설명하였다. 7장 '통합교육'과 8장 '청각 · 중복장애아교육'은 유은정, 9장 '전환교육'은 이광렬이 맡아서 최근의 내용과 자료를 담았다. 3부

청각장애아동의 교과교육에서는 과학과 영어교과를 새롭게 첨가하여 교육의 실제에 도움을 주고자 하였다. 10장 '청각장애교육 교육과정'과 11장 '국어과 교수'는 서중현, 12장 '수학과 교수'는 이광렬, 13장 '사회과 교수'는 최상배, 14장 '과학과 교수'는 이광렬, 15장 '영어과 교수'는 서유경이 맡았다. 그리고 마지막으로 임용기출에서 많이 다루게 되는 핵심 주제를 해당 장의 뒷부분에 수록하여 예비교사가 중요한 내용을 정리하는 데 도움을 주고자 하였다.

부족한 부분을 보완하였지만, 마무리하는 순간에는 항상 아쉬움이 남는 것 같다. 미흡한 부분에 대해서는 지속적으로 채워 나가는 학문의 동반자 역할을 앞으로도 실천할 것이다. 이 책 출간에 수고를 아끼지 않은 여러분께 감사드리며…….

2013년 8월
저자 일동

차 례

제2부 청각장애아동교육

제3부 청각장애아동의 교과교육

Educating Hearing Impaired Student

제1부 | 청각장애아동교육

청각장애아동의 이해

제1장 청각장애의 정의 및 분류

청각장애아동을 이해하고 교육의 특성을 파악하기 위해서는 청각장애의 정의와 분류를 알아야 한다.

1. 청각장애의 정의

청각장애는 청력기관의 손상으로 인해 일상적인 소리를 듣고 생활하는 데 어려움이 있는 경우를 말하며, 이는 학문 분야와 학자의 견해 그리고 목적에 따라 다양하게 정의된다. 이 책에서는 특수교육 분야에 중점을 두고 교육적 목적으로 설명하고자 한다.

청각장애는 '청력손실(hearing impairment 혹은 hearing loss)'로 일상생활과 일반적인 감각수용에 장애(disability)를 가지는 것을 의미한다. 청력손실의 여러 가지 변인에 따라 장애의 정도와 유형은 달라진다. 이에 대해 자세하게 알아보면 다음과 같다.

1) 생리학적 관점의 정의

생리학적 관점에서 청력손실을 농(deaf)과 난청(hard of hearing)으로 나누어 정의하고 있다. 청력은 dB(decible)라는 단위로 표시하는데, 일정 크기 이상의 소리를 듣지 못하는 경우에는 농(deaf)으로 정의하고, 정상 청력의 범위(0~20dB)를 벗어나면서 일정 크기의 소리는 들을 수 있는 경우를 난청으로 정의한다. 여기에서 일정 크기는 일반적으로 90~95dB를 의미한다.

2) 교육적 관점의 정의

생리학적 관점의 청각장애 정의와 교육적 관점은 상당히 다르다. 아동기의 언어 수용 및 학습적 지원과 관련하여 청각장애를 정의하고, 이를 교육법에 반영하고 있다. 청각장애는 청력손상이 언어발달과 교육성취 등의 학업 수행에 부정적인 영향을 미치는 경우로 정의한다.

(1) 장애인 등에 대한 특수교육법의 정의

우리나라의 경우, 청각장애학생을 「장애인 등에 대한 특수교육법 시행령」(2013 개정)에서 다음과 같이 정의하고 있다.

> 청각장애를 지닌 특수교육 대상자는 청력손실이 심하여 보청기를 착용해도 의사소통이 불가능 또는 곤란한 상태이거나, 청력이 남아 있어도 보청기를 착용해야 청각을 통한 의사소통이 가능하여 청각에 의한 교육적 성취가 어려운 사람

(2) IDEA의 정의

미국의 「전장애아교육법(Individual of all Disability Education Act: IDEA)」(2004) 에서는 청각장애아동에 관해 농-맹, 농, 난청으로 나누어 용어를 정의하고 있다. 이를 살펴보면 다음과 같다.

농-맹 농-맹은 청각과 시각의 손상을 동시에 가지고 있기 때문에, 시각장애 혹은 청각장애를 하나만 가진 아동의 교육 프로그램으로 충족되지 않는 심각한 의사소통과 발달 및 교육상의 요구를 필요로 한다.

농 농(deaf)은 증폭기를 활용하더라도 청력손실이 심하여 청력으로 언어적 정보를 처리하는 데 어려움이 있어서 교육적 수행에 부정적 영향을 가지는 것을 의미한다.

난청 난청(hearing impairment)은 청력에 일시적이거나 영구적인 손상을 가지므로 농(deaf)의 범주에 포함되지는 않지만 교육적 수행에 부정적 영향을 가지게 되는 것을 의미한다.

3) 복지적 관점의 정의

청각장애인을 사회 복지적으로 지원하기 위해 정의하고 있는데, 이는 학령기뿐 아니라 전체 연령대를 포함하고 있다.

(1) 「장애인 복지법」(2013)의 정의

「장애인 복지법」(2013)의 청각장애인에 대한 정의는 '장애인'의 정의를 통해 포괄적인 개념을 알 수 있다.

- '장애인'이란 신체적 · 정신적 장애로 오랫동안 일상생활이나 사회

생활에서 상당한 제약을 받는 자를 말한다.

한편, 「장애인 복지법 시행령」(2013)에서는 청각장애인에 해당되는 기준을 다음과 같이 제시하였다.

- 두 귀의 청력손실이 각각 60dB 이상인 사람
- 한 귀의 청력손실이 80dB 이상, 다른 귀의 청력손실이 40dB 이상인 사람
- 두 귀에 들리는 보통 말소리의 명료도가 50% 이하인 사람
- 평형기능에 상당한 장애가 있는 사람

살펴본 바와 같이, 청각장애는 정의하는 분야의 특성과 목적에 따라 조금씩 다르게 정의되며, 교육 · 복지 · 사회적 여건에 따라 범위가 달라지기도 한다.

2. 청각장애의 분류

청각장애의 다양한 정의와 관점에 따라 분류가 달라진다. 이를 청력손실의 원인, 시기, 부위 및 정도에 따라 분류하면 다음과 같다.

1) 청력손실의 원인에 따른 분류

의학적 · 치료적 관점에서는 청력손실의 원인에 따라 청각장애를 분류하고, 청각장애의 예후를 설명하고자 한다. 원인은 유전적인 경우와 환경적인 경우로 나눌 수 있는데, 이는 선천성 · 후천성과 동일한 의미는 아니다. 유전적 원인에 의한 청각장애라 할지라도 청년기 혹은 성인기에

발생할 수 있으므로 시기에 따른 분류에서는 후천성 청각장애가 된다. 그러나 대부분 유전적 원인의 청각장애는 선천성이며, 선천성 청각장애 중에는 유전성이 아닌 경우도 있다. 즉, 아직까지의 의학적 진단으로도 청각장애의 원인이 밝혀지지 않는 '원인 불명'이 상당히 많다. 앞으로 의학과 유전 공학 등의 발달로 게놈(gernome) 분석이 정확하게 이루어진다면 유전적 원인이 충분히 확인될 것이고, 이에 대한 치료 방법도 개발될 것으로 기대된다.

(1) 유전적 원인에 의한 청각장애

가족성 진행성 내이성 난청 출생시에는 청력에 이상이 없다가 2~3세경 혹은 17~18세경에 난청이 시작되어 점점 청력손실이 진행되는 경우를 말하며 가족력을 가지는 경우가 있다. 최근에 실시하고 있는 신생아 청력검사에서도 발견하기 어려우므로, 가족력이 있는 경우에는 소리 자극에 대한 행동을 유심히 관찰하여 정기적으로 청력검사를 실시함으로써 가능한 한 조기에 발견하도록 해야 한다.

유전성 난청 증후군 유전성 증후군 중에는 난청을 동반하는 경우가 있다. 워덴버그 증후군(Waardenburg syndrome), 어셔 증후군(Usher syndrome), 트리처-콜린스 증후군(Tereacher-collins syndrome), 밴더후버 증후군(Van Der Hoeve syndrome), 알포드 증후군(Alport syndrome), 펜드레드 증후군(Pendred Syndrome) 등은 여러 가지 증상과 함께 난청을 동반하는 경우가 많으나 청력손실의 양상은 다르게 나타날 수 있다.

(2) 청각기관의 기형

선천성 외이도 폐쇄증 이개 이상으로 외이도가 형성되지 않은 경우다. 남아에게서 높은 출현율을 보이며, 골도 청력은 정상이므로 이개를 인위적으로 형성하는 수술을 통해 청력을 회복할 수 있다.

중이 기형 중이의 이소골이 변형되어 청력손실이 생기는 경우가 있다. 이는 전음성 난청을 나타내며, 의학의 발달에 따라 이비인후과적 수술을 통해 청력을 회복할 수 있다.

내이 기형 내이에 기형이 있는 경우에는 감음성 난청을 나타내며 고도 난청인 경우가 많다. 유형에 따라 의학적 치료가 청력 회복에 도움이 되지 않는 경우가 많다.

(3) 약물 및 바이러스 감염

청신경에만 영향을 미치는 약물로 인해 청력을 잃게 되는 경우와 중추신경계 전반에 영향을 받아 청력이 손상된 경우가 이에 해당된다. 항생제, 아스피린 등과 같은 이독성 약물과 일산화탄소, 수은과 같이 중추신경계 전반에 영향을 주는 약물에 의해 청력을 잃게 된다. 또한 홍역, 볼거리, 백일해 등의 바이러스에 의한 감염도 청각장애의 원인이 된다.

(4) 소음성 난청

소음에 오랫동안 노출되어 청력에 손상을 입는 경우를 말하는데, 소음의 크기와 노출 기간에 따라 청력 손상의 정도와 양상이 달라진다. 또한 청력의 손상도 점진적으로 진행되는 경우가 대부분이나, 청력의 이상을 갑작스럽게 인식하게 되는 경우도 있다.

(5) 외상에 의한 난청

청각 기관에 외부의 상처나 압력이 가해져서 손상을 받는 경우 청력을 잃을 수 있다. 외상에 의해 중이나 내이가 손상을 입는 경우가 있고, 기압의 급격한 변화와 사고 등으로 두부에 손상을 입게 되어 청신경에 손상을 입는 경우도 청각장애의 원인이 된다.

(6) 노인성 난청

나이가 들면서 점진적으로 청력이 나빠지는 경우가 노인성 난청이다. 생리적 연령 변화로 청력이 나빠지기는 하나, 개인에 따라 정도와 기능에는 차이가 있다.

2) 청력손실의 시기에 따른 분류

청력이 손실된 시기에 따라 청각장애를 분류하는 것은 교육적 의미에서도 중요하다. 출생을 기준으로 선천성과 후천성으로 나누어, 소리를 들어 본 경험의 유무에 따라 분류하기도 하지만, 청각장애아동의 언어 및 교육적 지원을 위해서는 언어습득 시기를 기준으로 언어습득 이전 · 이후 농(난청)으로 나누는 것이 더욱 유용하다. 이를 정리해 보면 다음과 같다.

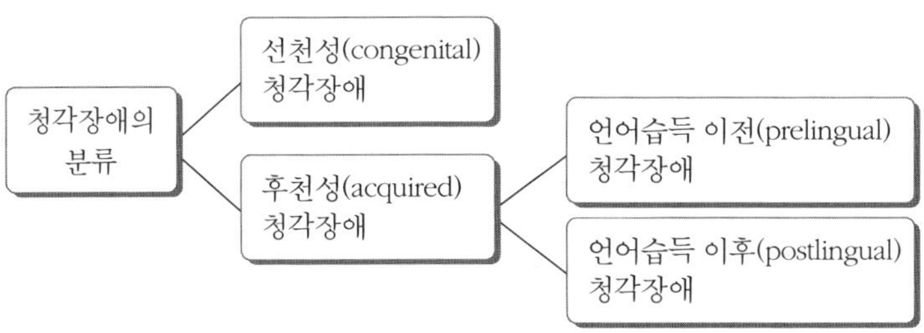

[그림 1-1] 청각장애의 분류

(1) 선천성 청각장애

출생시에 청력에 손상을 가지고 태어난 경우를 말한다. 최근에는 신생아 청력 선별검사를 통해 조기에 발견할 수 있다.

(2) 후천성 청각장애

출산 후 청력에 손상을 입게 되는 경우를 후천성 청각장애라고 한다.

청각장애는 언어습득에 심각한 영향을 주게 되는데, 특히 언어습득 이전에 청력을 잃었는지 언어습득 이후에 청력을 잃게 되었는지에 따라 교육의 방향과 예후도 달라질 수 있다.

한편 언어습득을 기준으로 청각장애를 분류하는 경우에는 언어습득의 시점을 언제로 보느냐에 따라 달라지는데, 일반적으로 언어습득의 결정적 시기를 2~3세로 보고 이에 따라 언어습득 이전 · 이후의 청각장애로 분류할 수 있다.

3) 청력손실의 부위에 따른 분류

소리를 전달하고 지각하는 청력기관의 손실 부위를 기준으로 청각장애를 분류하는 방법이 있는데 이는 청력검사를 통해 어느 부위에 청력손실이 있는지를 알게 된다. 청력손실의 부위에 따라 청각장애의 유형을 나누게 되고, 그에 따라 의료적 치료 접근 방법, 청각 재활 방법, 언어지도 방법에 대한 유용한 정보를 얻게 된다.

(1) 전음성(conductive) 청각장애

소리를 전달하는 과정에서 청력손실이 있는 청각장애를 전음성 청각장애라고 한다. 즉, 외이와 중이의 이상으로 청각장애를 가지는데, 원인은 이개 기형, 외이도가 막힌 경우, 중이염 · 고막천공 · 이소골 이상 등이 해당된다. 의학적인 치료로 청력이 회복되며, 보청기로 보상이 가능하다.

(2) 감음성(sensory-neural) 청각장애

소리를 지각하는 과정에서 청력손실이 있는 청각장애를 감음성 청각장애라고 한다. 즉, 내이, 와우, 청신경에 이르는 경로에 이상이 생긴 것으로, 원인은 약물복용, 바이러스 감염 등이 해당된다. 소리의 증폭만으로 청력손상이 보상이 되지 않는 경우가 많다.

(3) 혼합성(mixed) 청각장애

전음성과 감음성 청력손상이 둘 다 있는 경우에 혼합성 청각장애라고 한다.

(4) 중추청각처리장애

청신경부터 대뇌피질의 청각 중추신경에 이르는 과정에서 청력손실이 있는 청각장애를 말한다. 즉, 소리를 듣는 청력은 정상이지만 지각을 통해 언어와 말을 이해하는 데 곤란을 겪는 경우로, 청각 정보의 음향적 왜곡 현상을 겪게 된다(Bellis, 2003; 안성우 외, 2010에서 재인용).

4) 청력손실의 정도에 따른 분류

(1) 생리학적 관점의 정의에 따른 분류

가장 일반적인 분류로서, 일정한 크기(90~95dB) 이상의 소리를 들을 수 없는 경우를 농(deaf)이라고 하며 그 크기 이하의 소리를 들을 수 있는 청각장애를 난청(hard of hearing)이라고 한다.

(2) 「장애인 등에 대한 특수교육법」(2013)에 따른 분류

청각장애를 교육적 관점에서 분류할 때는 청력손실 정도뿐 아니라 언어발달 및 학업성취에 영향을 주는 정도를 기준으로 하는데, 이는 다음과 같다.

- 농은 청력손실이 심하여 보청기를 착용해도 청각에 의한 의사소통이 불가능하거나 곤란한 상태
- 난청은 잔존청력을 가지고 있으나 보청기를 착용해야 청각을 통한 의사소통이 가능한 상태

(3) 「장애인 복지법 시행규칙」(2013)에 따른 분류

청각장애인의 복지를 위해 「장애인 복지법 시행령」(2013)에서는 정의에 대한 기준을 제시하고, 「장애인 복지법 시행규칙」(2013)에서는 장애의 등급을 구체적으로 분류하고 있다.

청력을 잃은 사람

- 제2급: 두 귀의 청력을 각각 90dB 이상 잃은 사람
  (두 귀가 완전히 들리지 아니하는 사람)
- 제3급: 두 귀의 청력을 각각 80dB 이상 잃은 사람
  (귀에 입을 대고 큰 소리로 말을 하여도 듣지 못하는 사람)
- 제4급: 1. 두 귀의 청력을 각각 70dB 이상 잃은 사람
  (귀에 대고 말을 하여야 들을 수 있는 사람)
  2. 두 귀에 들리는 보통 말소리의 최대의 명료도가 50% 이하인 사람
- 제5급: 두 귀의 청력을 각각 60dB 이상 잃은 사람
  (40cm 이상의 거리에서 발성된 말소리를 듣지 못하는 사람)
- 제6급: 한 쪽 귀의 청력을 80dB 이상 잃고, 다른 쪽 귀의 청력을 40dB 이상 잃은 사람

평형기능에 장애가 있는 사람

- 제3급: 양측 평형 기능의 소실로 두 눈을 뜨고 직선으로 10m 이상을 지속적으로 걸을 수 없는 사람
- 제4급: 양측 평형 기능의 소실 또는 감소로 두 눈을 뜨고 10m를 걸으려면 중간에 균형을 잡기 위하여 멈추어야 하는 사람
- 제5급: 양측 평형 기능의 감소로 두 눈을 뜨고 10m 거리를 직선으로 걸을 때 중앙에서 60cm 이상 벗어나며, 복합적인 신체운동이 어려운 사람

또한 청각장애로 이차적 언어장애를 갖게 될 경우 언어장애의 등급은 다음과 같이 나누어진다.

- 제3급: 음성기능이나 언어기능을 잃은 사람
- 제4급: 음성언어만으로는 의사소통을 하기 곤란할 정도로 음성기능이나 언어기능에 현저한 장애가 있는 사람

장애가 중복된 경우 중복된 장애의 합산 판정은 다음과 같다.

- 같은 등급에, 둘 이상의 중복장애가 있는 경우에는 1등급 위의 등급으로 한다.
- 서로 다른 등급에, 둘 이상의 중복장애가 있는 경우에는 의료기관의 전문의가 장애의 정도를 고려하여 보건복지부장관이 정하는 바에 따라 주된 장애 등급보다 1등급 위의 등급으로 조정할 수 있다.

(4) 난청의 정도에 따른 분류

청력 손상의 정도에 따라 난청을 분류하는 경우 국제표준기구(ISO, 1964)에 의한 분류가 일반적이다.

표 1-1 난청의 정도 (dB HL, ISO, 1964)

분류	청력
정상(normal)	25dB 이하
경도(mild)	26~40dB
중등도(moderate)	41~55dB
중등고도(moderately severe)	56~70dB
고도(severe)	71~90dB
농(profound)	91dB 이상

출처: 백무진 외(2010).

3. 청각장애아동의 언어지도 방법

청각장애아동을 교육하는 데 핵심적인 부분이 언어지도교육이다. 시대적인 배경과 철학적인 토대, 교육 성과적인 측면에서 여러 가지 언어지도 방법이 제안되었다. 이 책의 후반부에서 언어지도 방법을 각 장별로 다루기 때문에 이 장에서는 간단히 설명하고자 한다.

1) 구어 접근법

이는 청각장애아동이 잔존 청력을 통해 음성언어(verbal language)를 수용하여 구어로 표현하도록 지도하는 방법을 의미한다. 청각재활훈련(청능훈련), 독화지도, 발성 · 발어훈련 등이 주된 지도과정에 해당되는데, 청각재활(aural habilitation/aural rehabilitation)이라는 용어를 사용하지만, 청각장애아동의 상태에 따라 재적응의 의미를 가진다.

2) 수화언어 접근법

수화언어는 청각장애인이 사용하는 고유의 의사소통 방법으로 비구어적이며 자연발생적인 시각-운동 체계를 말한다. 청각장애인의 모국어는 수화언어(Sign language)라는 입장에서는 청각장애인의 정체성 확립과 자아실현에 본질적인 의미를 강조한다. 언어발달기의 청각장애유아 및 아동에게 모국어인 수화언어에 능숙한 모델과 풍부한 언어 자극 환경을 제공하는 것이 중요한 지도과정에 해당된다.

3) 토털 의사소통

청각장애를 가진 사람과 정상적인 청력을 가진 사람이 정서, 사고 및 의사소통을 교류하는 데 방법상의 제한을 극복하기 위해 상호 간에 노력하고자 하는 철학적 접근을 의미한다.

청각장애인이 구어 및 수화언어뿐 아니라 지문자(finger spelling)와 단서어(cued speech) 등을 종합적으로 활용하여 의사를 충분히 표현하고, 이를 정상 청력의 사람이 시각 및 청각 등으로 수용하고 이해하는 것이 토털 의사소통(Total communication)이다.

4. 이중언어 이중문화 접근

청각장애아동에게 언어를 지도하는 데 수화언어를 모국어로 인정하고 구어를 제2언어로 가르치는 방법을 의미한다. 언어뿐 아니라 농문화도 하나의 고유문화로 인정하고 이중문화습득의 과정으로 지도하는 것이다. 이는 다양한 인종과 문화가 공존하는 사회에서 소수의 언어와 문화를 존중하고 다수의 공통된 언어와 문화를 익혀 나가는 모델로, 우리나라의 경우 적용의 토착화가 중요한 과제다.

참고문헌

이규식, 석동일(1996). **청각학**. 대구: 대구대학교 출판부.

유은정, 백무진, 안성우,최상배, 서중현, 이광렬, 서유경(2010). **청각장애아동의 이해와 교과교육**. 서울: 학지사

장애인 복지법(2012). 법률 제11521호.

장애인 복지법 시행령(2013). 대통령령 제24513호.

장애인 복지법 시행령 규칙(2013). 보건복지부령 제192호.

장애인 등에 대한 특수교육법(2013: 개정). 법률 제11690호.

장애인 등에 대한 특수교육법 시행령(2013). 대통령령 제24423호.

IDEA. (2004). the indinduals with Disabilities Education Improvement Act. *Public Law*, 108-446.

제2장

청각생리와 청각장애

1. 청각생리와 청각장애의 원인

1) 귀의 해부 및 생리

귀는 청각을 담당하는 매우 복잡하고 정밀한 기관 중 하나로, 외이(outer ear), 중이(middle ear), 내이(inner ear)로 구성되어 있다. 소리의 전달과정을 살펴보면 우선 외이를 통해 모아진 소리는 중이로 전달되어 음의 증폭이 이루어진 다음 내이로 전달된다. 내이에서는 유모세포의 운동으로 물리적인 에너지를 가진 소리(음파)가 전기적인 에너지로 변환하여 청신경을 통해 대뇌피질에 존재하는 청각중추에 전달되고, 비로소 소리를 감지하게 된다. 따라서 청각 경로상 특정 부분에 이상이 발생할 경우 부위에 따른 특징적인 청력장애가 발생하게 되는데, 이는 검사를 통해 확인할 수 있다. 따라서 청각장애를 검사하고 그 결과를 이해하기 위해서는 귀의 구조와 기능에 대한 지식이 필요하다.

(1) 외 이

외이는 이개(귓바퀴)와 외이도로 구성된다. 이개는 울퉁불퉁한 얇은 연골로 골격을 이루고, 표면은 불규칙하며, 우리 몸에서 가장 얇은 피부로 덮여 있다. 이개는 소리를 모으는 역할을 한다. 개나 고양이 같은 동물은 이개 주변의 근육이 잘 발달되어 소리가 나는 방향으로 이개를 움직일 수 있다. 이처럼 소리에 반사적으로 이개를 움직이는 것을 프레이어(Preyer) 반사라고 한다. 사람의 경우 이개 주변의 근육이 퇴화되어 흔적으로만 남아 있기 때문에 이러한 이개의 움직임은 거의 볼 수 없다.

외이도는 이개에서 고막에 이르는 통로로서 길이는 약 2.5~3cm이고, 내경은 약 1cm다. 대체로 S자형으로 굴곡을 형성하면서 안쪽(내측)으로 향한다. 바깥쪽(외측) 1/3은 귓바퀴 연골이 연속된 것이며, 내측(안쪽) 2/3는 뼈로 구성되어 있다. 연골부와 골부가 만나는 곳은 외이도에서 가장 좁은 곳으로 협부(isthmus)라고 한다. 외이도에는 귀지를 분비하는 많은 분비선(gland)이 존재하는데, 이는 외이도를 보호하는 작용을 한다(이종담, 2003a).

소리를 전달하는 기능을 가진 외이의 이상은, 대부분 선천적으로 발생과정의 이상으로 인하여 이개가 없거나 모양의 변형이 오는 경우와 외이도가 형성이 되지 않는 외이도 패쇄증 등이 있다. 기형의 정도에 따라 난청이 발생하게 되는데, 내이의 기능이 정상인 경우는 전음성 난청을 유발하게 되므로 수술로 모양을 교정하고 외이도를 새로 만들어 주면 청력을 복원할 수 있다.

(2) 중 이

중이는 고막(tympanic membrane), 고실(중이강, tympanic cavity), 이관(eustachian tube), 이소골(auditory ossicle)로 구성되어 있는, 공기로 채워

진 공간이다. 소리의 전달 경로에서 외이와 내이 사이에 위치한다. 외이도를 통해 전달된 음파의 운동에너지는 외이와 중이 사이에 존재하는 막인 고막과 이와 연결되어 있는 연속된 3개의 작은 뼈(이소골)로 전달되고 진행하여 내이로 전달된다.

고막은 두께가 0.1mm, 상하 장경이 9~10mm, 전후 약 8~9mm 크기의 얇은 막으로, 중앙부가 약간 함몰된 깔때기 모양의 타원형을 이룬다([그림 2-1]). 고막은 음향에너지를 이소골을 거쳐 내이로 전달하는 역할을 수행하고 외이도의 이물이 중이 내로 들어가는 것을 막아 주며, 공간을 형성하여 비강 쪽에서 이관을 통해 중이 내로 들어오는 것을 막는, 공기쿠션 역할도 한다.

고실이란 고막 안쪽의 공기로 채워진 공간으로 이소골, 이관 등이 존재한다. 고막의 진동은 고막과 연결된 3개의 작은 뼈, 즉 추골 · 침골 · 등골을 순서대로 진동시키고 내이로 전달한다. 인체에서 가장 작은 뼈인 이소골은 망치 또는 해머 모양의 추골(malleus), 대장간에서 쇠를 두들기

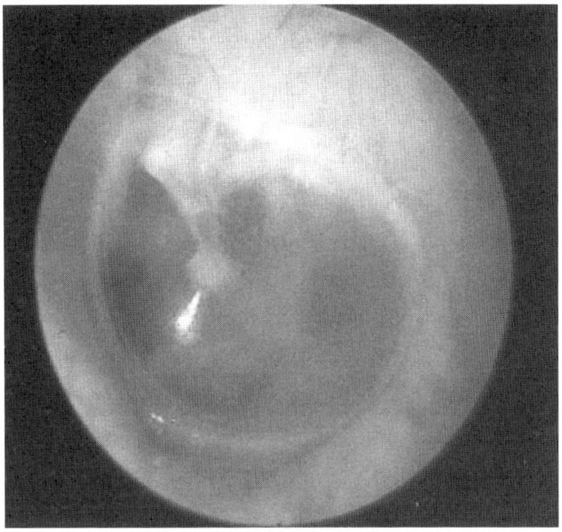

[그림 2-1] 우측 정상 고막 소견

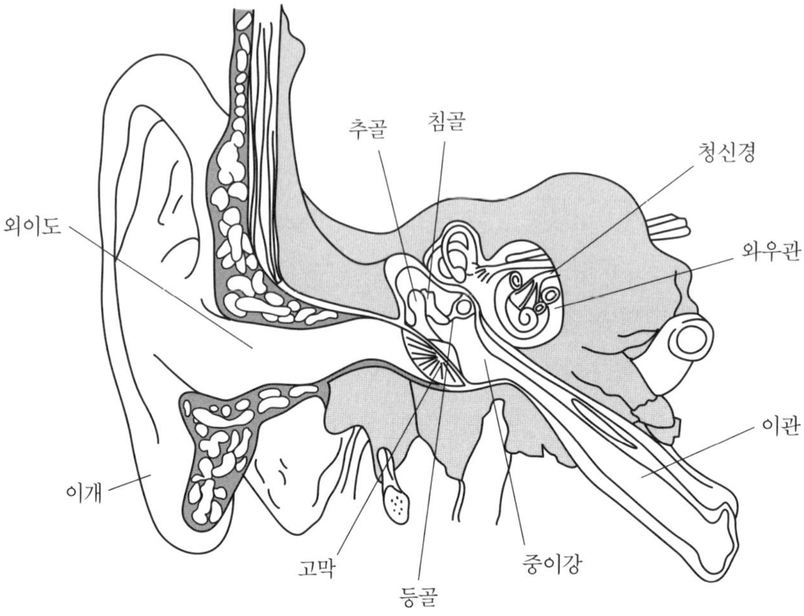

[그림 2-2] 귀의 구조

는 대 모양의 침골(incus), 승마에서 말에 장착하는 발걸이 쇠와 비슷한 등골(stapes)로 구성되어 있다. 마지막 뼈인 등골의 진동은 중이와 내이 사이의 막인 난원창을 진동시켜 음이 내이로 들어가게 된다([그림 2-2]).

중이에 있는 이들 3개의 이소골은 음파를 증폭(약 25~30dB)시키는 역할을 하는데, 이는 공기를 매질로 사용하는 외이 및 중이와는 달리 액체를 매질로 하는 내이에 음파가 전달될 때 매질의 차이(공기에서 액체)에 의한 음파 에너지 손실을 보상해 줄 수 있다(노관택, 1996; 조용범, 2002; 김형종, 2008). 즉, 외이를 통해 들어온 소리가 중이에서 약 2~30배 정도 증폭되었지만, 이는 액체로 채워진 내이로 들어가면서 급격히 에너지를 소진하게 됨을 의미한다. 임상적으로는 만성 중이염의 경우 흔히 볼 수 있는 고막 천공, 이소골 단절, 이소골 고정 등의 이상 소견은 정상적인 음의 전도 및 증폭이 일어나지 않게 되어 내이로 음의 전달이 적절치 않아서 다양한 정도의 난청을 초래하게 된다.

(3) 내 이

내이는 아주 복잡한 구조와 형태를 가지고 있기 때문에 미로(迷路, labyrinth)라고도 하며, 앞쪽에 있는 와우(달팽이관, cochlea), 뒤쪽에 있는 세반고리관(semicircular canal)과 이들 사이에 있는 전정(vestibule)으로 구성되어 있다. 이중 와우는 소리를 받아들이는 청각기관이며, 세반고리관과 전정은 신체의 균형을 유지하는 평형감각기관이다. 즉, 와우에 이상이 발생하면 감각신경성 난청이 초래되고, 세반고리관과 전정의 이상은 어지럼을 유발한다.

외이와 중이는 공기로 채워져 있는 반면, 내이는 림프액이라는 특수한 액체로 채워져 있다. 난원창(oval window)을 통해 내이로 들어온 음파는 와우 내에 있는 내림프와 외림프라는 액체를 진동시키고, 이는 물리적인 진동을 전기적인 에너지로 변환시키는 감각세포를 포함하고 있는 코티기관(Organ of Corti)으로 전달된다. 코티기관에는 미세한 유모세포가 림프액의 진동을 전기적인 에너지로 변환하여 청신경으로 전달하며, 이는 다시 대뇌의 청각중추에 전달되는데, 이때 비로소 소리를 듣게 된다 (Abbas & Miller, 1998; Santi & Mancini, 2004).

2) 청각장애의 종류와 원인

(1) 청각장애의 종류

청력장애는 난청을 유발하는 병변의 위치에 따라 분류한다.

전음성 난청 외이, 중이 등 소리를 전달하는 전음기관의 이상에 따라 음파의 전달이 정상적으로 이루어지지 않는 상태로, 청력검사상 기도청력은 저하되지만 뼈를 통해 직접 내이의 와우에 전해지는 골도청력은 정상이다. 원인으로는 중이염, 외상에 의한 고막천공, 외이도가 막힌 경우, 이소골 연쇄 이상 등을 들 수 있다. 감각신경계는 정상인 난청이므로 수술적 치료로 청력은 회복이 가능하며, 보청기를 통해 개선할 수 있다.

감각신경성 난청 내이의 와우에서 대뇌피질의 청각중추에 이르는 경로에 이상이 생긴 경우를 감각신경성 난청이라 한다. 여러 가지 분류가 있다. 발병 시기에 따라 선천성과 후천성으로 나뉘고, 태어나기 전에 생긴 청력장애를 선천성 난청이라 하며, 분만 과정이나 출생 후에 생긴 청력장애를 후천성 난청이라 한다. 또한 병변 위치에 따라 내이에 원인이 있는 경우를 감각성 난청(sensory hearing loss), 청신경에 이상이 있는 경우를 신경성 난청(neural hearing loss), 대뇌 청각중추 및 청각경로 상에 이상이 있는 경우를 중추성 난청(cental hearing loss)으로 분류한다. 또한 내이에 이상이 생긴 경우를 미로성 난청(cochlear hearing loss), 내이 상부 조직에 이상이 생긴 경우를 후미로성 난청(retrocochlear hearing loss)으로 분류한다. 이때 미로성 난청은 감각성 난청과 동일한 의미이며, 후미로성 난청에는 신경성 난청과 중추성 난청이 포함된다.

혼합성 난청 감음성 난청이 있으면서 중이염과 같은 전음기관의 장애가 겹친 상태를 혼합성 난청이라고 한다.

중추성 난청 청각기관의 말초 부위에서가 아니라 대뇌의 청각중추에 기질적인 장애가 생겨서 청각장애를 일으키는 경우를 말한다.

기능성 난청 심인성 난청이라고도 하며, 심리적 갈등이나 억제하기 어려운 감정을 난청에 전가시켜 불안 감정을 해소시키려고 함으로써 일어나는 현상이다. 청각기관에 아무런 이상 없이 청각장애가 생긴다.

(2) 청각장애의 원인

출생 때부터 나타나는 선천성 난청과 출생 후에 나타나는 후천성 혹은 지연성 난청으로 분류하며, 각각 유전성(genetic)과 비유전성(non-genetic)으로 세분한다. 출생 시부터 난청이 있으며 유전자에 이상이 있는 경우를 선천성 유전성 난청이라 하고, 유전자에 이상이 없는 경우를 선천성 비유전성 난청이라 한다. 출생 시는 정상이었으나 생후 어느 시기에 난청이 나타난 경우 유전자의 이상이 있으면 지연성 유전성 난청, 유전자의 이상이 없으면 지연성 비유전성 난청이라 한다. 가족 중에 난청을 가진 사람이 있으면 자녀에게 난청이 나타날 확률이 높다. 그리고 큰 소음에 지속적으로 노출되었거나 이독성 약물의 섭취, 만성 중이염 등에 의해 생기기도 하고, 나이가 들면서 자연스럽게 생기는 경우도 많다.

중이염 소아 때 가장 흔한 난청의 원인은 감기에 의한 중이염이다. 소아의 급성 중이염을 조기에 치료하지 못하면 만성 중이염으로 이환되어 청력이 저하될 수 있다. 만성 중이염은 수술적 치료가 필요할 수 있는데, 최근 수술 방법의 개선과 미세 기구의 발달로 수술에 의해서 청력을 회복할 수 있는 경우가 많다.

약물 및 바이러스 감염 내이의 와우에는 소리를 감지하는 감각세포(내, 외유모세포)가 있는데, 이 세포는 이독성 약물이나 홍역, 볼거리, 백일해와 같은 바이러스 감염에 의해 파괴될 수 있다. 내이 세포는 신체의 다른 부위의 세포와는 달리 재생이 안 되기 때문에 치료를 해도 청력 회복이 어렵다.

유·소아 난청 유전성 난청인 경우 출생과 동시에 난청이 나타나는 것보다 유·소아기 또는 성인이 되어서 난청이 나타나는 경우가 더 많다. 임신 초기(3개월 이내)에 풍진, 수두, 인플루엔자 및 이하선염 등의 바이러스에 감염되어 야기될 수도 있다. 또한 태아가 미숙아로 태어난 경우, 분만 시 장애가 있는 경우, 분만 후 신생아 황달이 심한 경우도 난청의 원인이 된다. 후천성인 유아 난청의 경우 5~17%가 뇌막염이 원인이며, 이하선염과 같은 발열성 바이러스 감염과 중이염, 두개의 외상 등도 주요 원인이 된다.

노인성 난청 나이가 들면서 소리를 잘 듣지 못하게 되는 노인성 난청은 대개 40대부터 시작되어 50대에 진행되는 경우가 많다. 대부분의 경우 내이, 특히 와우 내의 청각 구조물의 노화로 발생하게 된다.

소음성 난청 소음은 내이에 손상을 일으켜 청각세포를 파괴한다. 소음에 의한 청각세포 감소의 양상과 정도는 소음의 크기와 노출 기간에 따라 결정되는데, 처음에는 4,000Hz 영역에서 진행되기 때문에 인식을 하지 못하다가 계속 소음에 노출되면 일반 회화음역인 2,000~3,000Hz까지 파급되어 불편을 호소하기 시작한다. 소음성 난청에 걸리기 쉬운 사람은 대개 직업상 불가피하게 소음 환경에 노출되는 음악가, 군인, 굴착기 사용자, 공장 노동자 등이다.

2. 청각적 진단 평가

청력검사는 난청 진단에 가장 기본이 되는 방법으로, 주관적 · 객관적 청력검사로 나눌 수 있다. 객관적 청력검사는 소리 자극에 의해 발생하는 청각계의 다양한 신호(뇌파 등)를 측정하는 것인데, 피검사자의 협조를 필요로 하지 않으므로 유 · 소아나 위난청(malingering)이 의심되는 경우에 유용하게 사용된다. 임피던스 청력검사, 이음향방사검사, 청성유발반응(auditory evoked response)검사 등의 검사법이 있다.

주관적 청력검사는 소리 자극에 대한 인지 여부를 주관적 표현(손들기, 버튼 누르기 등)에 의존하여 판단하는 것으로, 음차검사, 순음청력검사, 어음청력검사, 자기청력검사, 누가현상검사, 청각피로검사 등이 있으며, 임상에서는 순음청력검사와 어음청력검사가 가장 많이 시행되고 있다.

객관적 청력검사법은 검사 대상자의 협조가 이루어지지 않아 주관적 검사를 하지 못하는 경우 위난청의 구분이나 난청의 원인 부위에 대한 진단 등에 유용하며, 검사법의 지속적인 발전으로 신생아 청각장애에서도 청력의 객관적 측정이 가능하여 선천성 청각장애의 조기 발견과 성공적 재활에 중요한 역할을 담당하고 있다.

1) 청력검사법

(1) 순음청력검사

청력검사 중 가장 기본적인 검사로, 순음(pure tone)을 이용하여 피검사자의 난청의 정도와 형태를 측정하는 검사다.

가청범위 사람이 들을 수 있는 범위를 가청음역이라 하며, 주파수는 대개 20~20,000Hz다. 20Hz보다 낮은 음을 가청하음(infra acoustic sound), 20,000Hz보다 높은 음을 가청상음(ultra acoustic sound)이라고 하며, 가청음역보다 높은 음은 통증을 느끼고, 이보다 낮은 음은 진동을 느낀다. 가청강도는 0dB에서 130~140dB이며, 가청한계는 각 주파수마다 차이가 있다. 사람이 일상생활에서 회화음을 듣는 범위, 즉 회화음역은 250~3,000Hz 정도다(이종담, 2003b).

청력계 청력계(audiometer)는 순음발진기가 있으며, 일반적으로 125Hz부터 한 옥타브씩, 즉 250 · 500 · 1,000 · 2,000 · 4,000 · 8,000Hz의 7단계로 음을 낼 수 있는 주파수 눈금판(frequency dial)이 있다. 음의

강도 조절은 −10dB부터 110dB까지 5dB 단계로 강도를 변화시킬 수 있는 강도 눈금판(intensity dial)이 있다. 0dB 기준으로 시판되는 청력계는 미국에서 제작된 것으로, ISO(국제규격) 기준 혹은 ANSI(북미규격) 기준으로 되어 있다.

기도청력검사 검사 순서 시 좌우 청력의 차이가 있을 때는 청력이 좋은 쪽부터, 동일한 경우에는 오른쪽부터 시행한다. 먼저 1,000Hz를 측정한 다음에 고음역인 2,000 · 4,000 · 8,000Hz 순으로 측정한 후 다시 1,000Hz를 한 번 더 측정한다. 이때 먼저 측정한 1,000Hz의 역치와 비교하여 5dB 이내의 차가 있으면 측정이 잘 이루어진 것으로 보고, 500 · 250 · 125Hz의 순으로 저음역을 측정한다.

자극음을 주는 방법은 높은 강도에서 차차 강도를 낮추면서 측정하는 방법인 하강법(descending method)과 들리지 않는 약한 강도에서 차츰 강도를 높여 가며 측정하는 상승법(ascending method), 그리고 이 두 가지를 혼합한 혼합법(mixed method)이 있다. 혼합법은 보통 30dB HL부터 시작하여 20dB 단위로 높여 가며, 처음 응답하는 값을 확인하고 응답한 후부터는 10dB를 낮추며, 안 들릴 경우 5dB을 올리는 방법(up 5dB~down 10dB)으로 들을 수 있는 가장 적은 소리, 즉 최소 가청역치를 구한다(정종우, 2008).

골도청력검사 골도청력검사는 두개골에 주어진 음의 진동이 직접 내이로 전달되어 음을 청취하는 것으로, 기도청력과는 달리 외이나 중이의 상태에 거의 영향을 받지 않으며, 내이와 그 이상의 청각전달계의 기능을 반영한다([그림 2-3]). 두개골에 주어진 진동은 압축과 신장을 반복하며 이러한 두 위상의 운동은 내이에서도 동일하게 일어나는데, 전정계와 고실계는 림프액 양의 차이에 따라 각기 다른 정도의 변화를 보이게 되어 기저막의 움직임을 유발한다. 이러한 경로를 압축적 골전도라 하며,

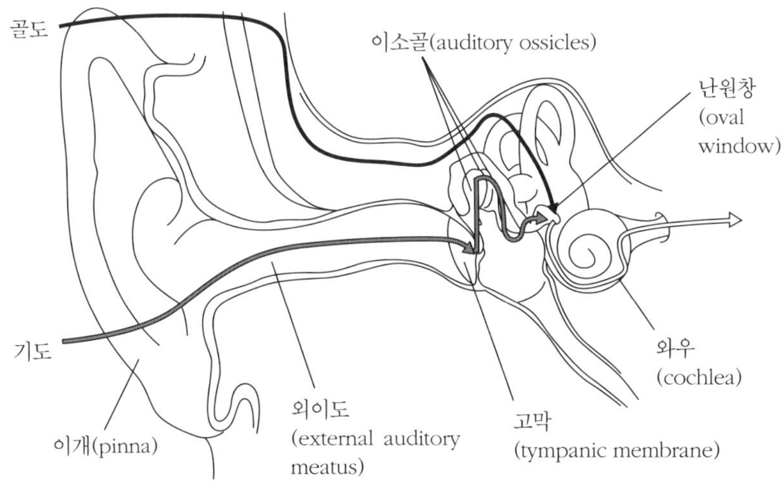

[그림 2-3] 기도 및 골도청력의 전달 경로

골전도의 세 가지 경로에서 가장 큰 부분을 차지한다. 반면 두개골이 진동운동을 할 때 난원창, 고막, 중이 골벽에 약하게 부착된 이소골의 관성에 의해 공기 전도 때와 같이 내이로 전달되는 이소골의 움직임이 발생하게 되는데, 이를 관성 골전도라 한다. 또한 두개골의 진동은 외이도와 이어지고 외이도의 진동은 고막과 이소골을 통하여 내이로 전달되며, 이러한 경로를 골고막 골전도라 한다.

골도청력검사는 골전도 진동기를 통해 자극을 주기 때문에 이를 정확하게 장착하는 것이 매우 중요하다. 골전도 진동기는 대개 유양돌기부에 모발을 피해 고정시킨다. 250 · 500 · 1,000 · 2,000 · 3,000 · 4,000Hz만 검사하며, 검사 방법은 기도청력검사와 동일하다.

차 폐 난청청력검사는 양쪽 귀의 청력을 각각 검사한다. 자극음을 검사하고자 하는 귀에 들려주고 청력역치를 측정하는 과정에서 자극음이 반대쪽 귀로 넘어가는 경우 반대쪽 귀로 듣고 응답을 하게 되는데, 이 경우 검사하고자 하는 귀의 역치를 정확히 측정할 수 없게 된다. 따라서 좌

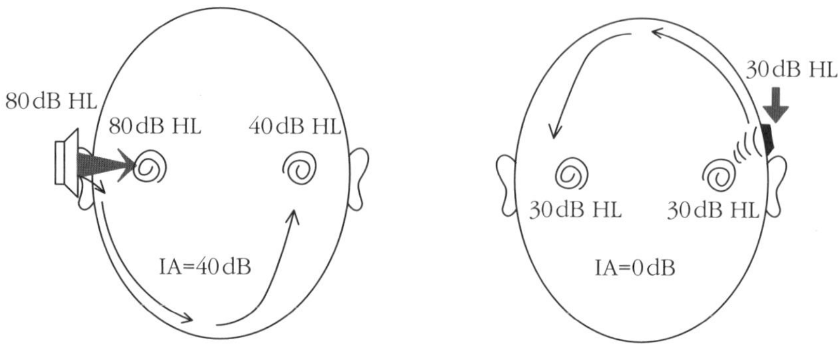

[그림 2-4] 골도와 기도에서의 이간감약

우의 청력 차이가 있는 경우, 검사하는 귀에 주어진 자극음이 검사를 하지 않는 귀에서 들리는 것을 억제하기 위해서 검사하지 않는 귀에 잡음을 들려주는데, 이를 차폐(masking)라 한다.

골도검사의 경우 검사하는 쪽에 주어진 골도음의 강도가 약간 감소한(0~5dB) 후 반대쪽 내이에 전달되므로 골도검사에서는 항상 차폐를 시행해야 한다. 기도청력검사에서 검사하는 쪽에 주어진 음의 강도는 반대쪽으로 넘어가는 경우 약해지는데, 이를 이간감약(interaural attenuation)이라 한다([그림 2-4]). [그림 2-4]의 왼쪽 그림을 보면 기도를 통해 들어온 80dB의 음은 머리를 거쳐 약 40dB 강도의 음이 저하된 후 반대쪽에 40dB의 강도로 전해진다. 오른쪽 그림을 보면 오른쪽 귀에 30dB 강도의 음을 골도로 전달한 경우 반대쪽 귀로 강도의 저하 없이 전달된다. 각 주파수별 이간감약은 125Hz에서는 35dB이고, 250 · 500 · 1,000Hz에서는 40dB, 2,000Hz에서는 45dB, 4,000Hz와 8,000Hz에서는 50dB이다. 기도검사의 경우 각 주파수에 따른 이간감약을 고려하여 차폐를 결정하여야 한다.

차폐는 기도검사에서 주어진 자극음이 골도음으로 바뀌어 검사하고 있지 않은 귀에서 들리는 경우가 있기 때문에 필요하다. 이는 검사하는 귀의 청력과 검사하지 않는 귀의 골도청력에 의해 결정된다(정종우,

2008). 일반적으로 차폐를 시행하지 않고 구한 청력역치가 검사하지 않은 귀의 골도청력역치와 40~50dB 이상 차이가 있는 경우 차폐를 시행한다. 따라서 이간감약보다 작은 음으로 검사하는 경우 검사하지 않은 쪽의 차폐는 필요 없으며, 이보다 큰 음으로 검사하는 경우 반드시 차폐를 하여야 한다.

순음청력도 난청청력검사기기를 이용하여 피검사자의 청력역치를 그림으로 나타낸 청력검사의 결과로, 횡축은 주파수, 종축은 강도를 나타내는 도표에 각 주파수에 따른 청력역치를 표시한 것을 순음청력도(pure tone audiogram)라 한다. 일반적으로 주파수별 청력역치는 기도청력은 125Hz에서 8,000Hz까지, 골도청력은 250Hz에서 4,000Hz까지 표시한다.

청력역치의 표기 방법을 보면 오른쪽 기도는 ○표(차폐 시 △), 왼쪽 기도는 ×(차폐 시 □)표로 주파수 종축선 위에 바로 기입하며, 이들을 선으로 연결한다. 골도는 우측에 '[' 의 표시로 우측은 주파수 종축선 바로 좌측에, 좌측은 주파수 종축에 바로 우측에 ']'로 표시하며, 일반적으

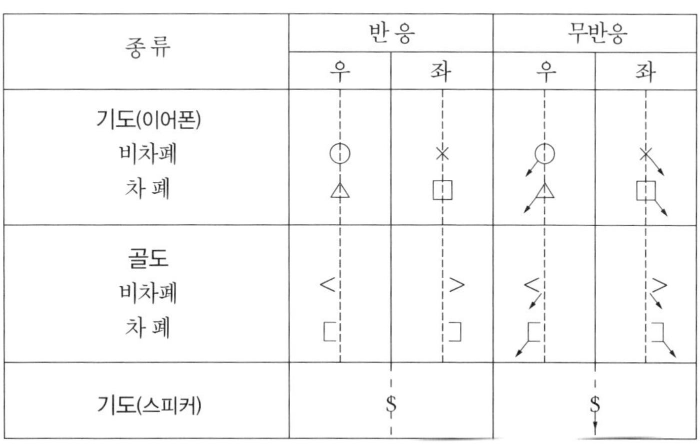

[그림 2-5] 청력역치 표기 방법

로 선으로 연결하지 않는다([그림 2-5]). 순음청력계기가 발생하는 가장 높은 강도의 음을 들을 수 없을 때는 측정 불능으로, 각각의 역치 표시에 화살표를 붙인다. 화살표 방향은 오른쪽은 좌하방, 왼쪽은 우하방으로 표시한다([그림 2-6]).

검사 판독 이와 같이 작성된 청력도로 청력손실의 정도와 청력장애의 유형 등을 알 수 있다.

- 청력손실의 정도: 정상인의 경우 역치의 평균치는 0dB에 가깝다. 난청의 정도에 따라 역치가 0dB에서 수치가 높은 쪽으로 나오는데, 이것을 역치상승이라고 하고 이런 경우 청력장애가 있다. 청력역치는

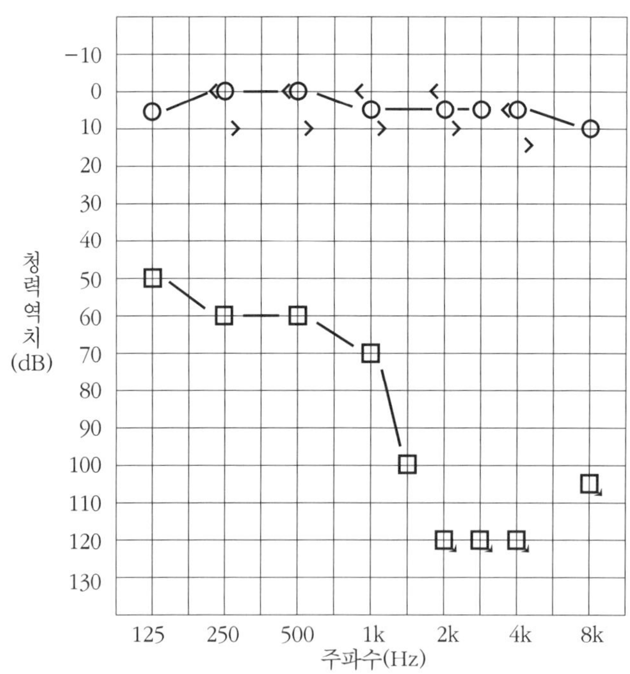

[그림 2-6] 역치가 표시된 청력도

각 주파수에 따라 다르기 때문에 이를 수치로 표현하기 위해 주파수별 청력역치의 평균값을 구하여 이용한다.

회화음역 청력역치의 산술평균법은 회화음역에 속하는 주파수인 500 · 1,000 · 2,000Hz에서의 청력역치를 평균한 것을 널리 사용한다. 평균 40dB 이내의 청력손실이 있는 경우에는 본인이 장애를 인식하지 못할 때가 많다. 그러나 40dB 이상의 청력손실이 있는 경우에는 본인이 장애를 쉽게 인식할 수 있다. 그래서 40dB을 정상적인 사회생활을 위해 필요한 최저청력요구치의 경계로 삼고, 이보다 좋은 청력을 사회적응청력(serviceable hearing)이라 한다.

특정 주파수에 비중을 두는 평균법에는 4분법과 6분법이 있다. 4분법은 500 · 2,000Hz의 청력역치와 1,000Hz의 청력역치의 2배를 합하여 4로 나눈 값, 즉 (500+1000×2+2000)/4로 구할 수 있다. 6분법은 500과 4,000Hz의 청력역치와 1,000Hz 및 2,000Hz의 청력역치의 두 배를 합하여 6으로 나눈 값, 즉 (500+1000×2+2000×2+4000)/6로 구한다. 미국 이비인후과학회에서는 3,000Hz의 중요성을 인식하고 이를 반영하여 500 · 1,000 · 2,000 · 3,000Hz의 합을 4로 나눈 값을 사용한다. 또한 청각검사 관련 법규에 따라서 평균값을 구하는 것이 달라지는데, 소음성 난청의 측정 및 장애 등급 판정을 위한 경우는 6분법으로 계산한 결과를 이용한다.

난청의 정도는 정상, 경도, 중등도, 중등고도, 고도 및 농의 6단계로 구별한다(〈표 2-1〉). 일반적인 증상으로는 경도의 난청인 경우 타인의 말소리를 일부 알아듣기도 하고 못 듣기도 하며, 중등도인 경우 보통 대화 수준의 말소리를 겨우 알아들으며, 중등고도인 경우 큰 소리의 회화가 겨우 가능하며 귀 가까이에서 모음의 식별은 가능하지만 자음의 식별은 어렵다. 고도인 경우 큰 소리는 겨우 느낄 수 있지만 이해하기는 어렵다. 농의 경우 말소리 및 그 외의 소리도 들을 수 없다.

표 2-1 난청의 정도(dB HL, ISO, 1964)

분 류	청 력
정상(normal)	25dB 이하
경도(mild)	26~40dB
중등도(moderate)	41~55dB
중등고도(moderately severe)	56~70dB
고도(severe)	71~90dB
농(profound or deaf)	91dB 이상

- 청력장애의 유형: 순음청력도상의 기도청력곡선(air conduction curve)은 외이, 중이, 내이, 청신경, 청각중추로 및 청각중추, 즉 청각전달로의 모든 기관을 통한 청력의 상태를 나타낸다. 이에 비해 골도청력곡선(bone conduction curve)은 내이와 그 이후의 청각전달 상태를 나타낸다. 따라서 이 두 가지 결과를 비교함으로써 전음기관의 장애인지, 감각기관과 그 이상의 장애인지, 두 가지가 혼합된 것인지를 판단할 수 있다. 순음청력도에서 기도청력역치가 떨어지고 골도청력역치가 정상인 경우 전음성 난청([그림 2-7]), 기도와 골도청

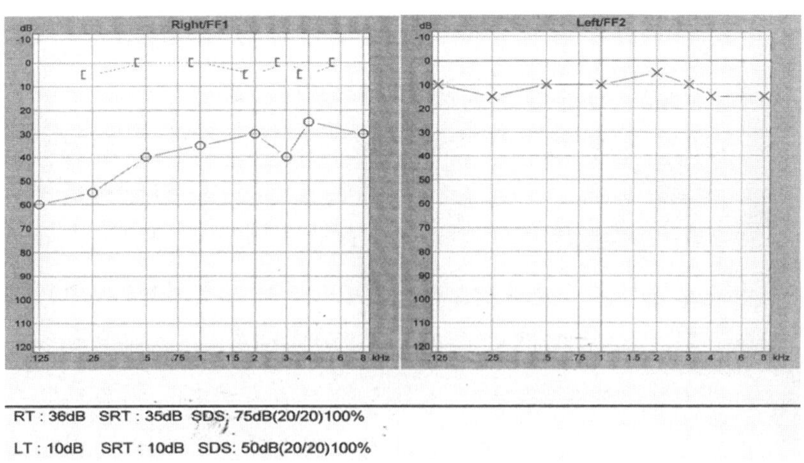

[그림 2-7] 우측 전음성 난청 및 좌측 정상 청력

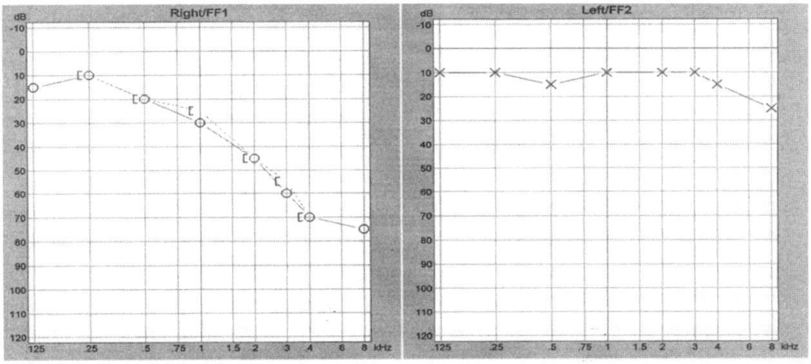

RT : 38dB SRT : 40dB SDS : 80dB(13/20)65%

LT : 11dB SRT : 10dB SDS : 50dB(20/20)100%

[그림 2-8] 우측 감각신경성 난청 및 좌측 정상 청력

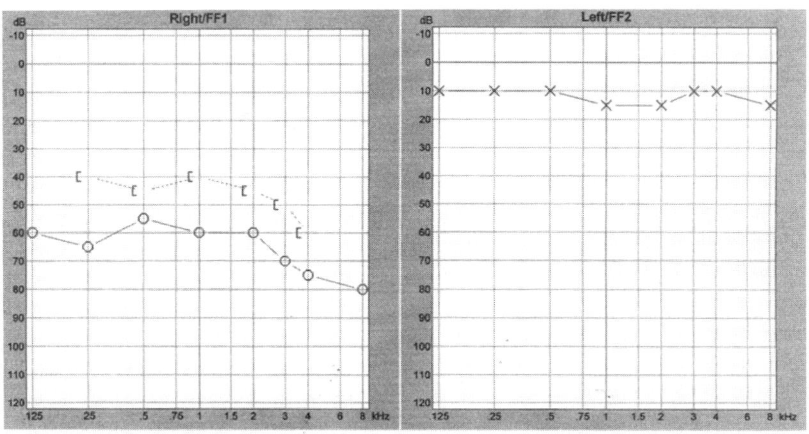

RT : 61dB SRT : 60dB SDT : 100dB(8/20)40%

LT : 12dB SRT : 10dB SDT : 50dB(20/20)100%

[그림 2-9] 우측 혼합성 난청 및 좌측 정상 청력

력역치가 같은 정도로 나빠진 경우 감각신경성 난청([그림 2-8]), 기도 및 골도청력역치가 모두 떨어져 있으면서 기도청력역치가 더 떨어져 있는 경우 혼합성 난청([그림 2-9])이라고 한다.

(2) 어음청력검사

순음청력검사는 어음이 아닌 순음('삐' 소리가 나는 음)으로 청력손실 정도를 측정하는 반면, 어음청력검사는 일상생활 속에서 이루어지는 대화에서 많이 사용하는 쉬운 단음절(귀, 눈, 힘……) 혹은 이음절 단어(양복, 육군, 학생……)를 이용하여 이에 대한 청취와 이해 능력을 측정한다. 청력장애가 있는 환자가 언어를 인지하고 이해하는 능력을 측정하는 것은 진단적인 목적 외에도 치료 방법의 결정과 결과 판정, 청력재활의 참고 지침, 청각장애인의 장애 정도 평가 및 사회적응능력을 평가하는 데 도움이 된다(채성원, 2008).

검사어음은 테이프나 음반에 녹음된 것을 사용하거나 검사자가 직접 육성으로 검사한다. 어음청취검사의 기본적인 검사는 어음에 대한 청취 능력을 측정하는 어음청취역치검사(Speech Reception Threshold test: SRT)와 이해 능력을 측정하는 어음명료도검사(Speech Discrimination test: SD)가 대표적이며, 어음인식역치(Speech Detection Threshold test: SDT), 최적음량역치(Most Comfortable Level: MCL), 불쾌음량역치(Uncomfortable Loudness Level: ULL), 역동범위(Dynamic Range: DR) 등을 검사할 수 있다.

어음청취역치검사 이음절 단어(bisyllabic word)를 이용하며, 일정한 개수의 검사 어음(예, 20개 단어)을 높은 강도에서 시작하여 순차적으로 강도를 낮추어 가면서 검사어음의 50%(예, 20개 중 10개 이상) 이상을 정확하게 알아들을 수 있는 어음의 최소 강도를 구하는 검사다. 일반적으로 어음청취역치와 순음청력역치는 거의 일치하며, 대개 10dB 이내의 차이를 보인다. 15dB 이상의 차이를 보일 때는 검사 자체의 신뢰도가 없거나

표 2-2 어음청취역치 검사 결과지

우측 귀검사	양양격 단어 맞춤(○) 틀림(×)	반 응
80 dB	농촌 필요 의견 싸움 육군 ○ ○ ○ ○ ○	100%
70 dB	행복 물건 글씨 지금 약국 ○ ○ × ○ ○	80%
60 dB	둘째 건설 이때 동생 군투 ○ × × ○ ○	60%
50 dB	사람 신문 종류 오빠 송곳 × × × ○ ○	40%
45 dB	약속 안녕 물건 통일 뚜껑 × × ○ × ×	20%

위난청(malingering)을 의심할 수 있다.

〈표 2-2〉는 어음청취역치검사표의 예시인데, 결과를 보면 단어의 50% 이상을 응답하는 최소어음강도는 50dB에서 40%, 60dB에서 60%의 반응을 보였기 때문에 이 경우 60dB이 어음청취역치이며 정상에 비해 많이 상승된, 즉 청력이 나쁜 상태다.

어음명료도검사 검사어음을 이해하는 능력을 측정하는 검사로, 검사에 사용되는 어음은 단음절음을 사용하며 가장 편하게 느끼는 어음의 강도에서 검사어음을 얼마나 정확하게 이해하는가를 측정한다. 어음을 청취시키면서 이를 복창하게 하거나 받아쓰도록 하여 피검사자가 정확히 들은 검사어음의 수를 백분율로 표시한다. 피검사자가 아무 단어도 구분할 수 없는 것을 0%, 모든 검사어음을 구분하는 것을 100%로 하며, 이것을 어음명료도 값(speech discrimination score)이라 한다(〈표 2-3〉).

〈표 2-3〉에서 45dB인 경우 어음명료도가 100%였고, 이후 강도를 높여 가도 명료도는 100%를 유지하였으므로 정상 소견이며, [그림 2-10]

표 2-3 어음명료도검사의 예

좌측 귀검사	단음절어 맞춤(○) 또는 틀림(×)										반 응
15dB	안	양	귀	개	구	편	딸	잠	물	침	30%
	○	×	×	×	○	×	×	×	×	○	
25dB PB_{50}	은	도	돈	짐	너	끝	산	팔	김	역	60%
	○	×	○	○	○	×	○	×	×	○	
35dB	비	요	봇	금	입	담	월	목	정	색	90%
	○	○	○	○	○	○	물	○	○	○	
45dB PB_{max}	군	눈	시	틀	소	손	말	형	활	법	100%
	○	○	○	○	○	○	○	○	○	○	
55dB	돌	날	설	밭	키	자	적	강	책	혀	100%
	○	○	○	○	○	○	○	○	○	○	

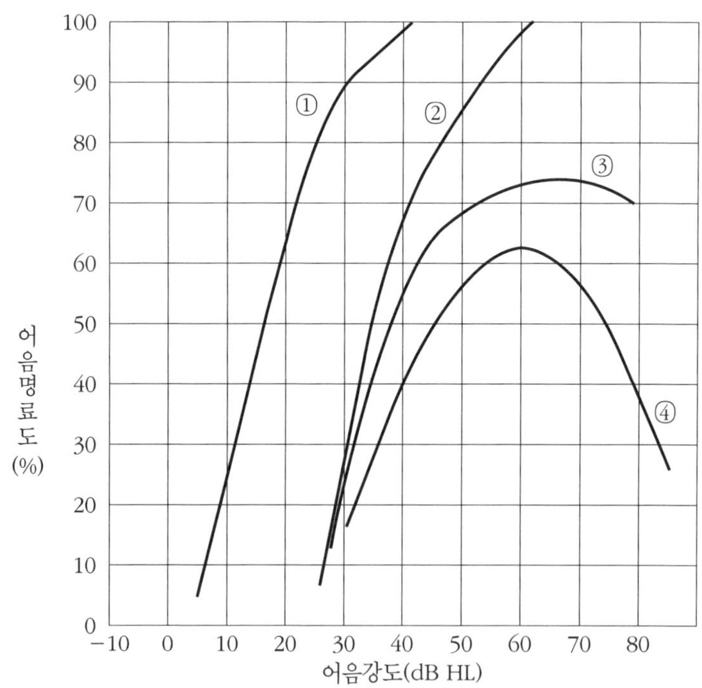

[그림 2-10] 어음명료도 곡선

은 그 결과를 그림으로 표시한 어음청력도인데, 가로에 어음강도, 세로에 어음명료도 값을 표시하여 기입한 것이다.

①은 어음강도가 증가함에 따라 어음명료도치가 증가하여 약 40dB에서 100%에 이르는 것으로 정상 소견이며, ②는 어음강도를 정상보다 강하게 하면, 즉 큰 소리를 들려주면 어음명료도치가 증가하여 약 60dB에서 100%에 이르는 것으로 전음성 난청의 소견이며, ③은 어음강도가 증가함에 따라 어음명료도치가 100%에는 못 미치지만 어느 정도 증가하다 강도를 증가해도 명료도치는 변화가 없는 것으로 미로성 난청을 의미한다. 또 ④는 오히려 어음강도를 증가시키면 어느 정도 어음명료도치가 증가하다가 최대치에 도달한 후에는 어음강도가 증가하면 어음명료도치가 감소하는 것으로 후미로성 난청의 소견이다. 이를 바탕으로 난청의 종류를 구별하는 데 보조 진단으로 사용할 수 있다.

- 어음인식역치: 검사어음을 감지만 할 수 있는 가장 낮은 음압을 의미
- 최적음량역치: 피검사자가 가장 편안하게 느끼는 검사어음 강도를 의미
- 불쾌음량역치: 피검사자가 자극음으로 불편함을 느끼는 검사어음 강도를 의미
- 역동범위: 어음청위역치와 불쾌음량역치 사이의 범위를 의미(최적음량역치, 불쾌음량역치, 역동범위는 보청기를 사용하기 전에 측정하며, 그 결과는 보청기의 선택과 음량 증폭 정도를 결정하는 데 참고 자료로 이용한다.)

(3) 청성뇌간반응검사

청성뇌간반응(Auditory Brainstem Response: ABR)은 여러 청성유발전위 중에서도 가장 안정적으로 발현되고, 검사 과정이 비침습적이며, 마취나 신경안정제 등에 영향을 덜 받는 등 여러 가지 장점이 있어 임상에서 널

표 2-4 청성뇌간반응 각 파의 발생 위치

청성뇌간반응 I	청신경 말단부(Distal eighth nerve)
청성뇌간반응 II	청신경 근위부(Proximal eighth nerve)
청성뇌간반응 III	와우핵(Cochlear nucleus)
청성뇌간반응 IV	상올리브핵(Superior olivary complex)
청성뇌간반응 V	외측 융대(Lateral lemniscus)

리 이용되는 객관적 청력검사법이다(신시옥, 2008).

청성뇌간반응은 음 자극 후 1~10msec에 나타나는 5~7개의 파를 기록한 것으로 파형은 차례대로 I, II, III, IV, V 등으로 명명한다. 이들 파형은 청신경과 뇌간의 여러 부위에서 발생한다(〈표 2-4〉 참조).

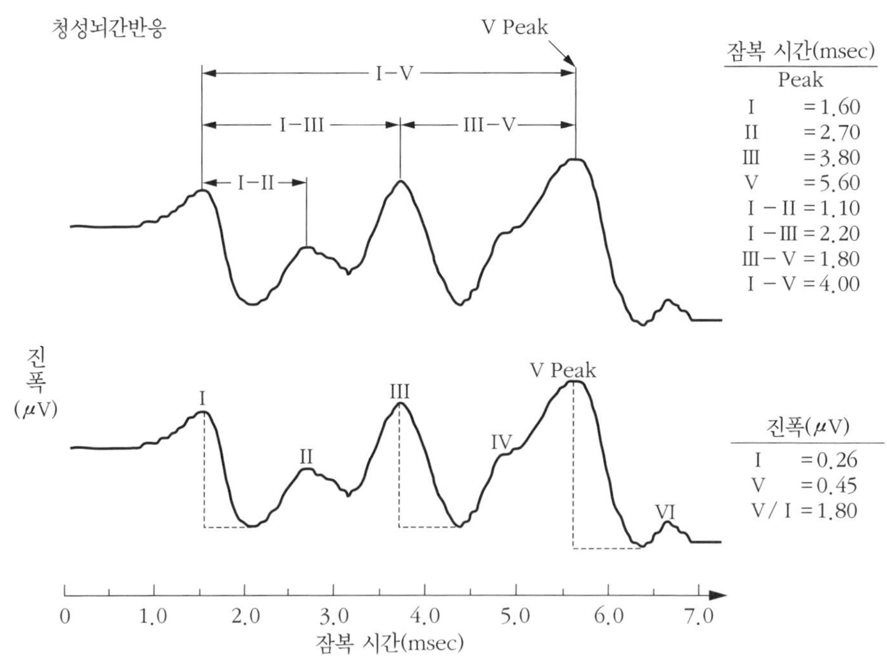

[그림 2-11] 파형과 잠복 시간 및 진폭

정상 파형과 분석 방법 음 자극 후 10msec 이내에 기록되는 청성뇌간반응의 각 파 중에서 I, III, V파는 잘 나타나지만 II, IV파는 잘 나타나지 않을 때가 많으며, 이들 중 V파가 가장 크고 안정적으로 기록된다.

청성뇌간반응의 파형 분석은 각 파의 잠복 시간(msec)과 진폭(μV), 그리고 I–III, III–V, I–V파 간 잠복 시간(interpeak latency: IPL) 등을 구하여 진단에 적용하며([그림 1–11]), 정상치는 검사 조건, 장비, 피검사자 등에 의해 달라질 수 있으므로 검사실마다 독자적인 정상치를 구해야 한다.

파형에 영향을 미치는 요인

- 연령: 출생 직후 신생아의 청성뇌간반응에서는 I, III, V파 정도만 기록되고, I–V파 간 잠복 시간이 성인보다 약 0.8~1msec 정도 길게 나타난다. 이는 주로 V파의 잠복 시간이 길어져서 나타나는 것으로, 성장함에 따라 I–V파 간의 잠복 시간, 즉 중추성 전도가 단축된다. I파의 잠복 시간, 즉 말초성 전도는 생후 6주경에 성인 수준에 이르며, I–V파 간의 잠복 시간은 생후 18개월에서 2세 정도가 되면 정상 성인과 같아진다. 25세 이후부터는 잠복 시간이 조금씩 길어져서 55세 정도가 되면 약 0.2msec 정도 길어지는데, 이런 변화는 남자보다 여자에게서 크게 나타난다.
- 성별: 성별에 따른 차이는 신생아에서 소아기에 이르는 동안에는 명확하지 않다. 성인의 경우 여자가 남자보다 III–V, I–V파 간 잠복 시간은 0.12~0.3msec 정도 짧고, III, IV, V파 진폭은 약간 높다. 이러한 차이가 생기는 원인으로는 여자의 고음역 청력이 남자보다 좋고, 체온이 높으며, 두개골과 뇌의 크기가 작으며, 생리학적 · 생화학적 차이에 따른 신경전달의 영향, 생리 주기 동안의 호르몬 변화 등에 의한 것으로 생각된다.
- 체온: 정상 체온(37℃)을 기준으로 36℃ 이하로 낮아지면 청신경 활동 전위의 진폭이 작아지고, 1℃ 내려갈 때마다 I–V파 간 잠복 시간

이 약 0.2msec씩 길어진다. 체온이 14~20℃ 이하가 되면 청성뇌간반응은 나타나지 않는다. 38℃ 이상으로 높아지는 경우, I–V파 간 잠복 시간이 1℃ 상승함에 따라 약 0.15msec 정도씩 짧아진다.

- 긴장 및 각성 상태: 목과 턱 주위의 근육을 긴장하거나 움직여서 생기는 근전위는 유발 전위의 주된 잡파의 원인이 되며, 파형을 얻을 수 없게 될 수도 있다. 반면에 주의 집중 여부, 수면, 혼수, 마취 등은 청성뇌간반응에 큰 영향을 주지 않는다. 따라서 피검사자는 자연수면을 취하는 것처럼 편안하고 자연스러운 상태에서 검사를 받을 수 있다.
- 약물: 아미노글리코시드계 항생제, 이뇨제 등의 이독성 약물은 대부분 와우의 유모세포를 손상시켜 청력손실을 야기하며, 청성뇌간반응에서는 III, V파의 잠복 시간을 연장시켜 I–III, I–V파 간 잠복 시간이 길어지지만 III–V파 간 잠복 시간에는 영향을 주지 않는다.
- 청력: 말초성 난청은 I, III, V파의 잠복 시간이 연장되나 I–III, I–V파 간 잠복 시간에는 영향을 주지 않는다(Fria & Sabo, 1980; Lonsbury-Martin et al., 1994).

임상 적용 뇌간유발반응은 마취나 수면에 영향을 받지 않고 표면전극으로 기록하여 비침습적이며 객관적으로 청력을 평가할 수 있는 장점이 있다. 그러나 일반적으로 사용되는 자극음인 클릭음의 주파수가 1~4kHz 범위이므로, 저음역에 대한 청력평가가 곤란한 점과 와우 기능에 대한 상세한 진단 정보를 얻을 수 없는 점, 뇌간 이후의 청각전달에 관한 정보를 얻을 수 없다는 점 등 여러 단점이 있다.

- 청각평가: 청성뇌간반응은 V파의 역치(V파를 관찰할 수 있는 최소자극강도)를 통해 청력역치를 평가할 수 있어 유·소아, 협조가 곤란한 피검사자 및 위난청자의 청력검사에 임상적으로 널리 이용되고 있으며, 난청의 유형 감별에도 도움이 된다([그림 2-12]). 청성뇌간반응의

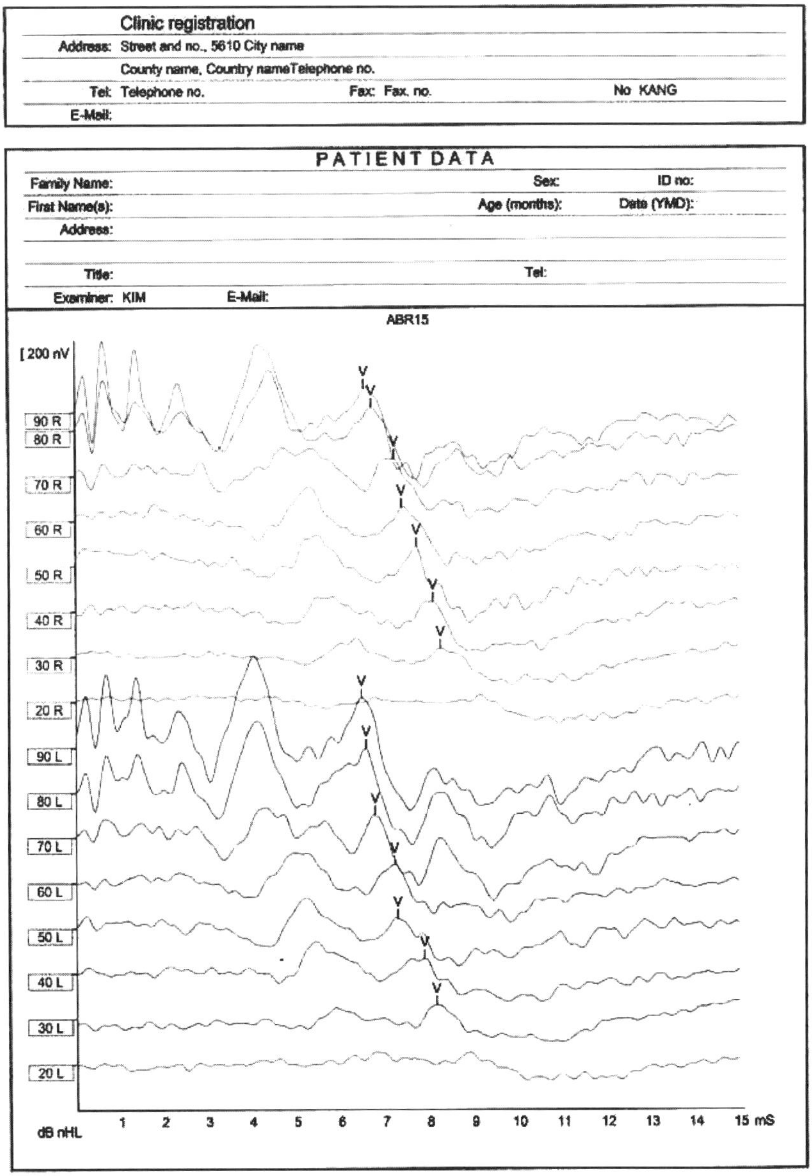

[그림 2-12] 청성뇌간반응검사 결과

역치(V파의 역치)는 청력역치보다 대체적으로 성인에게서 5~10dB, 소아에게서 10~20dB 높게 나타나지만 비교적 개인차가 크다(김리석, 2009).

검사 결과지에서 우측은 적색, 좌측은 청색으로 표시된다. 우측은 V파가 20dB까지 나타나고 있어 역치가 20dB 이내일 것으로 생각되나, 좌측의 경우는 V파가 80dB까지는 나타나고 70dB에서는 나타나지 않는다. 따라서 V파가 나타나는 최소역치는 80dB로 청력이 비정상인 경우다.

- 골전도 청성뇌간반응: 선천성 외이도 폐쇄증 환자나 공기전도 청성유발전위에 반응이 없는 경우 골전도 청성뇌간반응검사를 시행함으로써 남아 있는 청력의 정도나 공기전도에 의한 난청의 정도를 추측할 수 있다. 골전도 청성뇌간반응검사는 주로 영아를 대상으로 이루어지는데, 이는 주관적 청력검사가 불가능한 소아 연령층에서 전도성 난청이 차지하는 비율이 높아 공기전도 청성뇌간반응검사로는 실제 와우 성숙에 의한 청력의 변화를 정확히 알기 어렵기 때문이다.
- 신생아 청각선별검사: 청각장애가 있는 유·소아에게 재활 및 특수교육을 조기에 실시하여 사회생활에 대비하도록 하기 위해서는 난청의 조기 발견이 무엇보다 중요하다. 청성뇌간반응검사는 신생아에게 쉽게 시행할 수 있는 객관적인 검사로 신생아 청각선별검사에 널리 이용되고 있다.

(4) 이음향방사검사

청각수용기관인 와우는 소리를 받아들이는 기능뿐만 아니라 소리를 발생시키는 기능도 있다. 와우의 외유모세포에서 발생하여 중이를 거쳐 외이도로 전달되는데, 이것을 측정하는 것이 이음향방사다. 이음향방사는 듣는 과정에서 필수적인 요소는 아니지만 정상적인 청각 수용 과정이 이루어지고 있다는 것을 의미한다. 따라서 반응이 있으면 정상인 경우가 대부분이다.

자발이음향방사(spontaneous otoacoustic emissions: SOAE)와 유발이음향방사(evoked otoacoustic emissions: EOAE)로 구분한다. 자발이음향방사는 외부 자극음이 없는 상황에서, 와우에서 생성된 후 외이도로 방사되어 감지되는 소리이며, 유발이음향방사는 귀에 가해진 음 자극에 대하여 발생되는 이음향방사다. 유발이음향방사는 자극 후 일정한 잠복기를 거친 다음 나타나는 일과성 음유발이음향방사(Transient Evoked Otoacoustic Emissions: TEOAE)와 주파수반응이음향방사(Stimulus Frequency Otoacoustic Emissions: SFOAE), 변조이음향방사(Distortion Product Otoacoustic Emissions: DPOAE)로 분류한다.

자발이음향방사(SOAE) 음 자극이 없는 상태에서 외이도에서 측정할 수 있는 자발적인 음향방사로, 외이도에 위치해 있는 마이크로폰으로 측정한다. 다른 이음향방사보다도 특히 조용한 방에서 측정하여야 한다. 자발이음향방사는 약 13~60%의 정상 청력인에게서 발현되며, 정상 청력 소아에게서는 약 40% 정도 발현된다. 자발이음향방사가 발현되지 않는다는 것은 임상적 의미는 없지만, 발현된다는 것은 최소한 청력역치가 20dB HL 이내에 있고 이음향방사가 발현되는 주파수 근처에서는 와우가 정상적으로 작용하고 있다는 것을 의미한다.

일과성 음유발이음향방사(TEOAE) 클릭음이나 단음(tone burst), 톤핍음(tone pip)과 같은 일과성 음(transient)으로 귀를 자극하면 얼마간의 잠복시간 후에 이음향방사가 발생한다. 이는 와우의 외유모세포의 작용에 의해 발생하는 현상으로, 임상에서 가장 많이 이용된다. 일과성 음유발이음향방사 반응 양성의 기준은 5dB, 50%의 기준을 사용한다[[그림 2-13]은 방사음의 평균이 15.6dB임을 보이고 있다. 재현성(reproducibility)은 0~6kHz

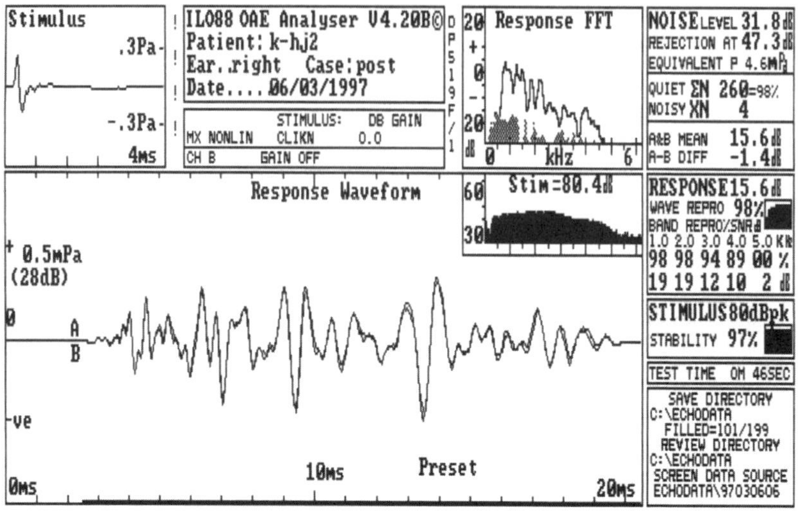

[그림 2-13] 우측 정상 고막 소견(ILO 88 device, Otodynamic Limited)

에서는 97%, 1~3kHz에서는 94% 이상을 보여 반응의 안정성을 보이고 있다].

자극음의 상태를 판단하는 3개의 지표(parameter)는 안정성(stability), 시간 축에서의 파형(temporal waveform), 스펙트럼(spectrum)이다. 안정성은 260개 클릭음의 시작과 끝의 일치 정도가 90% 이상이 되어야 바람직하다. 일과성 음유발이음향방사의 양성반응이 나타나지 않는 경우는 해부학적 이상이나 장비의 문제, 지나친 소음 등이 원인으로 생각되므로 이런 것에 대한 평가를 하여야 한다. [그림 2-13]의 자극음은 기본값(default) 0dB의 자극음을 주었을 때 80.4dB의 최고 음압 수준(peak Sound Pressure Level: pSPL)을 보이며, 그 안정성이 97%임을 보이고 있다.

이음향방사반응의 역치와 순음청력검사의 역치는 일치하지 않는다. 그러나 일과성 음유발이음향방사는 정상적인 청각을 가지고 있는 사람 중 거의 모두에게서 발현되며, 동일한 피검사자에게서 반응의 양상은 시간의 변화에 관계없이 비교적 일정하다(장선오 외, 1992). 유발이음향방사(EOAE)는 청력손실이 30~40dB HL을 넘으면 나타나지 않는다. 따라서 일과성 음유발이음향방사가 청력손실을 정량적으로 평가하지는 못하지만, 역치가 30dB이 넘는 외유모세포의 장애에 의한 청력손실의 여부를 결정하는 데 사용할 수 있다.

변조이음향방사 변조이음향방사(DPOAE)도 일과성 음유발이음향방사에서와 마찬가지로 정상 청력에서는 잘 나타나며, 신생아에게서도 나타난다. 청력역치가 15dB를 넘지 않으면 변조이음향방사는 항상 출현하고, 역치가 50dB를 넘으면 발현하지 않는다. 이 중간 영역에서는 자극음의 강도가 증가하게 되면 변조이음향방사가 양성반응을 보일 수 있다.

변조이음향방사는 0.5~8kHz의 넓은 주파수 범위에서 측정된다. 일반적으로 양성반응은 변조이음향방사 청력도에서 소음 수준(noise floor)에 비해 3dB 정도 이상인 경우로 인정되고 있으며, 한 개체에 대한 검사에서 방사음의 강도에 6~9dB의 변화가 있다면 이는 와우의 상태에 유의한 변화가 있음을 나타내는 소견으로 생각된다. 청각역치와 이음향방사의 강도는 1~4kHz의 중간 주파수에서 특히 좋은 상관관계를 보인다. 변조이음향방사의 역치는 입・출력곡선(input/output function)에서 이음향방사가 소음 수준보다 높아지기 시작하는 부분이다.

임상적 적용 이음향방사검사는 주관적 청력검사로 평가가 어려운 소아(3세 이하), 이독성 약제를 투여받고 있는 중환자, 외국인, 복수장애자, 정신이 혼미한 노인, 꾀병을 부리는 사람 등의 검사에 적절히 사용될 수 있다. 검사가 비침습적이고, 사용이 간편하고, 결과가 비교적 빠르게 나오며, 비교적 저렴하다는 장점이 있다. 무엇보다 이음향방사는 외유모세포에 대한 특이적인 검사라는 장점이 있으며, 외유모세포의 문제에 의해 발현되는 모든 청력장애에 민감하게 반응한다는 것이다. 그러나 이음향방사도 아직은 해결되어야 할 몇 가지 문제점이 있는데, 검사결과가 피검사자의 내부소음(거친 숨소리 등)에 의한 영향을 많이 받으며 다른 검사와 마찬가지로 역치의 개념이 확실하지 않아 청력의 정확한 평가가 어려우며, 피검사자 간의 검사결과의 차이가 많다.

- 신생아 청각선별검사: 감수성과 특이성이 높고, 객관적 기준의 적용이 가능하며 비침습적이면서 검사 비용이 합당하여야 한다.
- 이독성의 모니터링: 아미노글리코시드 항생제, 시스플라틴 항암제 등의 이독성 약물에 의한 내이의 손상을 조기 진단하는 데 유용하게 사용된다.
- 수술 중의 청력손실 추적: 유발이음향방사는 청신경종양 수술을 전후로 한 청력보전 가능성을 미리 평가하는 데 사용할 수 있다.

2) 신생아 청각선별검사

생후 첫 6개월에서 2세까지는 청각과 언어능력의 발달에 가장 중요한 시기다. 특히 소아가 본격적으로 말을 하기 시작하는 2세에 이르는 동안 언어나 환경 음을 지속적으로 청취하여야 청각신경전달계가 정상적으로 성숙하게 된다. 그러나 신생아나 영아에게 난청이 있는 경우는 소리 자극이 주어지지 않아서 언어발달이 지연되고, 사회적 적응 및 학습 등에 막대한 지장을 초래하게 된다. 신생아의 난청은 청력선별검사가 이루어지지 않은 경우 대부분 2년이 지나야 인지할 수 있고, 난청이 있음을 확인할 때까지는 이보다 더 많은 시간이 필요할 수 있다. 따라서 난청의 조기 발견과 적절한 조치가 필수적인데, 보통 생후 3개월 이전에 선천성 난청을 가진 소아를 찾아내고, 생후 6개월 이내에 적절한 조치를 시행하여야 한다. 생후 6개월 이전에 진단되어 조치를 취한 환아에게서는 거의 정상적인 언어발달을 보이는데, 이는 소아의 언어 습관이 주로 6개월 이후에 발달하기 때문이다.

유·소아에서 시행 가능한 행동반응검사법은 객관적이지 않으며, 선별검사에서 가장 중요한 난청의 조기 발견을 위한 검사로는 적합하지 않다. 따라서 선별검사는 객관적 기준이 적용 가능하여야 하며, 비침습적이며, 검사 비용이 적절한 수준이어야 하고, 신생아가 퇴원 전에 시행 가능한 방법이 적절하다. 이 조건에 적합한 검사법은 유발이음향방사(Evoked Otoacoustic Emission: EOAE)와 자동화 청성뇌간반응검사(Automated Auditory Brainstem Response: AABR) 등이며, 현재 널리 이용되고 있다(오승하, 2008).

(1) 유발이음향방사검사

검사가 간단하며 시간이 적게 들어 선별검사로서 현재 널리 이용되고 있다. 앞서 언급하였듯이 일과성 음유발이음향방사(TEOAE)와 변조이음향방사(DPOAE)의 두 종류가 있다. 일과성 음유발이음향방사는 25~30dB 이상의 난청을 발견할 수 있는 매우 민감한 검사다. 반면 변조이음향방사는 주파수 특성을 가지고 있으며, 청력이 35~40dB 이하인 경우는 발현되나 50~60dB 이상에서는 나타나지 않는다.

(2) 자동화 청성뇌간반응검사

정상 신생아에게서 측정한 청성뇌간반응의 결과를 바탕으로 기준을 정한 다음 검사를 받는 신생아의 파형을 정상과 비교하여 자동적으로 통과(pass)와 의뢰(refer)를 표시해 주기 때문에 비전문가라도 검사결과를 판정할 수 있다. 이를 이용하여 청신경과 뇌간의 청각신경로의 이상을 알 수 있다. 주위 소음과 근전도의 변화에 의한 오류를 예방할 수 있고 중이의 병변과 외이도의 가피 등에 영향 없이 검사를 할 수 있다. 그러나 저주파 대역과 아주 높은 주파수의 청력 감소는 알기 어렵다. 검사 시 대부분 35dBnHL 클릭음을 사용하므로 이 검사에서 의뢰(refer)로 판정된 경우에는 35dB 이상의 청력손실이 있다고 진단한다.

(3) 신생아 청각선별검사의 방법

신생아 청각선별검사는 크게 세 가지 형태로 구분하는데, 유발이음향방사검사만 하는 경우, 자동화 청성뇌간반응검사만 사용하는 경우, 그리고 이 두 가지 검사를 같이 사용하는 2단계법(2-step)이 있다. 아직까지 통일된 선별검사 프로그램이 있는 것은 아니지만, 미국국립보건원(NIH) 등에서는 이음향방사와 자동화 청성뇌간반응을 이용한 2단계 선별검사를 신생아 출생 후 입원 기간에 시행하도록 권하고 있다(Johnson et al., 2005).

2단계 선별검사는 입원해 있는 신생아에게 먼저 일과성 음유발이음향방사를 시행하고, 통과하지 못하면 퇴원 전에 자동화 청성뇌간반응검사를 시행한다. 여기에서도 통과하지 못하면 1개월 후에 외래에서 자동화 청성뇌간반응검사를 시행하는데, 이때 이상이 있으면 진단적 청성뇌간반응검사를 시행한다(오승하, 2009).

(4) 추적청력검사

신생아 청각선별검사에서 정상으로 판정받은 경우에도 출생 후 난청이 발생할 수 있다. 언어발달에 중요한 시기인 3세가 될 때까지 6개월마다 정기적으로 청력검사를 받는 것이 바람직하며 3세 이후에는 적절한 기간마다 청력검사를 시행하는데, 특히 난청의 고위험군에 속하는 경우는 지속적인 청력검사가 필요하다.

신생아 청각선별검사에서 의뢰나 난청으로 판정된 경우에는 포괄적인 청력검사를 받아야 한다. 청성뇌간반응이나 이음향방사와 같은 객관적인 검사는 5~6개월 이하의 유아의 청력을 측정하는 데 유용하다. 5~6개월 이상의 유·소아의 경우에는 행동청력검사를 함께 시행한다.

소아의 청력평가는 과거력, 현재의 증상, 고막 소견, 고막의 운동성검사, 음향반사검사, 행동청력검사 등을 시행한다. 청성뇌간반응검사가 의뢰된 경우에도 행동청력검사를 먼저 시행하여 결과가 의심스럽거나 소

표 2-5 연령별 언어발달 체크리스트

<table>
<tr>
<td>

• 생후 3개월까지
– 큰 소리에 놀라는 반응을 보인다.
– 부르면 고개를 돌린다.
– 큰 소리에 잠이 깨곤 한다.
– 엄마 목소리를 들으면 조용해지곤 한다.

• 생후 3~6개월
– 새로운 소리에 반응하거나 '안 돼.'라는 소리에 행동을 멈추곤 한다.
– 목소리를 흉내 내거나 따라하려고 한다.
– 노래나 음악(TV 선전, 동요, 소리나는 장난감 등)에 반응을 보인다.
– '아' '오' 등의 소리를 반복하기 시작한다.

• 생후 6~10개월
– 조용한 환경에서 이름을 부르거나, 전화벨 소리, 사람들 소리에 반응한다.
– 흔하게 사용하는 단어(맘마, 신발, 안녕 등)에 반응한다.
– 아기 혼자서 재잘거리는 등의 옹알이를 한다.
– '이리 와.' 등의 지시에 반응하기 시작한다.

• 생후 10~15개월
– 혼자 말하고 소리를 내면서 놀 수 있다.
– 친숙한 특정 사물을 가리키라고 지시하면 그 사물을 가리킬 수 있다.
– 단독으로 의미 있는 한 개의 단어를 말하고 흉내 낼 수 있다.
– 까꿍놀이나 짝짜꿍, 손뼉치기 등의 소리를 이용한 놀이를 좋아하고 즐긴다.

</td>
<td>

• 생후 15~18개월
– '공 좀 주세요.'라고 지시하면 그대로 행동한다.
– 반향어와 의미 없이 횡설수설하는 소리를 내거나 배운 단어를 사용하곤 한다.
– 원하는 것을 요구하기 위해 의미 있는 2~3개의 단어를 사용한다.
– 3~10, 혹은 그 이상의 표현 어휘를 습득한다.

• 생후 18~24개월
– '배고프니?' '쉬 마려워?' 같은 단순한 '예–아니요'식의 질문에 이해하고 반응한다.
– 동화책 등을 읽어 주거나 이야기를 듣는 것을 즐긴다.
– 눈, 코, 입 등 말을 듣고 신체 부분을 가리킬 수 있다.
– 엄마, 아빠 외에 한 단어 이상 말할 수 있다.

• 생후 24~36개월
– '신발 신어요.' '우유 먹어요.' 등의 간단한 지시를 수행한다.
– 두 어절을 이어서 ('모두 주세요.' '책 읽어 줘.' 등) 말할 수 있다.
– 말로 지시한 것을 대부분 이해하고 그대로 행동한다.
– 배설 욕구를 말로 표현하거나 이름을 명명하여 물건을 요구한다.

</td>
</tr>
</table>

출처: http://www.nidcd.nih.gov./health/silence.htm

아가 검사를 잘 받지 못하는 경우에만 청성뇌간반응검사를 한다.

행동청력검사(Behavioral Audiological Assessment: BAA)는 방음이 된 방에서 시행하며, 스피커, 이어폰, 헤드폰으로 소리 자극을 준다. 이렇게 하면 기도청력과 골도청력을 측정할 수 있고, 각각의 귀의 청력을 측정할 수 있다. 행동청력검사에는 행동관찰청력검사(Behavioral Observation Audiometry: BOA), 시각강화청력검사(Visual Reinforcement Audiometry: VRA), 유희청력검사(Conditioned Play Audiometry: CPA) 등이 있다. 일반적으로 행하게 되는 순음청력검사와 어음역치 및 어음분별력검사 등의 어음청력검사는 3~5세 이후에 가능하다.

시설 및 여건상 신생아청각선별검사를 시행하지 못할 경우, 연령별 언어발달 체크리스트를 이용하는 경우도 있다(〈표 2-5〉). 그러나 이러한 문진표는 청각선별검사를 대신할 수는 없으며, 모든 신생아에 대한 선별검사를 시행하기 어려운 경우 보호자나 1차 진료기관이 청력에 대한 관심을 가지게 하여 조금이라도 빨리 난청을 발견하는 데 도움을 주기 위함이다.

3) 유 · 소아 청력검사

유 · 소아의 언어발달, 정서적 안정, 인간관계 및 지적 발달에 매우 중요한 영향을 미치는 언어습득은 청력이 정상이어야 원만하게 이루어질 수 있다. 난청이 있는 유 · 소아는 적절한 치료, 특수교육 및 재활을 조기에 받아 사회생활을 대비해야 하므로 난청을 조기에 발견하는 것이 매우 중요하다. 객관적 검사는 연령에 따른 해부학적 · 생리학적 변화를 고려한 검사 방법과 결과의 차이를 충분히 이해하고 시행한다. 그러나 피검사자의 능동적 반응을 필요로 하는 주관적 검사는 한계가 있다. 그러므로 유 · 소아의 청력을 평가하기 위해서는 유 · 소아의 연령, 신체적 · 정신적 발달 상태를 감안하여 주관적 검사와 객관적 검사를 적절하게 시행해야 한다.

(1) 행동관찰청력검사

행동관찰청력검사(Behavioral Observation Audiometry: BOA)는 음 자극에 대한 유·소아의 행동 변화를 관찰하는 방법이다. 영아나 발달 수준이 생후 5~6개월 이하인 발달지연 유·소아에게 이용할 수 있다. 유·소아는 소리 자극을 받으면 젖 빨기를 멈추기, 깜짝 놀라기, 눈을 크게 뜨기, 조용해지기 등의 반사운동을 하거나 상태가 변한다. 행동관찰청력검사에서 보이는 반응은 자극에 따라 다양하고 부정확할 수 있으며, 습관적 행위일 수 있고, 관찰자의 편견이 개입될 수 있기 때문에 행동관찰청력검사만으로는 청력을 정량적으로 평가할 수 없다.

(2) 시각강화청력검사

시각강화청력검사(Visual Reinforcement Audiometry: VRA)는 6~24개월 사이의 소아에게 사용한다. 출생 후 6개월이 되면 유아는 대부분 수평면, 즉 좌우에서의 음원의 위치를 고개를 돌려 찾을 수 있다. 아이가 소리 자극 쪽으로 고개를 돌리거나 쳐다볼 때 빛을 깜박거리거나 장난감을 움직여 반응행위를 강화하는 검사다. 다양한 시각강화 방법을 이용하여 아이의 관심을 유도하고 고개를 돌리는 반응을 계속 유지한다. 대부분의 경우에 이 방법으로 청력 수준을 측정할 수 있다.

(3) 유희청력검사

유희청력검사(Conditioned Play Audiometry: CPA)는 24개월부터 5세까지의 유·소아에게 시행할 수 있다. 이 연령의 어린이는 검사에 집중하기 어려우므로 흥미로운 놀이나 장난감, 악기, 그림 등을 결부시켜 청력역치를 평가할 수 있도록 한 것이 유희청력검사다. 따라서 검사자와 어린이는 친밀한 관계를 유지해야 하며, 놀이에 대한 흥미를 지속시켜 어린이가 집중을 할 수 있게 하는 것이 중요하다. 소리 자극에 장난감을 하나씩 고리에 끼우게 하거나 블록을 통에 넣게 하는 등 일정한 동작을 하는 놀이를 아이에게 가르쳐서 시행한다. 아이의 관심을 유지하기 위하여 놀이를 바꾸어 가면서 할 수도 있다.

(4) 순음청력검사와 어음청력검사

정상적으로 대개 5세가 지나면 꾸준한 반복검사가 가능하다. 어린이가 습득한 언어는 연령, 생활환경과 밀접한 관계가 있다. 특히 난청이 있는 어린이는 습득 언어가 극히 제한되어 있기 때문에 어음청력검사 시 문제가 많으나, 경우에 따라 매우 유익한 정보를 얻을 수 있다. 즉, 어린이는 순음보다 습득 언어로 흥미를 유도하기 위하여 단어를 반복하거나 단어에 따른 그림을 찾게 하여 쉽게 청력역치를 측정할 수 있다. 그러나 심한 청력장애를 가진 경우 검사가 불가능하며, 대개 9세 이전에는 완전한 어음청력검사를 시행하기 어렵다.

(5) 유 · 소아에서 시행 가능한 객관적 청력검사

임피던스 청력검사 유 · 소아의 임피던스 청력검사 시 가장 문제가 되는 것은 검사를 위해 귀에 기구를 삽입할 때 거부감을 갖지 않도록 하는 것이다. 고막운동성 계측은 고막과 중이 내 전음기관의 이상 유무를 판정함으로써 간접적으로 청력손실을 알 수 있는 방법이다. 등골반사는 저음역의 잔류 청력 유무를 알 수 있으나 자신의 청력역치보다 높은, 강한 자극음에 대한 반사이므로 중등도 이상의 난청은 평가가 불가능하다. 유 · 소아의 외이도 용적은 0.4~1.0cc 정도이며, 외이도의 골부가 완전히 성숙하기 전이므로 외이도의 탄력성 때문에 생길 수 있는 고막운동성 계측의 오차를 염두에 두어야 한다. 등골반사의 역치에도 오차가 생길 수 있다.

전기와우도검사 고막을 통하여 전극을 갑각(promontary)에 부착시켜 음 자극에 따른 전기적 반응을 기록하는 경고막적 전기와우도검사는 청력손실의 정도, 와우의 이상 유무 등을 관찰할 수 있다. 이 검사는 신뢰도가 높고 역치의 측정이 용이하지만, 침습적인 방법이라는 단점이 있어 청력역치 평가에는 사용하지 않는다.

청성뇌간반응검사 청성뇌간반응검사는 유 · 소아의 청력평가를 위해 많이 이용되는 검사로 쉽게 시행할 수 있으나 검사 시간이 오래 걸리고 신생아에서 음성으로 나올 경우에 특이도가 떨어진다. 청성뇌간반응의 역치는 순음청력역치보다 약 10~20dB 높게 나타난다.

유발이음향방사검사 주로 음유발이음향방사가 널리 이용되며, 이 검사의 양성반응은 정상 청력 혹은 30~40dB 내의 청력손실을 의미한다.

청성지속반응검사 청성지속반응검사는 주파수별 청력역치를 알 수 있고, 수면에 영향을 받지 않으며 자동화 역치 측정방식으로 비숙련자도 검사하기가 용이하다. 따라서 영 · 유아의 객관적인 청력검사 도구로 각광받고 있다. 청성지속반응역치는 순음청력역치와 상관관계가 높다.

청각-기출문제

전음성 · 감음성 · 혼합성 청각장애의 특성(2013, 2011, 2009)

순음청력검사: 청력도 해석(2013, 2011, 2010), 역치계산(2013), 측정 방법(2012),

어음청력검사: 측정 방법(2012). 측정 방법(2011), 측정 방법(2010)

5개음검사: 정의(2012), 5개음 각각의 주파수 및 강도(2011), 특성(2010)

임피던스검사: 측정 방법(2011)

뇌간유발반응검사: 정의(2010), 측정 방법(2011)

참고문헌

김리석(2009). 청력검사. 대한이비인후과학회 편, 이비인후과학 · 두경부외과학. 서울: 일조각.

김형종(2008). 귀의 구조와 기능. 대한청각학회 편, 청각검사지침. 서울: 학지사.

노관택(1996). 이비인후과학 · 두경부외과학. 대한이비인후과학회 편, 이비인후과학 · 두경부외과학. 서울: 일조각.

신시옥(2008). 청성유발반응검사 II: 청성뇌간반응. 대한청각학회 편, 청각검사지침. 서울: 학지사.

오승하(2008). 신생아 청각선별검사. 대한청각학회 편, 청각검사지침. 서울: 학지사.

이종담(2003a). 귀의 해부와 생리. 이과학. 서울: 한국의학사.

이종담(2003b). 청력검사. 이과학. 서울: 한국의학사.

장선오, 김종선, 장용주, 이강수, 정필상, 최용석, 김병일, 최중환(1994). 고 위험군 신생아의 클릭음 유발이음향방사: 선별검사로서의 유용성. 한이인지, 37, 216-221.

장선오, 송병호, 조양선, 최중환(1993). 건강한 신생아의 click유발이음향방사. 한이인지, 36, 512-518.

장선오, 정하원, 동헌종, 정필상, 노관택(1992). 정상청력인의 Click음에 대한 유발이음향방사. 한이인지, 35.

정종우(2008). 순음청력검사 I: 기도-골도 검사와 차폐법. 대한청각학회 편, 청각검사지침. 서울: 학지사.

조용범(2002). 귀의 발생과 해부. 대한이비인후과학회 편, 이비인후과학 · 두경부외과학. 서울: 일조각.

채성원(2008). 어음청력검사. 대한청각학회편, 청각검사지침. 서울: 학지사.

Abbas, P. J., & Miller, C. A. (1998). Physiology of the auditory system. In Cummings, C. W. et al. (Eds.), *Otolaryngology-Head and Neck Surgery* (3rd ed.). St. Louis: Mosby-Year Book Inc., pp. 2831-2874.

David, H. (1976). Principles of electric response audiometry. *Ann Otol Rhinol Laryngol, 85*, 1-96.

Fria, T. J., & Sabo, D. L. (1980). Brainstem auditory responses in children with otitis media with effusion. *Ann Otol Rhinol Laryngol Suppl, 89*, 200-206.

Johnson, J. L., White, K. R., Widen, J. E. et al. (2005). A multicenter evaluation of how many infants the permanent hearing loss pass a two-stage otoacoustic emmisions/automated auditory brainstem response newbone hearing screen protocol. *pediatrics, 116*, 663-675.

Lonsburry-Martin, B. L., Martin, G. K., McCoy, M. J., & Whited, M. L. (1994). Otoacoustic emissions testing in young children: middle ear influences. *Am J Otol, 15*, suppl 1: 13-20.

NIH Pub. No.95-4040. Silence isn't always golden-hearing, speech and language problems in children. URL: http://www.nidcd.nih.gov/health/hearing/silence.htm. 1995.

Santi, P. A., & Mancini, P. (2004). Cochlear anatomy and central auditory pathways. In Cummings, C. & W. et al. (Eds.), *Otolaryngology-Head and Neck Surgery* (4th ed.). St. Louis: Mosby-Year Book Inc., pp. 3373-3401.

제 3 장
보청기와 인공와우

전음성 난청은 진단 후에 대부분 치료가 가능한 경우가 많다. 그러나 감각신경성 난청은 원인이 내이에서 대뇌 중추에 이르기 때문에 아직 현대의학으로 치유가 불가능한 부분이 많이 있으므로 자연히 그에 대한 재활이 중요시되고 있다. 현재 청력장애아동에게 가장 중요한 청력재활 방법인 보청기와 인공와우이식에 대한 지식은 청력장애아동을 이해하는 데 많은 도움을 줄 것이다.

1. 보청기

1) 보청기의 구조 및 종류

(1) 보청기의 구조

보청기의 기본적인 구성요소는 송화기(microphone), 증폭기(amplifier), 음량조절기(volume control), 수화기(receiver), 건전지(battery) 등이다([그림 3-1]).

송화기는 외부에서 들어온 소리를 전기신호로 변환하며, 이 전기신호는 증폭기를 통해서 청각장애아동이 충분히 들을 수 있을 정도로 키워진다. 이렇게 증폭된 신호는 음량조절기를 통해 듣기 편안한 수준으로 조절할 수 있다. 증폭된 전기신호는 수화기를 통해 사람이 들을 수 있는 음향신호(소리)로 재변환하여, 원음에 비해 증폭된 소리를 외이도를 통해서 전달하게 된다.

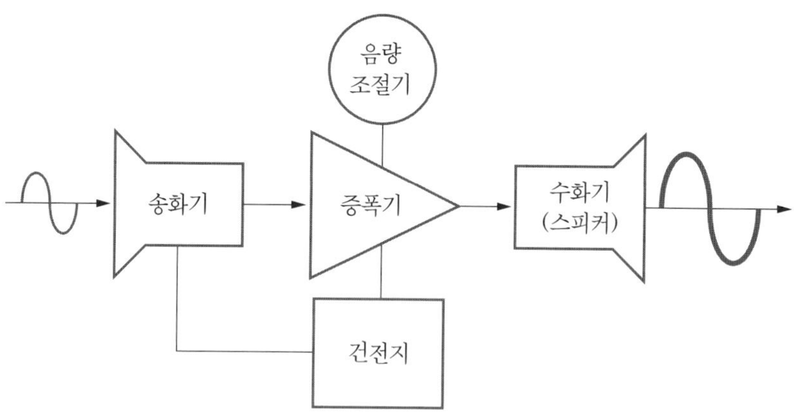

[그림 3-1] 보청기의 구조

(2) 보청기의 종류

보청기는 착용 위치, 음전도 방식, 신호의 처리 방식, 보청기의 크기, 사용 목적 등에 따라 다양하게 분류한다(이정학, 2008). 보청기의 착용 위치에 따라 분류하면 상자형, 귀걸이형(Behind The Ear: BTE), 이갑개형(In The Ear: ITE), 외이도형(In-The Canal: ITC), 고막형(Complete In the Canal: CIC) 보청기 등으로 구분한다([그림 3-2]).

보청기는 개개인의 특성에 따라 여러 유형의 보청기가 이용되고 있는데, 그 각각의 특징은 다음과 같다.

몸에 부착하는 부착형 보청기(body-type)는 현재 거의 쓰이고 있지는 않지만 송화기와 수화기가 분리되어 있어 80dB 이상의 높은 이득을 얻고자 하는 고도난청의 경우나 외이의 구조적인 문제로 보청기를 귀에 부착하지 못하는 경우에 쓰이고 있다. 한편 부착형 보청기는 수화기가 몸(주로 허리)에 부착되어 있기 때문에 귀 높이와 차이가 있어 자연스러운 소리의 수집이 불가능하고, 옷 안에 부착할 경우 마찰로 인한 소음이 문제가 될 수 있으며, 보청기로 연결되는 전선 때문에 미용상 좋지 않다는 단점이 있다.

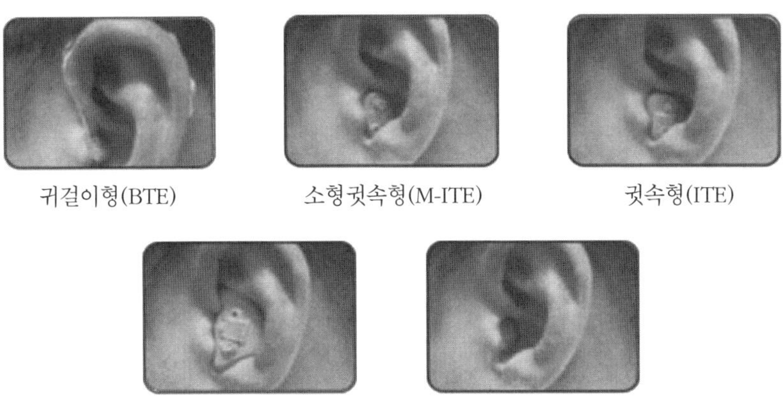

외이도형(ITC)
고막형(CIC)

[그림 3-2] 보청기의 착용 위치에 따른 형태

귀걸이형 보청기는 송수신기 및 증폭기가 들어 있는 본체는 귀 뒤에 걸고(안경다리처럼) 외이도 안으로 들어가는 귀본과는 튜브에 의해 연결되어 있다. 최대 65~75dB의 이득을 얻을 수 있어 다양한 난청에 쓰일 수 있고, 부착형 보청기에 비해 미용상 우세하며, 귀 높이에서 음의 수집이 가능하다는 장점을 가지고 있다. 최근 개발되고 있는 디지털형 귀걸이형 보청기는 수신기를 외이도 안에 장착하고, 매우 얇으며 투명한 전선으로 본체와 연결하는 방식의 초소형 귀걸이형 보청기가 많이 사용되고 있다.

외이도형 보청기(ITC)와 고막형(CIC) 보청기는 무엇보다 겉으로 노출되는 기구가 없으므로 미용상 선호된다([그림 3-2]). 하지만 외이도가 성장하고 있어 보청기의 밀착이 어려운 소아에게는 부적합하며 피드백(feedback)의 문제가 있고, 귀지나 귀 분비물에 의해 쉽게 고장이 난다는 단점이 있다. 또한 크기가 작아 조작이 어렵고 분실되기 쉽기 때문에 소아에게는 적합하지 않다.

최근에는 디지털 보청기가 많이 보급되고 있다. 이전까지의 보청기는 아날로그 방식을 사용하여 소리가 전기신호로 변환되고 변조되는 과정에서 출력 한계 이상 증폭 시 음의 왜곡(distortion)을 유발하는 증폭기 고유의 한계가 있었다. 그러나 디지털 보청기는 소리를 0과 1로 대표되는 신호로 바꾸어 저장한 후 컴퓨터를 통해 변조, 다시 음신호로 바꾸는 방법을 사용하여 유연성을 높였다. 이를 통해 정밀도의 손실 없이 신호를 복잡하게 변조하는 것이 가능하고, 어떤 주파수에서도 소음의 발생 없이 선택적으로 증폭이 용이해짐으로써 보다 자연스러운 소리를 전달하게 되었다.

기타 일반적인 보청기를 사용할 수 없는 경우에 사용되는 특수한 보청기로는 FM 무선 송신기와 수신기를 이용하는 FM 보청기가 있는데, 대화 시 송신기는 상대방(교실 내 선생님)이 가지고 있고 수신기는 귀걸이형 보청기 하단에 장착하여 대화음이 수신자의 보청기에 무선으로 전달되게 하는 보청기다. 양측 외이도가 폐쇄된 경우 일반적인 공기전도 보청기를 사용할 수 없는데, 이때는 골전도를 이용한 골도 보청기가 있다. 일 측의 난청이 있고 반대 측은 청력이 좋은 경우 방향성에 불편함이 많은데, 이때는 난청이 있는 쪽으로 들어오는 소리를 유선 혹은 무선을 통하여 청력이 좋은 반대측 귀로 듣게 하는 CROS(Contralateral Routing of Signal) 보청기가 있다.

2) 보청기 선택 시 고려 사항

보청기를 선택할 때는 청력 상태, 귀 모양 등을 고려하여 가장 효과적인 보청기를 선택해야 하는데, 이때 고려할 사항은 다음과 같다. 첫째, 귀의 모양이다. 외이도의 크기, 귓바퀴의 모양과 형태에 따라 보청기의 종류를 결정한다. 둘째, 보청기를 다룰 수 있는 능력이다. 혼자서 보청기의 삽입과 제거 혹은 음량조절기의 사용이 자유롭지 않다면 크기가 작은 귓속형 보청기는 사용할 수 없다. 셋째, 청력손실의 정도를 고려하여야 한다. 청력손실이 큰 경우 증폭이 많이 되는 보청기를 선택하여야 한다. 그 밖에 청각장애아동의 연령, 육체적 · 정신적 상태를 비롯한 일반적인 건강상태, 경제적 여건 등을 고려하여야 한다(이광선, 2009).

3) 유 · 소아 보청기

청각장애가 있는 유 · 소아의 경우 청력손실의 정도를 정확히 파악하기도 어렵고, 보청기에 대한 순응도가 낮으며(착용을 꺼림) 관리를 잘 못하기 때문에 보호자의 관심과 배려가 필요하다. 보청기를 선택할 때는 우선 양측 장애인 경우 오른쪽, 왼쪽 모두에 착용하는 것이 바람직하며, 음역과 주파수 조절 폭이 넓은 보청기를 선택하는 것이 좋다. 계속 성장을 하고 있는 과정이라면 외이도에 장착하는 보청기 케이스(case)만 교체가 가능한 귀걸이형 보청기를 가장 많이 사용한다. 귓속형 보청기는 청각장애가 심하지 않은 13~18세에 사용할 수 있다.

소아에게 잘 제작된 보청기라도 사용을 거부한다면 보청기에 문제가 있다고 생각하고 다시 조절하거나 교체를 고려해야 한다. 또한 소아는 태어나서 한 번도 들어보지 못한 소리와 잡음에 적응하여 그 소리가 무엇을 의미하는지를 깨닫게 되기까지는 많은 시간과 교육이 필요하다.

유·소아의 경우 보청기 착용 후 추적관찰이 매우 중요하다. 이는 보청기의 성능을 정기적으로 재평가하고 조절해 주어야 하며, 청각장애가 진행되고 있는지 관찰하여야 하기 때문이다. 또한 소아의 청각장애는 다른 이상을 동반하는 경우가 많은데, 보청기 착용 당시에 미처 나타나지 않은 증상의 발현을 발견하기 위해서라도 추적관찰은 반드시 필요하다. 또한 유·소아의 객관적인 청력 측정이라도 정확하지 않으므로 진단의 오류가 생길 수 있기 때문에 보청기 착용 후 이들의 성장과 병행하여 지속적인 청력검사가 필요하다.

2. 인공와우이식

와우이식술은 보청기로 효과를 기대하기 어려운 양측 고도 이상의 감각신경성난청 청각장애인에게 유용한 청력을 제공하기 위한 수단으로, 1984년 미국 FDA에서 승인을 받았다. 외부의 음원에서 전달된 소리를 전기 에너지로 변환시키고 이를 와우(달팽이관) 내에 삽입된 전극으로 청신경을 자극하여 소리를 들을 수 있도록 하는 방법이다.

세계적으로 코클리어, 어드밴스드 바이오닉, 메델의 와우이식기가 미국 FDA 인가를 받아 널리 사용되고 있고, 국내에서도 이 3사(社)의 이식기를 사용하고 있다.

현재 와우이식은 보청기로도 도움을 받을 수 없는 고도의 감각신경성난청의 치료에 유일하게 도움을 줄 수 있는 재활치료법으로 공인되었고,

1988년부터 국내에서 시행되고 있으며, 2005년 보험급여 대상으로 선정된 이후 시술 수가 급증하고 있는 추세다.

1) 와우이식기의 기본 구조, 분류 및 종류

1961년 와우이식술이 처음 시행된 이후, 청각생리에 대한 연구와 전기공학의 발전으로 와우이식기는 발전을 거듭하여 현재의 시스템에 이르게 되었다. 와우이식기는 기본적으로 외부(outer device)에 착용하는 송화기(microphone), 언어처리기(speech processor), 안테나(antenna), 수술로 인체 내에 삽입하는(inner device) 수용 · 자극기(receiver/stimulator)와 전극(electrode)의 두 부분으로 이루어져 있다.

와우이식기를 통해 소리를 듣는 과정은, 우선 송화기를 통해 소리 에너지가 들어오면 언어처리기로 가서 전기신호로 부호화된다. 이 부호화된 전기신호는 안테나를 통해 피부를 경유하여 두개골 위에 삽입된 수용 · 자극기로 전달된다. 수용 · 자극기는 와우에 삽입된 전극을 통해 전기신호를 내보내 청신경을 자극하고 뇌에서는 전기신호를 소리로 인지한다(Balkany et al., 1996).

2) 수술 전 평가 및 대상 선정

와우이식은 양측 귀에 고도의 감각신경성 난청이 있고, 보청기로 적절한 기간 동안 청력재활을 하여도 효과가 없는 경우를 대상으로 한다. 또한 청신경이 기능을 하고 있음이 증명되어야 하며, 전신마취나 수술에 금기가 될 신체적 · 정신적 문제가 없고, 청각장애아동과 보호자가 수술에 대한 강한 동기를 가지고 있을 때 시행한다. 청각학적 기준뿐 아니라 환자의 사회적 환경 또한 중요한 요소가 된다. 우선 청각장애아동 자신과 그 가족이 수술 후 재활치료에 적극적이고, 와우이식술과 수술 후 결

표 3-1 인공와우 이식의 요양급여 기준

2세 미만
- 양측 90 dB 이상의 난청
- 최소 3개월 이상의 보청기 착용에도 청능발달의 진전이 없는 경우
- 뇌막염의 합병증 등 시급히 수술을 행하지 않으면 수술 시기를 놓치게 되는 경우 예외적으로 시행할 수 있음

2세 이상 15세 미만
- 양측 70 dB 이상의 난청
- 최소 3개월 이상의 보청기 착용과 집중교육에도 불구하고 어음 분별력과 언어 능력에 진전이 없는 경우
- 시술 후 의사소통 수단으로 인공와우를 사용하지 못할 것으로 예상되는 경우는 제외

15세 이상
- 양측 70 dB 이상의 난청
- 문장 언어평가가 50% 이하인 경우
- 시술 후 의사소통 수단으로 인공와우를 사용하지 못할 것으로 예상되는 경우는 제외

출처: 보건복지부 고시 제2005-29호, 2005. 5. 15. 시행.

과에 대해 충분히 이해하고 있어야 하며, 비현실적인 기대를 갖지 않아야 한다(김희남, 2009). 또한 의료보험의 혜택을 받을 수 있는 조건이 되는지를 담당의사와 상의하여야 한다(〈표 3-1〉).

(1) 병력 및 전신검사

자세한 병력과 난청을 초래할 수 있는 과거력 및 가족력에 대해 문진하여야 한다. 또 신체검사 소견도 매우 중요한데, 외이와 중이에 활동성 감염이 있는지, 고막 천공이 있는지, 중이나 유양동의 수술을 받은 적이 있는지 등 이비인후과적 검사를 하여야 한다. 고도 청각장애 소아는 정상인보다 시각장애의 빈도가 높으므로 안과에 검진을 의뢰한다. 또한 전신마취와 수술 자체에 위험 요인이 되는 전신질환이 없는지 검사한다.

(2) 청력검사

보청기를 사용해도 잘 들을 수가 없는 양측의 고도 감각신경성 난청이 주 대상이 되는데, 고도난청의 진단은 순음청력검사, 청성 뇌간유발전위검사, 어음청력검사로 이루어진다. 일반적으로 회화영역에서 평균 청력이 100dB 이상이므로, 보청기로도 큰 도움을 받지 못하는 고도난청환자에게 와우이식이 적용되지만, 70~90dB의 청력을 유지하여도 어음판별력이 불량한 경우 와우이식의 대상이 되기도 한다. 아주 어린 유아의 경우 순음청력검사나 어음청력검사가 불가능하기 때문에 청성 뇌간유발전위검사를 통해 몇 개의 고음역에서의 청력역치를 얻게 된다.

고도난청 이상의 청력손실이 있는 모든 청각장애인에게 와우이식이 적용되는 것은 아니다. 우선 보청기로 재활이 가능한지를 먼저 시도해 보아야 한다. 최소한 3~6개월 이상 사용하고 충분히 적응되었다고 판단되면 다시 검사하여 보청기를 이용한 청능훈련이 언어발달에 영향을 주었는지를 평가한다. 즉, 보청기를 통한 청력의 향상이 어느 정도 가능한지 평가하여 이 기간에 소리에 대한 반응이 유의하게 향상될 경우 인공와우 시술은 재고된다. 언어 사용 이전의(prelingual) 소아도 보청기의 착용으로 느리지만 점진적인 보청기 효과를 보여 주기도 하는데, 반응이 미비할 경우 와우이식의 대상이 된다.

(3) 언어 평가

언어 평가는 대상자의 음에 대한 기능적인 사용 상태와 청각학적 정보를 얻기 위함이며, 향후 재활평가의 기초 자료로 이용된다. 언어지각검사는 청각장애아동의 언어 수준과 인지 능력에 따라 큰 차이를 보이는데, 특히 소아의 경우는 그 변이가 심하다. 검사 방법으로는 우선 여러 개의 보기가 주어진 상태에서 검사하는 말소리 변별능력검사(closed-set speech perception test)가 있는데, 이는 단어의 음절 수 변별능력, 문장의 길이 변별능력 등을 평가한다. 또한 보기가 주어지지 않은 상태에서 말소리 이해능력검사(open-set speech perception test)는 단어와 문장을 어느 정도로 이해하는지를 평가한다. 아주 어린 유아인 경우에는 언어기 이전의 의사소통기술을 살펴보아야 한다. 언어 평가는 청각장애아동에 따라 결과가 다르게 나타나므로 연령, 난청 발생 시기, 지적 발달 정도 및 성장 환경을 고려해야 한다(Robbins et al., 1991).

(4) 신경전도로의 확인

양측 청력장애인 경우 이식할 귀를 결정해야 하는데, 이를 위해서 성인에게는 와우각 전기자극검사(transtympanic promontory electric stimulation test)를 시행하며, 10세 미만의 소아에게는 전신마취하에서 전기유발 청성 뇌간반응검사(transtympanic Electrically evoked ABR)를 시도하기도 한다. 이들 검사에 반응이 좋은 경우 수술 후 결과가 좋을 것으로 예측할 수 있고 반응이 좋은 쪽을 이식할 귀로 선택할 수 있다.

(5) 영상검사

수술 전 측두골 고해상 컴퓨터 단층촬영(HRCT)과 MRI를 시행하여 청신경의 이상 유무, 전극이 삽입될 와우의 기형 등 이상 소견이 있는지를 반드시 영상을 통해 확인하고 수술에 임한다(Seidman et al., 1994; Siberman et al., 1995). 수술 전 와우의 상태를 정확히 파악하지 않고 시술할 경우 전극을 삽입하지 못하고 수술을 중단하는 경우가 생길 수 있다.

(6) 정신의학적 검사

정신의학자는 인공와우이식 대상자의 일반적인 인지 능력, 동기, 가족과 아동의 기대에 대한 중요한 정보를 제공한다. 실제로 보통, 지적 수준을 평가하고 인공와우이식 후의 재활에 영향을 미치는 다른 문제점을 파악하기 위해 여러 검사를 시행한다. 가족 구성원도 정신의학자와 상담할 때는 다른 팀 구성원에게 밝히지 않았던 기대에 대해 쉽게 토로하게 된다. 이러한 기대에 대하여 팀 구성원은 가족 구성원과 상담함으로써 이해를 도울 수 있다. 수술 후 재활교육을 받기 위해서는 청각장애아동의 올바른 정신 상태가 중요하며 심한 정신병이 있으면 이식수술을 해서는 안 된다.

(7) 연 령

18세를 기준으로 소아와 성인으로 구분하는데, 초기에는 주로 성인이 그 대상이었으나 현재는 1세 미만의 유아까지 그 대상 범위가 확대되고 있다. 성인의 경우 언어습득(postlingual) 후의 고도난청환자의 경우는 특별한 연령 제한이 없으나, 언어습득 전(prelingual)의 청각장애의 경우는 신중을 기해야 하며, 조기재활을 강조하는 면에서 1세 이하의 소아에게도 시술되고 있다.

(8) 이식할 귀의 선택

양쪽 귀가 모두 전농인 경우 전농 기간이 짧은 귀, 즉 최근에 전농이 된 귀를 선택한다. 양쪽 귀 모두 보청기를 사용하여도 도움을 받지 못한다면 조금이라도 청력이 남은 쪽을 선택한다. 와우각 전기자극검사(transtympanic promontory electric stimulation test)나 전기유발 청성뇌간반응검사(transtympanic Electrically evoked ABR) 등의 검사를 시행한 다음 객관적인 검사 결과를 비교하여 반응이 더 좋은 귀를 선택한다. 양쪽 귀에 모두 잔청이 어느 정도 남아 있으면 청력이 나쁜 귀를 선택하여 와우이식을 시행하고 반대편에 보청기를 계속 착용하여 양쪽으로 들을 수 있는 장점이 있다. 영상검사에서 내이 기형 등의 이상 소견이 있을 때는 정상에 가까운 귀를 선택한다.

외부에 착용되는 언어처리기(speech processor)와 머리장치(headset)의 작동을 용이하게 하기 위해 오른손잡이는 오른쪽을, 왼손잡이는 왼쪽을 선택하기도 한다. 모든 조건이 같으면 오른쪽을 선택한다.

3) 수술 후 평가 및 매핑

인공와우이식 후 검사는 매핑과 말·언어 평가로 이루어진다. 매핑(mapping)은 전기생리학적 검사결과를 활용하는 객관적 방법과 청각장애아동의 주관적인 반응을 토대로 이루어지는 주관적 방법이 있으며, 상호 보완적으로 사용한다. 말·언어 평가는 매핑의 적절성과 말 지각 등의 수행력 향상 유무를 확인할 수 있다.

(1) 수술 후의 매핑과정

수술 후 약 1개월이 경과한 후 수술 부위가 완전히 치유된 것이 확인되면 언어합성기에 프로그래밍을 하는 과정이 필요하다. 프로그램의 궁극적인 목적은 이식된 전극이 편하고 적절한 음 자극을 할 수 있도록 하는 것이고, 이를 위해 여러 가지 변수를 조절하고, 이들 정보는 언어합성기에 저장된다. 각 전극은 각각 일정한 범위의 주파수의 소리를 받아들이게 되며, 각각의 전극이 담당하는 주파수의 범위에서 역치(T-level: 소리자극을 감지하는 가장 작은 소리, 크기의 정도)와 최대치(C-level: 너무 커서 고통스럽지는 않은 정도이면서 가장 큰 정도의 소리 수준)를 찾아서 조절해 주는데, 이러한 과정을 매핑이라 한다. 각 전극에 대한 역치와 최대치가 정해지면 각 전극에 입력되는 소리의 크기가 서로 균형이 잘 맞는지를 점검하는 절차가 필요한데, 이는 말소리가 왜곡되지 않고 편안하게 들리도록 하기 위해 중요하다. 매핑은 수술 3개월까지는 1~2주에 한 번씩 병원을 방문하여 조절하고, 그 이후에도 정기적으로 검사하여 역치의 변화를 관찰한다.

한편 소아의 매핑 과정은 매우 어려운데, 협조가 잘 이루어지지 않고 선천성 청각장애로 소리의 감지나 크기에 대한 개념 자체가 부족한 소아의 경우는 더욱 그러하다. 이 경우 소리에 대한 자극-반응(stimulus-response)훈련과 행동 관찰을 통해 매핑을 하게 된다.

(2) 수술결과 및 예후 인자

와우이식 후 청력 개선 효과는 청각장애아동의 수술 전 상태에 좌우된다. 전농이 된 시기는 중요한데, 전농이 되기 전 회화 및 언어 습득이 된 경우(언어습득 이후 전농)는 언어습득 이전의 전농보다 더 빨리 적응할 수 있고, 언어 이해도가 높은 것으로 보고되고 있다. 또 언어습득 이전 청각장애의 수술 시기는 빠를수록 청지각 능력이 좋은 것으로 알려져 있다.

수술 후 외부 장치를 부착하고 스위치를 켜면 소리를 느끼게 된다. 정상인이 듣는 소리와 똑같은 소리는 아니지만 환경음을 감지하게 되어 소리에 반응을 보일 수 있고, 재활교육을 통해 말소리를 이해하게 되는 청각장애아동도 있다. 결과가 매우 좋은 경우에는 독화 없이 대부분의 일상 대화를 알아듣게 되고 전화통화도 가능하다. 그러나 이러한 수술 후 결과는 난청의 기간이나 원인 등에 따른 개인적인 차이가 크며, 수술 전의 부적절한 기대감은 수술 후 재활교육을 어렵게 하는 요인이 될 수 있으므로 수술 전 의사와의 상담과 언어치료과정을 통해 와우이식의 실제에 대한 충분한 이해가 필요하다.

(3) 수술 후 청각재활 프로그램

말소리를 듣고 이해하기 위해서는 크게 다음과 같은 6단계의 청각적 능력이 필요하다.

- 1단계: 말소리 탐지능력
- 2단계: 말소리의 초분절적 특성 변별능력(예, 단어 및 문장의 길이, 말소리의 높낮이, 크기, 억양 등을 듣고 구별하는 능력)
- 3단계: 모음 변별능력
- 4단계: 자음 변별능력
- 5단계: 보기가 주어지지 않은 상태에서 말소리를 듣고 20% 정도 이해하는 능력

- 6단계: 보기가 주어지지 않은 상태에서 말소리를 듣고 20% 이상 이해하는 능력

언어습득 이후에 고도-심도의 청각장애가 생긴 성인 및 청소년의 경우 인공와우이식 후에 점차 높은 단계의 청각적 이해능력을 얻기 위해서는 각각의 단계에 맞는 듣기능력 과제를 사용하여 독화 없이 소리만을 듣고 집중적인 청능훈련을 지속적으로 받는 것이 필요하다.

한편 선천성 청각장애 등으로 언어습득 이전 단계에 있는 어린 아동의 경우 1단계의 말소리 탐지 능력은 수술 후에 비교적 쉽게 이루어지지만, 그보다 높은 단계를 위해서는 어휘, 개념, 문장 구조의 이해 등의 언어능력 자체 발달이 동시에 이루어져야 한다는 어려움이 있다. 그러나 청각적 언어 이해능력의 발달에 중점을 두는 청각장애 학교의 교육과 병행하여 각 단계에 맞는 집중적인 청능훈련 및 언어치료가 지속적으로 이루어지고, 또한 가정에서 적절한 지도가 뒷받침이 될 때 수술을 받은 아동은 인공와우를 통해 얻는 청각적 정보를 사용하여 언어의 이해 및 표현능력의 발달과 함께 발성 및 조음 능력의 향상까지 꾸준하게 달성할 수 있다.

재활교육을 받으면서 수술 후 3, 6, 9, 12개월 및 그 후로 1년 동안은 6개월 간격으로, 그 후로는 1년 간격으로 언어치료실에서 매핑 및 수술 후 언어 인지능력에 대한 평가를 받게 된다. 언어능력에 대한 평가로는 순음청력검사와 어음청력검사, 따라말하기검사(speech tracking test), 자음-모음변별검사(confusion test)를 실시하며, 나이가 많고 언어능력이 우수한 유아에게는 단음절 낱말검사(PB word), 이음절 낱말검사(spondee word), 일상생활 문장검사 등의 검사도 시행하여 수술 후 재활에 따른 청력과 언어능력을 평가한다.

청각-기출문제

보청기: 보청기의 기본 구조 및 특성(2011)

인공와우: 인공와우 시술 후 유의사항(2012), 인공와우 시술 대상 및 구조(2012), 인공와우의 정의, 시술대상, 구조(2011)

참고문헌

김희남(2009). 와우이식. 대한이비인후과학회 편, **이비인후과학 · 두경부외과학**. 서울: 일조각.

이광선(2009). 보청기. 대한이비인후과학회 편, **이비인후과학 · 두경부외과학**. 서울: 일조각.

이정학(2008). 보청기검사. 대한청각학회편, **청각검사지침**. 서울: 학지사.

이효정(2008). 인공와우이식 전후 검사. 대한청각학회편, **청각검사지침**. 서울: 학지사.

Balkany, T. et al. (1996). Update on cochlear implantation. *Otolaryngol Clin North Am, 29*(2), 277-289.

Robbins, A. M. et al. (1991). Evaluating meaningful auditory interaction in profoundly hearing impaired children. *Am J Otol, 12*(suppl), 144-150.

Seidman, D. A. et al. (1994). Temporal bone imaging for cochlear implantation. *Laryngoscope, 104*(5), 562-565.

Silberman, B. et al. (1995). Role of modern imaging technology in the implementation of pediatric cochlear implants. *Ann Otol Rhinol Laryngol, 104*(1), 42-46.

제4장

청각장애아동 심리

이 장에서는 청각장애아동의 심리발달에 대해 논의하고자 한다. 심리는 인지와 정서로 구성되어 있어서 청각장애학생의 인지 발달과 정서발달에 초점을 맞추었다.

특히 인지발달에서는 '인지란 무엇인가.', 즉 인지의 정의에 기초하여 인지의 하위 개념별로 인지발달 특성에 대해 살펴볼 것이다. 이정모 등(2009)은 인지를 시각적 지각과 청각적 지각, 부호화, 주의, 기억, 언어, 문제 해결력, 추론, 사고, 학습을 포함하는 복잡한 개념으로 정의하고, 인지발달을 설명하기 위해서는 인지의 각각의 하위 구성 요소별로 설명하여야 함을 시사하였다. 따라서 이 장에서도 청각장애학생의 인지발달을 각각의 하위구성요소별로 주의발달, 지각발달, 표상발달, 기억발달, 개념발달, 수능력발달, 마음에 대한 이해발달 중심으로 설명하고자 한다. 이 장에서 언급하는 청각장애학생의 인지발달에 대한 설명은 정정진 등(2010)의 『특수아동 심리학』에서 저자가 기술한 '감각장애아동의 인지

발달'의 청각장애 인지발달 부분을 발췌하여 제시하였다. 또한 청각장애아동의 정서발달에 대해서도 정서의 여러 측면을 중심으로 설명하고자 한다.

1. 청각장애아동의 인지발달 특성

1) 청각장애아동의 인지

청각손실이 아동의 인지발달에 어떠한 영향을 미치는가에 대한 논쟁은 '청각손실 자체가 청각장애아동의 인지발달에 부정적 영향을 미친다.'는 주장과 '청각손실로 인한 언어발달과 경험 부족이 인지발달에 부정적 영향을 미친다.'는 주장으로 나뉜다(Paul, 1990). 이러한 상반된 주장에 대해 다양한 연구결과를 바탕으로 각 주장의 타당성을 확인하고, 그 속에서 도출될 수 있는 결론을 살펴볼 수 있다.

청각장애아동은 여러 관점에서 아주 이질적이다. 이것은 청각장애아동의 인지발달 특성도 매우 이질적임을 시사한다. 즉, 청각장애 정도가 경미한 경우와 청각장애가 심한 경우는 인지 발달 특성도 장애 정도의 차이만큼이나 다를 것이다. 대부분 청각장애가 경미한 경우, 그리고 구어 환경에서 교육을 받은 경우에는 정상인과 비슷한 인지 발달 특성을 보일 것이다. 그러나 이와는 반대로 청각장애가 심한 경우, 그리고 구어 환경에서 교육을 받기는 했지만 의사소통 매개가 구어가 아니고 수화언어나 지문자나 제스처인 경우 정상적인 인지발달과 다른 특징을 보일 수도 있다. 그러므로 우리는 청각장애인의 인지 발달 특성에 대해 언급하면서 청각장애학생의 다양한 측면을 같이 고려해야 한다. 더불어 중등도 이상의 청각장애를 겪는 아동의 인지발달 특성에 초점을 맞추어 설명하고자 한다.

2) 청각장애아동의 주의력

주의는 무관 자극을 억제하고 관련 자극을 처리하는 의식의 선택적 집중 과정으로 정의될 수 있고(최상배, 안성우, 박재국, 김미경, 2004), 주의의 구성 요소는 각성, 정향 반응과 실행 통제로 나눌 수 있다(Dye, Baril, & Bavelier, 2007, 정정진 외, 2010에서 재인용).

Dye 등(2007)은 Attentional Network Test(ANT)를 이용하여 청각장애가 시각적 주의의 어느 측면에 영향을 미치는지를 조사하였다. ANT는 각성(alerting), 정향반응(orienting), 실행 통제(executive control)를 개별적으로 분석할 수 있는 검사 도구이며, 특히 실행 통제의 지각 장(field)의 중심(central) 주의와 주변(peripheral) 주의를 분석할 수 있다. ANT를 이용하여 청각장애인의 시각적 주의를 조사한 그들의 연구결과는 다음과 같다. 청각장애아동은 주의의 구성요소 중 각성과 정향 반응에서는 건청아동과 차이가 없었고, 또 중심 시각 주의(0.5°)에서 방해 자극(flankers)이 나타나도 건청아동과 별차이 없이 주의 과제를 수행하였다. 그러나 청각장애아동은 주변 시각 주의(25° 방향)에서 방해 자극이 나타나는 경우 건청아동보다 주의 과제에서 열등히 낮게 수행하였다. 이는 주의집중이 관련없는 자극을 무시하고 관련 있는 자극에만 주의의 초점을 두는 의식적 집중과정이라고 한다면, 청각장애아동은 시각의 발달로 인해 주변 주의 장에서의 외부적 자극에 대해 매우 민감하게 반응함으로써 불필요하게 산만한 모습을 보이는 것을 의미한다. 청각장애아동의 이러한 시각 주의 패턴은 건청인이 그들의 주의를 중심에 맞추는 것과 달리 청각장애인은 그들의 주의를 주변적으로 배분하는 경향이 있기 때문일 것이다(Dye et al., 2007). 이러한 연구결과는 청각장애아동이 왜 주변의 시각적 자극에 쉽게 주의를 빼앗기는지를 잘 설명해 준다고 할 수 있다. 결국 청각장애아동은 건청아동과는 달리 주변 주의 장의 방해 자극에 쉽게 주의를 빼앗겨 표면적으로는 행동적으로 시각적 산만성을 보이게 된다(Neville &

Lawson, 1987a; 1987b: Dye et al., 2007에서 재인용). 위와 같은 연구결과 등을 종합해 보면 청각장애아동의 주의력은 건청아동에 비해 다소 주의력이 떨어지는 것을 알 수 있다. 그러므로 청각장애아동의 주의력을 향상시켜 효과적인 학습활동을 활성화하기 위해서는 주변 주의 장의 방해자극을 제거하거나 학습환경을 구조화할 필요가 있다.

3) 청각장애아동의 기억력

청각장애아동의 기억능력에 관한 연구는 정보처리 모형의 관점에서 이루어져 왔다. 정보처리 모형의 관점에 따르면, 사람의 기억은 감각기억, 단기기억, 장기기억으로 구성되어 있다. Baddeley(1990)는 단기기억을 작업기억으로 대체하여 개념화하였다. 이 절에서는 주로 청각장애학생의 단기기억과 작업기억능력에 대해서만 언급하고자 한다.

선행연구결과에 따르면, 청각장애인의 감각기억과 장기기억능력은 특별한 것이 없다. 청각장애인의 단기기억에 관한 연구를 살펴보면 청각장애아동의 단기기억 능력은 9.5세로 생활연령에 미치지 못하는 단기기억능력을 갖고 있다는 것을 보고하고 있다. Blair(1959)는 2~3개의 숫자를 시각적이면서 순차적으로 제시한 과제에서, 숫자가 순차적으로 제시된 과제에서의 기억능력은 청각장애아동이 일반아동보다 열등하고, 동시적으로 제시된 과제에서의 기억능력은 비슷하다고 보고하였다(Paul, 1990에서 재인용). 이처럼 청각장애아동은 순차적으로 제시되는 정보의 처리과정을 요구하는 기억 과제에서 일반아동만큼 잘 수행하지 못할뿐더러 단어나 구, 절 그리고 숫자와 같은 의미 있는 정보를 기억해 내는 과제에서도 일반아동에 비해 뛰어나지 못하다(이광렬, 2006; 허일, 1999; Conrad, 1979; Greenberg & Kusche, 1989; Rodda & Grove, 1987: Paul, 1990에서 재인용). 그러나 모양과 같은 비의미적 자극 단서나 비언어적 단서의 순차적 기억 과제에서는 청각장애아동과 일반아동이 유사한 결과를 보이고 있다(O'Connor, 1979; Paul, 1990에서 재인용).

그러면 왜 의미적 자극 과제에서 청각장애아동의 단기기억능력이 일반인보다 뒤떨어지는가? 왜 비의미적 자극 단서에서는 청각장애아동의 단기기억능력이 일반인과 유사한가? 이에 대한 답은 다음의 관점에서 설명할 수 있다.

첫째, 기억은 재구성과정을 포함한다(이정모 외, 1999). 약호화할 수 있는 의미자극 과제에서 청각장애아동이 열등하다는 것은 청각장애아동의 표상된 지식이 의미자극을 약호화하는 데 불충분하다는 것을 의미한다. 즉, 언어를 포함한 지식의 부족이 의미자극 과제에서 청각장애아동이 열등하게 수행하도록 한 원인이라고 볼 수 있다. 둘째, 의미자극을 약호화할 때 사용하는 부호의 차이가 단기기억에서의 수행능력의 차이를 초래한다(Conrad, 1979; Hanson, 1985; Lichgtenstein, 1985; Paul, 1990). 일부 청각장애아동은 정보를 표상할 때 시각, 수화, 지문자 등의 부호를 사용하는데, 이 부호는 모두 시각적 정보로 단기기억에 4개까지 저장할 수 있다. 이에 비해 일반인은 정보를 표상할 때 대부분 음운부호를 사용하여 단기기억에 음운부호를 7개까지 저장할 수 있다. 이러한 부호화의 차이가 단기기억의 저장능력에서의 차이를 초래한 것이다(Martin, 1985; Quigley & Kretscher, 1982: Paul, 1990에서 재인용)

이러한 연구결과를 살펴보면 결과적으로 청각장애아동의 단기기억능력이 건청아동에 비교하여 뛰어나지 못하다는 것을 알 수 있고, 그 어려움은 청각장애가 일차적 원인이 아니라 언어 환경적 요인에 의해 영향을 받았다고 볼 수 있다(Paul, 1990). 그리고 단기기억에서의 이러한 차이가 결국 언어학습, 독해능력의 차이를 가져오는 한 원인요소로 생각된다.

작업기억은 단기기억이 정보처리과정을 너무 단순화했다는 비판에서 제안된 대체기억으로서, 정보를 일시적으로 저장, 유지, 조작하는 기능을 하는 작업 공간(Baddeley, 2003)이다. 단기기억이 정보의 수동적 저장 기능을 한다면 작업기억은 정보를 저장하고 조작 · 처리하는 기능까지

맡고 있다. 최근에 이 작업기억에 대한 관심이 높아지고 있다. 특히 작업기억이 학습과 이해, 추론과 같은 복잡한 인지 과제 수행에 아주 중요한 역할(Baddeley, 2003)을 하는 것으로 제안되면서 더욱 관심이 높아지고 있다. Levin(2003)은 작업기억을 작업에 필요한 정보의 임시 저장소로서 단순히 수동적으로 정보를 저장하는 단기기억과는 달리 저장과 처리 기능을 가지며 막 실행하려고 마음에 담아둔 여러 가지 요소를 일시적으로 저장하고 실행하는 컴퓨터의 램(RAM)에 해당하는 기억이라고 설명하였다.

작업기억의 임무는 머릿속에서 여러 생각을 결합하고 발전시킬 기억 공간을 제공하고 어떤 일을 할 때 일을 구성하는 각 부분을 한데 묶어 기억하는 체계를 만드는 것이다. 또한 질문의 답을 찾느라 기억을 더듬는 동안 질문의 내용을 기억하고 있기와 같이 단기기억과 장기기억이 만나는 장소를 제공하고 빠르게 계획을 세우며, 애초의 행동의 목적을 기억해 두는 장소를 제공하는 것이다(Levin, 2003). 즉, 생각이나 이야기가 전개될 때 그 내용을 동시에 붙잡아 두고 특정한 일이나 활동을 진행하는 동안 서로 다른 구성 요소를 한데 붙잡아 두는 역할을 한다(Levin, 2003). Baddeley(1990)는 초기에 작업기억은 음운 루프, 시공간 잡기장, 중앙 집행기의 세 요소로 구성된다고 제안했지만 2003년도에 임시 완충기(Episodic Buffer)라는 요소를 추가하여 제안하였다.

작업기억을 측정하는 방법은 구성요소마다 차이가 있다. 음운루프능력을 검사하는 방법은 무의미 단어와 단어 회상하기검사가 있고, 시공간 잡기장 측정 방법은 사각형 매트릭스 형태검사와 Mr. Cucumber검사가 있으며, 중앙 집행기 능력을 측정하는 방법은 읽기 폭 과제와 수셈-단어 검사 과제, 숫자 거꾸로 회상하기, 위스콘신 카드 분류검사 방법이 있다.

이종민(2003)은 청각장애인을 대상으로 작업기억능력 특성을 조사하였다. 특히 농인 수화자와 구화 사용 건청인과 수화 통역사를 대상으로 작업기억능력 특성을 조사하기 위해 숫자 바로 회상하기, 숫자 거꾸로 회상하기검사를 활용하였는데, 이들 과제는 지문자로 숫자를 시각적으로 제시하였다. 또 다른 과제로 숫자 카드를 30초간 보게 하고 회상하게 하였다. 그리고 숫자를 2, 3, 4, 5, 6, 7개로 점차 늘리며 검사를 실시하였다. 비록 지문자로 숫자를 시각적으로 제시하였지만 연구결과는 농아 수화자의 작업기억능력이 건청인, 수화 통역사보다 열등한 것으로 나타났다. 이러한 결과에 대해 이종민(2003)은 청각장애인의 작업기억 특성이 열등한 것은 작업기억에서 정보를 처리하기 위해 사용하는 부호화의 차이 때문이라고 주장하였다. 즉, 과제 자극은 시각적으로 제시되었지만 작업기억에서 처리하기 위해 표상할 때 건청인은 음운 정보로 부호화하여 처리하였고, 수화 농아인은 시각적 정보로 부호화하여 처리하였는데, 수화는 음성언어보다 조음하는 데 걸리는 시간이 더 걸리기 때문에 순차적 회상의 어려움을 겪어 작업기억능력을 떨어뜨린다고 주장하였다. 결과적으로 작업기억은 과제가 제시되는 감각 양식에 관계없이 피험자가 가지고 있는 언어 경험에 따라 특성화된다(이종민, 2003).

그러므로 청각장애아동의 교육에서는 청각장애아동의 부족한 단기기억과 작업기억 능력을 감안하여 언어 등에 대한 다양한 지식을 제공하고, 수화언어 등 시각적 부호단서를 사용하는 학습자에게 순차적인 정보를 제공할 때는 시각적 단서의 기억수용능력을 감안하여 제공하는 등 여러 사항을 고려해야 한다.

4) 청각장애아동의 지능

(1) 인지와 지능의 관계

오래 전부터 인지와 지능의 관계에 대해서 많은 논쟁이 있어 왔다(Paul & Jackson, 1993). 지능이 인지의 한 요소일 뿐이라고 주장하는 학자도 있고(Mann & Sabatino, 1985; Sternberg & Detterman, 1986), 인지와 지능이 서로 관련이 없는 별개의 개체라고 주장하는 학자도 있다(Moores, 1987). 또 다른 학자는 인지와 지능을 동의어로 보아야 한다는 의견을 내놓았다

(Das, 1986, 1989; Naglieri, 1987: Paul & Jackson, 1993에서 재인용). 인지심리학의 관점에서 보면 지능은 인지의 한 요소다(이정모 외, 2009). 따라서 이 절에서는 지능이 인지의 한 요소라는 관점에 따라 청각장애아동의 지능에 대해 기술하였다.

(2) 지능에 대한 관점

지능에 대한 정의와 요인은 아주 다양하다. 인지와 지능이 별개라는 관점을 가진 학자는 지능을 어떤 정보를 적절하고 효율적으로 습득하고 활용하는 행동으로 나타난 능력(이정모 외, 1999)이라고 보고, 행동을 통해 측정할 수 있는 것으로 간주하여 인지구조(지식)라고 보고 있다. 반면 인지와 지능이 동의어로 사용되어야 한다고 보는 학자는 "어떤 행동을 지능적이게 하는 것은 그 행동의 결과뿐만 아니라 행동을 산출하는 내적 정보처리 특성에 근거해야 한다."(Block, 1981: 이정모 외 1999에서 재인용)라고 하면서 지능을 인지과정으로 보고 있다. 이러한 두 가지 관점에 따라 지능의 모형은 심리측정적 접근과 인지과정적 접근으로 대별된다(이정모 외, 1999). 심리측정적 접근은 인간의 지적 능력의 개인차를 밝히는 데 초점을 맞추고, 밝힐 수 있는 행동 특성을 요인분석을 통해 묶어 인지구조를 밝히는 데 초점을 맞추었다.

반면 인지과정적 접근은 지능적 행동이 어떤 과정을 통해 일어나는가를 밝히는 데 초점을 맞추었다. 여기에서도 심리측정적 접근과 인지과정적 접근의 두 가지 관점에 따라 개발된 검사 도구의 실시결과를 통해 청각장애인의 지능을 살펴보고자 한다.

심리측정적 접근에서 본 청각장애아동의 지능 심리학자는 지능을 지능검사 도구로 측정한 값으로 정의하고 있다. Moores(최성규, 1997에서 재인용)에 따르면, 1941년 Pintner와 그의 동료들(최성규, 1997에서 재인용)은 청각장애학생에게 지능검사를 실시할 경우 일반적으로 자신의 생활연령보다 2세 정도 뒤처져 있어 지적인 면에서 일반학생보다 열등하다고 주장하였다(Paul, 1990). 그러나 다른 학자는 이러한 차이는 사용된 지능검사 도구가 언어성 검사를 포함하고 있어 언어능력이 뒤떨어지는 청각장애학생의 경우 당연히 낮은 결과가 나올 수밖에 없기 때문이라고 하였다. 그러므로 그들은 청각장애아동의 낮은 지능 지수가 청각장애학생의 진정한 지적 능력을 반영하는 것이 아니라고 주장하면서 그들의 진정한 지적 능력을 측정할 수 있는 지능검사 도구의 개발에 대한 필요성을 제기하였다.

이러한 비판과 지적에 따라 1960년대의 Myklebust(1960)는 기존의 지능검사 도구에서 언어성 소검사를 배제하고 동작성 지능검사만을 활용하여, 청각장애학생의 지능을 측정함으로써 그 결과가 어떠한지를 일반아동과 비교 및 분석하였다(Moores, 1987: 최성규, 1997에서 재인용). 그 검사결과, 청각장애학생은 Hiskey Nebraska 학습적성검사와 Kohs의 블록설계(Block Design)와 같은 구체적 수행능력을 요하는 비언어성 검사에서는 일반학생과 별 차이가 없었다. 그러나 비언어성 검사라도 추상적 수행능력을 요구하는 Raven의 비언어성 지능검사(Progressive Matrics)와 같은 검사에서는 일반학생에 비해 낮은 수행력을 보였다. 이러한 결과에 따라 Myklebust(1960)는 청각장애학생이 구체물의 세계에 갇혀 있다고 하면서 추상적 세계를 반영하는 과제에서는 열등하다고 주장하며 '농인의 심리'라는 표현을 사용하였다(Paul, 1990). 즉, 농인은 청각장애로 인해 시각, 촉각 등에 많이 의존하기 때문에 일반인과는 다르게 세계를 지각하고 구체물의 세계에 갇혀 있다(Myklebust, 1964; Paul, 1990에서 재인용). 이러한 Myklebust의 결과에 대해서 Paul은 청각장애학생의 비언어성 검사에서의 결과는 양적으로는 일반학생과 같지만 질적으로는 차이가 있다고 하였다.

1960년대 후반에 들이와서 Furth(1966, 1971)는 청각장애인의 지적 능력은 건청인과 별 차이가 없고 유사하다고 주장하였다(Paul, 1990에서 재인용). Furth(1966) 등에 따르면, 지능검사결과에서의 차이는 ① 건청인 검사자가 검사 방법을 청각장애인에게 전달하는 데서 겪는 곤란, ② 지능검사 도구의 언어적 · 문화적 편견, ③ 청각장애학생의 언어나 의사소통 기술의 부적절한 발달로 인한 경험의 결여를 반영한다(Paul, 1966에서 재인용). 이러한 주장을 한 학자는 지능검사에서 청각장애학생이 열등한 수행능력을 보이는 것은 지능검사의 하위검사 과제에 대한 경험 부족이나 언어와 문화적 차이의 결과이지 청각장애 자체 때문이 아니라고 하였다. 그들은 이런 관점에서 지능검사 도구를 개발할 때 청각장애인을 규준에 포함하거나 청각장애인만을 규준으로 하는 지능검사 도구의 개발을 촉구하였고, 그 이후에 많은 비언어성 지능검사 도구가 개발되었다(Paul, 1990).

이러한 결과에 비추어 보면 학교현장에서 청각장애아동의 사정 등을 고려하여 지능을 올바르게 측정하기 위해서는 언어성을 포함한 검사 도구보다는 비언어성 검사 도구, 특히 규준에 청각장애집단이 포함되는 지능검사 도구를 활용하여야 함을 시사하고 있다.

인지과정적 접근에서 본 청각장애아동의 지능 PASS 모델에 기초하여 개발된 인지사정체제를 활용하여 청각장애인의 지적 능력을 살펴본 연구를 보면 Ojile(1991)은 난청아동의 계획하기, 주의하기, 동시적 처리하기, 연속적 처리하기 능력은 전반적으로 저조한데, 저학년은 특히 동시적 처리하기와 연속적 처리하기의 '언어적 과제'에서 저조하고, 고학년은 동시적 처리하기와 연속적 처리하기의 '언어적 과제'와 '비언어적 과제' 모두에서 저조하다고 보고하였다. 그러나 주의집중 과제에서 난청학생은 결함이 없는 것으로 나타났다고 보고하였다. Das와 Ojile(1995)의 연구에서는 청각장애인이 건청학생에 비해 동시적 연속처리 과정과 계획과정에서 열등하다고 결론지었다. 국내에서 이루어진 연구(허일, 1999)에 따르면, 주의집중과제에서 청각장애학생을 건청학생과 비교하였을 때 수행력에 차이가 없지만 동시적 처리하기와 연속적 처리하기 및 계획과정은 수행력이 뒤떨어진다고 보고하였다. 이와 같은 연구결과는, 청각장애학생에게 인지사정체제의 하위검사를 제시했을 때 그들의 과제 수행력을 건청학생과 비교하거나 인지사정체제의 과제 수행력과 청각장애학생의 학업성취도를 비교한 것이다.

최근 안성우와 이광렬(2008)은 인지사정체제를 활용하여 청각장애학생의 인지처리능력을 조사하였다. 그 대상은 청각장애학교에 재학 중인 18세 미만의 중 · 고등부 학생 41명으로서, 동작성 지능지수가 하위 1표준편차 이상인 지적 능력을 가지고 있다. 연구결과, 청각장애학생은 동시적 처리하기 능력에서 평균 이상의 수행력을 보였고, 계획하기능력과 주의집중능력에서는 하위 1표준편차 이상의 수행력을 보였지만, 연속적 처리하기능력에서는 하위 2표준편차 이하의 수행력을 보였다. 비록 직접적으로 건청학생의 수행력과 비교하지는 않았지만 인지사정체제검사의 규준과 비교하였기 때문에 간접적으로 비교한 결과라고 볼 수 있다.

특히 안성우와 이광렬(2008)의 연구에서는 '어휘력 수준이 인지과정 수행능력에 어떠한 영향을 미치는가'와 '수화언어능력이 인지과정에 어떠한 능력을 미치는가'를 조사하기 위해 '어휘력 수준이 상인 집단과 하인 집단 간에' 그리고 '수화언어능력 수준이 상인 집단과 하인 집단 간에' 인지사정체제의 하위 척도에서의 수행력을 비교하였다. 비교 결과 어휘력이 좋은 집단이 계획하기, 동시적 처리하기, 연속적 처리하기, 주의집중 과제에서 통계적으로 유의미하게 수행력이 높았고, 수화언어능력이 좋은 집단이 수화언어능력이 열등한 집단보다 계획능력과 연속적 처리하기 과제에서 수행력이 높았다.

이와 같은 연구결과를 놓고 보면 청각장애아동은 인지과정 접근상으로는 건청아동에 비해서 대체적으로 동시적 처리하기와 연속적 처리하기 및 계획 과정 등에 열등한 결과를 보인다. 그러므로 청각장애아동 교육에서 과제를 제시하거나 수업을 전개할 때 청각장애아동의 인지과정적인 어려움을 고려해야 할 것을 시사하고 있다. 특히 안성우와 이광렬(2008)의 연구결과를 보면 수화언어능력을 포함한 어휘능력을 향상시켜 주는 것이 청각장애아동의 인지과정 과제 수행력을 향상시킨다.

5) 청각장애아동의 마음이론발달

청력의 상실은 아동의 마음이론발달에 영향을 미치는가? 이에 대한 답을 구하기 위해서는 청각장애아동의 구어발달, 수화언어발달과 마음이론발달 간의 관계를 살펴보는 것이 필요하다. 청각장애아동의 수화언어발달에도 불구하고 마음이론발달이 지체된다면 청력 상실이 마음이론발달에 영향을 미친다고 가정할 수 있다. 하지만 수화언어발달과 마음이론발달 간에 상관이 있다면 청력 상실이 마음이론발달과는 무관하다고 가정할 수 있다. 이는 청력 상실의 결과라기보다는 언어 경험의 결과이기 때문이다. 마음이론의 발달은 언어발달과 관계가 깊다는 연구결과가 많다. 특히 믿음 어휘의 이해 및 표현과 마음이론발달 간에는 높은 상관이 있다(Ziatas, 1998). 그렇다면 구어 이해력과 표현력에 어려움과 지체를 겪고 있는 청각장애아동의 마음이론발달은 어떠할까? 청각장애로 인해 구어습득에 어려움을 겪는 청각장애아동은 특히 믿음 어휘의 이해와 표현에 어려움과 지체를 겪을 수 있는데, 청각장애아동의 마음이론의 발달도 일반아동과 같은 발달 수준과 발달단계를 거치는지, 아니면 일반아동과는 마음이론발달에 차이를 보이는지에 대한 의문이 생길 수 있다. 이러한 이유로 최근에 청각장애 교육가는 마음이론에 대해 많은 관심을 보이고 있다(Ai-Hilawani et al., 2002).

Clark, Schwanenflugel, Everhart와 Bartini(1996), Rhys-Jones와 Ellis(2002)가 수행한 연구와 같은 청각장애아동의 마음이론발달에 관한 여러 연구의 결과에 따르면, 청각장애성인은 잘 발달된 마음이론을 갖고 있다(Ai-Hilawani et al., 2002에서 재인용). 그러나 언어발달이 늦은 청각장애아동은 성인 농인과는 다르다. Peterson과 Siegal(1995)은 청각장애아동의 경우 마음 상태에 대한 대화의 기회를 일찍부터 박탈당한다면 마음이론발달이 지체될 것이라고 주장했다. Lundy(2002)는 건청부모가 있는 5~10세의 청각장애아동 34명을 대상으로 틀린 믿음 과제에 대한 수행력을 조사하였는데, 청각장애아동이 약 3년 정도 마음이론발달이 늦다고 주장했다(Ai-Hilawani et al., 2002에서 재인용). 그러나 Courtin(2000)은 5~8세의 청각장애아동 155명을 대상으로 틀린 믿음 과제를 제시하고 수행력을 살펴본 후, 청각장애아동의 마음이론발달은 부모의 청력 상태에 따라 다르다고 하였다. 즉, 부모가 농인인 경우 청각장애아동의 마음이론발달은 건청아와 유사하지만 부모가 건청인일 경우 건청아동에 비해 마음이론발달이 지체된다고 주장했다(Ai-Hilawani et al., 2002에서 재인용). 이 외에도 여러 학자가 대화능력과 마음이론발달 간의 관계를 조사하였는데, 대부분의 연구는 두 변인 간에 밀접한 관계가 있다는 결과를 제시하였다(Figueras-Costa & Harris, 2001; Jackson, 2001: Ai-Hilawani et al., 2002에서 재인용).

이들 연구는 언어능력의 영향을 최소화하기 위해 언어가 배제된 틀린 믿음 과제를 사용하거나 아동의 수화 사용 여부, 부모의 수화 사용 여부, 농부모의 여부를 변인으로 설정하여 마음이론발달에 미치는 영향을 조사했다. 그럼에도 청각장애아동의 틀린 믿음 과제에서의 수행력은 낮았고, 따라서 마음이론발달은 지체되어 있다고 결론짓고 있다. 결국 청각장애아동의 마음이론발달이 지체되는 것은 청력상실의 결과라기보다는 언어 경험의 결과라고 할 수 있다.

6) 청각장애아동의 개념 형성 혹은 발달

(1) 개념 형성

우리는 많은 경험을 통해 세계에 대한 개념을 형성하고 발달시킨다.

즉, 개념은 심적 표상으로 나타나는 세계에 대한 지식으로서, 우리는 개념을 통해 세상을 이해하게 된다(Luetke-stahlman & Luckner, 1991). 개념은 "구체적인 개개인의 사물이나 사건의 표상이 아니라 유사하거나 관련된다고 보이는 여러 개의 사물이나 사건이 요약되고 추상화된 표상"이라고 정의할 수 있다(성현란 외, 2001). 그리고 개념은 주요 속성을 공유하는 일련의 특정 사물과 상징과 사건을 말하는데, 이는 세계에 대한 개개의 지식이 아니라 세계에 대한 지식이 요약되고 추상화되어 표상된 것이라고 할 수 있다(Luetke-stahlman & Luckner, 1991). 요약되고 추상화되는 과정에서 사물이나 사건은 자연히 유사성에 기초하여 묶이고 유목화되고 범주화되어 표상된다. 이런 이유로 개념은 종종 범주와 동일한 의미로 사용되기도 한다(성현란 외, 2001).

개념의 종류는 다양하다. 성현란 등(2001)은 개념에는 구체적 개념(동물, 과일)과 추상적 개념(평화, 사랑) 등이 있으며, 구체적 개념도 추상적 수준에 따라 추상적 수준이 낮은 범주(사과)와 추상적 수준이 높은 범주(과일)로 구분되는데, 이를 기본 수준 범주(사과), 상위 수준 범주(과일), 포괄적 범주로 나눌 수 있다고 지적하였다. 한편, Luetke-Stahlman과 Luckner(1991)는 기본 개념과 관련 개념이 있다고 지적하였다. 기본 개념은 '적다, 많다, 청색, 문, 같다'와 같이 언어로 설명하거나 정의하기가 어려운 개념을 일컬으며, 관련 개념은 '이웃집'과 같이 아동이 알고 있는 어휘로 기술할 수 있는 개념을 일컫는다.

이러한 개념이 발달하기 위해서는 기본적으로 그 사물과 사건에 대한 수많은 경험을 가져야 하고, 이러한 경험을 통해서 사물과 사건은 묶여 표상된다. 따라서 경험은 개념 형성에 아주 중요하다. 우리가 습득하는 대부분의 개념은 경험이라는 간접적 경로를 통해 습득되기도 하고(차, 집, 파랗다) 학교나 부모의 교육과 같은 체계적 경로를 통해 습득되기도 한다(Luetke-Stahlman & Luckner, 1991). 따라서 아이에게 개념을 지도하는 것은 교과지도에 있어서 아주 중요하다.

이러한 개념 형성은 고전적 이론, 확률적 이론, 사례이론, 이론기초적 이론 등 각 이론에 따라 다르게 형성된다고 주장한다(성현란 외, 2001). 성현란 등(2001)에 따르면, 구체적 개념은 물리적 세부 특징이나 기능에 기초하여 형성되고, 추상적 개념은 추상적 유사성과 공통성에 기초하여 형성된다. 일반적으로 개념은 특정 개념의 주요 속성을 가진 범주의 예를 그 주요 속성을 가지지 않은 다른 예와 분리하고 확인하는 과정과 일반화 과정을 통해 학습된다(Luetke-Stahlman & Luckner, 1991). 즉, 우리는 실제 생활에서 경험을 통해 개념의 주요 속성을 귀납적으로 발견하게 되는데(김승국 외, 1998), 경험 중에서도 특히 시각, 청각 등 감각적 경험은 사물과 사건에 대한 구체적 개념과 기본적 개념을 형성하는 데 아주 중요하다. 시각은 사물의 모양과 크기, 색깔과 다른 사물과의 공간적 관계에 대한 정보의 통로이며, 사물 전체를 지각하고, 부분과 부분, 전체와 부분의 관계를 지각하게 하는 통로다. 그리고 청각은 이런 사물에 대한 청각 음성적 정보의 통로다.

(2) 청각장애아동의 개념 형성

감각장애를 갖고 있는 청각장애아동은 경험의 불완전성으로 인해 개념 형성이 아주 어려울 수 있다. 개념학습에는 또한 개념 형성과정과 개념 이름 붙이기 과정이 포함된다(김승국 외, 1998). 개념 이름 붙이기 과정은 형성한 개념과 개념의 명칭을 짝 짓는 과정이다. 청각장애아동의 경우에는 개념 형성과정에는 별 문제가 없지만 개념 이름 붙이기 과정, 즉 개념과 개념의 이름 연결에 어려움을 겪는다. 예를 들면, 아동이 사물의 유사성에 기초하여 정사각형 개념을 습득한다고 할 때 청각장애아동은 정사각형 모양을 시각적으로 볼 수 있지만 '정사각형'이라는 청각 정보는 듣지 못하기에 사물의 특징 중에서 정사각형이라는 개념 습득에 어려움을 겪고 있는 것으로 알려져 있다(김승국 외, 1998). 추상적 개념과 관련된 개념은 언어적으로 설명을 들음으로써 형성되고 그 명칭을 학습하게 되는데, 청각장애아동은 알고 있는 어휘가 적어 설명을 듣고 이해하기가 어렵기 때문에 개념 습득이 이루어지지 않을 수 있다.

그러므로 언어적 경험이 부족하여 개념형성을 충분히 발달시키지 못한 청각장애아동을 교육할 때 충분한 경험의 기회를 제공함과 동시에 장애아동에게 가장 적절한 언어 교육을 조기에 시키는 것이 중요하다고 생각된다. 특히 Marschark, Lang, 그리고 Albertini(2002)는 청각장애학교에 재학 중인 대부분의 학생이 수화언어를 모국어로 사용하는 최중도 이상의 청각장애학생인 만큼 조기에 수화언어에 노출시켜서 개념형성을 돕는 것도 추후 그들의 학업성취력 향상에 기여하는 한 방법으로 보고 있다.

2. 청각장애인의 사회정서발달

앞에서 언급했듯이 청각장애인 집단은 아주 이질적이다(Hallahan & Kauffman, 2006). 청각장애의 정도, 청각장애 발생 시기, 청각장애 부위, 선호하는 의사소통 양식, 구어발달의 정도 등에 따라 개개 청각장애인의 특성은 매우 이질적이다. 청각장애인의 사회정서발달의 특성 또한 예외적이지 않다. 각각의 청각장애인의 사회정서발달 특성은 매우 다르다. 청각장애가 아주 심한 경우와 청각장애가 심하지 않은 경우를 비교해 보면 두 청각장애인의 사회정서발달 특성은 아주 다르다. 그러므로 청각장애아동의 이질적인 특성을 고려하지 않으면 청각장애인의 사회정서발달 특성에 대해 잘못 기술될 수 있다. 이 절에서는 이런 점을 고려하여 청각장애가 심한 경우에 해당하는 청각장애인의 사회정서발달 특성에 초점을 맞추어 설명하고자 한다. 또한 청각장애인의 사회정서발달 특성을 인성발달, 정서발달(정신건강 포함), 자아개념발달, 자기정체성발달, 공감발달 그리고 사회성발달로 나누어 살펴보고자 한다.

1) 인성발달

청각장애인의 인성발달이 건청인과 같은가, 다른가 하는 것은 오랫동안 청각장애 교육자의 관심사였다. 즉, 청각장애가 청각장애인의 인성발달에 어떤 영향을 미치는가에 대해 다음 두 가지 관점에서 설명될 수 있다. 일부 학자는 청각장애가 인성발달에 영향을 미친다는 관점을 지지하고, 일부 학자는 청각장애 그 자체는 청각장애인의 인성발달에 영향을 미치지 않는다는 관점을 지지하고 있다. 첫 번째 관점은 청각장애인과 건청인 간에 행동 특성을 비교하는 연구결과 두 집단 간 특성에 차이가 있다는 것이 보고되면서 제안되었다. 반면 두 번째 관점은 몇몇 농자 성인을 대상으로 정서적 불안의 빈도를 조사한 연구결과 두 집단 간에 차이가 없다는 연구결과에 의해 제안되었다. 즉, 이들은 청각장애아동의 경우 청각장애로 인해 언어 습득이 충분히 되지 않아 부모와의 의사소통이 어렵고, 부모와의 상호작용이 잘되지 않음으로써 사회화가 완성되지 않아 행동 특성에 차이가 나는 것처럼 보이는 것이지 청각장애 그 자체가 행동 특성에 책임이 있는 것은 아니라고 주장한다(Cohn & Tronick, 1983; Field, 1987; Harris, 1978; Kagan & Kogan, 1974; Mendow, 1988; Parke & Austin, 1980; Paul & Jackson, 1993).

청각장애아동의 인성발달에 대한 여러 가지 연구결과를 살펴보면 청각장애인은 자기 중심적이고 자극에 민감하게 반응하는 충동성을 보이며, 낮은 자존감을 갖고 있고 사회성이 결여되어 상호작용 기술이 부족하며, 자신을 잘 제어하지 못하고 문제 행동을 많이 보이며, 학습된 무기력감을 갖고 있다(Altshuler, Deming, Vollenweider, Rainer, & Tendler, 1976; Chess & Fernandez, 1980; Levine, 1956; Meadow-orlans, 1990; Myklebust, 1964; Rodda & Grove, 1987: 최성규, 2005에서 재인용).

그러나 Marscharkr과 Lukomski(2001)는 청각장애아동의 인성측정 도구가 지능검사 도구처럼 건청아동을 대상으로 한 도구라는 점과 검사내용이 언어적 능력을 요구하거나 문해기술(literacy skills)을 요구하는 문어적인 표현을 담고 있다는 점 등에서 결과에 대한 타당도와 신뢰도에 의문을 제기하고 있다. 그래서 그들은 건청인과 청각장애인의 인성발달에서 차이점이 청각장애나 검사편차(test bias) 중 어디에서 비롯되는지 정확히 확신하지 못한다고 하였다.

2) 정신건강발달

청각장애인의 정신건강에 대한 관심이 증가하고 있다. 특히 농청소년의 정신건강에 대한 관심이 증가하고 있다. 농청소년의 정신건강 문제는 현재 학교생활 뿐만 아니라 장차 영위할 사회생활 전반에 걸친 삶의 질에 영향을 미치기 때문에 아주 중요하다. 따라서 농청소년의 정신 문제에 대한 연구가 활발히 이루어지고 있다.

그러나 지금까지 농청소년 중 정신건강에 문제가 있는 청소년의 비율은 연구마다 다르게 보고되어 왔다. 이러한 경향은 최근의 연구도 예외가 아니다. 최근의 연구는 19%의 건청청소년이 정신건강 문제를 갖고 있는 것에 비해 일반학교의 특수학급이나 이중언어교육 학교에서 교육을 받고 있는 농청소년 중 43%가 정서, 행동, 주의 문제를 가지는 것으로 보고하였다(Cornes, Rohan, Napier, & Rey, 2006: Remine & Brown, 2010에서 재인용). 또 중등도(71dB 이상) 이상의 청력 손실이 있는 청각장애청소년을 대상으로 정서행동 문제 출현율을 조사한 Van Gent 등(2007)은 28~63%의 청각장애청소년이 정서행동 문제를 갖고 있는 것으로 보고하였다. 27%의 청각장애청소년이 정서장애(불안과 기분 장애)가 있고, 11%의 청소년이 행동장애(주의 결핍과 품행 장애)가 있다고 보고하였다(Huber & Kipman, 2011).

건청아동과 비교하여 청각장애아동이 어려움을 보이는 정신건강 문제에 대한 연구로 오스트리아의 청각장애학생의 정신건강과 삶의 질에 대해 조사한 연구(Fellinger et al., 2008)에서 강점과 어려움 설문지(Strengths and Difficulties Questionnaire: SDQ)를 이용해 조사하였고, 그 결과 청각장애학생이 건청학생에 비해 정신 문제가 많은 것으로 보고하였다. 특히 청각장애학생은 품행 문제, 정서적 문제, 또래 문제가 많은 것으로 보고하였다. 그러나 과잉행동 부주의 문제는 별 차이가 없는 것으로 보고하였다.

앞의 연구와 달리 최근의 몇몇 연구에서는 청각장애학생의 정신건강 문제에 대해 긍정적인 결과를 보고하기도 한다. Remine와 Brown(2010)은 아동 행동 검목록표와 청소년 자기 보고서(Child Behaviour Checklist and Youth Self Report)를 사용하여 호주의 농학생과 건청학생의 정신건강 문제의 출현율과 성격을 비교하였고, 정신건강 문제를 보이는 농청소년의 인구통계학적 특성을 조사하였다. 조사결과 그들은 건청청소년과 농청소년 간에 정신건강에 문제를 가지는 청소년의 출현율이 비슷하다고 보고하면서 농청소년은 불안·우울, 위축·우울, 신체에 대한 불평, 사회성 문제, 사고 문제, 주의 문제, 규칙 위반행동, 공격성행동 등 8개의 증후군 중에서 사회성 문제와 사고 문제가 건청청소년에 비해 두드러졌다고 보고하였다. 특히 수화언어 사용 농청소년이 내면화 문제, 외현화 문제, 위축, 불안, 규칙 위반행동, 태만, 비행, 공격성행동 문제를 보였다. 농부모는 농청소년의 사회성 문제와 사고 문제에 대해서 더 우려하는 것으로 보고하였다. 이는 농부모가 농청소년의 사회적 특성으로 고립감, 외로움, 낮은 자존감, 자아상 형성의 어려움, 교우 관계 유지 곤란, 왕따, 놀림감으로 알고 자녀가 이러한 문제를 겪지 않을까 우려해서다. Huber와 Kipman(2010)은 강점과 어려움 설문지(Strengths and Difficulties Questionnaire: SDQ)를 사용하여 인공와우 수술을 받은 청각장애청소년과 또래 건청청소년의 정신건강 문제 출현율을 조사하였는데 정서적 증상, 부주의와 과잉행동, 품행 문제, 친사회적 행동은 두 집단의 출현율이 비슷하였지만 또래 문제와 전반적인 어려움의 척도에서는 건청청소년

보다 인공와우 수술을 받은 청각장애 청소년에게서 출현율이 높았다.

이정민, 안성우, 최상배(2002)는 Burks의 행동평정척도로 건청학생, 농학생, 난청학생의 행동 특성과 행동 문제의 심각성을 비교 분석한 후 건청학생에 비해 청각장애학생이 행동 문제가 더 많았지만 건청학생과 비교했을 때 더 심각한 수준은 아니라고 보고하였다. Burks의 행동평정척도는 신경증, 미성숙, 반항, 공격성 요인으로 구성되어 있는 척도다. 즉, 청각장애인이기 때문에 건청인보다 더 심각한 행동의 문제를 갖고 있는 것은 아니다는 것을 시사한다. Paul(1990)도 이와 비슷하게 건청아동이 충동적인 행동을 보이는 수준과 비슷하게 청각장애인도 충동적인 행동을 보이나 건청인은 나이가 들면서 점차 충동적인 행동을 줄이는 반면 청각장애인은 나이가 들어도 충동적인 행동을 줄이지 않는 경향을 보인다고 지적하였다(Paul, 1990).

이와 같이 연구마다 농청소년의 정신건강 문제 출현율을 다르게 보고하고 있다. 이는 연구 대상에 포함된 청각장애인의 인구통계학적 특성이 다르기 때문이다. 즉, 청각장애학생은 청각장애의 정도와 유형, 선호하는 의사소통 양식과 배치 유형에 따라 그 특성이 매우 이질적이기 때문이다. 한편 건청아동에 비해서 청각장애아동의 정신건강 문제 출현율과 문제 수준이 다른 이유로 Pollard(1998)는 정신건강기능검사 시행 시 원활한 의사소통이 검사자와 피검사자 간에 잘 이루어지는지와 수화언어 통역사가 정신기능검사상 어려운 전문용어나 이슈에 대해서 전적으로 이해하고 통역하기 어려운 이유를 들고 있다. 비슷한 논리로 Marschark(2002)도 앞서 밝힌 검사 도구의 문제점과 아울러 검사자와 피검사자 간의 충분한 의사소통이 정신건강 문제를 체크하는 데 가장 중요한 요소인데 언어장벽 등으로 인해서 효과적인 의사소통이 이루어지지 않는 경우 그 측정치가 다를 수도 있다고 지적하고 있다.

3) 정서발달

정서(혹은 감정)란 자극에 의한 압박감을 해소하려는 기초적 긴장 상태다(유은정 외, 2010). 즉, 개인이 특정의 사회개체에 대하여 선택적으로 반응하게 하는 적응 작용이다(최성규, 2005).

청각장애아동의 정서발달이 건청아동에 비해서 어떠한지에 대해 연구가 시행되었고, 1960, 1970년대 연구에서는 건청아동에 비해서 정서적으로 불안하고 열등감을 가진다고 보고하였으나, 요즘은 이러한 연구결과가 다소 충분하지 못한 조사와 언어장벽, 검사 도구의 한계, 검사자의 농아동에 대한 충분하지 못한 이해 등으로 인해서 과장된 것으로 보고 있다(Pollard, 1998). 그럼에도 불구하고 최근 연구에서도 청각장애가 청각장애학생의 정서발달에 부정적인 영향을 미치는 요인으로 잘 듣지 못한다는 심리적인 스트레스와 압박감, 우울증, 좌절감, 낮은 자아개념을 들고 있다(Marschark et al., 2002). 특히 청각장애인의 정서발달은 언어와 사회적 상호작용과 날줄과 씨줄처럼 엮어져 있어 언어발달의 정도에 따라 정서발달 특성도 차이가 있다. 의사소통이 구성원 사이에서의 정서적 유대 관계 및 상호작용의 토대가 되는데, 청각장애인은 부모와의 의사소통이 잘되지 않아 이러한 유대감을 형성하는 데 어려움이 있어 사회정서발달에 어려움을 겪는다. 최성규(2005), 원영조(1998)는 청각장애인의 정서발달 특성을 에릭슨의 사회성 및 정서발달단계이론에 따라 다음과 같이 설명하고 있다.

(1) 1단계(0~18개월, 신뢰감 · 불신감)

소리를 듣지 못하여 주양육자와 안정적인 애착 형성에 어려움을 겪고, 결과적으로 신뢰감 발달에 어려움을 경험한다. 특히 이 시기에 아이가 청각장애가 있는 것을 모르는 양육자는 건청아부모의 양육대도와 같기 때문에 신뢰감 형성에 문제가 된다.

(2) 2단계(3세, 자율성 · 수치심)

양육자와의 구어적 상호작용의 어려움으로 인해 자신의 의사를 표현하지 못하고 양육자가 지시하는 대로 수동적으로 반응하게 됨으로써 스스로 의사결정을 할 기회를 상실하고 의존적이 되어 자신에 대해 수치심이 발달한다. 청각장애아동을 둔 건청인 부모는 아이와 상호작용할 때 설명을 하기보다는 명령하고 지시하는 경향이 더 강하다.

(3) 3단계(4~6세, 주도성 · 죄의식)

이 시기에는 초자아를 발달시키는 단계인 데 자신이 원하는 것을 자신이 주도적으로 실행하기를 원하는 반면, 자신이 원하는 것이 부모의 바람과 일치하지 않으면 죄책감을 경험하게 된다. 의사소통이 원활히 이루어지지 않는다면 서로가 원하는 것을 파악하지 못하여 청각장애유아는 자신의 행동에 대해 죄의식을 갖게 된다.

(4) 4단계(학령기, 근면성 · 열등감)

자긍심의 발달에 중요한 시기임에도 청각장애아동은 구어발달의 영향으로 학습이 뒤떨어지고 계속되는 학습 실패로 인해 열등감에 빠지게 된다. 이에 학습된 무기력감을 획득하게 된다.

(5) 5단계(청소년기, 정체감 · 역할 혼미)

이전 단계에서 신뢰와 자율성, 그리고 주도성과 근면성을 확보하지 못하여 위기가 누적된 청각장애청소년은 자아정체감의 위기에 처하게 되고 부모와의 심리적 갈등을 경험하게 된다.

(6) 6단계(성인기, 친밀감 · 고립감)

부모와 가족과 다른 사람과의 인간 관계를 형성하고 유지하는 데 어려움을 경험하여 고립감을 경험하게 된다.

(7) 7단계(장년기, 생산성 · 침체)

자녀를 낳고 기르며 직업을 통해 생산성을 경험하는 삶의 열매를 맺는 시기이지만, 자녀 양육과 자녀와의 관계를 형성하고 유지하는 데 어려움을 겪고 또 직장에서의 적응에 어려움을 겪어왔기 때문에 생산적인 삶을 사는 것 같지 않다는 것을 깨닫게 되어 침체를 겪는 시기다.

(8) 8단계(노년기, 통합 · 절망)

일생 동안 청각장애로 인해 겪었던 어려움으로 인해 절망감에 빠질 가능성이 크다.

앞서 살펴보았듯이 청각장애아동의 정서적 발달은 정도의 차이는 있겠지만 청각장애로 인한 부정적인 영향을 받을 가능성이 크다. 특히 학령기에 확립되어야 할 중요한 자아정체성, 신뢰성, 자율성 발달이 언어적 장벽으로 인해 충분히 발달하지 못할 가능성이 있다. 즉, 언어적인 어려움으로 사회적 상호 작용의 기초인 가족 및 지역사회 구성원과 충분한 언어적 상호작용이 이루어지지 않아서 정상적인 정서적 유대관계나 상호신뢰 관계가 형성되지 못할 가능성이 높기 때문이다. 그러므로 정상적인 정서발달을 위해서라도, 청각장애아동에게 구어든 수화언어든 가능한 한 조기에 부모를 포함한 아동 주변인물과 의사소통을 많이 할 수 있는 기회가 주어져야 한다.

4) 자아개념발달

자아개념(self-concept)은 부모와의 사회적 상호작용에 의해 영향을 받게 된다. 자아 인식을 위해서는 인지발달과 사회적 경험이 선행되어야 한다. 나는 나에 대해 다른 사람의 눈을 통해 인식하게 된다. 다른 사람이 나를 어떻게 생각하고 보느냐가 내가 나를 어떻게 생각하고 보느냐에 결정적으로 기여한다. 청각장애아동은 가족이나 타인, 사회로부터 부정적인 피드백을 끊임없이 받게 되는데, 이러한 사회적 경험이 청각장애인의 자아개념 발달에 부정적으로 영향을 미친다.

자아와 관련하여 두 가지 개념을 살펴볼 필요가 있다. 자아개념과 자아존중감이다. 자아개념은 자신의 신체적 · 사회적 · 지적 능력에 대한 인지적 평가이며 영역 특정적인 평가다. 이에 반해 자아존중감은 자기 가치로서 자신에 대한 전반적인 정서적 반응이나 평가다.

청각장애인의 자아개념은 영역에 따라 다르다. 예를 들면, 청각장애인은 보청기를 착용하거나 인공와우 수술을 받은 경우 외모가 건청학생과 달라 타인으로부터 필요 이상의 관심을 받는 것을 상당히 부담스러워한다. 이런 경우 신체적 자아는 상당히 낮아질 수밖에 없다.

청각장애인의 자아존중감도 매우 낮은 것으로 알려져 있다. 자신에 대한 정서적 반응이 부정적인 것이 청각장애인의 낮은 자아존중감으로 표출되었다. 청각장애인은 어릴 때부터 가족이나 타인에게서 부정적인 피드백을 수없이 받아 왔다. 이런 부정적 피드백이 누적이 되어 청각장애인은 자신에 대해 능력 있고, 경쟁력 있고, 사회에 기여하는 존재로서 인식하지 못하게 방해한다. 결과적으로 존재감이 희미해져서 사회에서 고립감을 경험하게 되고, 이것이 또 청각장애인의 자아존중감을 낮추는 결과를 초래한다.

5) 자기정체성발달

자아 정체감은 남이 아닌 나에 대한 자각을 요구한다. 나에 대한 자각은 '나는 누구인가?' '나는 어느 집단에 속해 있는가?'에 대한 인식이다. 이러한 자각을 바탕으로 인간은 여러 면에서 독립적인 존재로써 삶을 살아간다. 학자에 따르면, 자아 정체감은 직업 정체감, 정치적 정체감, 종교적 정체감, 관계적 정체감, 성적 정체감, 문화적 · 인종적 정체감, 신체적 정체감으로 구성되어 있으며, 이러한 정체감은 정체성 혼돈, 정체성 폐쇄, 정체성 유예, 정체성 성취로 발달한다. 특히 최근에 청각장애교육에서 관심을 받는 문화적 관점에서는 청각장애인은 여러 정체감 중 문화적 · 인종적 정체감, 신체적 정체감 혼돈을 경험할 수 있다.

청각장애학생의 경우 자신이 다른 또래 건청학생과 다르다는 것을 이해하는 것이 정체성 발달의 첫 단계다. 아무리 인공와우 수술을 해서 청력이 많이 개선이 되더라도 다른 사람의 눈에는 청각장애학생은 청각장애학생이다. 본인은 청각장애학생인데 건청학생이 사용하는 구어습득을 위해 많은 노력을 기울이는 자신을 보게 되면, 자신이 청각장애학생인지 건청학생인지 자신이 어느 집단에 소속되는지 파악하지 못하고 주변인으로서 정체성 혼돈을 경험하게 될 것이다. 이것은 청각장애를 장애로 인식하고, 또 치료되어야 하는 병으로 인식하는 한 계속된다. 이러한 자아 정체성 혼돈은 청각장애학생의 정서발달과 사회적 적응에 여러 측면에서 부정적으로 영향을 미칠 것이다. 그러나 사회가 청각장애를 문화적 관점에서 보고, 장애를 문화적 · 사회적 · 언어적 차이로 인식하며, 그 차이를 존중하면 청각장애학생이 자신의 청각 문제를 굳이 부인하려고 하지 않음으로써 정체성 확립을 기할 수 있다. 미국의 경우 농사회(Deaf society or community)나 농문화(Deaf culture)가 우리나라에 비해 훨씬 뚜렷해서 청각장애아동이 조기부터 농문화나 농사회에 접촉하여 자기정체성을 확보해 나가는 경우가 많다. 농아동의 정체성과 관련된 연구를 보면 농사회에 속한 농부모를 가진 농아동이 건청인 문화를 고집하는 건청부모를 가진 농아동보다 긍정적으로 자기정체성을 발달시켜 나간다는 결과를 보여 주고 있다. 이러한 측면에서 보면 우리나라에서도 장애관을 병리적 관점에서 문화적 관점으로 바꾸어 나가는 인식 개선이 시급하다.

6) 공감능력

청각장애학생의 공감능력에 대한 연구 중, 김자경 등(2011)은 청각장애 고등학생의 공감능력을 건청 고등학생과 비교하였다. 연구자는 공감능력이 타인의 관점이나 역할을 수용하는 인지적 요소, 공감에 의한 정서적 반응으로서의 정서적 요소, 대상자의 내면적인 세계를 이해하고 이해한 바에 대해 정확하고 민감하게 외적으로 표현하는 표현적 요소로 구성되어 있다고 보고 각각의 요소에 대해 두 집단을 비교하였다. 김자경 등(2011)의 연구에서는 인지적 요소의 공감능력은 두 집단 간에 차이가 없었지만 정서적 공감요소와 표현적 공감요소는 차이가 있다고 보고하였다. 즉, 타인의 관점을 수용하는 정도에서는 청각장애고등학생과 건청학생 간에 차이가 없었지만 청각장애학생은 정서적 반응의 수준이 낮기 때문에 타인의 정서를 정확히 이해하지 못하고 타인의 정서에 대해 표현을 잘 못한다. 민병란(2004)은 이에 대해 청각장애학생은 정서를 이해하는 어휘습득이 늦기 때문에 타인의 정서를 이해하는 데 어려움을 겪는다고 지적하면서 청각장애학생의 정서 이해에서의 어려움에 대해 설명을 시도하였다. 이러한 주장은 선행연구의 지적과 일치한다.

청각장애학생은 언어발달의 지체로 인해 자기 표현에 제약을 갖고 있으며, 기초적인 감정을 나타내는 정서 감정 관련 어휘를 잘 알지 못해 자기의 정서 감정 상태를 잘 이해하지 못할 뿐만 아니라 다른 사람의 정서 감정을 잘 이해하지 못하고 표현하지 못한다(Paul & Jackson, 1993).

결론적으로 청각장애아동의 공감능력은 건청학생보다 낮아 보인다. 청각장애학생의 공감능력이 낮은 것은 청각장애학생이 의사소통 문제로 인해 주변 사람과 정서에 관한 대화를 나누지 못함으로써 인지적 · 정서적 경험의 부족이 누적되어 온 결과로 보인다.

7) 사회성기술발달

사회적 행동은 대인 관계에서 나타나는 표면적 특성이고, 이러한 사회적 행동은 개인이 관계하는 사회적 상호작용 유형에 대한 기초 지식인 사회적 인지능력의 영향을 받는다(문태형, 2001: 유은정 외, 2010에서 재인용). 즉, 사회적 관계에 대한 지식에 따라 대인 관계에서 보이는 사회적 행동이 달라진다. 사회적 행동은 사회성기술이라고도 부른다. 사회성기술은 '대인 관계에서 나타나는 개인의 능력과 특성으로 자신과 타인의 감정에 민감하고 긍정적인 관계를 유지하고 타인과 협력하여 목표를 달성하며 사회 구성원으로서 적응하는 능력(최송미, 2003: 김자경 외, 2011에서 재인용)'이다.

청각장애학생의 사회성기술에 대한 관점은 최근에 사회인지이론가의 주장에 기초하여 설명되고 있다. 즉, 청각장애학생은 의사소통능력의 발달이 지체되어 있어서 가족과 타인과의 상호 작용에 한계를 경험하게 되고, 이러한 경험이 다음의 상호작용을 제한하게 되어 상호작용을 통해서 깨달을 수 있는 사회적 관계에 대한 지식을 습득할 기회를 잃게 된다. 결과적으로 청각장애학생은 사회적 관계에 대한 지식을 쌓지 못하고 갈등 상황에서의 문제해결 방법과 대처 방법에 대한 기술을 익히지 못하게 되어 사회성 기술이 좋지 않은 것으로 알려진다. 청각장애학생의 사회성 기술에 대한 최근의 연구가 이러한 가정을 증명하는 결과를 제시하였다. 청각장애학생과 건청학생의 사회적 기술 수준을 비교한 최근의 연구에서 김자경 등(2011)은 청각장애학생의 사회성 기술 수준이 건청학생보다 더 낮은 것으로 보고하였다. 김자경 등(2011)은 청각장애학생의 사회적 기술의 결함이 또래와 상호작용에서의 단절 경험의 누적 때문으로 간주하였다. 또 청각장애청소년의 대인 관계 성향은 건청학생과 별 차이가 없지만 표현 성향에서는 차이가 있다(강우진, 2011). 청각장애학생의 대인 관계 성향 중 표현 성향에 차이가 있다는 것은 청각장애학생의 언어 표현 능력이 표현 성향에 영향을 미쳤음을 시사한다.

이렇듯 청각장애학생의 사회성기술발달과 대인 관계 성향은 청각장애학생의 언어구사능력과 사회적 관계에 대한 지식을 쌓을 수 있는 사회적 상호작용을 경험할 기회와 밀접히 관련되어 있다. 따라서 청각장애아동의 사회성발달을 위해서는 원활한 사회적 상호작용을 통해서 사회적 기술을 발달시킬 수 있도록 조기에 청각장애아동과 아동 주변의 구성원 간 의사소통 양식이 결정될 필요가 있다. 의사소통 양식은 청각장애아동의 특성에 비추어 가장 적절한 양식(mode)으로 하되, 학교에서 충분히 제공할 수 있는 여건도 고려하여 결정을 내려야 한다. 동시에 학교 교육현장에서는 청각장애학생이 사회성기술(social skills)을 의도적으로 습득하도록 교수하고 촉진시키는 프로그램을 실시하여야 한다.

참고문헌

강우진(2011). 청각장애청소년이 갖는 대인관계성향이 사회성 발달에 미치는 영향. 한양대학교 행정자치대학원 석사학위 논문.

김승국, 김영욱, 황도순, 정인호(1998). **청각장애아 교육**. 서울: 교육과학사.

김자경, 강혜진, 구자현(2011). 청각장애고등학생의 공감특성. **특수교육저널: 이론과 실천, 12**(2), 141-156.

김자경, 구자현, 강혜진(2011). 청각장애학생과 일반학생의 사회적 기술 수준과 공감능력 비교. **특수아동교육, 13**(1), 323-341.

문태형(2011). 특수교육 및 장애학생의 사회과 지도의 실제. 한국초등특수교육학회 하계 직무연수교재.

민병란(2004). 청각장애아동의 언어지연이 정서이해발달에 미치는 영향. **언어청각장애연구, 9**(3), 177-191.

성현란, 이현진, 김혜리, 박영신, 박선미, 유연옥, 손영숙(2001). **인지 발달**. 서울:

학지사.

안성우, 이광렬(2008). 청각장애학생들의 인지과정 특성 연구. 언어치료연구, 17(1), 207-218.

유은정, 백무진, 안성우, 최상배, 최영숙, 서중현, 이광렬, 서유경(2010). 청각장애아동의 이해와 교과교육. 서울: 학지사.

이광렬(2006). 청각장애학생의 인지과정을 설명하는 변인 연구-PASS 모형의 관점에서. 부산대학교 석사학위논문

이정모, 강은주, 김민식, 감기택, 김정오, 박태진, 김성일, 신현정, 이광오, 김영진, 이재호, 도경수, 이영애, 박주용, 곽호완, 박창호, 이재식(1999). 인지 심리학. 서울: 학지사.

이정모, 강은주, 김민식, 감기택, 김정오, 박태진, 김성일, 신현정, 이광오, 김영진, 이재호, 도경수, 이영애, 박주용, 곽호완, 박창호, 이재식(2009). 인지 심리학(3판). 서울: 학지사.

이정민, 안성우, 최상배(2002). 청각장애학생과 건청학생의 행동특성 비교 연구. 특수아동 교육연구, 4(2), 155-177.

이종민(2003). 농인 수화자의 작업기억 특성. 단국대학교 대학원 미간행 석사학위 논문.

정정진, 여광응, 이영재, 신현기, 김동일, 김소희, 안성우, 이신동, 이영철, 이은주, 이점조, 임성민, 정진옥, 조용태, 최민숙, 최성규(2010). 특수아동심리학. 서울: 학지사.

최성규(1997). 청각장애아의 심리. 서울: 도서출판 특수교육.

허일(1999). 청각장애학생의 계획, 주의집중, 연속적 처리, 동시적 처리 과정과 수학 학업성취와의 관계. 단국대학교. 미간행 박사학위논문.

Das, J. P. (2004). 인지과정의 사정(최상배, 안성우, 박재국, 김미경 공역). 서울: 서현사.

Ai-Hilawani, Y. A., Easterbrooks, S. R., & Marchant, G. J. (2002). Metacognitive Ability from a Theory of Mind Perspective: A Cross Cultural Study of Students with and without Hearing Loss. *American Annals of the Deaf,*

147(4), 38-47.

Baddeley, A. D. (2003). Working memory and language: An overveiw. *Journal of Communication Disorders, 36*, 189-208.

Das, J. P., Naglieri, J. A., & Kirby, J. R. (1994). *Assessment of Cognitive Process: The PASS Theory of Intelligence*. Boston: Allyn and Bacon.

Das, J. P., & Ojile, E. (1995). Cognitive processing of Students with and without Hearing Loss. *The Journal of Special Education, 29*(3), 323-336.

Dye, M. W. G., Baril, D., & Bavelier, D. (2007). Which aspects of visual attention are changed by deafness? The case of the Attentional Network Test. *Neuropsychologia, 45*, 1801-1811.

Fellinger, J., Holzinger, D., Sattel, H., & Laucht, M. (2008). Mental health and quality of life in deaf pupils. *Europe Child Adolescent Psychiatry, 17*, 414-423.

Hallahan, D. P., & Kauffman, J. M. (2006). *Exceptional Learners*(3rd ed). Boston: Allyn & Bacon.

Huber, M., & Kipman, U. (2011). The mental health of deaf adolescents with cochlear implants compared to their hearing peers. *International Journal of Audiology, 50*, 146-154.

Luetke-Stahlman, B., & Luckner, J. (1991). *Effectively Educating Students with Hearing Impairment*. New York: Longman.

Marschark, M., Lang, H., & Albertini, J. (2002). *Educating deaf student: from research to practice*. New York: Oxford University Press.

Marschark, M., & Lukomoski, J. (2001). Cognition, literacy, and education. In M. D. Clark, M. Marschark, & M. Karchmer (Eds.), *Context, cognition, and deafness*(pp.77-86). Washington, DC: Gallaudet University Press.

Mitchell, T. V., & Maslin, M, T. (2007). How vision matters for individuals with hearing loss. *International Journal of Audiology, 46*, 500-511.

Paul, P. V. (1990). *Education and Deafness*. Boston: Allyn and Bacon.

Paul, P. V., & Jackson, P. (1993). *Toward a Psychology of Deafness*. Boston: Allyn and Bacon.

Pollard, R. Q. Jr. (1998). Psychpathology. In M. Marschark & M. D. Clark (Eds.), *Psychological prospectives on deafness*, Vol. 2(pp.171-197). Mahwah, NJ: Lawrence Erlbaum Associates.

Remine, M. D., & Brown, M. P. (2010). Comparison of the prevalence of mental health problems in deaf and hearing children and adolescents in Australia. *Australian & New Zealand Journal of Psychiatry, 44*, 351-357.

Vernon, M. (2005). Fifty Years of Research on the Intelligence of Deaf and Hard of Hearing Children: A Review of Literature and Discussion of Implications. *Journal of Deaf Studies and Deaf Education, 10* (3), 225-231.

Educating Hearing Impaired Student

제2부 | 청각장애아동교육

청각장애아동교육

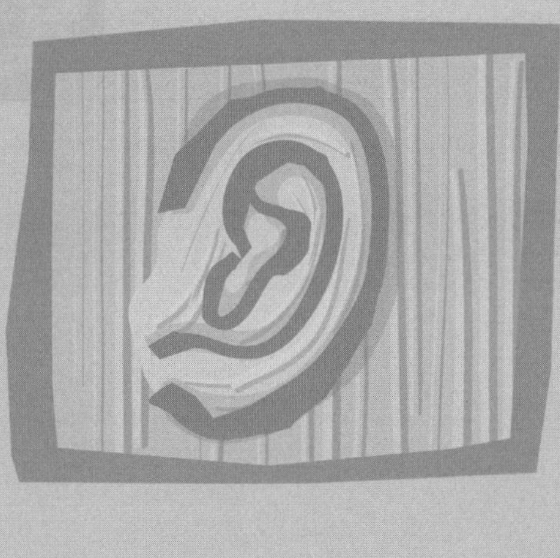

제 5 장

구어교육

1. 청각장애 구어교육의 배경

청각장애아동교육은 전체 장애아동교육의 역사를 통틀어 가장 철학적, 교육적 논쟁이 큰 영역이라고 해도 과언이 아니다. 그 논쟁의 핵심은 수화주의와 구화주의의 대립으로 설명되는 의사소통 방식과 밀접한 관련성이 있다. 구화교육의 역사는 16세기 무렵 사교육 중심으로 이루어지던 유럽의 청각장애아 교육으로 거슬러 올라간다. 구화교육의 역사가 길다고는 하지만 사실상 청각보조기(보청기, 인공와우, FM 시스템 등)의 발달 이전에는 제대로 그 빛을 발하지 못했다고 볼 수 있다. 본격적인 구화교육은 1800년대 후반부터 미국에서 시작되어 토털 커뮤니케이션이 도입되기 시작한 1900년도 중반까지 청각장애아동교육의 주류로 자리 삽게 되었나. 1950년경 미국의 청각장애 학교에서는 가능한 모든 수단을 동시에 사용하여 의사소통능력을 최대화하자는 토털 커뮤니케이션이 청각장애아동교육의 주요 교육 철학으로 등장하면서 구화주의가 쇠퇴하기 시작했다. 1970년대에 미국 청각장애 학교의 약 65%가 토털 커뮤니케이션에 입각한 교육을 하고 있었고, 42%는 구화법을 사용한 교육을 하고 있었다.

그러나 토털 커뮤니케이션으로 교육받은 농아동의 읽기능력이 구화교육을 받은 아동에 비해 나은 것이 없다는 실망스러운 결과가 보고되면서, 1980년대에는 청각장애교육에 대한 대안으로 이중언어-이중문화 접근법이 각광받기 시작했다. 이중언어-이중문화 접근은 농아동이 손상된 청각적 채널보다 손상되지 않은 시각적 채널을 통해 더욱 효율적으로 학습할 수 있다고 주장한다. 이 접근에서는 ASL(American Sign Language)이 농아동의 학습에 가장 효과적인 일차적인 언어이며, 뇌발달의 가소성이 높은 시기에 일차 언어인 ASL을 습득한다면 문자를 통한 이차 언어습득이 용이하다고 보았다. 이중언어-이중문화 접근에 대해 많은 긍정적인 평가가 있어 왔지만 아직 연구를 통해 입증된 증거가 부족하며, 수화언어 사용능력이 떨어지는 현장 교사의 변화가 필수적으로 요구되는 등 개선해야 할 문제점 또한 많다.

이와 반대되는 입장에 있는 청각구어법(Auditory verbal therapy)은 1970년대경 보청기와 인공와우기술의 발전에 힘입어 청각장애아동의 듣기기술과 구어발달을 위한 접근법으로 등장하였다. 청각구어법은 시각적 단서를 최대한 배제하는 대신 잔존청력에 의존해서 듣기능력과 구어 의사소통능력을 발달시키도록 하는 접근법이며, 건청아동이 구어를 습득하는 것과 같은 방식으로 말소리 자극에 반응하고 청각적 정보를 활용하도록 촉진한다. 따라서 이 접근법에서는 보청기나 인공와우의 지속적이고 적극적인 사용을 전제로 한다. 반면 구화법(oral/aural approach)은 음성언어를 듣고 이해하기 위해서 청각적 정보에 의존하고 잔존청력의 활용을 강조한다는 점에서 청각구어법과 유사하지만 말산출에 있어서는 청각 외의 시각이나 촉각적 자극을 활용한다는 점에서 차이가 있다.

이 두 접근 중에서 어떤 방법이 적절한 지도 방법인가에 대해서 절대적 기준이 있는 것은 아니며, 개별 아동이 가진 특성(예를 들면, 청각장애 진단 시기, 보청기 착용 시기 및 활용 정도, 청력손실 정도, 연령, 지능, 학습능력, 가정에서 사용하는 의사소통 방식 등)에 따라서 결정하는 것이 바람직하다.

이번 장에서는 청능훈련, 말 · 언어지도, 독화지도를 청각장애아동의 구어교육 영역으로 보고, 각 영역별로 정의, 평가 및 중재 방안에 대해 살펴보고자 한다.

2. 청각장애아동의 청능 및 구어 특성

건청아동은 출생 시부터 자연스러운 언어 환경에 노출되어 양육자 및 환경과 상호작용하면서 청각음성언어를 습득하는 데 비해 청각장애아동은 청각적 수용력의 제한으로 인해 모국어의 말소리 자극을 충분히 제공받지 못해서 듣기와 구어영역의 전반에 다양한 문제를 가진다. 청각장애아동의 구어습득에는 많은 변인이 관여하여 영향을 미친다.

우선 언어습득 전에 청각장애가 발생한 아동은 언어습득 후에 청각장애가 발생한 아동보다 구어습득에 더 큰 어려움을 겪는다. 난청 진단 및 보청기 착용 시기가 빠를수록, 청력손실 정도가 적을수록 구어습득이 용이하다. 청각장애아동의 약 30~40%가 중복장애를 가지는 것으로 알려져 있는데, 중복장애가 있는 경우 구어습득은 더욱 어렵다. 환경적 측면에서는 구어자극이 풍부하게 제공되는 가정 및 학교 환경에서 생활하는 아동의 구어능력이 더 좋은 경향이 있다. 또한 부모와 가족의 지원이 장기간 동안 지속적으로 제공되는가 하는 점도 중요한 요인으로 작용한다. 이러한 요인은 개별적으로 혹은 상호작용하면서 청각장애아동의 구어습득에 영향을 미친다. 그러나 근본적으로 청력손실 정도에 따라서 아동이 청각적으로 수용하고 변별할 수 있는 말소리의 범위와 정도가 달라지

표 5-1 청력손실 정도와 청각적 수용 및 구어능력의 관련성

청각장애 정도	청각적 수용력 및 말 · 언어습득에 미치는 영향
경도난청 (26~40dB)	아동은 들을 수 있으나 일부 말소리를 놓쳐서 잘못 이해할 수 있다. 학급 소음 수준에 따라 학교생활에서 겪는 어려움의 정도가 달라진다. 30dB HL는 25~40%의 말소리 정보를 놓칠 수 있으며, 35~40dB HL는 교실 대화, 특히 화자의 목소리가 작거나 화자의 입모양을 볼 수 없을 때 50% 이상을 놓칠 수 있다. 고주파수 영역에 청력손실이 있을 경우 강세가 없거나 짧은 단어와 자음을 놓칠 수 있다. 철자 · 소리 대응과 같은 초기 읽기 기술습득에 어려움을 겪을 수 있다.
중등도난청 (41~55dB)	아동은 보청기를 착용하더라도 말소리를 들을 수는 있으나 일부 말소리를 놓칠 수 있다. 보청기를 착용하지 않는 경우 40dB HL는 50~75%, 50dB HL는 80~100%의 말소리 자극을 놓칠 수 있다. 구문습득에 지연 혹은 장애가 있고, 어휘 수의 제한, 말산출의 어려움, 단조로운 음성의 질과 같은 특성을 보인다. 보청기를 조기에 착용하여 지속적으로 사용하고, 언어 중재를 시행한다면 구어 및 학업능력이 정상적으로 발달할 가능성이 높아진다. 아동은 교실 내 소음 때문에 구어적 지시를 이해하는 데 어려움을 겪는다. 교실 소음 상황과 교사로부터 학생 좌석까지의 먼 거리와 같은 부정적인 청취 조건을 개선하기 위해서 FM 보청기의 사용이 필요하다.
중등고도 난청 (56~70dB)	보청기를 착용하면 아동은 주변 사람의 말소리를 들을 수 있지만 말소리의 일부를 놓치기 때문에 일대일 그리고 그룹 상황 모두 구어로 의사소통을 하는 데 어려움을 겪는다. 55dB HL는 보청기를 착용하지 않으면 말소리 정보의 최대 100%까지 놓칠 수 있다. 구문 습득의 지연, 말명료도 저하, 단조로운 음성과 같은 특성을 보인다. FM 보청기의 착용은 소음과 거리 문제를 경감시키고, 구어 지시를 청각적으로 이해하는 데 도움이 된다.
고도난청 (71~90dB)	증폭기의 착용 없이는 귀에서 한걸음 정도 떨어진 거리에서 나는 큰 소음만 들을 수 있다. 적절한 보청기를 착용했을 때 90dB 이하의 청력손실을 가진 아동은 근거리에서 말소리를 제공하거나 FM 보청기를 통해서 많은 말소리를 감지할 수 있다. 개별 아동의 능력과 조기의 강도 높은 중재에 따라서 감지된 말소리가 변별되고 의미 있는 자극으로 처리되는 정도가 결정된다. FM 보청기를 사용하지 않고는 고주파수 대의 말소리가 변별이 가능한 정도로 지각되지 않는다. 선천성 청각장애인의 경우, 구어능력이 심각하게 지연되거나 자발적으로 발달하지 않는다. 아동이 보청기를 어린 나이에 착용하고 지속적으로 사용하며, 강도 높은 언어중재를 제공할수록 말, 언어, 학습능력이 더욱 정상 발달 속도에 가깝게 발달한다.

농 (90dB)	말소리 감지능력은 청력손실 유형과 최적화된 보청기 사용 정도에 달려 있다. 청력손실 정도와 유형, 증폭기의 적합성과 사용 정도, 조기중재의 질, 개별 아동의 능력과 같은 요인이 농아동이 말소리를 감지하고, 변별하고, 처리하고, 이해할 수 있는 정도에 영향을 미친다. 선천성 농인 경우 구어능력은 자발적으로 발달하지 않는다. 언어습득 후 농인 경우 말·언어능력은 급격히 저하될 것이다.

출처: Flexer(1999); Anderson & Matkin(1998)

기 때문에 청력손실 정도에 따른 구어능력 및 청각적 수용범위를 살펴보는 것은 이들의 교육 및 재활에서 중요한 의미를 가진다.

〈표 5-1〉에서 보는 바와 같이 보청기를 착용하지 않는 경우 말소리 정보를 놓치는 정도가 경도난청에서 최대 50%, 중등도난청에서는 50~100%까지 높아진다. 이러한 청각적 정보의 소실은 교실과 같은 소음 상황에서 더욱 커지며 자음에서 그 정도가 특히 심하다. 이처럼 대표적인 소음 환경인 교실에서의 듣기 문제를 개선시키기 위해서 중등고도 이상의 청각장애아동은 학급에서 FM 보청기를 사용하는 것이 필요하다. 고도난청아동과 농아동의 경우 보청기를 착용한 조건에서도 말소리를 감지하고 변별할 수 있는 정도가 제한적이며, 구어의 대부분 영역에서 심각한 지연 및 결함을 가진다. 그러나 이러한 경우에도 조기에 보청기를 착용하고, 가능한 한 조기에 강도 높은 교육적 중재를 받는다면 구어습득에 대한 부정적인 영향을 최소화하고 아동의 잠재능력을 최대한 개발할 수 있다.

지금까지 청력손실 정도에 따라서 청각장애아동이 겪게 되는 청각적 수용력의 한계 및 그로 인한 구어 문제를 대략적으로 살펴보았다. 청각장애아동의 구어 결함 문제는 청력손실 정도가 클수록 심각한 경향이 있다. 농아동을 중심으로 구어의 하위영역별 특성을 살펴보면 〈표 5-2〉와 같다.

청각장애아동의 구어능력을 말산출과 언어 하위영역으로 나누어 살펴보았을 때 두 영역 모두에서 심각한 결함이 나타난다. 먼저 말산출을

표 5-2 청각장애아동의 말 · 언어영역별 특성

영역		특성
말	초분절적 요소	• 말의 속도가 느린 편이다. 자음과 모음의 지속 시간이 길고, 쉼(pause)이 잦으며, 조음운동이 느리다. • 호흡 조절이 어렵다. 숨쉬기와 말하기의 조화가 안 되어 부적절한 곳에서 숨을 쉬므로 음절과 낱말이 부적절하게 묶이고 의미 전달이 어렵다. • 말의 리듬이 부적절하다. 단어나 문장 내 부적절한 음절에 강세를 둔다. • 음도: 음도가 너무 높거나 낮고, 음도 변화가 과하거나 부족하다. • 공명: 과대 비음과 과소 비음이 모두 나타난다. • 음성의 질: 쉰 목소리, 거친 소리, 쥐어짜는 소리
	모음	• 모음의 중성화: 구강 내 혀의 전후, 상하 움직임이 제한적이다. • 모음의 지속 시간이 길다. • 이중모음이 왜곡된다. • 모음이 비음화된다.
	자음	• 생략 오류가 많다. 특히 종성 자음과 입의 중간과 뒤쪽에서 산출되는 자음이 빈번히 생략된다. • 대치 오류가 많다. 유성 자음과 무성 자음의 대치, 조음 방법에 따른 대치, 조음 위치에 따른 대치, 비음성 유무에 따른 대치 오류가 나타난다. • 과소 비음화와 과대 비음화가 나타난다. • 모음이 자음 사이에 덧붙여진다.
언어	어휘	• 새로운 어휘를 습득하는 데 오랜 시간이 걸린다. • 또래 건청아동보다 어휘 수가 부족하며, 나이가 들수록 격차가 더욱 커진다. • 낱말의 의미에 대한 지식이 일반적이지 못하다. • 다의어를 이해하는 데 어려움을 겪는다.
	문법	• 복문의 이해와 사용이 어렵고, 단순하고 짧은 문장 구조를 사용한다. • 내용어를 나열한 전보식 문장을 사용한다. • 문법규칙습득의 어려움이 구어와 문어 모두에서 나타난다. • 언어의 하위요소 중 문법 지식의 습득과 사용에서 가장 큰 어려움을 겪는다.
	화용	• 구어 의사소통의 사용 빈도가 낮고, 비구어적인 수단을 자주 사용하는 경향이 있다. • 다양한 의사소통 의도를 사용하지 않는다. • 대화기술이 부족하다. 주제 유지하기, 차례 지키기, 주제 전환하기에서 어려움을 겪는다. • 명료화 요구 기술이 부족하고, 적극적으로 사용하지 않는다.

출처: 윤미선(1994); Paul(2009).

살펴보면 농아동의 말명료도는 평균 20% 수준인 것으로 알려져 있는데, 이는 청각장애에 익숙하지 않은 사람과의 구어 의사소통을 매우 어렵게 한다. 이처럼 농아동의 말명료도가 낮은 것은 타인의 음성을 듣고 자신의 음성과 비교하여 스스로 조절하고 산출하는 능력이 제한적이기 때문이다. 말(speech)에 있어서 가장 두드러진 특성은 초분절적 요소에서 나타난다. 청각장애아동은 조음운동 속도가 느리고, 말하는 도중에 자주 쉬며(pause), 자음과 모음의 지속 시간이 길어서 말의 속도가 매우 느리다. 또한 부적절한 리듬과 단조로운 억양이 매우 특징적으로 나타난다. 뿐만 아니라 호흡과 발성의 조화가 이루어지지 않아서 말의 의미와 상관없이 문장이나 단어 중간에서 숨을 쉬기 때문에 의미 전달에 방해가 된다. 공명 문제에 있어서도 과소 비음과 과대 비음이 모두 나타나고, 음성의 질에서도 쉰 목소리, 거친 소리, 쥐어짜는 소리가 나타난다.

분절적 요소는 모음과 자음으로 나누어 볼 수 있는데, 이중에서 모음은 말 명료도에 결정적인 영향을 미친다. 모음 산출의 특성을 살펴보면 청각장애아동은 구강 내 혀의 움직임이 제한적이기 때문에 모든 모음이 비슷하게 들리는 모음의 중성화가 나타난다. 또한 모음의 지속 시간이 건청아동보다 길어서 장모음화가 되거나 비음화가 되는 경향이 있다. 다음으로 자음 산출의 특성을 살펴보면 가장 두드러진 특징은 생략과 대치 오류다. 이중에서도 가장 흔한 오류 유형은 생략이며, 음향학적으로 강세가 주어지지 않는 종성과 구강의 중간과 뒤쪽에서 만들어지는 자음이 빈번히 생략된다. 대치는 하나의 말소리를 다른 말소리로 바꾸어 산출하는 것을 말하는데, 대표적인 대치 오류에는 유성 자음과 무성 자음의 대치, 조음 방법에 따른 대치, 비음성 유무에 따른 대치가 있다. 조음 위치에 따른 대치도 빈번히 나타나는데, 특히 구강의 앞쪽이나 뒤쪽보다는 중간에서 산출되는 자음에서 오류 빈도가 높다.

언어의 각 하위영역에서도 다양한 문제가 나타나는데, 그중에서도 형태-구문론적 영역에서의 결함이 가장 심각한 것으로 지적된다. 의미론적 영역에 있어서도 어휘의 이해와 사용능력이 매우 지체되며, 비유적이고 추상적인 표현을 이해하는 데 어려움을 겪는다. 대화기술에 있어서도 주제를 도입하고 유지하는 기술에 결함이 있으며, 상대방의 입장을 고려하여 대화를 지속하는 능력과 상대방의 말을 이해하지 못했을 때 명료화를 요구하고 그에 따라 자신의 말을 수정하는 기술 등이 떨어진다. 이러한 구어 문제를 모든 청각장애아동이 똑같이 가지는 것은 아니지만 청각장애가 언어습득기 이전에 발생하고, 보청기 착용 및 교육 시작의 시기가 늦은 경우 구어습득에서 더 심각한 문제를 보이므로 개별 아동의 특성에 맞게 적용하여 해석하는 것이 필요하다.

3. 청능훈련

1) 청능훈련의 정의

청능훈련은 관점에 따라 포함하고 있는 범위와 대상, 강조점이 다르고 이에 대한 정의도 다양하다. 협의의 관점에서는 다양한 음성과 비음성 자극의 크기, 높낮이, 리듬 등의 특성 및 단서를 변별하는 능력을 향상시키기 위한 활동 혹은 체계적인 절차로 볼 수 있다(Goldstein, 1939, Carhart, 1960). 좀 더 광의의 개념으로 볼 때 청능훈련은 청각장애인이 청지각 능력을 습득할 수 있도록 특별한 청각적 의사소통 조건을 만드는 과정(Erber, 1982)으로 볼 수 있다.

Blamey와 Alcantra(1994)는 다양한 청능훈련의 개념을 비교, 정리하면서 청각이 한 개인의 전체적인 지각에 기여하는 정도를 증가시키기 위해서 고안된 교수, 기술 혹은 실재(practice)라고 정의하였다. 이처럼 청능훈련의 개념은 소리의 변별 및 지각이라는 국한된 기술로 보는 관점에서 정보의 지각 및 처리와 의사소통 전반에 청각적 기술이 미치는 영향을 고려하는 관점으로 변화되어 왔다. 이러한 관점의 변화는 청능지도 시에도 반영되어서 최근의 청능훈련에서는 청각적 정보처리와 이를 활용한 의사소통능력을 강조하고 있다.

2) 청능 평가

청각장애아동의 잔존청력을 최대한 활용하여 듣기와 구어능력을 발달시키기 위해서는 실제로 아동이 어느 정도 말소리를 듣고 변별하여 이해할 수 있는지를 확인하는 과정이 선행되어야 한다. 청력검사를 통해 확인된 청력손실 정도가 비슷한 아동이라 할지라도 잔존청력을 기능적으로 활용하는 능력에는 큰 차이가 있을 수 있다. 여기에는 보청기 착용 시기, 최적화된 보청기의 지속적인 사용 여부, 청능 및 구어지도와 관련된 조기 중재 시기 및 지속성, 아동의 지적 능력을 포함한 중복장애 유무, 가정의 언어 환경 및 지도 등 다양한 요소가 관련된다.

청능 평가는 다양한 의사소통 조건에서 청각장애인이 잔존청력을 활용하는 기능적 능력을 평가하는 것을 의미한다. 청능 평가의 목적은 다음과 같다(Tye-Murray, 2004).

- 증폭기 사용의 필요성을 결정하는 정보로 활용한다.
- 보청기 착용 시와 미착용 시의 청각적 수행력을 비교하여 보청기 사용의 이득을 평가한다.
- 듣기 환경과 관련된 청취 문제를 확인한다.
- 종단적인 청능기술발달에 대한 정보를 수집한다.
- 청능훈련의 필요성 및 효과성을 평가한다.
- 현재의 청능 수준을 결정하는 정보로 활용한다.
- 적절한 교육적 배치 환경 결정에 대한 정보를 수집한다.
- 청능훈련의 목표 달성 여부를 결정한다.

청능 평가는 크게 공식적인 평가와 비공식적인 평가로 이루어진다. 먼저 공식적인 평가에서는 표준화된 말소리 지각검사를 사용하여 평가한다. 말소리 지각검사(speech perception test)는 크게 보기가 있는 검사(closed-set test)와 보기가 없는 검사(open-set test)로 나눌 수 있다. 보기가 있는 검사는 검사자가 제시하는 말소리를 듣고 제시된 보기 중에서 그림이나 글자로 해당되는 항목을 지적하는 형식으로 이루어진다. 보기가 없는 검사는 검사자가 제시하는 말소리를 듣고 단어나 문장 따라하기, 질문에 대답하기, 쓰기 등으로 응답하게 하는 검사다. 말소리 지각검사에서 자극 제시 단위는 개별 아동의 청각적 특성과 언어 및 인지적 발달수준을 고려하여 음절, 단어, 구, 문장 수준으로 제시된다. 검사 조건은 시각적 단서를 제시하지 않고 청각적으로만 말소리를 제시하는 조건(auditory only mode)과 입모양과 말소리를 동시에 제시하는 조건(auditory visual mode)이 있다. 현재 국내에서 사용되고 있는 말소리 지각검사 도구로는 GASP-K(김은연, 하효정, 2000), KSPIN(김진숙, 배소영, 이정학, 2000), EARS-K(이상흔, 박미혜, 허명진, 2003) 등이 있으나, 표준화된 검사가 부족한 실정이다. 따라서 검사의 특성을 충분히 파악한 후 사용하되 결과의 해석에 주의해야 하며, 검사결과를 절대적인 기준으로 사용하기보다는 아동의 진전도 파악, 교육방향 결정, 장단기 목표 설정 등에 대한 참고자료로 사용하는 것이 바람직하다.

아동의 연령이 어리거나, 중복장애가 심하거나, 청각적 수행력이 매우 낮은 경우 공식적인 검사를 시행하기 어려운 면이 있다. 이러한 아동의 경우에는 재활 담당자, 교사, 양육자의 보고를 통해서 아동의 청각적 수행력을 평가하는 척도를 사용한다. 대표적인 척도 형식의 검사에는 CAP(Categories of Auditory Performance), IT-MAIS(Infant -Toddler: Meaningful Auditory Integration Scale)가 있다.

다음으로 비공식 검사에는 놀이 상황에서의 관찰, 부모의 보고, 자발화 분석 등의 방법이 있다. 청각적 수행력을 평가하는 데 가장 중요한 것은 보청기 착용 상태에서 아동이 어떠한 말소리의 요소를 감지하고, 지각할 수 있는가 하는 것이다. 즉, 청력역치가 어느 주파수대까지 말소리 스펙트럼 내에 포함되는가에 따라서 아동의 말소리 변별력은 달라질 수밖에 없다(〈표 5-3〉).

비공식적 검사에서는 청력검사를 통해 확인된 청력역치와 그에 따른 잠재적인 말소리 감지 및 변별력에 대한 정보를 바탕으로 실제 아동이 보이는 청각적 수행력에 대해 평가한다. 어린 아동의 경우에는 보청기 착용 유무에 따른 발성량의 변화, 다양한 환경음과 악기나 소리 나는 장난감에 대한 자발적 감지능력, 녹음된 혹은 육성으로 제시된 노래에 대한 감지와 확인능력, 음성의 억양이나 음색에 대한 구분(예, "안 돼!"), 상징물과 연계된 의성어(예, 강아지-"멍멍.")나 반복적으로 사용되는 놀이 표현(예, "까꿍." "똑똑, 누구십니까?")에 대한 확인능력, 친숙한 단어(예, "엄마.")나 구(예, "쏙쏙 넣어." "신발 신어.")에 대한 확인 및 이해능력을 평가할 수 있다. 학령기 아동에게 시행할 수 있는 평가 과제로는 학교에서

표 5-3 음성언어의 요소와 주파수 범위

주파수 범위	음성언어의 요소
250Hz	• /우/와 /이/의 F1, 여성과 아동 음성의 F0 • 비음, 유성성, 초분절적 요소(강세, 속도, 억양)
500Hz	• 대부분 모음의 F1, 파열음의 터짐소리 • 유성성, 비음, 초분절적 요소, 모든 음성의 배음
1000Hz	• 자음 산출 방식(manner of consonants)의 단서 • 후설모음, 중설모음의 F2 • 자음-모음, 모음-자음 전이에 중요한 정보
2000Hz	• 자음 산출 위치(place of consonants)의 단서 • 중설모음의 F2와 F3 • 유음 /ㄹ/의 음향학적 정보 • 파열음, 파찰음의 터짐소리
4000Hz	• 마찰음의 터짐소리

출처: Estabrooks(2002).

사용하는 지시 따르기(예, "두 손을 머리에 올리세요."), 단락 수준의 이야기를 듣고 자신의 말로 표현하거나 질문에 대답하기, 소음 조건에서의 말소리 변별능력, 다단계의 복잡한 지시를 듣고 수행하기, 교과서에 나오는 어휘 확인 및 이해 과제 등이 있다. 이러한 비공식적 검사결과는 청능훈련 목표와 방향을 결정하는 데 중요한 정보를 제공하므로 청능평가 시에는 반드시 공식적 검사와 비공식적 검사를 함께 시행하는 것이 필요하다.

3) 청능훈련의 계획

청능훈련을 시행하기 위해서는 다음 네 가지 원리에 따라서 활동 내용을 구성한다. 즉, 청능훈련을 계획하기 위해서는 아동의 청각기술이 어느 수준인지, 제시되는 자극의 단위는 어떤 수준이 적절한지, 공식적 활동과 비공식적 활동 중 어떤 활동이 적절한지, 활동의 난이도 수준은 어떻게 조절할 것인지를 고려해야 한다.

표 5-4 청능훈련활동 계획의 원리

청각기술 · 자극 · 활동 유형	난이도 수준
청각기술 • 소리 인식 • 소리 변별 • 확인 • 이해 자극 • 음성학적 수준 • 문장 수준 활동 유형 • 공식적 • 비공식적	난이도 수준 • 반응 양식 –보기가 있는 조건 –범위가 제한된 조건 –보기가 없는 조건 • 자극 단위 –단어, 구, 문장 • 자극의 유사성 • 맥락적 단서 • 과제의 구조 –고도로 구조화된 과제 –자발적인 과제 • 청취 조건

출처: Tye-Murray(2004).

(1) 청각기술

표 5-5 청각기술의 단계

듣기기술의 위계
감지 → 변별 → 확인 → 이해

감지

소리의 유무에 반응하는 능력. 아동은 소리의 존재를 자각하고 소리에 주의를 기울이는 것을 학습한다.

- 소리에 대한 선택적 주의집중
- 음원 탐색 및 방향지각
- 소리에 대한 조건화된 반응
- 소리에 대한 자발적인 인식

변별

둘 이상의 말소리 간의 유사성과 차이점을 인식하는 능력. 아동은 소리 간의 차이점에 집중하고 다른 소리에 대해 다른 방식으로 반응한다.

확인

들은 말소리 자극에 대해 반복, 지적, 쓰기를 함으로써 이름을 붙이는 능력

- 초분절적 요소
  - –말소리의 운율적 특성(음색, 크기, 리듬, 강세, 억양)
  - –남성, 여성, 아동 음성에 대한 지각
  - –상징물과 연계된 말소리 배우기
- 분절적 요소
  - –음절 수가 다른 단어 확인(예, 1음절, 2음절, 3음절, 4음절)
  - –자음과 모음이 다양한 1음절 단어 확인
  - –친숙한 표현 및 지시 따르기
  - –자음은 동일하고 모음이 다른 단어 확인(예, /감/, /곰/, /김/)
    모음은 동일하고 자음의 조음 방법, 조음 위치, 유성성이 다른 단어 확인(예, /발/, /달/, /날/)
- 모음은 같고, 자음의 방법만 다른 단어 확인(예, /발/, /딸/, /살/)
- 모음은 같고, 자음의 유성성만 다른 단어 확인(예, /발/, /말/, /날/)

이해

대답하기, 지시 따르기, 대화 참여 및 의미 해석(이해) 등을 통한 말소리의 의미를 이해할 수 있는 능력. 아동은 주어진 상황보다 질적으로 다른 반응을 보여야 한다.

- 청각적 계열화(Auditory Sequencing)
  - –친숙한 표현
  - –한 가지 지시 따르기
  - –교실 상황 지시 따르기
  - –중요한 요소를 순차적으로 따르기
  - –세 가지 지시 연속으로 따르기
  - –다양한 요소의 지시를 따라 수행하기
- 구조화된 듣기 상황에서의 청각 · 인지 기술
  - –다양한 요소의 지시에 연속적으로 따르기
  - –몇 가지 구어적 단서에 기초해 인지하기
  - –세 가지 → 네 가지 → 다섯 가지의 연속적인 사건
  - –사건이나 이야기, 수업 등에서 다섯 가지 세부사항 기억하기
  - –수업이나 복잡한 이야기의 주제 이해하기
- 대화 상황에서의 청각 · 인지 기술
  - –짧은 대화의 주제 이해에 필요한 질문에 답하기
  - –다른 말로 바꾸어 표현하기
  - –자발적인 주장, 논평 등의 표현 사용하기

출처: Erber(1982); Estabrooks(2002).

청능훈련에서 가장 먼저 고려해야 할 요소는 아동의 듣기능력이 어느 단계에 있는가다. 청각기술은 크게 소리의 감지, 변별, 확인, 이해로 나눌 수 있다(Erber, 1982). 소리의 감지는 소리의 유무를 아는 것으로 듣기 기술의 가장 기초가 된다. 소리 변별은 두 개의 소리가 같은지, 다른지를 구분하는 단계다. 확인은 청각적 자극에 대해 청자가 이름을 붙일 수 있는 듣기 단계다. 마지막으로 이해는 구어자극을 듣고 그 의미를 파악할 수 있는 상위 듣기기술로서 청각기술발달의 최종 목표이자 가장 중요한 단계다. 이 네 가지 청각기술은 각각 분리되어 위계적으로 발달한다기보다는 중첩되어 발달한다. 예를 들면, 말소리를 확인하는 단계에 있으면서도 더 작은 소리나 원거리의 소리에 대한 인식을 연습할 수 있다. 네 가지 청각기술에 해당하는 구체적인 과제의 내용은 〈표 5-5〉와 같다.

(2) 청능훈련 과제의 단위

청능훈련 계획에서 두 번째로 고려해야 할 요소는 자극의 단위다. 청능훈련 시 활동 과제는 개별 음소나 음절의 지각을 강조하는 분석적 훈련활동과 발화 전체의 의미 파악을 강조하는 종합적 훈련활동으로 구성된다. 분석적 활동과 종합적 활동은 이분법적으로 분절되기보다는 활동 과제의 강조점에 따른 연속선상에 있는 것이며, 대부분의 청능훈련 프로그램은 두 가지 활동을 모두 포함하고 있다.

(3) 청능훈련 활동의 종류

세 번째로 고려해야 할 요소는 청능훈련 활동의 종류다. 형식적 훈련에서는 정해진 시간 내에 일대일 혹은 소그룹 상황에서 고도로 구조화된 활동을 연습한다. 비형식적 훈련에서는 일상활동, 대화, 학교 공부와 같은 다른 활동의 한 부분으로 청능 과제를 수행한다. 어린 아동이나 청력손실 정도가 적은 아동일수록 비형식적 훈련이 적합하고, 나이가 많고 잔존청력이 적을수록 형식적 훈련이 적절하다. 그러나 대부분의 청능훈련 프로그램에서는 형식적 훈련을 시행하더라도 전이나 일반화 문제를 고려하여 비형식적 훈련 내용을 포함시키고 있으며, 비형식적 훈련을 시행하는 경우에도 음소나 음절 변별과 같은 특정 기술의 습득을 위해서 형식적 훈련의 요소를 포함시키기도 한다.

(4) 과제의 난이도 수준

마지막으로 청능훈련에서 고려해야 할 요소는 활동 과제의 난이도다. 활동 과제의 난이도는 반응 양식, 자극의 단위, 자극의 유사성, 맥락적 단서, 과제의 구조화, 소음 조건을 조절함으로써 가능하다. 먼저 반응 양식에서는 그림이나 실물 등의 보기가 있는 조건에서 말소리를 확인하는 것이 보기가 없는 조건에서 말소리를 확인하는 것보다 쉽다. 자극의 단위에서는 문장 단위보다는 단어나 구의 변별이 쉽기 때문에 단어에서 문장으로 길이를 증가시키면서 훈련을 진행한다. 자극의 유사성은 음향학적으로 차이가 큰 말소리의 변별에서 시작하여 차이가 적고 유사한 말소리 간의 변별 과제로 옮겨 간다. 맥락적 단서를 조절하기 위해서는 언어적·환경적 단서가 있는 조건에서 자극을 제시하다가 점점 맥락적 단서가 없는 조건에서도 말소리 자극을 확인하고 이해할 수 있도록 한다. 과제의 구조화 정도는 청능훈련 초기에 구조적인 과제부터 시작하여 점차 구조화 정도가 낮은 자발적인 조건에서 청능 과제를 연습할 수 있도록 조절한다. 마지막으로 청취 조건의 난이도를 조절하기 위해서는 소음이 없는 조용한 환경에서 듣기 과제를 시행하다가 아동의 듣기능력이 향상됨에 따라서 환경음이나 말소리 등 다양한 소음이 있는 조건에서 청능 과제를 시행한다. 소음 조건에서의 과제를 시행할 때는 자극 대 소음의 비율(Stimuls to noise ratio)을 점점 높여서 과제의 난이도를 조절한다.

4) 청능훈련 프로그램

이상에서 살펴본 청능훈련 계획의 원리에 기초해서 듣기기술의 발달 단계에 따른 목표(goal), 목적(objectives), 활동(activities)으로 구성된 청능훈련 프로그램이 개발되어 사용되고 있다. 각 프로그램마다 듣기의 단계와 활동의 내용 등 각각의 특성과 차이점이 있지만 그 원리는 유사하다.

청능훈련 프로그램은 크게 음소나 음절과 같은 작은 단위에서 말소리의 변별과 확인 능력을 강조하는 분석적 접근과 문장이나 단락 수준에서 듣기를 통한 의미 이해를 강조하는 종합적 접근법으로 나눌 수 있다. 그러나 최근 대부분의 프로그램은 아동의 청각적 특성과 청능발달 수준을 고려하여 분석적 훈련 과제와 종합적 훈련 과제를 필요에 따라 조절하여 사용하는 절충적 접근을 취하고 있다. 구체적인 청능훈련 프로그램의 예는 다음과 같다.

DASL(The Development Approach to Successful Listening) 프로그램은 아동과 성인 청각장애인을 대상으로 소리 인식, 음성학적 듣기, 청각적 이해 단계를 연습할 수 있도록 구성된 청능훈련 프로그램이다. 각각의 단계는 위계적으로 구성된 하위기술을 포함하고 있으며, 세 단계의 하위기술을 동시에 진행할 수 있도록 구성되어 있다. 이 프로그램은 교실이나 치료실 환경에서 사용할 수 있다.

SPICE(The Speech Perception Instructional Curriculum and Evaluation) 프로그램은 3~12세 아동을 대상으로 하며, 감지, 초분절적 요소의 지각, 모음 및 자음 지각, 연속 발화 네 단계의 청능기술로 구성된 프로그램이다. 이 프로그램은 구체적인 청능훈련 목표, 목적 및 활동, 청능훈련에 사용될 수 있는 장난감이나 단어와 구를 묘사하는 그림 카드도 포함되어 있다. 청능훈련 초기에는 단일기술을 연습할 수 있는 형식적인 훈련활동으로 시작하여 점차 자연스러운 듣기와 언어 이해를 강조하는 비형식적인 활동으로 옮겨 간다.

SKI-HI 프로그램은 만 5세 미만의 아동을 대상으로 청각학적 서비스와 가정중재 프로그램을 제공하는 포괄적인 발달적 청능훈련 프로그램이다. 이 프로그램은 총 4개의 발달단계에 따른 11개의 목표 기술로 구성되어 있다.

최근에는 컴퓨터를 이용한 청능훈련 프로그램이 개발되고 있어서 청능훈련이 필요한 대상자에게 선택의 폭과 기회가 넓어지고 있다. 특히 원거리 거주자나 이동이 불편한 대상자의 접근성을 높일 수 있고, 청능훈련의 중심이 기관에서 가정으로 옮겨지므로 장기적으로 참여할 수 있다는 점에서 효율성이 높다.

4. 언어지도

1) 말 · 언어 평가

청각장애아동의 말 · 언어능력 평가에는 공식적 검사와 비공식적 검사가 사용된다. 공식적 검사에서는 언어의 각 영역별로 조음, 어휘, 형태-구문론적 이해력 등을 평가하는 표준화검사가 사용되며, 영유아와 학령전 아동의 언어 이해력과 표현력을 종합적으로 평가할 수 있는 검사도구도 사용되고 있다. 검사자가 아동에게 직접 검사자극을 제공하여 언어능력을 측정하는 검사도 있으며, 주 양육자의 보고를 통해 간접적으로 평가하는 척도 형식의 검사도 있다. 국내에서 사용되고 있는 표준화된 말 · 언어검사의 종류는 〈표 5-6〉에 제시되어 있다.

비공식적 검사는 주로 양육자와 아동의 상호작용이 일어나는 놀이, 대화 상황이나 일상생활활동 중 언어 이전기 의사소통행동(예, 행동 및 소리 모방, 수단-목적 개념, 사물 영속성, 공동 주의집중 등)과 언어 이해 및 표현 능력에 대한 관찰, 언어의 각 하위 영역별로 아동이 보이는 언어 특성과 오류 패턴에 대한 분석을 통해 이루어진다. 좀 더 정밀한 분석을 위해서는 아동의 자발화를 수집하여 의미론적 · 형태론적 · 구문론적 측면에서 분석하는 방법을 사용하기도 한다. 또한 비공식적 검사에서 발견된 문제에 대해 좀 더 구체적인 정보를 얻고자 할 때는 특정 영역에 대한 심화검사를 시행하기도 한다. 학령기 아동의 경우라면 교사로부터 학급 상황에서의 언어 이해 및 표현능력과 의사소통기술에 대한 정보를 구하는 것이 바람직하다. 또한 최근 강조되고 있는 교육과정 중심 평가를 시행하여 아동의 개별화 교육계획과 언어중재를 통합할 수 있는 유용한 정보를 얻을 수 있다.

표 5-6 국내에서 사용되고 있는 말 · 언어검사의 종류

평가영역	검사 도구명	내 용	대상 연령
말	우리말 조음 · 음운 평가(김영태 외, 1996)	단어, 문장 수준에서 음소 정확도 평가	만 2~12세
	아동용 발음평가(김민정 외, 2007)	단어, 문장 수준에서 조음 능력 평가	만 3세~취학전 아동
언어	영유아 언어발달 선별검사(김영태 외, 2003)	영유아의 수용 및 표현언어능력 평가, 부모 보고식 체크리스트	4~36개월
	취학전 아동의 수용 및 표현언어검사(김영태 외, 2007)	취학전 아동의 수용 및 표현언어능력 평가	만 2~6세
	MBCDI-K(배소영 외, 2006)	유아의 수용 및 표현 어휘능력 평가, 부모 보고식 체크리스트	30개월 미만
	수용 및 표현 어휘검사(김영태 외, 2008)	수용 및 표현 어휘능력 평가	만 2세~성인
	구문의미 이해력검사(배소영 외, 2004)	형태론적 · 구문론적 이해능력 평가	만 4~9세
	언어문제 해결력검사(배소영, 임선숙, 이지희, 2000)	논리적 사고과정을 언어화하는 상위기술 평가	만 5~12세

2) 말하기 지도 방법

청각장애아동의 말하기 발달을 촉진하기 위해서는 다음의 세 가지 영역을 지도해야 한다(Dunn & Newton, 1994). 첫째, 말소리 지각력을 최대화하여 말의 청각적 패턴에 익숙해지게 한다. 아동이 들을 수 없는 말소리는 시각이나 근육운동감각과 같은 다른 감각양식을 사용하여 말소리에 대한 표상을 확립해야 한다. 둘째, 복잡한 운동 구어 패턴을 산출하기 위해서는 구어 메카니즘의 협응이 필요하다. 셋째, 익숙한 말소리 운동 패턴을 의미 있는 말에서 사용해야 한다. 이상과 같은 세 가지 기술의 동시적인 발달이 요구된다.

(1) 말소리 지각력 촉진

잔존청력의 활용을 통해 말소리 지각력이 발달할수록 말소리를 자발적으로 습득할 가능성이 높아진다. 아동은 보청기를 지속적으로 착용해야 하고, 교사나 부모는 보청기가 잘 작동하고 있는지 Ling's 6 sound(/음/, /우/, /아/, /이/, /쉬/, /스/) 등을 이용하여 매일 확인해야 한다. 말산출과 관련한 말소리 지각력 발달의 목적은 다양한 언어적 수준에서 목표 음소를 들을 수 있는 연습 기회를 제공하여 말소리의 청각적 표상을 확립하고자 하는 것이다. 이를 위해서 다양한 청각적 기술을 포함하고 있는 청능훈련 프로그램이 도움이 된다.

(2) 말산출을 촉진시키기 위한 접근법

말산출을 촉진시키기 위한 가장 비구조화된 접근은 청각 전반 접근법(Auditory Global Approach)(Calvert & Silverman, 1983)으로 이 접근에서는 아동이 충분한 청각적 자극을 제공받는다면 명료한 말소리를 산출할 수 있다고 주장한다. 보다 전통적인 접근법으로는 다감각적 음절 단어 접근법(Multisensory Syllable-Unit Approach; Calvert & Silverman, 1983)이 있다.

이 접근법에서는 청각, 시각, 운동감각을 다양하게 사용하고, 음절 단위에서의 자극 제시를 강조하며, 아동은 말소리 패턴을 모방함으로써 말하기를 학습할 수 있다고 설명한다. 또한 말하기 중재 시 미리 정해진 순서에 따라 산출하기 쉬운 음절부터 시작하여 점차 자발적이고 의미 있는 말하기 수준으로 진행해 간다. 다감각적 접근을 활용한 프로그램으로는 Ling(1976)의 프로그램이 대표적이다. 그러나 이러한 접근법을 통해서는 말소리의 초분절적 특성을 충분히 습득할 수 없다는 비판도 제기된 바 있다.

(3) 음성학적 수준과 음운론적 수준에서 동시에 지도하기

일반적으로 말하기중재 프로그램은 음성학적 수준에서 개별 말소리에 대한 숙달이 되고 나면 의미 있는 단어에서 습득된 말소리를 연습하는 방식을 취한다. 반면 이 접근법에서는 중재 초기부터 음성학적 수준과 음운론적 수준의 연습이 동시에 이루어진다. 이는 건청아동의 음운론적 습득과정을 볼 때 대부분의 말소리를 단어 수준에서 습득한다는 원리에 입각한 것이다. 중재의 첫 단계는 초분절적 요소에서부터 시작하며, 아동이 자연스러운 리듬과 억양으로 음성을 사용할 수 있으면 분절적 단계로 진행한다. 분절적 요소의 연습단계에서는 가능하면 아동이 산출할 수 있는 기본 모음부터 시작하며 음성학적 수준에서 습득된 말소리가 점차 늘어남에 따라서 1음절, 2음절, 다음절 단어로 확대하여 목표음의 산출을 연습한다. 이러한 연습과정은 필요한 경우 더욱 복잡한 언어적 단위에서도 시행될 수 있다.

3) 언어지도 방법

언어중재의 흐름은 언어습득이론의 발전과도 그 맥을 같이 한다. 1950~1960년대까지 언어지도는 문법지도를 중심으로 이루어졌고, 이후 의미론적 영역의 중요성이 강조되면서 어휘습득에 많은 노력을 기울이게 되었다. 1970년대부터 습득된 언어의 형태와 내용적 측면이 의미 있는 맥락 속에서 적절히 사용되어야 한다는 화용론적 측면이 부각되어서 대화기술 중심의 중재가 이루어졌다. 1980년대 이후에는 언어의 형식, 내용, 사용의 모든 측면이 분리되어 있기보다는 연결되어 있으므로 자연스러운 발달 순서에 따라 균형 있는 발달을 이룰 수 있게 해야 한다는 다원적 언어습득 모델이 주를 이루고 있다. 청각장애아동의 언어지도에서도 이러한 흐름과 크게 다르지 않으며, 언어습득이론의 변화에 따라 강조점이 달라져 왔다.

전통적으로 청각장애아동의 언어지도에서는 문법영역에 초점을 맞춘 구조적인 접근을 취하였다. 구조적인 언어 접근을 취하는 입장에서는 특정 기술의 반복 연습과 기억을 강조하였고, 일부 프로그램에서는 언어기술을 강화하기 위하여 언어 경험 활동을 적용하기도 하였다. 엄격한 구조적인 접근에 대한 대안으로 제시된 것이 자연주의 접근법이다. 자연주의 접근법에서는 언어는 우연학습 기회를 통해 습득되고 지도되어야 한다고 주장하였고, 아동과 부모의 상호작용을 통한 언어습득 및 언어의 사용을 강조하였다. 절충적 접근은 구조적 접근과 자연적 접근의 장점을 결합한 형태로 현재 청각장애아동의 언어지도 접근법으로 가장 널리 적용되는 방법이다(Easterbrooks & Baker, 2002).

(1) 언어중재의 원리 및 고려사항

청각장애아동의 언어중재 시에는 다음과 같은 점을 고려해야 한다. 즉, 효과적인 언어중재 프로그램이 갖추어야 할 요소에는 다음과 같은 점이 있다(Easterbrooks & Baker, 2002).

- 언어 이해와 표현은 분리된 문제로 다룬다. 아동의 표현력이 충분하지 않더라도 의사소통이 이루어지는 의미를 명확히 파악하는 것이

중요하다.

- 아동의 의사소통 요구에 따라서 문법지도에 대해 의미론적 · 화용론적 기초를 지도한다.
- 청각장애아동의 언어지도 순서는 정상 언어발달의 범위와 순서를 따른다.
- 교사는 아동이 언어기술을 새로운 상황으로 일반화할 수 있도록 다양한 경험과 기회를 제공하여 도와주어야 한다.
- 언어표현의 정확성과 유용성 모두 중요한 요소로 다루어야 한다.
- 아동이 다양한 방식으로 언어의 의미를 경험할 수 있도록 한다.

(2) 언어지도 접근법

청각장애학생을 위해 학교나 학급에서 사용되는 언어지도 접근법은 크게 언어 경험 접근법, 총체적 언어 접근법, 프로젝트 접근법으로 나눌 수 있다(Easterbrooks & Baker, 2002).

언어 경험 접근법 언어 경험 접근법은 정상 언어발달이론에 그 기초를 두고 있으며, 청각장애아동이 자신의 환경 내에서 실제 경험을 통해 언어를 습득할 때 더 쉽게 이해할 수 있다는 점을 강조한다.

총체적 언어 접근법 총체적 언어 접근법은 행동주의에 기초한 전통적인 언어지도 방식의 문제점이 제기되면서 그 대안으로 대두된 언어지도 방법이다. 전통적인 언어지도법에서 교사는 개별 아동에게 언어의 구성요소를 분리된 형태로 가르치며, 기초적인 언어기술의 반복 연습과 강화에 기초한 지도 방법을 사용하였다. 반면 총체적 언어 접근법은 사회적 구성주의를 바탕으로 문식성에 기초를 둔 접근법으로, 아동은 학습의 필요성을 느낄 때 개념을 가장 빨리 이해할 수 있다고 본다. 총체적 언어 접근법은 아동이 완벽하고, 자연스러운 구어와 문어에 접근할 수 있게 하고, 아동 자신의 학습 목표와 전략을 선택할 수 있는 다양한 기회를 제공한다는 면에서 청각장애아동의 언어지도 방법으로 널리 사용되었다.

그러나 기초적인 문법기술과 같은 명시적인 언어지도를 등한시함으로써 그 효과성에 대해 많은 비판이 있었기 때문에 총체적 언어 접근과 언어기술 중심의 명시적인 교수 형태를 결합한 균형적 언어지도법이 대안으로 제시되었다(Schirmer, 2000). 균형적 언어지도법에서는 의미 있는 언어의 사용을 중요시하면서도 체계적인 문법습득과 아동 스스로 의미를 구성할 수 있는 전략을 균형 있게 다룰 것을 강조한다. 즉, 청각장애아동이 가지는 언어의 형태, 의미와 사용의 모든 측면을 통합적으로 촉진할 수 있는 대안적인 언어지도 방법으로 볼 수 있다(강창욱, 2013).

프로젝트 접근법 프로젝트 접근법은 총체적 언어 접근법과 유사한 점이 많지만, 주제 중심 접근이라는 점에서 차이가 있다. 프로젝트 접근법에서 아동은 자신이 좋아하는 일상생활과 관련된 활동에 참여하여 특정 주제에 대해 심도 깊은 탐구활동을 하면서 언어의 다양한 측면을 습득한다. 이 접근법은 크게 프로젝트 계획, 학습활동, 마무리활동의 세 단계로 이루어진다. 프로젝트 계획 단계에서 교사는 아동의 발달단계에 적합하면서도 흥미 있는 주제를 선택하고, 아동이 습득해야 할 언어기술을 확인한 후 학습자료, 견학, 자료수집의 출처 등을 계획한다. 학습활동단계에서 아동은 토론, 관련 전문가와의 인터뷰, 정보수집, 조사, 탐구활동을 수행한다. 마무리활동은 지금까지 학습한 내용을 학급신문이나 웹페이지로 만드는 등 의미 있는 활동에 참여하는 단계다. 이러한 활동을 통해서 언어기술의 습득뿐만 아니라 자신감과 자존감이 높아지는 효과가 있다.

5. 독화지도

1) 독화의 정의 및 구성요소

청능 혹은 말소리 지각이 청각적 정보를 이용하여 구어를 이해하는 능력을 의미하는 반면 독화(speech reading)는 시각적으로 구어의 메시지를 이해하는 과정이다. 즉, 독화는 화자의 얼굴과 몸짓을 보고 상황적 단서와 언어적 정보를 이용하여 화자의 생각을 이해하는 능력을 의미한다(Kaplan, Bally, & Garretson, 1987). 청력손실 정도가 비교적 적은 난청아동의 경우 청각을 활용하여 구어의 상당 부분을 이해할 수 있지만, 고도난청아동이나 농아동의 경우 청각만으로 말소리를 수용하여 그 의미를 파악하는 것에는 한계가 있다. 특히 소음의 정도가 크고, 듣기에 불리한 환경에 노출된 경우에는 청각 활용의 어려움이 더 크다. 이런 경우 듣기뿐 아니라 시각적 단서를 활용하여 구어자극의 수용도를 높이는 방법이 유용하다.

독화는 분석적 요소와 종합적 요소를 모두 포함하는 개념이다(Kaplan, 1997). 분석적 요소는 구어 운동 패턴을 시각적으로 수용하거나 일부 혹은 전체적으로 보이는 말소리를 정확하게 해석하는 과정이다. 따라서 독화자는 비록 모든 말소리가 시각적으로 명확하게 지각되지 않더라도 입술, 혀, 턱의 위치와 움직임에 주목하여 가능한 한 모든 정보를 활용하여 독화소를 파악해야 한다.

종합적 요소는 언어적 · 상황적 정보를 활용하여 입모양의 시각적 패턴을 의미 있는 개념과 연결짓거나 눈으로 파악되지 않는 정보를 채워 넣는(fill-in) 과정을 포함한다. 즉, 종합적 요소는 시각적으로 파악된 정보를 종합하고, 맥락적 단서를 통해 부족한 정보를 예상 및 추정하여 최종 메시지의 의미를 파악하는 이해과정에 초점을 맞춘다. 여기에는 크게 제스처와 몸짓 언어, 그리고 언어적 맥락 및 상황적 정보의 활용이 요구된다.

먼저 제스처, 몸짓, 표정은 말의 이해를 돕는 데 크게 기여하며, 제스처나 표정이 메시지의 내용과 일치하지 않는 경우 말의 내용을 이해하는 데 혼란을 가져온다. 따라서 독화를 능숙하게 하기 위해서는 화자의 몸동작과 표정을 참조하여 구어 메시지를 파악해야 한다. 다음으로 언어적 맥락 혹은 언어적 규칙 또한 독화에서 활용되는 중요한 요소가 된다. 음소가 결합되어 단어가 만들어지는 규칙이나 단어가 결합되어 문장을 이루는 규칙 혹은 특정한 형태의 질문 등은 시각적으로 파악하기 어려운 말소리를 추정하는 단서가 된다. 또한 의사소통 상황과 화자의 역할에 따라서 메시지의 의미 파악에 대한 예측성이 높아지기도 한다. 예를 들면, 병원, 은행, 마트 계산대, 식당 등에서 화자가 맡은 업무에 따라서 흔히 사용하는 표현이 정해져 있기 때문에 독화를 쉽게 만든다. 또한 인사말이나 대화, 토론의 시작과 마무리에서 일반적으로 사용하는 표현 등 화용론적 규칙도 독화가 용이하지 않는 상황에서 메시지의 의미를 추정하는 데 도움이 된다.

2) 독화의 한계점

독화훈련을 통해서 말의 시각적 수용능력을 최대화한다고 하더라도 독화를 통해 모든 단어를 이해하는 데는 한계가 있다. 본질적으로 말은 청각-음성적으로 수용되고 표현되는 기재이기 때문에 시각만으로 모든 말소리를 수용하여 화자의 메시지를 이해하는 것은 아무리 능숙한 독화자라 하더라도 어려움이 있다. 독화의 한계점은 다음과 같다(Kaplan, 1997).

첫째, 말의 시각적 특성상 독화로 파악하는 데 한계가 있다. 입의 안쪽에서 산출되기 때문에 시각적으로 보이지 않거나 파악하기 어려운 말소리가 있다. 전체 말소리의 약 60% 정도는 시각적으로 파악하기 어렵다.

또한 입모양이 같거나 매우 유사한 말소리도 독화를 통해서 이해하기 어렵다. 정상적인 속도로 말을 하더라도 눈으로 지각할 수 있는 속도보다 빠르며, 화자의 말속도가 빠른 경우라면 화자의 메시지를 이해하는 것은 더욱 어렵다.

둘째, 화자 요인도 독화를 어렵게 하는 요인이 된다. 화자에 따라서 같은 음소를 말하더라도 입모양에 차이가 있어서 입술의 움직임이 지나치게 작거나 불명료한 경우, 정상적이지 않은 방식으로 입모양을 움직이는 경우 화자의 메시지를 이해하기 어렵다. 또한 고정된 자세가 아니라 이동하면서 말하는 경우, 말하는 동안 머리나 신체 부위를 지나치게 움직이는 경우, 머리카락이 얼굴을 가리는 경우 등도 독화를 어렵게 한다.

셋째, 독화자 요인도 관련성이 있다. 독화자의 언어능력이 제한적인 경우 독화를 통해 파악한 메시지를 이해하기 어렵다. 대화의 주제가 생소하거나 화자가 친숙하지 않은 사람일 경우에도 배경지식이 없기 때문에 대화 내용을 파악하는 데 어려움이 있다. 또한 독화를 하기 위해서는 화자의 얼굴을 보고 장시간 집중할 수 있어야 하는데, 주의가 쉽게 흐트러지거나 집중 시간이 짧은 경우에는 연속적으로 이어지는 대화를 놓치게 된다.

넷째, 환경적인 요인도 독화의 어려움과 관련이 있다. 화자와의 거리가 너무 멀거나 조명이 너무 어둡거나, 눈이 부셔서 화자의 얼굴을 정확히 볼 수 없는 경우, 시각적인 방해물이 있는 경우 등이 여기에 해당된다.

다섯째, 집단 대화에 참여하는 것은 독화를 사용하기에 가장 어려운 조건이다. 여러 명이 대화에 참여하는 경우 화자가 바뀔 때마다 시각적으로 추적하여 화자를 식별하고, 각 개인마다 다른 입모양과 표정, 제스처 등에 맞춰서 메시지를 이해해야 하기 때문에 독화자에게 큰 부담이 된다. 따라서 집단 대화 상황에서 독화자는 화자가 바뀌거나 대화 주제의 전환을 파악하지 못하는 경우가 생기며, 많은 정보를 놓치게 된다.

독화는 청각 활용능력이 적은 농아동에게 유용한 의사소통 수단임에도 불구하고 화자, 독화자, 물리적 환경, 상황적 요인에 따른 한계점을 가지고 있기 때문에 독화 단독으로 구어 이해를 위한 수단으로 사용하는데 어려움이 있다. 특히 말의 의미를 파악하는 데 중요한 역할을 하는 초분절적 특성인 쉼, 억양, 강세는 독화를 통해서 파악할 수 없는 청각 고유의 정보다(Kaplan, 1997). 따라서 최근의 연구에서는 청각과 독화를 함께 사용하였을 때 말의 의미를 파악하는 데 가장 큰 효과를 볼 수 있으므로, 독화의 의의를 청각 활용에 대한 보충기능으로서의 역할에 두고 있다.

3) 중재 원리 및 고려사항

청각장애아동의 독화지도 시에는 다음과 같은 점을 고려해야 한다.

첫째, 화자는 자연스러운 입모양으로 말하되 가시도가 높은 정상적인 방식으로 말하는 것이 바람직하다. 지나치게 입모양을 강조할 경우 입술, 턱, 혀에 긴장을 초래하여 오히려 입모양이 부정확할 수 있다. 또한 과장된 입모양으로 계속 훈련할 경우 자연스러운 입모양을 보고 의미를 파악하는 능력이 떨어질 수도 있다. 말의 속도는 독화훈련 초기에 느린 속도로 자극을 제시하다가 독화능력이 향상됨에 따라 점차 빠른 속도로 훈련자극을 제시하는 것이 좋다. 특히 잔존청력의 활용이 어려운 농아동의 경우 난청아동보다 청각 및 시각적 자극을 종합하여 메시지를 파악하는 능력이 더욱 떨어지므로 훈련 초기에는 느린 속도로 과제를 제시하는 것이 좋다. 표정과 제스처는 말의 내용과 일치해야 하며, 메시지의 의미와 무관한 제스처를 피하는 것이 좋다.

둘째, 독화훈련 시 아동이 주위 환경 내의 불필요한 자극이나 화자의 의미 없는 제스처 등에 주의가 흐트러지지 않고 화자의 입모양에 주의를 집중할 수 있도록 해야 한다. 또한 청각적 정보가 있을 때 독화가 훨씬 용이하기 때문에 독화 훈련 시에도 잔존청력을 최대한 활용해야 한다.

셋째, 독화훈련 장소는 조명이 밝은 방이 좋으며, 눈부시지 않고 화자의 얼굴에 그림자가 드리워지지 않는 위치가 적절하다. 또한 화자의 얼굴이 잘 보일 수 있게 가까이 앉는 것이 좋다. 청각적 정보도 독화능력을 촉진하는 역할을 하기 때문에 음향학적 환경 또한 독화훈련에 중요하다. 따라서 배경소음이 발생하는 음원으로부터 먼 위치에서 훈련을 진행하는 것이 좋다.

넷째, 독화 훈련 시 개별 독화소의 시각적 변별에 초점을 두는 경우 이러한 활동이 의미 있는 맥락에서 사용될 수 있도록 연습 기회를 충분히 제공해야 한다. 독화의 최종 목표는 말의 의미 이해에 있다는 점에서 문장과 대화 수준에서 종합적으로 의미를 파악하는 능력이 강조되어야 한다.

다섯째, 독화는 많은 집중과 긴장을 요구하는 과업이기 때문에 자칫 불신감이나 두려움을 느낄 수 있다. 교사는 아동이 독화훈련에 참여할 때 동기유발을 할 수 있는 다양한 방법을 활용하여 긍정적인 태도로 임할 수 있도록 해야 한다.

4) 독화지도 방법

독화훈련은 20세기 초반에 청각장애인의 의사소통능력을 향상시키기 위한 효과적인 방법으로 큰 각광을 받았고, 체계적인 독화훈련 프로그램이 개발되어 적용되면서 상당한 효과가 있는 것으로 입증된 바 있다. 초기 독화 프로그램에는 말소리의 시각적 확인과 빠른 반복 연습을 강조하는 Meuller-Walle 방법, 문장의 의미 파악을 강조하는 Nitchie 방법 등이 있었다. 보다 최근의 프로그램으로는 독화자가 자신의 말산출을 운동감각적으로 인식하거나 거울이나 비디오를 통해서 자신의 입모양을 시각적으로 인식하는 Jenna 방법 등이 있다. 독화 훈련 프로그램은 훈련의 성격에 따라서 청각 자극 없이 시각적 자극만 제시하는 경우도 있으나 최근에는 청각과 시각적 정보를 함께 제시하는 방법이 선호되고 있다. 독화훈련 프로그램은 청능훈련 프로그램과 같이 강조점을 어디에 두는

가에 따라서 크게 분석적 접근과 종합적 접근으로 구분할 수 있다(Tye-Murray, 2004).

(1) 분석적 접근

분석적 접근은 모음과 자음의 지각 기술을 개발하는 데 그 목적이 있다. 따라서 훈련 단위는 음소, 음절에서 시작하여 점점 더 큰 단위로 확대된다. 모음 훈련 시 초기에는 보통 음향학적으로도 차이가 크고, 입모양의 차이도 명확한 /이/, /아/, /우/를 구분하는 것으로 시작한다. 단어 수준에서 두 개의 모음을 구분하는 것부터 시작하여(예를 들면, /발/과 /불/) 점차 4~6개의 보기 중에서 모음을 구분하는 과제로 진행하다가, 아동이 모음의 구분에 익숙해지면 보기가 없는 조건에서 유사한 어휘 내에서 모음을 구분할 수 있는 과제를 시행한다.

자음 중 입의 앞쪽에서 생성되는 자음의 경우 가시도가 높지만 입의 중간과 뒤쪽에서 생성되는 자음은 부분적으로 보이거나 시각적으로 전혀 확인이 안 될 수도 있다. 자음의 가시도는 말의 속도, 화자의 조음 정확도, 조명, 화자와의 거리와 같은 요인에 따라 달라진다. 자음훈련 방법의 예시는 〈표 5-7〉과 같다.

표 5-7 분석적 접근법의 자음훈련 과제 예시

- 유성성과 자음산출 방식은 같고, 산출 위치만 다른 자음 쌍을 구분한다.
  (예, /칼/과 /팔/)
- 자음산출 위치는 같고, 유성성과 자음산출 방식이 다른 자음 쌍을 구분한다.
  (예, /말/과 /발/)
- 자음산출 위치와 자음산출 방식 혹은 유성성이 같은 자음 쌍을 구분한다.
  (예, /팔/과 /발/)
- 자음산출 방식과 유성성이 같은 자음을 4개~6개의 보기 중에서 확인한다.
- 자음의 산출 위치가 같은 자음을 4~6개의 보기 중에서 확인한다.
- 친숙한 단어를 보기가 없는 조건에서 확인한다.

출처: Tye-Murray(2004).

(2) 종합적 접근

종합적 접근은 의사소통 상황에서 언어적 · 상황적 단서를 사용하여 의미를 파악하는 것을 강조하는 방법이다. 아동은 듣기와 보기를 함께 사용하여 말의 의미를 지각하기 때문에 문장 수준의 청능훈련 과제와 유사하게 보이지만 난이도가 훨씬 높다. 종합적 접근에서 사용되는 독화훈련 과제의 예를 살펴보면 〈표 5-8〉과 같다.

표 5-8 종합적 접근법의 과제 예시

- 보기가 주어진 조건에서 간단한 지시를 따른다.
  (예, 공을 노란색으로 색칠하세요.)
- 네 개의 유사성이 없는 그림에서 문장을 확인한다.
- 네 개의 유사한 그림에서 문장을 확인한다.
- 특정 주제와 관련된 문장을 따라 말하거나 바꾸어 말한다.
  (예, 오븐에 빵을 넣으세요. 계란을 깨서 그릇에 담으세요. 밀가루 한 컵을 부으세요.)
- 두 개의 관련된 문장을 그림으로 그리거나 바꾸어 말한다.
- 단락 수준의 이야기를 이해하여 질문에 대답한다.

출처: Tye-Murray(2004).

청각-기출문제

언어 특성별 지도 방법: 인공와우아동 언어지도 방법(2012), 경도청각장애아동의 교수 지원 방법(2012), 청각장애아동 청력 유형별 언어지도 방법(2013, 2010)

참고문헌

강창욱(2013). 청각장애학생 언어지도 방향성 설정을 위한 반성과 대안. 특수교육저널: 이론과 실천. *13*(4), 339-357.

윤미선(1994). 언어치료 전문인을 위한 청각학. 서울 : 한국 언어 병리학회.

Anderson, K. L., & Martin, N. D. (1991). Relationship of degree of long-term hearing loss to psychosocial impact and educational needs. *Educational Audiology Association Newsletter, 8,* 17-18.

Blamey, P. J., & Alcantra, J. I. (1994). Research in auditory training. In J. P. Gagne & N. Tye-Murray (Eds.). Research in audiological rehabilitation. *Journal of the Academy of Rehabilitative Audiology, Monograph Supplement, 27*, 161-191.

Calvert, D., & Silverman, S. (1983). Speech & Deafness(Rev. ed.). Washington DC: Alexander Graham Bell Association for the Deaf and Hand of Hearing.

Dunn, C., & Newton, L. (1994). Hearing impairment and language disorders : Assessment and intervention. In K. G. Butler (Ed). A comprehensive model for speech development in hearing-impaired children, 122-143.

Erber, N. (1982). *Auditory training.* Washington, DC: Alexander Graham Bell Association for the Deaf.

Eastabrooks, W., & Oliver, J. (2002). Auditory-verbal therapy seminar 자료집. Cochlear Ltd.

Easterbrooks. W, & Baker. (2002). *Language learning in children who are deaf and hard of hearing: multiple pathways.* Boston : Allyn & Bacon.

Flexer, C. (1999). *Facilitating Hearing and Listening in Young Children* (2nd ed). Clifton Park, NY : Delmar Learning.

Kaplan, K. (1997). Speech reading. *Seminars in Hearing, 18*(2), 129-140.

Kaplan, H., Bally, S. J., & Garretson, C. (1987). *Speechreading: a way to improve understanding.* Washington, DC: Gallaudet University Press.

Paul, P. (2009). *Language and deafness*(4th ed.). Sudbury, MA: Jones & Bartlett.

Plant, G. (1997). Auditory training. *Seminars in Hearing, 18*(2), 117-127.

Schirmer, B. (2000). *Language and literacy development in children who are deaf.* Boston: Allyn & Bacon.

Tye-Murray, N. (2004). *Foundations of aural rehabilitation : Children, adults, and their family members*(2nd ed.). Clifton Park, NY: Delmar Learning.

제6장

수화언어교육

청각장애교육에서 농교육 방법론의 논쟁은 농교육이 시작된 16세기 후반부터 현재까지 지속되고 있으며, 이러한 논쟁의 중심에 청각장애학생 지도 시 수화언어의 활용 유무와 정도에 대한 논쟁이 있었다. 우리나라에서도 종합적 의사소통법(total communication)이 활용되면서 다양한 종류의 수화언어가 활용되었으며, 교육현장에서 적절한 의사소통 방법에 대한 논의가 있었다.

2011 특수교육 교육과정에서는 청각장애학생의 다양한 의사소통 양식의 습득과 활용을 강조하고 있으며, 이러한 의사소통에 대한 철학이 교육과정에 포함되어 있다(교육과학기술부, 2011). 그러나 교육과정에 청각장애학생 교육 시 수화언어의 활용에 대한 언급은 있지만, 청각장애학생에게 언제, 어떠한 내용을 어떠한 방법으로 지도하며 평가할 것인가에 대한 연구가 부족한 실정이고, 이로 인해 학교현장에서는 다양한 시행착오를 겪고 있다.

일반적으로 수화언어교육은 청각장애학생을 대상으로 한 수화언어교육과 가청인을 대상으로 한 수화언어교육이 있다. 이 두 가지는 교육목표와 내용 및 방법이 서로 다르다. 여기서는 수화언어를 개괄하고, 청각장애학생의 수화언어발달과정과 수화언어지도 방법에 대하여 살펴본다.

1. 수화언어의 개요

1) 수화언어의 정의

수화언어(sign language)는 '농인의 자연 발생적인 비구어적이고, 규칙 지배적인 시각-운동언어 체계'다. 이 정의를 구체적으로 살펴보면 다음과 같다.

'농인의 언어'라는 점은 수화언어가 농인이 언어생활을 영위하기 위해 농인 공동체에서 사용하는 언어 체계임을 의미한다. 물론 청인이 수화언어를 사용하는 경우가 있으나 이것은 이차 언어로 사용하는 것이며, 수화언어가 청인의 생활에 필수불가결이지는 않다. 농인은 수화언어를 사용함으로써 언어 · 사고 · 의사소통 활동이 가능해진다.

'자연 발생적'이라는 점은 수화언어가 특정인에 의해서 단기간에 만들어진 것이 아니라 언어를 사용하는 공동체의 고유 사상이 내포되면서 사회적 약속을 통해 장기간에 걸쳐 발생되었다는 것을 의미한다.

'비구어적'이라는 점은 음성을 사용하지 않는 시각-운동 체계를 의미한다. 수화언어는 비구어 체계이기 때문에 공간과 위치가 어휘적 · 문법적 의미를 지닌다. 수화언어 역시 음성언어와 같이 준언어적(semi-linguistic) · 비언어적(non-linguistic) 특징이 있다. 그러나 음성언어와 차이가 있는데, 표정을 예로 들면 음성언어에서는 비언어적 특징이지만, 수화언어에서는 언어적 특징에 해당된다.

'규칙 지배적 언어 체계'라는 점은 언어의 일반적인 특징으로, 수화언어 역시 문법적인 표현이 되기 위해서는 많은 제약(constraint)을 가지고 있음을 나타낸다. 수화언어는 음운론, 형태론, 구문론, 의미론, 화용론으로 언어학적 특징이 있는 완전한 언어다(최상배, 안성우, 2003a; Valli, Lucas, & Mulrooney, 2005). 이러한 규칙을 통해 수화언어 구사 능력을 측정할 수 있는 도구도 제작이 가능하다.

2) 수화언어의 특징

(1) 언어학적 특징

1960년에 William Stokoe는 그의 책 *Sign Language Structure*에서 수화언어가 어휘 항목, 문법, 명제를 무한하게 생성하는 기능에서 언어가 필요로 하는 기준을 모두 충족한다는 주장을 증명해 보였다. 당시 미국에서는 수화언어를 단순한 마임이나 몸짓에 지나지 않는다고 생각하였고, 그림에 가깝기 때문에 상징과도 거리가 멀다고 생각하였으므로 수화언어를 연구하는 스토키를 이단시하였다(김칠관, 1999). 그러나 스토키 이후 미국에서는 수화언어에 관한 연구가 수화언어학(Sign Linguistics)으로 발전하게 되어 수화언어의 음운론, 형태론, 구문론, 의미론, 화용론적 규칙이 발견되었고, 수화언어학은 일반 언어학 분야의 한 영역으로 자리잡게 되었다(최상배, 안성우, 2003a).

(2) 표현상의 특징

공간 배열 음성언어가 연속적으로 음소를 배열하는 데 비해, 수화언어는 공간적으로 수화소(chereme, 수화언어 음운론에서의 최소 단위로 음성언어의 음소에 해당함)를 배열한다. 수화언어의 공간 배열은 단어 구성과 문장 구성, 두 측면으로 생각해 볼 수 있다. 특히 문장 구성의 측면은 수화언어의 문법과 관련된 내용으로 매우 중요한 의미를 갖는다(남기현, 2003; Hong, 2008). Hong(2008)은 한국수화언어의 일치동사(agreement verbs)는 지형적 공간의 의미를 넘어서는 통사적 공간(syntactic space)에서 사용되어 문법 기능을 수행한다고 하였다. 남기현(2003) 역시 한국수화언어 사용의 공간이 통사적 공간임을 강조하고 있다.

도상성과 자의성 음성언어는 소리와 의미의 관계가 자의적으로 구성되는 반면, 수화언어는 단어와 단어의 의미가 도상성(圖像性, iconicity)이 강하다. 즉, [소]는 뿔의 모습을 형상화하였고, '나비'는 나비가 나는 모습을 형상화하였다. 이러한 수화언어의 도상성에 대해 일부는 수화언어의 단점 또는 저급함이라고 주장하지만, 수화언어는 도상성만으로 조동(調動)되는 것이 아니라 자의성(恣意性, arbitrariness)도 포함하고 있다. 예를 들면, [훌륭하다], [땅콩], [충고하다] 등이 있다. 실제로 대부분의 수화언어 어휘는 도상성이 없다. 이렇게 수화언어는 도상성과 자의성에 의해 구성되지만 어휘에 따라서 이 두 가지의 비중은 다르다. 즉, 구체적 사물의 표현은 비교적 도상성이 높고, 추상적인 표현은 자의성이 높다.

또한 시간이 흐름에 따라 수화언어가 변화되면서 도상성은 점차 감소하고 자의성이 증가한다. 그 이유는 경제성의 원리(도상적 표현은 조동의 노력이 많이 소요됨)와 고급 언어일수록 추상적인 표현이 증가하기 때문이라 할 수 있다. 한편 나라마다 수화언어의 어휘 수가 다른데, 이는 자의적인 어휘의 많고 적음과 관련된다고 할 수 있다.

동시성 수화언어는 양손과 얼굴을 주요 조동기관으로 하고, 공간과 몸을 운동 장소로 하는 시각적 기호다. 음성언어가 연속적인 분절임에 반해, 수화언어는 동시적인 분절 특성을 지닌다. 즉, 수화언어에서는 수화소가 동시적으로 짝을 맞추어서 수화언어 단어를 형성한다. 이 동시성은 조어제약(造語制約)의 원인이 된다.

가역성 가역성(可逆性)은 어떤 음성언어에도 존재하지 않는 수화언어만의 특성으로, 대개 반의어에서 관찰할 수 있다. 예를 들면, [밝다]/[어둡다]의 반의어는 수위와 장향(palm orientation)은 같고 수동이 반대이며, [내가 상대방에게 말하다]/[상대방이 나에게 말하다]의 일치동사에서는

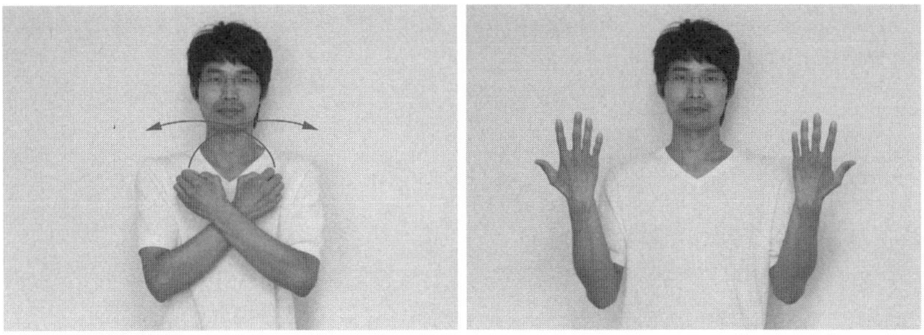

밝다(겹친 손을 펼침)

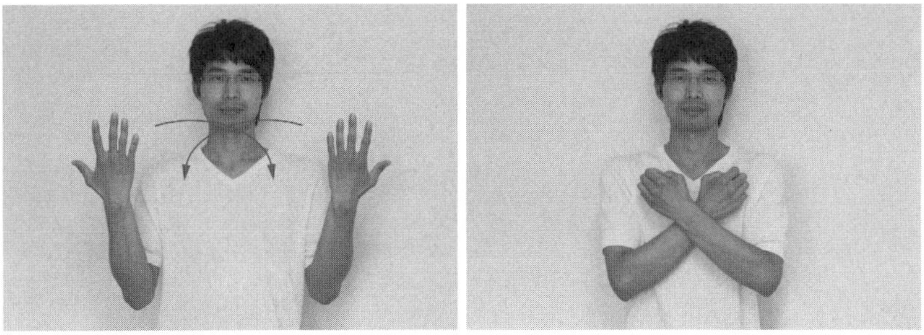

어둡다(펼친 손을 겹침)

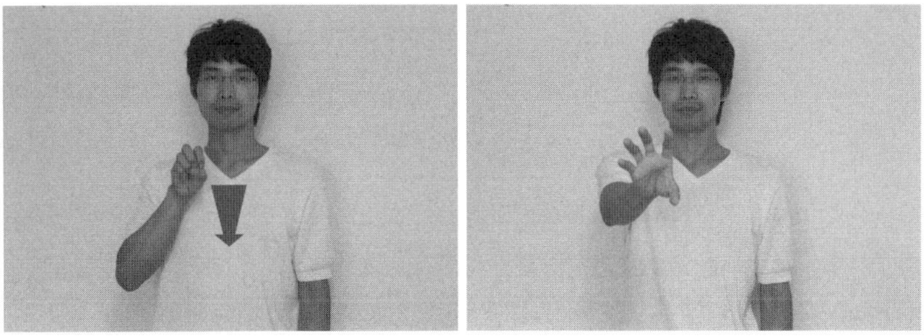

내가 상대방에게 말하다

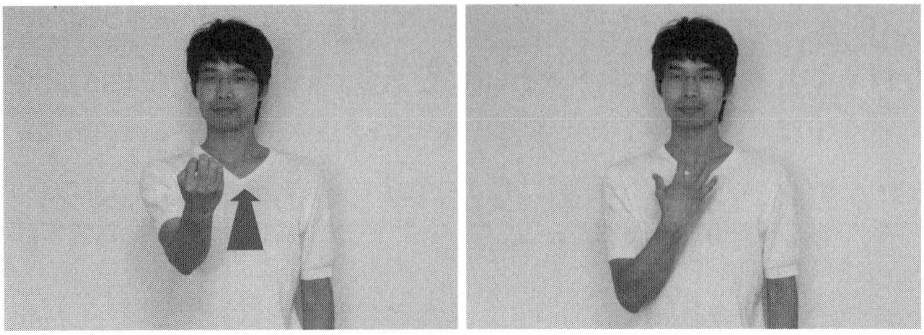

상대방이 나에게 말하다

수형과 수위는 같고, 수동과 장향이 반대인 경우다. 그러나 음성언어에서 '사전/전사'는 조음의 견지에서는 가역성이지만 반의어는 아니다.

조음과 조동의 운동량 음성언어의 조음(調音)에 필요한 혀의 운동량보

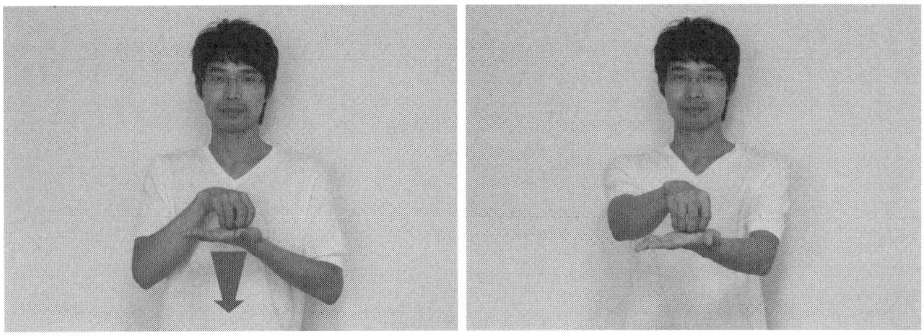

들어가다

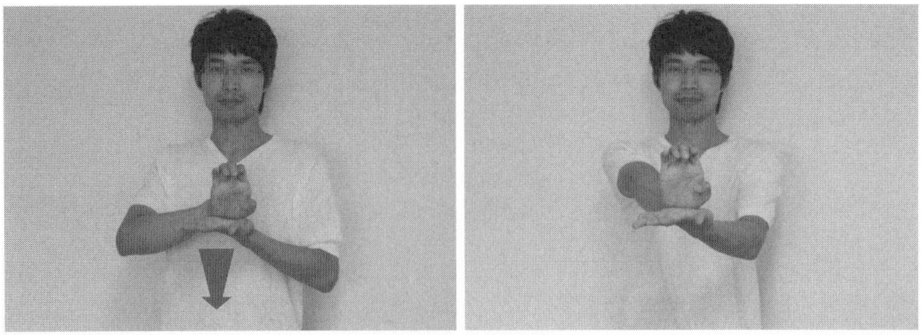

편입하다

다 수화언어의 조동(調動)에 필요한 손과 몸의 운동량이 크다. 수화언어의 운동량은 단어와 구문 모두에서 더 많은 경향이 있다. 조동과정이 조음과정보다 운동량이 많기 때문에 같은 의미를 산출할 때 더 많은 에너지를 필요로 하여 더 피곤할 수 있다. 또한 음성언어를 수화언어로 통역할 때 문말 시간 차(time lag)가 발생할 수 있다. 운동량 과다의 문제로 수화언어에서 새로운 단어를 만들 때, [들어가다]를 기본형으로 하여 [입학하다], [편입하다], [복학하다] 등과 같은 어휘가 파생되어 사용되고 있다. 이러한 경제성 요구 때문에 수화언어의 표현은 자연스럽게 간결한 방향으로 변하게 된다. 즉, 조동에 걸리는 시간은 인간의 뇌의 정보 처리 용량과 관계가 있기 때문에 뇌의 정보 처리 용량에 따라 자연스럽게 수화언어의 조동에 필요한 최적의 단어 수가 결정된다.

비수지 신호의 적절한 사용 음성언어 의사소통 상황에서 눈빛, 표정, 제스처, 자세, 신체 접촉은 모두 비언어적 특성에 해당하지만, 수화언어 의사소통 상황에서 비수지 신호는 음운론, 형태론, 구문론 측면에서 언어적 특성에 해당하며 중요한 비중을 차지하고 있다. 비수지 신호(non-manual signals)란 수지 신호와 함께 또는 단독적으로 표현되는 얼굴 표정, 머리의 움직임, 시선, 입 모양, 몸의 움직임 등을 총칭하는 의미다(윤병천, 2003).

기타 특징 이 외에도 수화언어는 입체적 언어 표현이 가능한 선적(線的) 특성, 장(場)의 도움 없이는 표현이 불가능한 장의 표현(예, [나], [너]), 언어 표현의 보편적 표현 외에 감성적 형태의 창조적 표현이 가능한 감성적 표현, 표현상의 심미성(審美性) 등과 같은 특징이 있다.

지금까지 수화언어 표현의 기본 특성을 살펴보았다. 수화언어는 음성언어에 비해 여러 가지 제한점을 가지고 있는 반면, 음성언어가 가지지 못한 강점도 가지고 있다. 즉, 공간적 배열, 동시성, 표현 수단의 선적(線

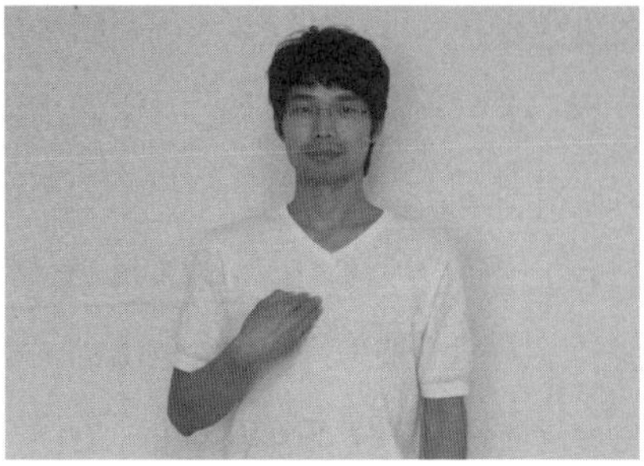
나

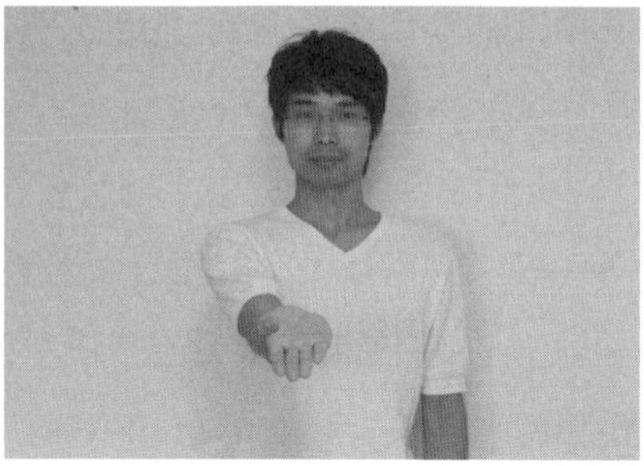
너

的) 특성, 감성적 표현, 가역성 등은 수화언어가 가지는 우수성이다. 다만 도상성, 조동의 운동량 등은 수화언어가 가지는 제한점이다.

3) 농인과 수화언어

최근 미국에서는 농인에 대한 관점이 병리적 관점에서 문화적 관점으로 변화하고 있다. 문화적 관점에서는 농인을 한국어와는 다른 한국수화언어를 사용하는 귀가 들리지 않는 언어적 소수파로 규정한다. 이러한 농인에 대한 관점의 변화는 수화언어의 교육적 · 언어학적 · 발달심리학적 · 신경생리학적 가치가 밝혀지면서 가능하게 되었다(최상배, 안성우, 2003a). 특히 이중언어 · 이중문화 접근법(2Bi: bilingual bicultural approach)의 철학과 교육 방법이 대두되면서 수화언어는 교육 매체로서도 의미를 지니는 것으로 밝혀졌다(최상배, 안성우, 2003b; Strong & Prinz, 1997). 최상배와 안성우(2003b)는 수화언어능력과 읽기능력 간에는 정적인 상관관계가 있다고 하여, Cummins(1989)의 언어상호의존이론(linguistic interdependence theory)을 지지하는 수화언어능력과 읽기능력 간의 상호 의존성을 밝혔다.

수화언어에 대한 언어학적 관점도 변화하였는데, 한국수화언어는 한국어와는 별도의 근원을 보이며, 독자적인 발생과 발전과정을 가진다. 진정한 수화언어가 무엇인지에 대한 논쟁이 있었지만, 방법적 수화(한국어 대응 수화 또는 문법 수화)는 한국어의 문법에 수화언어의 어휘만을 삽입한 것으로 언어로서의 특징이 없다. 한국수화언어(Korean Sign Language)는 한국 농인이 사용하는 언어로 진정한 의미에서 농인의 언어다.

최근에 이러한 수화언어에 대한 관점의 변화에 따라 농인의 언어는 수화언어이며, 농인에게 수화언어를 빼앗는 것은 청인의 음성언어를 빼앗는 것과 다름없음을 나타내는 것으로 인식하게 되어 언어학적 관점에서뿐만 아니라 교육적인 관점에서도 수화언어의 가치를 인정하고 있다(Baker & Baker, 1997).

2. 수화언어의 습득과 발달

1) 청각장애아동의 언어습득 개관

농아동의 언어발달에 대한 연구결과를 종합해 보면 농아동의 언어는 가청아동과 같은 언어발달의 경로와 단계로 발달하나, 보통 농아동의 언어습득은 가청아동보다 지연되고 느린 속도로 이루어진다. 농아동의 언어발달에서 개인차의 원인은 다양하지만 대표적으로 청력손실의 정도와 노출된 언어 환경의 차이에서 찾을 수 있다.

아동의 청력손실 정도가 경미하여 청각적 피드백이 가능하다면 일반적인 언어발달 특성을 보이지만, 청력손실 정도가 심하여 청각적 피드백이 어렵게 되면 특이한 언어발달 특성을 보인다. 시냅스(synapse)의 발달은 12세까지 빠르게 발달하는데, 자극에 노출되지 않으면 활성화되지 않는다. 즉, 환경은 뇌의 능력을 결정하는 중요한 역할을 한다(Easterbrooks & Baker, 2002). 그러나 선천적 농아동의 경우 언어 전 단계 동안에 뇌는 말 자극에 노출되기보다는 시각적 · 촉각적 자극에 더 많이 노출되는

표 6-1 초기 시각적 상호작용

지시적 응시	영아가 특정 사물을 지적하듯이 응시한다.
상호 응시	시각적 신호에 점차 주의집중 시간이 증가한다.
공동 참조	부모와 아동이 존재물을 함께 본다.
얼굴 표정	언어의 정의적 차원의 의사소통이 향상된다. 보통 농 엄마의 얼굴 표정은 유아가 2세가 되기까지 형태적 자질을 포함하지 않는다.
제스처와 기호	조기 언어 경험이 향상되고 의도를 가지고 의사소통한다.

경우가 많고, 이런 이유로 청각피질 자극보다는 시각피질 자극이 증가한다.

가청아동은 생애 첫 시기에 언어의 소리에 특별히 예민해지고 언어발달이 이루어지지만, 농아동은 본능적으로 처음에는 소리 자극에 예민하지만 점차 소리 자극에 흥미를 잃게 된다. 대신 농아동의 시각적 상호 작용은 이후 언어습득과 발달에 중요한 역할을 한다. Easterbrooks와 Baker(2002)는 언어발달에 영향을 미치는 초기 시각적 상호 작용을 〈표 6-1〉과 같이 제시하였다.

2) 농부모-농자녀의 수화언어 습득과 발달

농부모는 농자녀를 양육할 때 가청부모가 가청자녀를 양육하는 양식과 유사한 방식을 사용한다. 즉, 농부모는 손으로 유아 접촉하기, 엄마 말투(motherese), 손 옹알이(manual babbling) 촉진, 바람직한 언어 환경 제공 등 자연스러운 방법으로 농아동이 수화언어를 습득하도록 돕는다. 그리하여 농부모-농자녀의 언어발달 과정은 가청부모-가청자녀의 언어발달단계와 기본적으로 동일하다. 즉, 농부모-농자녀의 언어발달단계와 발달 유형이 가청부모-가청자녀와 유사하다. 곽정란, 서영란, 이정옥(2011)은 농자녀를 둔 농부모를 대상으로 면접을 실시한 결과 농부모는 농자녀와 대화할 때 주로 수화언어를 사용하며, 수화언어의 사용은 농자녀의 정서적 안정과 언어발달에 긍정적인 영향을 미치는 것으로 인식하고 있었다.

(1) 엄마 말투

농부모가 수화언어를 일차 언어로 습득하는 농유아를 양육하는 경우 독특한 엄마 말투(또는 육아어)를 사용한다(Erting, Prezioso, & O'Grady-Hynes, 1994). 예를 들면, 농엄마는 유아의 눈 가까이에서 제시하기, 유아에게 잘 보이도록 모두 편 손바닥이 유아를 향하게 하기, 자신의 얼굴 전체를 유아에게 보이기, 눈 맞춤 유지하기, 동일 동작 반복하기 등을 나타낸다. 이러한 엄마 말투는 유아의 인지적 · 정서적 특성을 감안한 어머니의 독특한 언어 형태다.

농엄마가 보이는 엄마 말투 역시 농유아가 언어의 기본 형식을 습득하는 데 매우 중요한 역할을 한다는 견해가 있다(Masataka, 2000). 이러한 견해는 일반적인 엄마 말투에 대한 견해와 유사하다. 또한 마사타카(Masataka, 2000)는 가청유아도 손으로 하는 형태의 엄마 말투에 관심을 많이 보였다고 하면서, 엄마 말투가 말 형태든, 손 형태든 영아는 관심을 보인다고 하였다.

(2) 옹알이

옹알이는 언어발달에 매우 중요한 단계이며, 옹알이가 없는 구어발달은 없다고 해도 과언이 아니다. 보통 3~4개월부터 시작하며, 위계적으로 반복 옹알이, 혼합 옹알이 형태로 발달한다(이승복 역, 2001).

농유아 역시 가청유아와 아주 비슷한 시기에 말 옹알이를 시작한다. 그러나 농유아는 말 옹알이를 통한 언어유희와 청각적 피드백이 어렵기 때문에 말 옹알이가 곧 사라진다. 반면에 농유아는 말 옹알이 대신 손 옹알이(manual babbling)를 사용한다. 페티토와 마렌테드(Petitto & Marentette, 1991)는 농과 가청아동의 손 옹알이를 분석한 결과 농아동의 손 옹알이가 가청아동보다 많다고 하였다. 마르샤크(Marschark, 1997)는 손 옹알이는 수화언어 어휘의 수형이나 수동과 같은 음운론적 기본 자질이 산출되거나 반복되는 것이라면서 손 옹알이의 중요성을 강조하였다. 이때 몸짓과 손 옹알이를 구분하는 것이 필요한데, 몸짓은 의도를 의사소통하기 위해 사용되지만 손 옹알이는 그렇지 않다고 하였다.

(3) 단단어 표현

가청아동이 약 12개월에 단단어 발화를 시작하듯이 농아동도 단일 수화 단어로 한 문장을 표현하기 시작한다. 농아동의 수화언어 단단어 문장의 출현 시기는 9~12개월로 가청아동보다 약간 빠른 경향이 있다(Spencer & Lederberg, 1997). 이와 같이 첫 단어의 출현 시기가 농아동이 더 빠른 것은 구어의 조음보다 수화언어의 조동이 덜 복잡하고, 수화언어의 조동 과정이 외부에 가시적으로 보이기 때문인 것으로 보인다.

농아동은 단단어 표현 이후에 지시하는 몸짓(pointing gesture), 지화(fingerspelling) 등이 발달하면서 어휘가 발달하고 두 단어, 세 단어 문장 표현이 산출된다. 특히 농아동은 문자의 철자를 모르는 상태에서 지화 단어를 알 수 있으며, 성인보다 훨씬 자연스럽고 쉽게 학습한다. Padden과 Ramsey(2000)는 지화 기술은 아동기의 읽기 성취와 상관관계가 있다고 하였다.

(4) 단어 급등과 문장 복잡성 발달

가청아동은 18개월 이후에 단어 급등(vocabulary spurt)이 있어 급격한 어휘 발달이 이루어진다. 단어 급등이 가능한 이유는 범주화 능력과 같은 인지적인 능력, 이름 붙이기 통찰력(naming insignt), 단어 학습의 내적 제약 작동 등 다양하다. 그러나 농아동은 첫 단어 표현은 빠른 편이지만 점차적으로 가청아동보다 어휘력이 뒤처지게 되는 경우가 일반적이다. 농아동도 문맥에서 의미를 추론하고 비슷한 방식으로 그 단어를 사용하는 빠른 연결(fast mapping) 능력이 있는지 알아본 Lederberg, Prezbindowski와 Spencer(2000)의 연구결과 농아동도 빠른 연결 능력이 있어 외부의 단서가 없어도 어휘의 규칙과 범주를 알 수 있음을 보여 주었다. 빠른 연결이 가능한 농아동은 어휘 능력이 높았지만, 그렇지 않은 경우에는 어휘 능력이 낮았다.

가청아동이 18개월경부터 두 단어 발화가 가능한 것처럼 18개월 정도의 많은 농부모-농자녀 역시 두 단어 수화언어 표현이 가능하다. 초기에는 농아동도 가청아동처럼 의미 중심으로 표현하기 때문에 어순이나 문법 형태소가 틀리는 경우가 많지만(Spencer & Lederberg, 1997), 점차 수화언어 문법에 따른 표현이 가능해진다.

(5) 후기 어휘발달과 문해능력발달

Spencer와 Lederberg(1997)는 농부모의 농자녀는 의사소통적 주고받기(turn-taking)와 초기 몸짓부터 후기 어휘발달과 문법발달이 가청부모의 가청아동과 같은 단계와 연령대로 발달한다고 하였다. 이것이 가능한 이유는 농부모-농자녀는 질적 · 양적 접근에서 풍부한 언어 환경에 노출되기 때문이다. 또한 이들은 읽기와 쓰기를 포함한 초기 문해활동영역에서 높은 성취를 보인다. 결과적으로 농부모-농자녀는 초등학교 입학시기에 읽기, 쓰기, 학업과 교육과정 관련 지식, 외국어로서의 영어기술 등 언어기술을 가진다(Easterbrooks & Sharon, 2002). 또한 평균적으로 농부모-농자녀는 가청부모-농자녀보다 독해력 점수가 더 높다(Padden & Ramsey, 2000).

3) 가청부모-농자녀의 수화언어발달

가청부모-농자녀의 언어발달과 학습은 농부모-농지녀와 아주 다른 경우가 많다. 가청부모는 농자녀에 익숙하지 않아 당황할 때가 많고, 어떻게 농자녀와 대화해야 하는지 모르는 경우가 많다. 이들은 농자녀의 언어능력 향상을 지원하는 교사의 역할을 해야 한다는 책임감에 당황하게 된다. 그러나 농아동의 90~95% 정도는 가청부모다. 이런 경우 농아동에게 노출되는 의사소통 유형은 매우 다양하다.

전통적으로 청각장애아동의 언어지도 시 가청부모는 수화언어 체계를 사용하지 않고 구어만을 사용하는 것이 일반적이다. 이는 몸짓을 포함한 수화언어 체계를 습득하는 것이 음성언어 습득을 방해한다고 생각하였기 때문이다. 그러나 이러한 주장을 반박하는 많은 연구가 있다(최상배, 안성우, 2003b; Hoffmeister, 2000; Padden & Ramsey, 2000; Strong & Prinz, 1997, 2000).

가청부모가 늦게 수화언어를 배우는 경우에 수화언어를 외국어처럼 학습하게 되어 수화언어 사용에서 많은 오류를 범하게 된다. 이처럼 틀린 수화언어에 노출된 농아동은 잘못된 수화언어를 사용하는 경우가 많다. 그러나 이런 오류를 범하는 가청부모의 수화언어에 노출된 농자녀가 항상 가청부모와 같은 오류를 보이는 것은 아니다. 아동은 오류가 있는 자료로부터도 규칙성을 추출해 내는 능력이 있다는 점은 언어발달의 생득설을 지지하는 결과이기도 하다(Pinker, 1994).

4) 언어습득에 영향을 미치는 요인

인간의 언어습득에 영향을 미치는 요인은 많다. 그 대표적인 요인을 고려해 보면 다음과 같다.

(1) 조기 언어 노출

Chomsky와 Pinker가 주장한 것처럼 청각장애교육에서 언어발달의 결정적인 시기 가설은 시사하는 바가 크다. 결정적 시기 가설은 가청부모를 둔 농아동의 언어발달이 왜 느린지, 보청기나 인공와우와 같은 청각

보조기기를 늦게 착용하면 청각장애아동의 언어발달이 왜 느린지를 설명하고 있다.

언어발달의 결정적인 시기를 놓친 지니(Genie)와 많은 외국어 학습자의 예에서와 같이 농아동은 어휘는 학습할 수 있지만 문법은 잘 학습하지 못하고 언어발달 속도가 매우 느리다. 수화언어를 언어발달의 결정적인 시기 이후에 학습하는 청각장애아동 역시 수화언어의 문법을 잘 활용하지 못한다(Easterbrooks & Baker, 2002). 언어가 피진화(pidginization) 단계를 넘어서 크레올화(creolization)되는 과정도 언어발달의 결정적인 시기의 중요성을 암시한다(Pinker, 1994).

결정적인 시기에 언어에 노출되어야 한다는 것은 언어 노출 시기가 모국어를 습득할 수 있을 정도로 빠른 시기에 노출되는 것을 의미한다. 결정적인 시기에 습득한 언어는 완전한 형태로 습득이 되며, 이 일차 언어를 통해 이차 언어 학습도 가능하게 된다.

이와 같은 결과는 의사소통하는 언어 양식(음성언어든지, 수화언어든지)도 의미가 있지만 그보다 완전한 언어에 노출되는 시기가 중요함을 나타내는 것으로, 이것은 청각장애교육에 많은 시사점을 제시한다.

(2) 어머니-아동 간의 상호 작용

보호자와 아동 간의 상호 작용에서 중요한 것은 상호 작용의 질과 양 모두다. 앞서 언급한 것처럼 가청부모를 둔 농아동이 농부모를 둔 농아동보다 상호 작용에서 불리하다. 가청부모는 농아동과 대화할 때 그저 가청자녀와 대화하는 것처럼 대화를 하기 때문에 농아동의 입장에서 실제로 입력되는 정보는 그리 많지 않다. Calderon(2000)은 청각장애아동의 언어발달, 초기 읽기기술, 사회정서발달에서 어머니의 교육 성취보다 중요한 것은 어머니의 의사소통기술이라고 하였다.

(3) 이해 가능한 방법으로 완전한 언어에 노출

농아동의 언어발달과 교수에서 중요한 것은 농아동의 의사소통 양식(mode 또는 style)이 아니라, 농아동이 완전한 언어에 이해 가능한 방법으로 노출되도록 하는 것이다. 아동이 이해하는 방법으로 완전한 언어를 언어발달 결정기에 노출하는 것이 중요하다. 그렇지 않으면 농아동은 언어능력 향상을 위해 다시 각고의 노력을 기울여야 할 것이고, 언어학습은 쉽지 않은 길이 될 것이며, 노출되는 언어 정보는 많지만 입력되고 이해되는 정보는 제한적일 수밖에 없다.

완전한 언어라 함은 언어 체계를 가진 음성언어와 수화언어를 모두 의미한다. 물론 방법적 수화나 발음 암시(cued speech)도 효과적인 의사소통의 수단일 수 있지만 제한적이다. 이해 가능한 방법이란 완전한 언어가 왜곡 없이 아동에게 입력되는 것이다. 청력손실에서 비롯되는 왜곡된 음성 정보는 언어발달에 치명적인 영향을 미친다.

5) 언어발달이 언어교육에 주는 시사점

인간의 언어발달과 뇌의 기능에 관련된 연구 분야에서는, 인간은 스스로 언어를 창조할 수 있는 언어 본능을 가진 존재라는 근거를 가청부모를 둔 농아동에 대한 연구에서 찾고 있다(Goldin-Meadow, 1997; Pinker, 1994). Goldin-Meadow(1997)는 농아동의 입장에서 정확하지 않은 빈약한 언어 환경에 노출되는 경우에도 농아동은 단어, 즉 특정 의미와 일관되게 연합이 된 몸짓을 자발적으로 만들어 내는 것을 발견하였다. 이 몸짓은 가정 수화(home sign)이며, 이 단어를 일정한 단어 순서로 조합하여 구조화된 문장을 만들기도 하였다. 이들은 문법의 범주도 가지고 있는데, 명사로 기능하는 단어는 동사로 기능하는 단어와는 일관되게 다른 형태를 가지고 있었다. 그러나 이들이 사용하는 가정 수화는 형태론과 복잡한 구문을 가진 완전한 언어 형태는 아니었다. 완전한 언어가 되기 위해서는 같은 언어를 사용하는 공동체가 반드시 필요하다.

언어 생득론자의 입장에서 보면 언어습득에서 중요한 것은 아동이 이해하는 언어 형태로 언어발달의 결정적인 시기에 언어에 노출되기만 하면 언어발달은 자연스럽게 이루어진다는 것이다. 여기서 중요한 것은 아동의 입장에서 왜곡되지 않은 완전한 언어 형태에 노출되는 것이다. 언어발달에서 수화언어습득이 음성언어습득을 방해하는 것은 아니다. 그러므로 되도록 음성언어로 성공적인 의사소통을 하는 것이 농교육의 목표라 할지라도, 농아동이 불완전한 구어 환경에 놓이게 하기보다는 수화언어를 접할 기회를 제공하는 것이 필요하다(이현진, 박영신, 김혜리, 2001). 즉, 언어는 입 또는 귀의 특성이 아니라 인간 뇌의 특성이다.

3. 수화언어교육

1) 수화언어지도의 필요성

이미 언급하였듯이 언어습득은 완전한 언어가 이해 가능한 형태로 언어발달의 결정적인 시기에 노출되어야 가능하다. 불완전한 언어 형태로 청각장애아동에게 입력되는 언어 정보를 보완하기 위해 사용되는 방법은 종합적 의사소통법(total communication)이고, 수화언어를 모국어로 습득하도록 하는 것이 2Bi 접근법(bilingual bicultural approach)이다.

농교육 현장에서 수화언어교육과 관련하여 우리나라에서 연구된 바가 거의 없고, 일부 교사는 수화언어교육의 불필요성을 주장하기도 하였다. 그러나 2011 특수교육 교육과정에서는 청각장애아동을 대상으로 국어과 지도의 말하기영역에서 '수화하기', 듣기영역에서 '수화 읽기'를 포함하여 초등학교 1학년부터 수화언어를 지도하도록 하고 있다(교육과학기술부, 2011). 이러한 교육과정의 기저에는 종합적 의사소통법이 있으므로 2Bi 접근법에서와 같은 수화언어 접근법은 아니지만 농교육 현장에서 체계적인 수화언어교육의 필요성을 강조하고 있다고 볼 수 있다.

우리나라 농교육 현장에서 수화언어의 교육적 가치는 상대적으로 평가절하되었으나, 농부모의 농아동 언어발달에 대한 연구와 2Bi 접근법의 연구결과는 수화언어의 교육적 가치를 제기하고 있다. 수화언어는 비구어적인 언어 체계로 독자적인 문법 규칙이 있고, 독특한 언어 사용의 관습이 있다. 수화언어의 지도는 이러한 수화언어의 독특성에 근거해야 한다(김칠관, 1999; 원성옥, 강윤주, 2002; 최상배, 안성우, 2003a). 농교육에서 수화언어지도의 문제는 수화언어에 대한 인식의 문제이므로 교육현장에서 수화언어의 교육적 가치에 대한 연구가 필요하다.

또한 수화언어교육에서 농아동이 단순히 의사소통 수단을 학습하는 것에서 그치는 것이 아니라 언어로서의 수화언어 지식과 농문화(Deaf culture)를 중요한 영역으로 다루어야 한다. 수화언어에 관한 지식은 수화언어 사용능력을 신장시키는 데 필요한 지식을 길러 주고, 수화언어를 언어학적 관점에서 볼 수 있게 할 뿐만 아니라, 한국수화언어의 중요성을 깨닫게 하여 소중하게 여기며, 농인으로서의 정체성을 확립하는 태도를 기르도록 돕는다(김칠관, 1999).

2) 우리나라 수화언어 지도의 문제점

우리나라에서는 지금까지 농아동을 대상으로 수화언어를 지도할 때 수화언어는 농학생의 한국어 발달을 촉진하기 위한 보조적이고, 도구적인 수단으로 인식되었다. 그래서 방법적 수화(한국어 대응 수화)가 농교육 현장에서 사용되었으나, 방법적 수화는 언어가 아니기 때문에 학습 가능성(learnability)이 없고, 언어 규칙이 없다는 점에서 치명적인 문제가 있다(안성우, 1997; 장진석, 2006).

김칠관(1999)은 수화언어지도 환경을 모국어습득 환경과 일치하도록 언어 환경을 조성하는 일이 매우 중요하다고 하였는데, 이때 풍부한 언어 입력이 이루어진다는 점, 언어란 늘 의사소통의 장을 통해 이루어진다는 점, 언어란 의도적으로 가르치는 것이 아니라는 점에서 그 이유를 찾고 있다.

우리나라에서 농학생을 대상으로 한 수화언어 지도의 문제점에 대해 김칠관(1999)은 다음과 같이 제시하였다. 첫째, 학생의 실태와 수화언어의 발달적 특징을 고려하지 않는다. 둘째, 방법적 수화를 근간으로 하여 언어로서의 수화언어의 구조적 특성(문법)을 배제한다. 셋째, 읽기식 문장을 중심으로 이루어져서 자연스러운 의사소통의 장과 기능을 배제한다. 넷째, 이론적 근거가 없고 학습의 원리와 방법을 제시하지 않는다. 다섯째, 농인을 중심으로 하는 사회와 문화에 대한 정보를 배제함으로써 농학생의 정체성 확립을 저해한다.

3) 수화언어지도 원리

수화언어교육 방법으로 제기된 방법은 약간의 차이가 있지만 서로 유사한 측면이 있다. 원성옥과 강윤주(2002)는 구조적인 방법(행동주의 심리학과 구조주의 언어학적 방법)과 자연적인 방법으로 구분하였고, 김칠관(1999)은 자연적 접근법과 기능-개념적 접근법으로 구분하였다. 이러한 구분은 언어지도 접근이 자연적인 방법인가 구조적인 방법인가에 따른 것이다. Easterbrooks와 Baker(2002)는 언어 · 정보처리이론, 신경심리학적 이론, 인지 · 사회화이론으로 설명하였다. 언어 · 정보처리이론은 인간의 뇌는 컴퓨터의 처리 방법과 유사하여 언어발달은 정보처리과정과 유사하며, 주의, 분류, 조직화, 기억, 전이, 초인지와 같은 전략을 통해 발달한다는 관점이다. 이 입장에서는 청각장애아동은 가청아동보다 연속적 처리능력이 부족하여 언어능력이 낮은 것으로 간주한다. 신경심리학적 이론은 인간의 뇌를 컴퓨터라기보다는 인터넷과 같은 망의 연결로 보는 관점으로, 청각장애아동은 좌반구 사용의 부족으로 열등한 언어발달 특성을 보인다는 것이다. 인지 · 사회화이론에서는 의사소통을 사회적 과정으로 보고, 언어발달은 일정한 순서로 발달하며, 사회적 상호 작용은 언어발달을 촉진하는 것이라고 간주한다.

이와 같이 다양한 언어지도법이 있지만, 대부분의 언어교육은 절충적인 접근 방법을 채택하기 때문에 구조적 · 기능적 · 상호 작용적 접근 방법의 균형적 지도 방법의 효율성을 채택하고 있다.

4) 수화언어지도 방법

청각장애아동의 수화언어학습은 학습 시기와 방법에 따라 모국어로서의 수화언어학습과 제2언어로서의 수화언어학습으로 구분할 수 있다. 모국어로서의 수화언어학습에서는 완전하고 능숙한 수화언어 노출이 필요하고, 시각적인 지각능력의 발달을 통한 수화소의 변별능력을 높이고, 문법 표지로 비수지 신호를 이용하며, 다양한 어휘학습법에 따른 지도가 중시된다.

제2언어로서의 수화언어학습에서는 모국어 간섭, 농문화의 기반 취약, 일반적인 학습 단계에서의 오류, 학습자의 개인적 요인을 고려해야 한다. 완전한 수화언어에 노출되도록 수화언어 모국어 사용자(native signer)가 지도하면 더욱 효율적이다. 이를 위해 원어민 가정이나 언어 공동체 속에서 지내거나 집중훈련(immersion)에 의한 경험, 언어 캠프나 축제, 언어 공동체 방문 등이 효율적이다.

언어학습의 궁극적인 목적은 창의적인 의사소통이므로 의사소통 욕구와 기회를 충족시켜야 한다. 학습과정에서 발생하는 오류는 자연스러운 것이며, 다양한 활동을 통해 자연스럽게 수정되도록 해야 한다.

교재를 이용하는 경우 수화언어의 문장 제시는 그림과 동영상을 한국어 문장과 함께 제시하는 것이 좋다. 제재는 아동발달단계와 경험에 적합해야 하며, 수화언어의 문법과 표현 방법이 다양하게 제시될 수 있도록 해야 한다. 언어는 단어 중심보다는 문장 형태로 학습하는 것이 좋으므로 문장 중심으로 제시하여 완전한 수화언어의 표현에 익숙해지게 하고, 한국어 표현과의 차이를 문장 중심으로 제시하여 서로 비교하도록 하는 것이 필요하다(최상배, 2008). 우리나라에서는 대부분의 수화언어학습 교재가 수화언어 어휘 중심으로 그림이나 사진 형태로 제시되어 있어 수화언어학습에 어려움이 많다. 따라서 언어학습이론과 수화언어 문법에 기반한 교재 개발이 시급하다. 미국(Tennant & Brown, 2010)과 영국(British Deaf Association, 1992)의 경우에는 수화소에 기반한 수화언어 사전이 개발되었다. 수화소에 기초한 수화언어 사전은 수화언어의 언어학적 토대 구축뿐만 아니라 수화언어 학습자의 수화소 오류(최상배, 2011)를 줄이기 위해서 개발이 필요하다.

5) 수화언어 평가

수화언어발달 평가법에는 관찰법과 면접법이 많이 사용된다. 미국에서는 다양한 수화언어능력검사 도구가 개발되었으며(Haug, 2005), 최상배와 안성우(2003b)는 농학생의 수화언어 능숙도를 알아보기 위하여 〈표 6-2〉와 같이 한국수화언어 산출 평정 체크리스트를 사용하였다. 수화언어의 언어학 이론을 바탕으로 하여 관찰과 면접을 동시에 활용한 신뢰도와 타당도를 갖춘 검사 도구 제작이 필요하다.

표 6-2 한국수화언어 산출 평정 체크리스트

언어 기술	출현 행동	관찰되지 않음	관찰되나 많지는 않음	많이 관찰됨
비언어적 표지	1. 마주 봄이 가능함			
	2. 초기 제스처가 맥락적으로 적절함			
	3. 의사소통에 대한 욕구가 있음			
음운론	4. 적절한 변별자질(수화소)을 사용함			
	5. 지문자를 적절하게 사용함			
형태론	6. 다양한 수화언어 어휘를 사용함			
	7. 분류사를 사용함			
	8. 특정 수화언어 어휘의 의미를 변화시키기 위해 다양한 표정을 사용함			
	9. 앞으로 기울이기나 마지막 수화언어의 의미를 전달하기 위해 유지함			
	10. 의미적으로 적절하게 입이나 혀를 움직임			
	11. 지시를 사용함(자신, 타인, 제삼자에게)			
구문론	12. 기본문형(의문문, 부정문, 명령문, 조건문)을 사용함			
	13. 단일 주어와 단일 동사가 있는 단순문을 산출함			
	14. 복합문을 산출함			
	15. 공간이동을 이용함			
의미론	16. 동의어와 반의어를 말할 수 있음			
	17. 범주를 주면 관련 내용을 산출함			
	18. 수화언어로 짧은 이야기가 주어지면 요약할 수 있음			
화용론	19. 대화 상대(어른이나 동료)에 따라 적절한 행동(표정 포함)을 함			
	20. 유창하게 수화언어를 사용함			
	21. 강조나 집중을 위해 적절하게 수화언어를 사용함			

청각-기출문제

의사소통 지원 요소: 음소, 독화소, 수화소(2009)

수화: 수화소(2012), 수화소(2009)

참고문헌

곽정란, 서영란, 이정옥(2011). 농아동을 둔 농부모의 양육경험에 대한 질적 연구: 언어선택을 중심으로. 특수교육저널: 이론과 실천, 12(1), 329-349.

교육과학기술부(2011). 특수교육 교육과정. 서울: 교육과학기술부.

김칠관(1999). 수화지도의 이론과 실제. 인천: 인천성동학교.

남기현(2003). 한국수화의 통사적 수화 공간과 지형적 수화 공간. 단국대학교 석사학위 논문.

안성우(1997). 문법수화가 언어인가. 난청과 언어장애 연구, 20(2), 51-67.

원성옥, 강윤주(2002). 수화교육개론. 서울: 농아사회정보원.

윤병천(2003). 한국수화의 비수지 신호에 대한 언어학적 특성 연구. 대구대학교 박사학위 논문.

장진석(2006). 한국수화의 언어적 특성에 따른 국어대응식수화의 문제점 분석. 특수교육저널: 이론과 실천, 7(2), 107-125.

최상배 (2011). 청각장애학교 고등부 교사의 수화언어 정확도, 표현 특징 및 질의응답 분석. 특수아동교육연구, 13(1), 265-289.

최상배(2008). 수화언어 동시통역의 변환 과정. 수화통역 오류 분석과 평가 및 웹 기반 문장 중심 수화언어 자료 구축 토론회 자료집.

최상배, 안성우(2003a). 한국수화언어의 이론. 서울: 서현사.

최상배, 안성우(2003b). 수화언어능력과 읽기능력 간의 상관관계 분석. 특수교육연구, 10(1), 151-168.

Hoff, E. (2001). 언어발달(이현진, 박영신, 김혜리 역). 서울: 시그마프레스.

Owens, R. E. (2001). 언어발달(이승복 역). 서울: 시그마프레스.

Baker, S., & Baker, K. (1997). Educating children who are deaf or hard of hearing: Bilingual-bicultural education. ERIC Digest #553(ERIC Document Reproduction Service No. ED 416 671).

British Deaf Association. (1992). *Dictionary of British Sign Language/English.* Faber and Faber.

Calderon, R. (2000). Parental involvement in deaf children's education programs as a predictor of child's language, early reading, and social-emotional development. *Journal of Deaf Studies and Deaf Education, 5*, 140-155.

Easterbrooks, S., & Baker, S. (2002). *Language learning in children who are deaf and hard of hearing: Multiple pathways.* Boston: Allyn and Bacon.

Erting, C., Prezioso, C., & O'Grady-Hynes, M. (1994). The interactional context of deaf mother-infant interaction. In V. Volterra, & C. Erting (Eds.), *From gesture to language in hearing and deaf children* (pp. 97-106). Washington, DC: Gallaudet University Press.

Goldin-Meadow, S. (1997). When gestures and words speak differently. *Current Directions in Psychological Science, 6* (5), 138-143.

Haug, T. (2005). Review of sign language assessment instruments. *Sign Language & Linguistics, 8* (1/2), 59-96.

Hoffmeister, R. (2000). A piece of the puzzle: ASL and reading comprehension in deaf children. In Chamberlain, Morford, & Mayberry (Eds.), *Language acquisition by eye* (pp. 143-163). Lawrence erlbaum association.

Hong, S. E. (2008). Agreement verbs in korean sign language. 제10회 한국수화학회 학술대회 자료집.

Lederberg, A. R., Prezbindowski, A. K., & Spencer, P. (2000). Word learning skills of deaf preschooler: The development of novel word mapping and rapid word learning strategies. *Child Development, 71* (6), 1571-1585.

Marschark, M. (1997). *Raising and educating a deaf child: A comprehensive guide to choices, controversies, and decisions faced by parents and educators*. New York: Oxford University Press.

Masataka, N. (2000). The role of modality and input in the earliest stage of language acquisition: Studies of Japanese sign language. In C. Chamberlain, J. Morford, & R. Mayberry (Eds.), *Language acquisition by eye*. Mahwah, NJ: Lawrence Erlbaum Associates.

Padden, C., & Ramsey, C. (2000). American sign language and reading ability in deaf children. In Chamberlain, Morford, & Mayberry (Eds.), *Language acquisition by eye* (pp. 165-189). Lawrence erlbaum association.

Petitto, L., & Marentette, P. (1991). Babbling in the manual mode: Evidence from the ontogeny of language. *Science, 257*, 1493-1496.

Pinker, S. (1994) *The language instinct*. William Morrow.

Spencer, P., & Lederberg, A. (1997). Different modes, different models: Communication and language of young deaf children and their mothers. In L. Adamson & M. Romski (Eds.) *Communication and language: Discoveries from atypical development* (pp. 203-230). Baltimore: Paul H. Brookes.

Stokoe, W. (1960). *Sign language structure: An outline of the visual communication systems of the american deaf*. Linstok Press.

Strong, M., & Prinz, P. (1997). The relationship between ASL skill and english literacy. Monograph of collected papers from the annual conference of the association of college educators-deaf and hard of hearing.

Strong, M., & Prinz, P. (2000). Is American sign language skill related to english literacy? In Chamberlain, Morford, & Mayberry (Eds.), *Language acquisition by eye* (pp. 131-141). Lawrence erlbaum association.

Tennant, R. A., & Brown, M. G. (2010). *The american sign language handshape dictionary*. Gallaudet University Press.

Valli, C., Lucas, C., & Mulrooney, K. (2005). *Linguistics of american sign language*. Clerc books Gallaudet University Press.

〈참고 사이트〉

한국농아인협회 http://www.deafkorea.com

국립국어원 한국수화사전 http://222.122.196.111

제7장

통합교육

장애학생 교육의 역사는 감각장애학생의 교육에서 시작되었고, 장애학생을 대상으로 하는 특수교육은 분리교육에서 통합교육으로 변천하면서 발전하고 있다. 최근의 특수교육 동향 및 추세는 통합교육의 중요성에 무게를 두고 교수 방법과 실제를 연구하고 있다. 하지만 장애영역 혹은 유형 및 수준에 따라 통합교육에 대한 찬반의 입장은 다르다. 즉, 장애의 수준이 다른 경우, 중도(severe)장애학생은 통합교육을 통해 사회적 수용과 상호 작용 증진 등을 기대하고, 경도와 중등도(mild & moderate) 장애학생은 학업이 좀 더 향상되기를 기대한다. 그러므로 통합교육이 효율적으로 성공하기 위해서는 수준과 영역에 따른 교수 여건 충족이 선행되어야 한다. 특히 감각장애아동은 정보의 수용이 일반아동과 다르기 때문에 그에 따른 전문화된 개별지원이 충분히 이루어지지 않는 통합교육으로는 효율적인 교육을 기대하기 어렵다. 그러므로 시각 및 청각장애를 가진 감각장애학생의 경우에는 분리교육이 여전히 옹호되고 있으며, 교육적 배치에 따른 논쟁이 제기되고 있다.

1. 통합교육의 개념

먼저 통합교육의 개념과 변천, 그리고 우리나라에서의 통합교육의 의미를 간략하게 정리해 보고, 청각장애학생의 통합교육에 대해 살펴보도록 한다.

통합교육은 특수교육의 발전과 주류화라는 용어와 함께 등장하였고, 일반적으로 분리교육과 대조되는 개념으로 특수교육 현장에서 받아들였다. 그러나 특수교육의 변화를 주도하는 서구 선진국에서는 발전 시기와 교육의 실제에 따라 교육 형태에 대한 용어는 주류화(mainstreaming), 정상화(normalization), 제한적 환경의 최소화(LRE), 통합(integration), 일반교육주도(regular education initiative), 포함교육(inclusion), 완전포함교육(full inclusion)으로 바뀌었다. 이러한 용어의 변천은 개념의 정의에서 다소의 차이를 보이면서 교육의 구조화와 실제에 반영되어 왔다. 그러나 우리나라에서는 1970년대에 주류화를 통합교육으로 정의한 것이 분리교육과 대조된 개념이라는 틀로서, 앞서 제시한 다양한 용어에 대해 획일적으로 사용하고 있다. 그러므로 우리나라 통합교육의 의미와 현주소는 용어상의 변천이라기보다는 문헌상 혹은 법령상의 정의 변화를 통해 발전 형태를 파악할 수 있다.

「특수교육진흥법」(1994) 제2조 제6항에서 통합교육이라 함은 "특수교육 대상자의 정상적인 사회 능력의 발달을 위하여 일반학교(특수교육기관이 아닌 학교를 말한다. 이하 같다)에서 특수교육 대상자를 교육하거나 특수교육기관의 재학생을 일반교육과정에 일시적으로 참여시켜 교육하는 것"이라고 정의하였으나, 「장애인 등에 대한 특수교육법」(2008) 제2조 제6항의 정의에서는 "특수교육 대상자가 일반학교에서 장애 유형 및 장애 정도에 따라 차별을 받지 아니하고 또래와 함께 개개인의 교육적 요구에 적합한 교육을 받는 것을 말한다."라고 정의하여 통합의 범위를 확대함으로써 교육과정의 통합을 통한 완전통합으로 발전하였다.

우리나라 통합교육의 의미에 대해서 박승희(2004)는 통합교육에 대해 어떠한 용어가 사용되더라도, 통합교육은 특수교육적 욕구가 있는 학생이 일반학급 환경에서 다양한 정도의 수업을 받는다는 것을 의미한다고 하였다. 따라서 어떠한 일반교사라도 모든 학생을 교수하기 위해 아무런 준비 없이 교육현장에 있게 할 수 없으며, 어떠한 특수교사의 경우도 자신의 특수학급 교실에서만 분리되어 교수를 하도록 기대되지도 않는다. 또한 통합교육은 어떠한 실시 모델이 선택되더라도 학교관리자와 교사, 다른 전문가 및 부모 모두의 공유된 노력과 협력이 있어야 한다고 밝히고 있다.

그러나 청각장애학생의 경우 어떠한 교육 배치가 최선인지, 그들의 교육적 욕구를 충족하고 강점을 극대화하기 위해 통합 환경을 어떻게 수정하여 지도하여야 하는지에 대해 여전히 의문이 남아 있다. 청각장애학생은 건청학생과 동일한 방법으로 학습하는 것이 아니기 때문에 통합 환경에 배치하여 지도하는 것이 최선이 아닐 수 있다는 우려가 제기되고 있다(Marschark, Convertino, & LaRock, 2006).

2. 청각장애학생의 교육 배치

1) 통합교육 논쟁

청각장애학생의 교육적 배치에 대해서는 연구자에 따라서 혹은 부모간에도 다양하고 대립적인 입장이 공존하고 있음을 미국의 경우에서도 볼 수 있다. 청각장애학생의 배치는 1970년대 중반에 1/3 이상의 청각장애학생이 기숙제 학교로, 나머지 학생은 특수학교로 이루어졌으나, 「장애인교육법(IDEA)」(2004) 자료에 따르면 IDEA 교육 대상 중 85%의 청각장애학생이 일반학교 혹은 시간제 특수학급에 배치되어 있다고 보고되었다.

우리나라의 청각장애학생은 전체 교육 대상 3,744명 중 2,671명이 특수학급 및 일반학급으로 배치되어 71%로 보고(교육과학기술부, 2012)되고 있는데, 이는 특수교육 대상 학생이 일반학급 및 특수학급에서 통합교육을 받는 비율이 2008년 67.3%에서 2012년 70.7%로 증가한 추세가 반영된 것으로 볼 수 있다. 이미 김병하(2007)는 특수교육의 통합교육 지향과 인공와우 이식의 확대로 통합학생의 비율이 늘어날 것으로 전망하면서 농교육 정체성의 위기를 진단하였다.

미국의 청각장애학생의 배치는 통합교육의 영향으로 변화가 이루어지면서 일반학교 현장의 교육 여건 개선과 적절한 프로그램의 요청이 반영되고 있다. 하지만 한편으로는 농인 사회의 정체성을 중시하고 수화를 사용하여 교육받는 것이 장기적인 교육의 효과와 개인적인 복지에 도움이 된다고 하여 분리된 청각장애학교를 옹호하는 부모도 있다.

미국의 법적인 규정(PL 94-142, PL 99-457, PL 101-476: IDEA)은 통합교육을 확대하였는데, Johnson(1991)은 LRE(최소 제한 환경)는 자연적인 수화를 획득하고, 그것을 음성언어와 학교 교육과정의 내용에 수용할 수 있도록 하는 것이라고 정의하면서 부모가 농인이고 학생 자신의 연령 수준에 맞는 자연수화를 능숙하게 사용하는 농학생이 통합교육을 하기 위해서는 매우 숙달된 자연수화 통역자가 있어야 한다고 하였다.

이와 같은 맥락은 청각장애아동교육에 두 가지 측면의 변화를 가져오게 되었다. 하나는 수화교육을 학습 환경으로 도입하였다는 점이며, 다른 하나는 주로 직업훈련이었던 교육 내용을 건청학생의 수준에 필적하는 학업 교육과정으로 확대하였다는 점이다(Marschark, 2007). 즉, 일반학교의 교육 환경과 과정을 청각장애학생의 교육적 특성에 맞게 개혁함으로써 통합교육이 확대된 것이다.

김삼섭(1996)은 우리나라의 경우에도 통합교육의 전제로 전통적인 장애 영역의 탈피를 지적하면서 시각장애나 청각장애와 같은 감각장애의 경우에는 분리교육을 하는 편이 더 많은 이점을 가진다고 주장하였다. 또한 청각장애학생의 통합교육 효과에 관한 연구에서 기숙제 학교의 학생에 비해 어음명료도와 학습이 긍정적으로 영향을 받게 된다는 결과에 대해서 최성규(1997)는 문제를 제기하면서 통합의 환경 변인보다는 학생의 잠재적 학습 능력의 차이로 재해석하였다. 이는 통합교육에 대한 청각장애학생의 연계성 있는 계획이 마련되지 못하여 통합교육에서 학업 및 의사소통에 실패한 학생이 특수학교로 복귀하는 사례로 이어졌다(정은영, 2003; 최성규, 1997).

그러나 통합교육은 교육철학적 측면에서 바람직한 형태이며, 장애학생과 부모의 당위적인 교육권의 실현이다. 개개인의 자아실현과 행복 추구를 향한 민주주의적 교육이라는 지지 배경과 함께 청각장애학생의 학업 성취와 사회화의 긍정적인 기대, 다양한 경험과 인성 발달의 기회 제공 등의 이점으로 통합교육을 받는 청각장애학생의 수는 60%에 달한다. 통합교육을 받고 있는 청각장애학생에 대한 일반학생의 태도는 장애학생에 대해 관심을 갖게 하였으며, 편견이 줄어들고, 이해도가 높아졌다는 연구(제주영지학교, 1996) 등은 통합교육의 또 다른 장점을 보여 주고 있다.

청각장애학생의 의사소통 선택이 다양하게 존중되는 것과 교육의 효율성 등이 중요한 이슈로 제기되면서 일반적인 다른 장애아동의 통합교육 개념과 발전으로 교육의 배치를 일관되게 지향하는 것이 바람직하지 않다는 점을 고려해야 한다. 그러므로 이 장에서는 청각장애학생의 입장에서 통합교육의 장단점을 언급하고, 우리나라 청각장애아동 교육의 당면 과제와 나아갈 방향을 모색하고자 한다.

이갑용(1992)은 청각장애학생의 통합교육 문제점과 개선 방안이라는 연구에서 통합교육 실시에 따른 장점을 청각장애학생과 일반학생의 경

표 7-1 청각장애 통합교육 실시의 장점

구 분	내 용
일반 아동	• 장애아동과의 조기 경험을 통해 모든 인간의 개인차를 수용하는 태도를 가짐 • 도와주고 돌봐 주는 것을 학습할 수 있음 • 적절하게 돕는 방법을 배우게 됨
청각 장애 아동	• 다양한 친구를 선택할 수 있는 기회 • 정규 학급의 풍부한 재료와 시설을 통해 잠재력을 계발할 수 있는 기회 • 일반아동에게서 적극적 상호 작용의 행동 패턴을 배울 수 있는 기회를 가짐

우로 나누어 밝히고 있는데, 이를 정리하면 〈표 7-1〉과 같다.

청각장애 통합교육 실시에 대한 문제점과 단점에 대한 지적은 통합교육의 이념과 실재 간의 괴리에서 비롯되고 있다. 일반학교의 여건이 질적으로 재구조화되어 있지 않은 상태에서 물리적인 통합단계에 있는 우리나라의 문제점은 해결해야 할 과제로 남아 있다. 이에 대해 장명선(2001)은 청각장애아동의 통합교육을 방해하는 저해요인을 통합교육 장면과 일반교사와 더불어 부모의 태도 및 인식에서 분석하고 해결 방안을 제시하였는데, 이에 따른 저해요인은 〈표 7-2〉와 같다.

표 7-2 청각장애 통합교육 실시의 문제점

구 분	내 용	
통합 교육 장면	수업 시간 중 학습활동	언어 이해력이 부족하여 교사의 설명과 지시 내용을 수용하지 못하는 경우가 많음
	쉬는 시간이나 놀이 시간	동정이나 보호의 대상이 되는 경우가 있으나 본 연구의 결과, 놀이활동에는 문제가 없었음
일반 교사의 태도 및 인식	• 수업 시간에 청각장애아동을 위한 수업자료를 제공하지 않고 있으며, 필요성도 인식하지 못하고 있음 • 학력 부진의 책임이 일반교사에게는 없다고 인식함 • 의사소통이 적절하게 이루어지지 않아 답답해함	
부모의 태도 및 인식	• 부모가 학습 지도를 맡으므로 힘들어함 • 일반교사에게 미안해함	

교육 여건과 사회문화적 환경이 비교적 비슷한 동아시아권 나라(중국, 홍콩)도 통합교육 이념의 정당성과 실천 과정상의 한계와 어려움을 밝히면서 통합교육의 평가를 절하하고 있다(김병하, 2007). 또한 스웨덴과 뉴멕시코의 청각장애아동의 통합교육 실태도 만족스럽지 못한 것으로 보고되었다. Tvingstedt(1995)는 스웨덴에서 통합학급에 배치된 청각장애학생 157명(보청기를 착용하고 구어를 의사소통 수단으로 사용하는 학생)을 면담하고, 부모 및 교사의 설문지를 통해 자료를 분석하였으며, 그중 의미 있는 자료나 사회적 상황에 영향을 주는 상호 작용이 있는 사례 13학급을 비디오로 녹화하여 자료를 분석하였다. 그 결과 통합학급에 있는 청각장애학생의 사회적 여건은 만족스럽지 못하였고, 자리 배치와 같은 물리적인 환경의 부적절함, 교사의 태도와 반응의 부주의함, 그리고 교수-학습 매체의 준비 부족과 방법 적용 등이 미흡한 것으로 밝혔다. 뉴멕시코의 Szelazkiewicz(2002)도 통합교육에 대해 청각장애학생의 준비, 학생의 수용 여건, 교사의 청각장애학생에 대한 탐진(감기, 이과 질환 등), 청각장애학생의 어려움에 대한 이해(화제경보의 알람을 듣기 힘들다는 점, 또래와 의사소통이 잘 되지 않아서 고립되기 쉽다는 점 등에 대해), 교실의 준비(시각적인 안내 자료, 소음 수준), 부모의 적극적인 참여 등에서 개선해야 한다고 제안하였다.

청각장애학생의 통합교육 논쟁은 통합교육 자체에 대한 부정적인 비판이 아니라 교육의 효율성과 관련하여 선결하여야 할 다음과 같은 과제를 진지하게 재고해 볼 기회를 제공하고 있다.

- 청각장애학생의 적절한 교육적 배치는 무엇인가?
- 청각장애학생의 의사소통 지도 방법은 어떻게 제공해야 하는가?
- 청각장애학생을 지도하는 데 요구되는 교사의 전문성은 어떠한가?
- 청각장애학생의 교육과정에서 다루어야 할 내용은 무엇인가?
- 청각장애학생에게 학교의 배치에 따른 적절한 지원은 무엇인가?

이와 같은 논점에 대해 교육전문가, 부모, 현장교사, 교육행정가와 교육 관련 입법자는 많은 고민을 하고 해결을 위한 실천 방안을 제기해야 한다. 청각장애학생을 위한 교육의 결정이 통합교육의 범위 내에서만 이루어지는 것이 결코 효율적이지 않음을 자각하고 욕구 충족을 위한 다양한 교육적 형태에 대한 선택이 보장되어야 한다. 다음에서는 효율적인 통합교육이 되기 위한 요건과 지원 방안을 소개하고자 한다.

2) 교육 배치에 대한 결정

청각장애학생을 위한 교육의 배치는 매우 중요하고 어려운 일이다. 배치에 앞서 청각장애 부모가 교육 배치를 선택할 수 있는 다양한 프로그램과 전문화된 교육기관이 존재하여야 한다.

Aldersley(2002)와 Siegel(2002)은 '최소 제한적 환경(LRE)'이라는 정의에 대한 혼동을 지적하고 있다. 미국 「장애인 교육법」은 장애학생을 가능한 통합환경에 배치하여야 한다고 밝히면서, 통합환경이 의무사항(requirement)인지, 선택사항(option)인지는 명확히 하지 않고 있다. 또한 장애학생의 성공적인 학업을 위해 지원서비스에 대한 접근방법도 명확하게 제시하지 않아 통합환경으로의 배치와 효율적인 교육지원에 대해서 갈등을 빚는다고 지적하였다. 또한 장애학생을 통합 환경에 배치하는 것에 대해 반대하는 의견은 일반학생의 부모와 청각장애학생의 부모에 따라 다르다. 즉, 장애학생이 일반학생의 학습에 방해가 되므로 통합을 반대하는 입장과 통합환경이 청각장애학생을 위한 다양한 프로그램이 부족하기 때문에 반대한다는 것이다.

우리나라에 청각장애학교가 급격하게 감소하면서 농교육의 정체성 위기라고 진단한 김병하(2007)가 제안한 것처럼, 분리교육으로서 농교육은 그 책무성을 다하기 위해 더욱 분발하는 모습을 보여야 하며, 통합교육 이념의 실천을 위한 일반학교의 질적 재구조화에도 특수교육 관련 분야에서 적절한 지원에 대한 책임을 져야 한다.

현재 일반학교와 특수학교의 선택과 결정이 막연한 부모의 기대, 형식적인 주류화의 안정성, 최악을 피하기 위한 대안으로 이루어지고 있지는 않은지 특수교육 관련 자원(인적 및 제도적)은 반성하여야 한다. 일반학교는 적절한 지원이 충분히 되는 통합교육의 장으로, 특수학교는 청각장애 아동에게 특성화된 전문교육기관으로 내실화하여 청각장애학생과 부모의 다양한 선택권에 부응하여야 한다.

3. 청각장애학생을 위한 통합교육의 조건

NAD(National Association of the Deaf)는 청각장애학생의 통합교육 요건으로 다음의 다섯 가지를 제안하였다.

- 아동의 지적 · 사회적 · 정서적 발달에 기여할 수 있어야 할 것
- 아동의 언어능력에 기초할 것
- 직접 지시의 기회나 직접 대화의 장을 제공할 것
- 농 혹은 난청인의 역할모델을 가질 것
- 적합한 기자재를 제공할 것

이 요건이 충분히 반영되어 통합교육이 실시된다면 많은 문제점이 개선될 것으로 기대된다. 또한 김기생(2003)은 청각장애아동의 성공적인 통합 조건으로 아동 요건과 외적 요인을 들어 설명하고 있다. 즉, 아동 요건은 아동의 내적 요건으로, 학습능력, 언어, 인지능력, 청력손실의 정도와 특징 등을 제시하고, 외적 요건으로는 일반교사를 지원하는 조직, 자금, 인사, 의식, 태도, 프로그램 등을 제시하면서 아동을 지원할 수 있는 여건이 얼마나 잘 갖추어져 있느냐가 성공적인 통합에 매우 중요한 요소라고

하였다.

여기서는 청각장애학생의 효율적인 통합을 위해 고려해야 할 조건을 물리적 환경, 인적 구성원, 제도적 측면 등으로 나누어 살펴보고자 한다.

1) 물리적 환경

(1) 자리 배치(학습 진행과 사회적 맥락에서)

학습의 진행과 교실 내 상호 작용에서 비구어적인 메시지 교환이 중요한 부분이므로 자리 배치는 중요하다. 흔히 앞자리에 배치하는 경우가 있는데, 이는 학생이 학급 전체의 분위기를 파악하는 데 힘이 들고, 흐름의 맥락을 놓치는 경우가 많다. 또한 학생이 앞에 앉은 경우 뒤를 자주 돌아보는 경우가 있으며, 산만해지는 경우가 많다. 상호 작용에는 적절한 순간에 눈빛과 미소 등을 교환한다는 것이 사회적 교류에서 결정적 요소가 되기도 한다. 수업 진행에서 교과 내용과 흐름을 놓치지 않도록 도우미를 짝으로 배치하는 것도 효과적이다.

또한 수화통역사를 활용하는 경우에는 청각장애학생이 교사 혹은 칠판과 수화통역사를 번갈아 볼 수 있도록 유의하여 자리를 배치한다. 토론을 진행하거나 기자재를 활용할 경우에도 교사는 사전에 자리 배치를 정해두어야 한다. 교사는 교과내용을 설명할 때, 가능한 이동을 하지 않고 청각장애학생이 교사의 입술과 표정을 볼 수 있게 한다. U자 형태 배치가 가장 적절하다.

(2) 청취 환경의 적정화

청각장애학생이 활용하는 보조 장비를 점검해 주어야 한다. 교사는 말소리에 대한 간단한 선별검사(예, 5개음 검사)를 실시하여 보청기 및 인공와우의 상태를 확인한다. 그리고 항상 착용하여 정보를 효과적으로 수용할 수 있도록 격려하는 것도 중요하다.

교실 및 주의의 환경에서 생기는 소음이 적도록 조정하여야 한다. 예를 들어, OHP를 수업 시간에 활용하는 것이 도움이 되는데, 기계 소리가 적은 것을 사용하여야 한다. 냉 · 난방기의 소음도 고려하여 청취 환경을 개선해야 한다. 그리고 FM 보청기를 활용하여 말소리 청취 환경을 개선하는 것도 중요하다.

(3) 시각적 정보 수용을 위한 환경 구성

청각장애학생이 독화를 할 때, 실내가 너무 어둡지 않도록 한다. 또한 교실에서 수업을 할 때 청각장애학생이 여러 가지 시각적 자료를 통해 정보를 수용해야 하므로 눈의 피로를 줄여 줄 수 있는 광선 및 조명과 밝기 조절도 적정하게 이루어져야 한다. 중요하거나 새로운 단어 및 어휘 그리고 과제물 및 알림사항은 칠판에 적어 주도록 한다. 수업내용과 관련된 비디오 혹은 동영상 자료를 활용할 때는 자막이 있는 것을 활용한다. 그리고 학교의 비상사태 등을 알리는 경보가 음성과 시각적 경보와 병행되도록 구성한다.

2) 인적 구성원

(1) 청각장애아동

의사소통 기술의 함양 의사소통 기술은 음성언어에 국한되는 것이 아니다. 그러므로 청각장애아동의 특성에 근거하여 구어, 수화언어, 몸짓언어와 제반 의사소통 수단 등을 통해 자신을 효과적으로 표현할 수 있도록 의사소통 기술을 함양하여야 한다. 간혹 비장애아동이 수화를 배우고 싶어 하는 경우가 있으므로 청각장애아동이 수화를 가르치는 기회를 갖는 것도 서로 의사소통기술 함양에 도움이 된다.

긍정적인 태도와 적극적인 참여 통합 환경에서 장애학생은 소극적이며 위축된 경우가 많은 것으로 보고되는데, 심리적인 지원과 상담 프로그램을 통해 긍정적이며 적극적인 태도를 갖도록 격려하여야 한다. 급우의 행동을 관찰하여 학급의 다양한 사건과 활동에 참여하는 것도 성공적인 통합을 위해 필요하다. 또한 궁금한 것에 대해 먼저 질문하거나 타인의 정보에 대해 명료화를 요구하는 적극적인 태도도 요구된다. 놀이 및 신체활동 등과 같은 시간에 적극성을 가지고 또래를 이끌어가는 것도 효율적인 상호 작용의 전략이 될 수 있다.

학업성취에 대한 관심 청각장애학생의 통합 환경은 물리적 · 사회적 통합의 수준을 넘어서 교육과정적 통합이 이루어져야 한다. 그러므로 학업적 요구에 맞는 교육의 질이 중요한 조건이 된다. 이와 함께 청각장애학생 자신도 학업에 대한 관심을 가지고 성취 수준을 향상시켜야 한다.

(2) 일반아동

효과적인 의사소통 기술 청각장애 급우와 의사소통하는 방법에 대한 관심과 기술이 요구되는데, 이는 장애 이해 프로그램 혹은 특수교사 및 일반교사의 적절한 모델을 통해 익힐 수 있다. 진정한 통합은 일방적인 적응이 아니라 상호 간의 적응을 통한 수용임을 이해하여야 한다.

청각장애학생을 위한 도우미활동 청각장애학생이 통합교육 환경에 적응하는 과정 중 또래 도우미의 지원은 효과적인 경우가 많다. 교육적 상황에서 수업의 진행에 잘 따라가기 위해서는 짝의 도움이 아주 중요하다. 지시 및 설명을 정확하게 이해하였는지, 다음에 무엇을 해야 하는지 등에 대해 정보를 제공해 주는데, 도움을 주는 정도에 따라 청각장애학생이 얼마나 수업을 잘 따라가는지가 관건이다.

또한 다양한 협동활동을 하는 경우에도 청각장애학생은 주로 자료를 모으거나 오려 붙이는 등의 작업을 하고, 건청아동은 내용을 분석하고 조언을 하는 등 대부분 도우미에 의존하게 된다. 그러나 청각장애학생의 지적 능력이 우수하거나 재능이 있는 경우에는 역할을 공평하게 분담하여 협력할 필요가 있다. 도우미의 활동이 청각장애학생의 자신감과 인격 성숙에 저해 요소가 되어서는 안 되며, 상호 도움이 되는 균형 있는 상호작용이 중요하다.

청각장애 이해 프로그램의 실시 바람직한 인성교육을 위해 일반학생을 대상으로 하는 장애 이해 프로그램은 보편화되고 있다. 사회 구성원의 일원인 장애인의 전반적인 영역에 대한 이해도 중요하지만, 청각장애학생과 공동체 생활을 하고 있는 일반학생에게 청각장애학생의 특성을 이해하고 바람직한 태도를 형성하게 하는 체계적인 프로그램은 성공적인 통합교육에 도움이 된다.

(3) 일반교사

청각장애학생과의 바람직한 상호작용 모델 통합학급을 운영하고 청각장애학생의 입장을 지원하는 일반교사의 능력이야말로 통합교육의 성공에 결정적으로 중요하다. 교사의 행동에 따라 청각장애학생의 입장이 지지되거나 손상되는 경우가 있으며, 이와 같은 교사의 태도는 학급 학생의 태도에 직접적인 영향을 미칠 수 있다. 의식적이든 무의식적이든 교사와 청각장애학생과의 상호 작용은 통합교육 환경 내에서 상호 작용 모델이 된다.

청각장애학생에 대한 교사의 적응 청각장애학생의 입장을 이해하고자 하는 교사의 수용 능력이 중요한 요소가 된다. 학생을 관찰하고 토의하면서 청각장애학생의 요구에 적응하려고 애를 쓰는 교사의 행동을 통해 청각장애학생은 존경심과 자신의 능력에 대한 확신을 가질 수 있다.

가르치는 과정과 수업의 계획에 대한 시각적 정보 제공 청각장애학생은 잘 듣지 못하기 때문에 실제 말한 내용을 오해하거나 정확히 이해를 하지 못하여 불확실해하는 경우가 많다. 따라서 정확한 메시지를 지각하도록 도와주기 위해 시각적인 정보를 제공해야만 한다. 하지만 실제적으로 통합교육 환경에서 시각적인 지원이 미흡한 경우가 많으며, 그런 경우에는 청각장애학생이 당황해하는 경우가 많고, 급우 눈에는 청각장애학생이 이상하게 보이게 된다. 그러므로 수업 계획을 조직화하여 안내해야 하고, 노트 필기를 충분히 제공해야 한다. 또한 수업내용에 대한 안내와 과제를 수행하는 방법 등에 관한 문서 자료가 반드시 필요하며, 수업한 내용 중 중요한 부분에 대한 요약도 청각장애학생에게는 필수적이다.

교사의 전문성 함양과 책무성 이갑용(1993)은 통합교육을 받는 청각장애학생의 54.3%만 교사의 말을 알아듣는다고 보고하였으며, 박광자(1996)는 통합교육을 받고 있는 청각장애학생 대부분이 언어능력에서 지체를 보이며, 절반 정도가 학습지체를 보이고 있어 학습의 보충이 필요하다고 하였다. 또한 김명미(1996)는 수업 중에 이루어지는 교사의 설명을 대부분 알아듣는 청각장애아동은 35.5% 정도에 불과하며, 80% 이상은 공부한 내용을 이해하는 데 어려움을 겪고 있고, 학급에서 상위 20% 내에 드는 아동은 청각장애아동의 10% 미만이라고 하였다. 이와 관련하여 장명선(2001)은 청각장애아동의 통합교육에 대한 일반교사의 태도 및 인식 분석 연구에서 일반교사가 수업 시간에 청각장애아동을 위한 수업자료를 제공하지 않고 있으며, 그 필요성도 인식하지 못하고 있고, 학력부진의 책임이 없다고 생각하고 있음을 밝혔다.

일반교사가 청각장애아동을 지도하게 될 경우에 교육의 효율성을 극대화할 수 있는 기본적인 전문성 함양은 곧 통합교육 환경에서의 일반교사의 책무성과 직결된다는 주장(김기생, 2003)에 저자도 의견을 같이하면서, 통합학급 교사 연수 등을 통한 전문성 함양과 교육의 효율성을 위한 프로그램 제공 등의 요구와 학업의 보충을 위한 보조교사 혹은 수화통역사 활용 등의 지원을 제안한다. 또한 일반교사는 청각장애학생의 학업성취 향상에 대해 책무성을 가져야 한다.

(4) 특수교사

특수교육 전문성 함양 일반적으로 청각장애 담당교사는 모든 교사에게 기본적으로 요구되는 수행능력을 습득하고, 장애영역에 관계없이 모든 특수아동을 지도하기 위해 공통으로 요구되는 수행능력을 길러야 하며, 청각장애교육의 특수성에 따른 전문적 수행능력을 습득(이갑용, 1992)해야 한다. 또한 최성규(1996)는 청각장애아동을 위한 교수-학습의 효율성을 위해서는 청각장애아동을 지도하는 데 필요한 교사의 전문 능력이 우선적으로 요구된다고 하였다. 교수-학습 또는 생활지도 등과 관련하여 요구되는 전문성은 구체적으로 원활한 의사소통 방법과 청각장애학생의 사고와 인지 능력에 맞는 언어지도 방법 등을 들 수 있다. 그러나 현재 우리나라의 특수교사 자격은 장애영역과 상관없이 과정별 통합 특수교사 자격증으로 발급되고 있으며, 이는 청각장애 특수교사의 전문성 확보에 저해 요인으로 지적되고 있다. 따라서 교육의 효율성에 기여할 수 있는 특수교사의 전문성 함양을 위한 제도적 보완이 시급히 요구된다.

청각장애학생의 정체성과 정서적 측면 지원 청각장애학생이 통합교육 환경에 있더라도 청각장애학생의 정체성을 확립하기 위해 특수교사는 심리정서적인 지원을 하여야 한다. 이를 위해 지역사회 기반의 농사회와 농문화를 접할 수 있는 기회도 제공하고, 자신의 역할모델을 가질 수 있도록 도와주어야 한다. 통합 환경 내에서 청각장애학생이 스스로의 존재를 아웃사이더로 인식할 것이 아니라, 농인사회의 동질 집단에 자신의 든든한 뿌리가 있음을 자각하는 것이 건전한 인성 함양에 중요한 부분이 된다.

일반교사와의 협력 일반교사의 의사소통 기술과 교수-학습과 관련하여 전문적인 지식을 공유하고 협력하여야 한다. 또한 일반아동을 위해 장애 이해 프로그램 등도 지원할 필요가 있다.

청각장애부모의 지원 청각장애부모는 의료적인 문제부터 교육 배치와 진로 및 전환교육에까지 많은 결정을 해야 하는 부담을 갖고 있다. 그러므로 특수교사는 학령기에 직면하게 되는 다양한 문제에 대해 풍부한 정보를 제공하여 현명한 선택을 할 수 있도록 지원하여야 한다. 또한 청각장애학생의 바람직한 후견인 역할 수행을 위해 심리적인 지지를 해 줄 필요가 있다.

(5) 청각장애학생의 부모

교육의 결정에 대해 적극적인 참여 장명선(2001)은 통합교육을 받고 있는 청각장애학생의 부모는 일반교사에게 미안해한다고 밝히고 있으며, 부진한 학습을 지도하는 것이 힘들다고 하였다. 따라서 부모는 교육을 받을 권리에 대해 적극적으로 수용하고, 교육의 효율성을 증진하도록 요구할 필요가 있다. 청각장애학생의 교육적 프로그램과 교과목의 이해 및 적절한 평가 등에 대해 부모는 정보를 제공받아야 한다.

3) 제도적 측면

(1) 특수교사 전문성 확보를 위한 제도 마련

특수교사의 청각장애교육에 대한 전문성을 확보하기 위해서는 통합 특수교사 자격증과 별도로 전문과정을 이수하도록 하고 교원 양성과정을 보완해야 한다. 감각장애(시각과 청각장애)교육은 정보의 수용에 대한 특수한 교수적 방법이 요구되므로 현재의 통합 특수교사 양성과정만의 자격으로는 전문성을 확보할 수가 없다. 교육의 효율성에 교사의 전문성이 요구되는 것이고, 전문성을 확보하기 위해서는 교원의 자격을 보완하여야 한다.

(2) 일반교사의 전문성 함양을 위한 연수 실시

통합학급 교사를 위한 연수가 지역교육청별로 실시되고 있지만 의무적인 연수교육이 아니며, 단기적이고 포괄적이라는 점에서 일반교사의 전문성을 함양하는 데 도움이 되지 못하고 있다. 그러므로 담당하고 있는 특수아동의 개별적 장애와 특성, 지도 방법 등에 대해 지역의 장애 전문가와 특수교사, 일반교사가 학기 중 주기적으로 만나는 세미나 형태의 교육이 이루어진다면 실질적으로 도움이 될 것이다. 형식적인 연수 실시가 중요한 것이 아니라 실질적으로 교육에 적용할 수 있는 교육이 요구된다.

(3) 보조교사 또는 수화 통역사를 통한 학습지원 체계의 법제화

특수아동의 학업성취에 대해 통합학급 교사가 책임을 지게 되지만, 효율적인 교과 수업의 운영을 위해 요구되는 지원은 제도적으로 마련되어야 한다. 의사소통의 양식이 수화인 청각장애학생의 경우에는 수화 통역사를 제공하는 것도 당연히 제도화되어야 한다.

(4)교육과정에 장애 이해 프로그램의 포함

통합교육 현장에서 장애 이해 교육이 임의적으로 실시되고 있으며, 3월 초에만 실시하여 일회성에 그치는 경우가 많다. 이에 통합교육의 효과가 일반아동과 장애아동 모두에게 긍정적이기 위해서는 체계적이고 주기적으로 프로그램을 실시할 필요가 있다. 그러므로 일반교육과정 내에 장애 이해 프로그램이 포함되어 모든 아동에게 실시한다면 통합교육의 성공에 도움이 될 것이다.

참고문헌

교육과학기술부(2012). 특수교육 연차보고서. 서울: 교육과학기술부.

권순우(2004). 청각장애학생의 고등학교 통합교육 환경에서의 학교생활 적응에 대한 사례 연구. 언어치료연구, 13(2), 27-48.

권순우(2006). 청각장애학교 과정별 학교교육 목표 구현을 위한 실천 내용과 학교 교육과정 운영상의 현안 과제. 특수교육 재활과학연구, 45(2), 1-30.

김기생(2003), 청각장애학교 교사의 통합교육에 대한 태도 및 요구도에 관한 연구. 대구대학교 특수교육대학원 석사학위 논문.

김동춘(2004). 통합교육을 받는 장애유아의 초등학교에서의 적응과정 사례연구. 총신대논총, 24, 43-79.

김명미(1996). 청각장애아 통합교육의 문제점과 개선방안. 단국대학교 교육대학원 석사학위 논문.

김미정, 박혜성, 신소니아, 오선영, 이종필, 최원아(2006). 서울 경인 특수학급 교사연구회 편, 일반교사를 위한 통합교육 지원프로그램. 서울: 학지사.

김병하(2007). 한국 농교육의 정체성 위기: 현상과 과제. 특수교육저널: 이론과 실천, 8(3), 465-489.

김삼섭(1996). 장애아 통합교육. 경기: 양서원.

김영욱(2007). 청각장애아동 교육의 이해. 서울: 학지사.

박광자(1996). 일반학급에 통합된 청각장애아동의 언어능력과 적응에 관한 연구. 단국대학교 교육대학원 석사학위 논문.

박승희(2004). 한국 장애학생 통합교육: 특수교육과 일반교육의 관계 재정립. 서울: 교육과학사.

송미선(2003). 교육 배치에 따른 청각장애학생들의 스트레스와 자아존중감. 창원대학교 대학원 석사학위 논문.

이갑용(1992). 청각장애아 통합교육의 문제점과 개선방안. 단국대학교 대학원 석사학위 논문.

이규식, 국미경, 김종현, 김수진, 유은정, 권요한, 강수균, 석동일, 박미혜, 김시영, 권순황, 정은희, 이필상(2007). 청각장애아 교육. 서울: 학지사.

장명선(2001). 청각장애아동의 통합교육 저해 요인과 해결방안. 서울: 특수교육총연합회.

정은영(2003). 실업계 고등학교 청각장애학생의 학교생활적응에 대한 사례연구. 대구대학교 교육대학원 석사학위 논문.

제주영지학교(1996). 교육부 지정 연구학교 보고서.

최성규(1996). 청각장애 교육방법론의 패러다임 변화. 난청과 언어장애, 19(2), 3-16.

최성규(1997). 청각장애아 심리. 서울: 특수교육.

Aldersley, S. (2002). The courts and "least restrictive environment". *Journal of Deaf studies and Deaf Education, 7*, 189-199.

Johnson, K. (1991). Miscommunication in interpreted classroom interaction. *Sign Language Studies, 70*, 1-34.

Marschark, M. (2007). *Raising and Education a Deaf Child : A Comprehensive Guide to the Choices, Controversies, and Decisions Faced by Parents and Educators*. New York: Oxford University Press.

Marschark, M., Convertino, C., & LaRock, D. (2006). Optimizing academic performance of deaf students: Access, opportunities and outcomes. In D. F. Moores & D. S. Martin (Eds.), *Deaf learners: New developments in curriculum and instruction*. Washington, DC: Gallaudet University Press.

Siegel, L. (2002). The argument for a constitutional right to communication and language. *Journal of Deaf studies and Deaf Education, 7*, 259-266.

Szelazkiewicz, S. (2002). Mainstreaming the Hearing Impaired Student. Information Analyses (070) p. 13.

Tvingstedt, A. L. (1995). Classroom Interaction and the Social Situation of Hard-of-Hearing Pupils in Regular Classes. Paper presented at the International Congress on Education of the Deaf (18th, Tel Aviv, Israel, July 16-20).

제8장

청각 · 중복장애아교육

현대사회에서 사회 복지와 교육 권리 실현이 제도적으로 발전을 이루면서 특수교육 대상자의 범위도 확대되고 있다. 특수교육 대상자는 특수한 교육적 서비스가 요구되는 경도(mild)장애부터 복합적이고 전폭적인 교육 서비스가 요구되는 중도(severe) 및 중복(multiple) 장애까지 포함하고 있다. 그러므로 이 장에서는 청각장애아동 중에서도 다른 장애를 중복적으로 가진 청각 · 중복장애아동의 정의와 특성, 교육적 조처 등에 대해 다루고자 한다.

1. 중복장애

1) 정 의

중복장애(multiple disabilities)라는 용어는 흔히 '중도 · 중복장애'라는 용어로 사용되고 있다. 이는 일반적으로 한 가지의 장애를 가진 경우에 집중적이고 지속적인 지원(support)이 요구되는 중도(severe)장애와 두 가지 이상의 장애가 중복(multiple)되어 있는 경우를 일컬으며, 중복장애의 경우에도 교육적 조처가 복합적이며 단일장애에 비해 심각한 수준에 이르므로 '중도 · 중복장애(severe and/or multiple disabilities)'로 묶어서 분류하고 있다.

「장애인복지법」(2012)에서는 이를 나누어서 중증장애인은 '장애 정도가 심하여 자립하기가 매우 곤란한 장애인'으로, 중복장애는 장애 등급을 판정할 때 두 종류 이상의 장애가 중복되어 있는 경우로 정의하고 있다.

그러나 『특수교육학 용어사전』(2009)에서는 '중도 · 중복장애'를 하나의 범주로 간주하고 다음과 같이 정의하고 있다. '장애의 정도가 매우 심하고 장애가 두 가지 또는 그 이상 중복해 있는 경우다. 중도 · 중복장애를 가지고 있는 대부분의 아동은 중도의 정신지체를 나타내며, 운동장애, 의사소통장애, 시각 및 청각의 손상, 간질발작과 같은 중복장애를 수반하고, 특별하게 고안된 교육적 · 사회적 · 심리학적 · 의학적 서비스를 필요로 한다.'

특수교육의 법적인 근거가 되는 「장애인 등에 대한 특수교육법」(2013)에서는 '특수교육대상자는 시각장애, 청각장애, 정신지체, 지체장애, 정서 · 행동장애, 자폐성장애(관련 장애 포함), 의사소통장애, 학습장애, 건강장애, 발달지체, 그 밖에 대통령이 정하는 장애로 진단 · 평가되어 특수교육을 필요로 하는 사람'으로 규정하면서 중도 · 중복장애에 대한 구체적인 선정기준을 제시하지 않고 있다. 이와 같이 특수교육현장에서는 중도 · 중복장애아동에 대한 교육적 지원이 요구됨에도 불구하고 선정기준 등의 규정이 없을 뿐 아니라 중도장애와 중복장애를 구별하지도 않고 있다.

미국의 「장애인 교육법(IDEA)」(2004)에서는 지적장애와 시각장애, 지적장애와 지체부자유 혹은 청각장애와 다운증후군 등 여러 가지 장애가 겹쳐 한 가지 장애에 대해서만 교육적 서비스를 제공하는 특수교육프로그램으로는 교육적 요구를 충족할 수 없는 경우로 중복장애를 정의하고 있다. 단, 농(deaf)−맹(blind)은 중복장애에서 제외하여 다른 범주로 설명하고 있다.

결론적으로 이 장에서 다루고자 하는 중복장애를 정의하면 다음과 같다. 중복장애란 두 가지 혹은 그 이상의 장애가 중복되어 있는 경우를 말하며, 일반적으로 청각, 정신지체, 지체부자유, 허약, 정서 등의 장애가 겹쳐서 신변자립, 운동기능, 감각기능, 사회생활과 같은 발달적 측면에서 정신발달이 매우 지체되어 있고, 더불어 행동의 측면에서도 상당히 심각한 문제행동을 지닌다고 할 수 있다(최중옥 외, 2000).

2) 특 성

(1) 일반적 특성

중복장애를 가진 아동은 장애의 정도와 연령, 장애의 중복 유형 등에 따라 다양한 특성을 가진다. 일반적으로 보이는 공통적인 특성을 열거하면 다음과 같다.

- 제한된 구어 및 의사소통 능력
- 기초적인 신체적 이동의 어려움
- 사용하지 않은 기술을 상실하는 경향

- 학습한 기술을 일반화하는 데의 어려움
- 주요한 일상생활에서 지원이 요구됨(예, 가정, 여가, 지역사회 활용, 작업 활동)
- 이동의 어려움
- 감각기능의 손상
- 행동의 문제
- 보행의 어려움
- 사회적인 상호작용의 제한

(2) 교육적 특성

중도 · 중복장애아동의 교육적 특성을 살펴보면 학업성취 가능성에 많은 제한점을 가지는 것이 사실이다. 그러나 중도 · 중복장애아동의 교육적 가능성에 대한 선행연구에서는 교육의 기회와 교육 형태가 주어진다면 부분 참여를 통해 사전에 설정된 교육적 목표에 도달할 수 있다고 제안하고 있다. 강성종(2008)은 교육적 가능성에 대한 특성을 다음과 같이 정리하였다. 첫째, 뇌의 신경계 손상이나 미분화에 따른 시 · 청각, 지각장애나 감각 · 운동 협응 등의 발달이 지체되고, 보고, 듣고, 느낀 정보의 수용이 열악하다. 둘째, 신체 내의 기본적 조정기능, 환경 변화에 대한 적응력의 미발달, 신체적 · 심리적 부적응을 일으키기 쉽다. 셋째, 기질적 · 기능적 장애에 의한 운동기능의 장애나 발달지체로 자세 유지, 이동, 수지 조작 등이 곤란하다. 넷째, 언어장애나 언어습득에 지체가 있고 의사소통이 극히 곤란하거나 제한적이다. 다섯째, 정신적 구조의 미분화나 부분적 결함이 있고, 학습능력에 심한 지체를 보이거나 흥미와 관심이 부족하다. 여섯째, 새로운 경험을 획득하고자 하는 욕구가 부족하고, 획득한 지식 · 기능을 활용하거나 일반화하는 능력이 부족하다. 그러므로 중도 · 중복장애아동에게 일반적인 특성뿐 아니라 교육적 특성을 충분히 반영하여 교육적 서비스를 계획하고 제공하여야 한다.

3) 중복장애아동의 진단

아동의 개별적 · 교육적 요구를 이해하고 파악하기 위해서 진단 및 평가를 실시하게 되는데, 중복된 장애의 복잡성 때문에 중복장애아동의 진단과정에서는 실시와 결과의 해석에 어려움과 한계가 따른다. 그러므로 진단을 통해 수집한 정보는 장애아동이 어떤 분야에서 어떤 강점과 약점을 가지고 있는가를 개략적으로 파악하는 것에 대한 제한적인 가이드라인으로 받아들이고, 진단과정에서는 다음과 같은 점을 고려해야 한다고 제시하였다(서중현 외, 2010).

- 장애가 나타난 시기는 언제인가?
- 각 장애의 유형과 정도는 어떠한가?
- 신체적인 능력과 학습능력에 주로 영향을 미치는 장애는 무엇인가?
- 현재 아동이 감각영역, 적응행동영역, 학업적 영역 등 각 영역에서 어떤 강점과 약점을 가지는가?
- 현재 중복장애아동에게 제공되는 특수교육 관련 서비스와 그 효과는 어떠한가?
- 현재 중복장애아동과 교사나 가족, 또래 아동과의 상호작용은 어떠한가?
- 건강상태 등 일반적인 건강 체크는 하였는가?

진단 및 평가의 방법에는 사례 및 양육 정보를 수집하는 데 도움이 되는 면담, 아동의 현재 수준과 행동의 특성 등을 파악하는 데 효과적인 관찰, 또래 아동의 발달이나 아동 자신의 준거를 근거로 객관적으로 수준을 알아볼 수 있는 검사 등이 있다. 또한 교육적 프로그램의 배치와 수행의 진전을 평가할 수 있는 교육과정 중심 사정, 수행사정, 포트폴리오사정과 같은 방법 등이 있다.

4) 중복장애아동의 교육적 조처

중도 · 중복장애아동의 교육은 지적 능력보다는 학습에 필요한 특정 기술에 초점을 두어야 하고, 교육내용은 그들의 장애 특성을 고려하여 장애상태의 개선과 잔존기능의 신장에 필요한 교육으로 구성하여 감각 운동기능, 자조기능, 사회생활 적응능력, 신변자립, 신체기능 향상 등 일상생활에 필요한 기본적인 능력과 태도를 함양하여야 한다.

특수교육의 최근 동향에서 통합교육의 강조로 일반 학교 환경으로 특수 아동의 교육적 배치가 확대되고 있기는 하지만, 중도 · 중복장애학생은 대부분 특수학교에서 특수학교 교육과정에 따른 프로그램에 참여하고 있다. 이에 관련하여 강성종(2008)은 중도 · 중복장애학생 특수학교 교육과정의 바람직한 모형을 다음과 같이 제안하였다. 첫째, 교사, 학생, 학부모가 현장 중심 교육과정을 만들어야 한다. 둘째, 중도 · 중복장애학생이 실생활 적응에서 문제를 해결할 수 있고, 삶의 질을 향상시킬 수 있는 생활 중심 교육과정이 정착되어야 한다. 셋째, 불합리한 법적 규제가 완화되어 학교 교육과정이 효율적이며 자율적으로 운영되어야 한다. 넷째, 중도 · 중복장애학생의 독특한 교육적 요구를 수용할 수 있는 교육과정이 편성 및 운영되는 것이 바람직한 모형이다. 이는 국가 수준 교육과정과 특수교육 관련 법규의 근거에 비추어 각 특수학교에서 이루어지는 교육활동이 중복장애학생의 특수성 및 교육적 요구를 반영하여 학교교육과정 목표가 설정되어야 하며, 이를 달성하기 위한 방안 모색이 중요하다는 것을 나타낸다.

한편 한국과 일본이 교육체제와 법령적 배경 및 교육과정 행정 등에서 유사성을 가진다고 전제하면서 일본의 중도 · 중복장애교육과정을 분석하여 한국적 시사점을 탐색한 연구(김혜리, 2011)도 있었다. 이 연구에서 향후 한국의 중도 · 중복장애학생을 위한 국가 수준 특수교육 교육과정의 방향성과 구체적인 개선 방안을 다음과 같이 밝히고 있다. 첫째, 국가 수준 특수교육 교육과정 편성 및 운영에서 '중도 · 중복장애학생에 대한 교육과정 편성 및 운영'에 관한 사항을 상세하게 명시하여야 한다. 둘째, 현행의 국가 수준 특수교육 교육과정에서 중도 · 중복장애학생을 위한 교육과정이 기본교육과정에 해당되는데, 이는 중도 · 중복장애학생을 위한 교육과정이 아니므로 중도 · 중복장애학생에게 적합한 학교교육이 시행될 수 있도록 일본의 '자립활동'과 같은 독자적인 교육과정이 마련되어야 한다.

그러므로 장애인 등에 대한 특수교육법에서 특수교육대상자의 분류에 중복장애 범주를 포함하여야 한다. 또한 교육과정과 교육목표 설정 등의 체계를 갖추어 중복장애학생에게 적합한 교육내용을 지도할 수 있는 교육과정과 프로그램이 구축되어야 한다.

2. 청각 · 중복장애

청각장애아동의 교육에서 핵심적인 내용은 의사소통지도와 학업성취 능력의 극대화, 독립적인 사회인으로서 삶의 질(quality of life) 향상이 해당된다. 청각장애라는 공통적 요소를 가진 아동도 교육적 요구와 특성은 이질적(heterogenous)이기 때문에 부모와 교사는 개별화된 계획을 수립하고 지원하여야 한다. 더욱이 청각장애와 또 다른 교육적 요구를 가진 청각 · 중복장애의 경우에는 복합적이며 부가적인 어려움이 따른다. 다음에서는 청각장애와 다른 장애가 중복된 아동의 특성과 교육적 조처 등에 대해 알아본다.

1) 청각 · 중복장애의 정의

청각장애와 함께 다른 장애를 가진 경우를 청각 · 중복장애(deaf and

hard of hearing with multiple disabilities)라고 말하며, 이들은 의료적인 면과 의사소통, 성장 및 학습에 있어서 복합적인 어려움을 겪는다. 정인호(2009)는 청각 · 중복장애아동교육지원 방안의 연구에서 청각장애를 가지면서 동시에 청각장애 이외에 한 가지 이상의 다른 장애를 수반하며, 기존의 청각장애교육 혹은 다른 장애영역의 교육 프로그램과 같은 단일 장애교육프로그램으로는 대처할 수 없는 교육적 요구를 갖고 있는 경우를 청각 · 중복장애로 정의하였다.

그러므로 난청이거나 농인 청각장애를 가지면서 또 다른 장애를 중복하여 교육적 요구가 청각장애와는 다른 아동을 청각 · 중복장애로 정의한다. 단, 세부적인 중복장애 유형을 구체적으로 언급하는 경우에는 청각 · 시각(혹은 청각 · 정신지체, 청각 · 자폐성장애 등)중복장애로 기술하였다.

2) 청각 · 중복장애의 출현율과 원인

전체 아동 1,000명중 1명의 비율로 70dB 이상의 청력손실을 가진 신생아가 태어나는 것으로 보고되면서 청각장애아동의 출현율은 대략 0.1% 정도로 간주되고 있다(Marschark, 2007). 그러나 후천적으로 청력을 점진적으로 잃게 되는 경우와 연령의 증가로 청각장애가 되는 경우가 많으므로 전체 인구 중 10% 이상이 청각장애를 가지게 된다. 특수교육 대상 학생 중 청각장애의 비율은 4.4%로 「특수교육연차보고서」(2012)에서 밝히고 있다.

청각장애아동 중 20~40%가 청각장애 이외에 또 다른 장애를 가지고 있다고 보고되고 있는데(정인호, 2009에서 재인용), 2011년 특수교육 실태 조사에 따르면 청각장애학생 중 20%가 중복장애를 가진 것으로 보고되었다. 이에 비해 미국의 청각장애아동 및 청소년에 대한 연차 조사(The 2009~2010 Annual Survey of Deaf and Hard of Hearing Children and Youth)(GRI, 2011)에서는 39.9%가 청각 · 중복장애를 가진 것으로 나타났다.

청각 · 중복장애의 원인은 청각장애의 원인과 대략 50%는 동일한데, 이중 30%는 태내기의 문제와 연관되며, 세포거대바이러스(cytomegavirus : CMV), 풍진, 조산, 뇌수막염, 이독성 약물 복용 등이 포함된다. 또한 중추신경계(CNS)의 문제는 정신지체나 학습장애 등과 관련될 수도 있다.

3) 청각 · 중복장애의 유형

청각 · 중복장애의 유형으로는 의사소통장애(48.1%), 정신지체(17.1%), 학습장애(10.6%), 건강장애(8.2%), 지체장애(7.3%), 자폐성장애(3.0%), 시각장애(2.5%), 발달지체(1.8%), 정서행동장애(1.4%)로 「특수교육 실태 조사」(2011)에서 보고되었는데, 이는 세 가지 장애의 중복에 대한 경우는 반영되지 않고 있다.

한편 미국의 「GRI 연차보고서」(2011)에서는 다른 조건(8.5%), 정신지체(8.3%), 학습장애(8.0%), 다른 건강장애(5.8%), 시각장애(법적맹과 지시력 포함, 5.5%), ADD · ADHD(5.4%), 발달지체(5.3%) 정형외과장애(4.4%), 정서장애(1.8%), 자폐성장애(1.7%), 외상성 뇌손상(0.3%), 어셔 증후군(0.2%)의 순으로 나타나며, 이는 우리나라와 다른 양상을 보이고 있다.

일본의 경우는 농학교의 중복장애 학생 비율이 15.7%로 보고되며, 청각정신지체(77.3%), 세 가지 이상의 중복장애(13.2%), 청각지체부자유(4.9%), 청각병약(3.3%), 농맹(1.3%)의 순으로 청각정신지체 학생이 가장 많은 것으로 보고되고 있다(정인호, 2009).

이와 같이 중복장애 유형의 비율이 다른 것은 각 국가별로 장애의 진단 체계와 조사 방법이 다르기 때문이다. 하지만 청각 · 중복장애의 전체적인 비율과 교육적인 조처에서 드러나는 어려움 등 공통된 점이 많다.

3. 청각 · 중복장애아동의 교육

1) 청각 · 중복장애아동의 진단 및 평가

청각 · 중복장애아동은 교육과 적응행동발달에 있어서 중복장애로 인한 영향을 받게 되므로 전반적 영역에 대한 사정(assessment)이 필수적으로 요구된다. Schum(2004)은 이에 대한 필요성을 다음과 같이 제시하였다. 첫째, 부모와 교사가 아동의 인지능력을 정확하게 이해하여 적절한 기대와 목표를 설정하도록 표준화된 사정 방법에 근거하여 진단하여야 한다. 둘째, 아동의 장애에 대해 정확하고 차별화된 진단을 하여 교육적 및 치료적 프로그램을 제공하며, 장기적인 계획을 수립하게 한다. 셋째, 부모와 의료진은 아동의 이해능력 수준을 알고 있어야 한다. 그래야만 아동이 자신에 관련된 결정에 참여하고 협조할 수 있는 능력(예를 들면, 인공와우 이식술에 대한 결정과 수술 및 재활과정 등)이 어느 정도인지 정할 수 있다. 넷째, 행동 및 정서 문제를 정확하게 진단하여 교육적 프로그램과 적응행동의 발달에 저해가 되는 장애의 요소를 명확하게 진단하여야 한다. 다섯째, 전반적 영역의 사정을 통해 아동의 인지적 · 행동적 · 정서적으로 개별화된 능력에 맞는 적절한 지도 방법과 치료를 결정할 수 있어야 한다.

또한 정인호(2009)는 청각 · 중복장애아동의 진단 및 평가에 있어서 종합적이며 정확한 사정(assessment)을 강조하고, 대상 아동의 장 · 단점을 파악하기 위해 교사를 포함한 전문가와 부모의 공동 평가를 제안하면서, 일반적인 평가내용으로 의학적 진단 및 성장기록, 감각기능의 평가, 인지 · 언어 · 운동 · 대인관계 · 신변자립 등에 대한 발달적 평가 등으로 설명하였다.

의학적 진단 및 성장기록 정확하고 심층적인 평가를 위한 사전자료로 활용된다. 선천성 장애인지, 후천적 장애인지의 정보를 제공해 준다. 뇌기능장애인 경우 의학적 정보가 유용하다.

감각 기능평가 청력검사를 통한 정확한 청력을 파악하는 것이 중요하다. 시기능 검사를 통해 정확한 시기능을 파악한다.

발달적 평가 인지, 언어, 운동, 대인관계, 신변자립 등의 내용을 평가 실시한다.

- 건강: 호흡, 생활리듬, 발작, 구강기능
- 신변자립: 식사, 옷 갈아입기, 위생, 배설
- 자세 및 운동: 머리 · 상체 · 전신의 상태, 근육 긴장 수준, 자세 바꾸기, 이동
- 감각: 시각, 청각, 촉각, 평형감각
- 탐색 · 지각 · 운동 협응: 자극의 느낌, 외부 탐색 공간 · 방향 정위, 손과 손가락 기능
- 이해 및 인지: 정서 분화, 상황 이해, 이해언어, 인지 수준, 개념 형성
- 표현 및 대인관계: 자극에 대한 응답, 반응 형태(시선 · 움직임), 성인과 아동에 대한 의식, 집단 참가, 표현언어, 의사소통기술

학교생활 및 일상생활 관찰 내용 시각적 행동, 청각적 행동, 지적 능력, 주의집중행동, 지각기능, 기억과정, 초인지능력, 의사소통기술, 정서적 행동, 학습능력

(1) 청각 · 정신지체아동의 진단과 평가

AAMR(2002)에 따르면 전체 인구 중 2~3%가 지적인 기능과 적응행동에 제한을 가진 정신지체로 정의하고 있으나, 청각장애학생 중에서 정신

지체를 중복으로 가진 비율은 8.3%, 학습장애가 중복인 경우는 8.0%로 보고되고 있다(GRI, 2011).

청각장애학생은 학습에 문제를 가지는 경우가 많으므로 '적절한 인지적 사정(appropriate cognitive assessment)'이 중요하다. 다른 장애를 중복으로 가진 청각장애의 경우에도 인지능력의 평가는 우선적으로 실시되어야 한다. 여기에서 적절한 인지적 사정의 중요성은 다음과 같다. 첫째, 표준화된 지능검사를 통해 건청아동의 규준과 비교할 수 있어야 한다. 비표준화된 검사 도구는 상호작용에 영향을 받는 경우가 많으므로 청각장애아동의 잠재적인 지적 능력을 과소 혹은 과대평가할 수 있다. 부끄럼이 많은 아동은 과소평가될 수 있고, 상냥하고 사회성이 좋은 아동은 영리한 것으로 과대평가될 수 있다. 인지적 사정이 정확하면 할수록 향후 학습발달에 대한 예견이 강화될 수 있다. 둘째, 아동의 인지적 능력에 대해 차별적인 진단(differential diagnosis)을 할 수 있다. 주의력결핍 과잉행동아동(ADHD)과 자폐 성향을 가진 아동의 경우에는 행동 관찰을 통해 진단할 수도 있다. 아동의 인지적 능력을 사정하기 위해서 특정한 행동의 의미와 유의한 정도를 해석할 수도 있다. 셋째, 부모에게 아동 예후에 대한 정보를 제공할 수 있다. 일반적으로 단일한 지능검사의 결과로 아동의 발전을 예상하는 것은 주의해야 한다. 몇 해에 걸쳐 여러 가지의 지능검사 도구를 활용하여 사정을 한다면 향후 발전에 대해 신중하게 예견할 수 있을 것이다. 넷째, 인지적 수준을 고려하여 교육적 프로그램을 계획할 수 있다. 인지적 수준에 따라 교육적인 진전과 치료 프로그램의 선정은 영향을 받는다. 예를 들면, 인지적 수준에 따라 스티커 강화와 토큰 강화 전략 등이 다르게 활용될 수 있다.

한편 청각장애아동의 지능검사를 실시하는 데 몇 가지 문제점이 있다. 첫째, 전통적인 표준화 지능검사는 언어 처리능력을 강조하는 점이 문제가 된다. 이런 점이 청각장애아동이 정신지체를 중복으로 가진 것으로 잘못 진단되는 경우도 있었다. 1950년대에 청각장애와 정신지체를 중복으로 가진 아동의 출현율이 1960년대 말부터 낮아진 이유는, 청각장애아동의 지능검사에서 의사소통 문제에 대한 이해 부족으로 부적절하게 진단된 점을 개선한 것과 새롭게 분류된 학습장애로 명명되기를 원하는 것이 영향을 주는 요인으로 추정되었다. 둘째, 수화언어가 주된 의사소통 양식인 청각장애아동에게 지능검사를 실시할 때 수화언어로 언어성 검사를 통역하도록 제안하기도 하는데, 이것도 적절한 검사 실시가 될 수 없다. 왜냐하면 수화언어는 표상성을 띄기 때문에 시각적 이미지를 설명하는 문항에서 수화언어의 사인 자체가 의미의 단서가 될 수 있고, 또한 수화언어 통역이 정확한지 검증되지 않으므로, 그렇게 획득한 검사 점수를 표준화된 검사의 해석에 적용하는 것은 적절하지 않다. 그러므로 비언어성 지능검사로 청각장애아동의 인지능력을 사정하고, 적응행동검사에서도 의사소통 영역과 다른 하위 영역의 프로파일을 신중하게 검토한다면 정신지체가 중복되어 있는지, 아닌지 변별하여 진단할 수 있다.

청각장애아동의 인지능력을 적절하게 사정하기 위해서는 비언어성 검사 도구를 선정하는 것이 중요하다. 예를 들면, K-WSIC-III의 동작성검사, K-WSIC-IV의 비언어성 소검사, KISE-KIT의 동작성 검사, K-ABC의 비언어성 척도, K-Reiter-R 비언어성 척도, K-PTI(한국판 그림지능검사), K-Raven(한국판 레이븐 지능검사) 등이 해당된다.

중복장애아동의 경우 사정과정에서 '측정 불가'의 상황에 직면하는 일이 종종 있다. 이는 아동이 더 쉽게 반응할 수 있는 검사 도구를 선정하지 못한 경우와 행동에 문제가 있는 경우에 해당되기도 한다. 아동의 지능의 수준을 파악하는 것이 중요한 것이지, 지능이 낮다는 것을 확인하는 것이 아님을 환기하면서 검사자는 행동관찰과 친밀감 형성 등과 같은 상호작용을 통해 인지적 반응을 이끌어 내어야 한다.

(2) 청각 · 학습장애아동의 진단 및 평가

청각장애아동의 대부분은 언어 및 독해 영역의 학습에 문제를 가지기 때문에 학습장애가 중복되어 있는지, 청각장애의 학습적 특성인지 구별하기에 어려운 점이 있다. 그리하여 청각장애아동이 학습장애를 중복장애로 지닌 경우에도 진단의 어려움으로 인해 학습장애로 판별되지 않아 적절한 교육적 중재를 놓치게 된다. 이와 같은 아동을 적절하게 사정하기 위해 팀 접근(team approach)이 요구된다. 교사, 언어치료사 및 심리학자 등이 학습과 인지적 정보처리 특성, 그리고 언어발달의 진전도 등을 공동으로 평가하여 명확하게 진단하고 교육계획을 수립해야 한다.

인지적 기능 사정에서 K-ABC의 비언어성 척도검사 중 하위검사들은 정보처리능력 뿐 아니라 기억력을 측정하기도 한다. 그러므로 하위검사별 프로파일을 검토하고, 언어 영역에서는 어휘, 구문, 음운인식 그리고 독해 등의 발달 속도와 수준이 청각장애아동의 전형적인 특성인지, 아닌지를 분석하는 것이 필요하다.

(3) 청각 · 시각장애아동의 진단 및 평가

청각과 시각의 중복장애를 가진 아동의 교육적 요구와 특성은 매우 다양하다. 잔존 청력과 시력이 어느 정도인지에 따라 전맹과 전농부터 저시력과 난청으로 나누어지며, 청력 및 시력의 손실 시기가 선천적인지 후천적인지에 따라 의사소통 양식이 구어, 수화언어, 점자 그리고 보완대체 의사소통으로 달라진다. 또한 감각기능 손실이 점진적으로 진행되는 경우, 감각수용에 대한 재활교육이 실시될 경우도 있다. 청각 · 시각뿐만 아니라 정신지체 등의 장애가 중복된 아동의 경우에는 진단 및 평가과정이 더욱 복잡해진다. Mar(2003)는 대부분 표준화된 검사 도구가 정상적인 시력과 청력을 가진 집단을 대상으로 개발된 것이기 때문에 도구의 선정에 신중해야 한다고 하였다. 그러므로 청각 · 시각장애아동을 진단할 때는 놀이장면에 관찰하는 척도 등과 같이 독특한 특성을 고려하여 개발된 검사 도구를 적용하는 것이 중요하다. 우리나라에는 농-맹 의사소통 양식에 적합하게 개발된 검사 도구가 없다. 따라서 실제적으로 적용할 수 있는 사정 방법은 청각 · 시각장애아동이 의사소통하고 새로운 것을 배우는 기능적 기술에 중점을 둔 접근이어야 한다.

(4) 청각 · 주의력결핍 과잉행동(ADHD)아동의 진단과 평가

청각장애와 주의력결핍 과잉행동이 중복된 아동을 진단할 때 다음의 두 가지 유형을 주의해야 한다. 첫째, 아동의 행동을 정확하게 해석하기 위해 인지적 수준을 고려해야 한다. 예를 들면, 교사와 부모가 아동의 인지적 수준을 과대평가하는 경우 생활연령에 근거하여 주의집중 지속시간을 기대하므로, 산만한 행동을 문제행동으로 받아들이게 된다. 그러므로 인지발달수준과 주의집중 관련 행동 등의 발달이 일관되게 이루어지는지를 진단해야 한다. 둘째, 난청아동은 일반학급에 통합되는 경우가 많은데, 일반학급교사가 학급에서 청각적 단서에 집중하기 어려운 청각장애아동의 행동 문제를 주의집중의 문제로 간주하고 ADHD 중복장애로 의뢰한다는 것이다. 그러므로 청각장애 및 중복장애아동의 특성이 주의집중과 활동 수준에 대해 어떠한 영향을 미치게 되는지에 대한 분명한 프로파일이 개발될 필요가 있다.

일반적으로 ADHD를 진단하는 과정에서 여러 상황의 행동을 평정하게 되는데, 청각장애의 특성을 이해하는 정도와 경험 등에 따라 각각 다르므로 해석이 달라질 수 있다. 일반적으로 ADHD가 의심되는 아동에게는 가정과 학교의 중재(intervention), 부모 및 교사를 위한 상담(counseling), 약물치료 등의 세 가지 접근을 실시하게 된다. 이런 과정에서 적절한 사정이 지속적으로 이루어져야 하며, 약물 복용과 같은 실험적 처치를 통해 ADHD 행동의 반응 평가로 청각장애와 중복장애인지, 청각장애아동의 특성인 청각적 부주의 행동인지를 가능한 한 명확하게 진단할 수 있다.

(5) 청각 · 자폐성장애아동의 진단 및 평가

자폐성장애는 행동을 수량화하여 어떠한 공식에 의해 진단하는 것이 아니고, 아동의 행동을 상황과 DSM-IV 기준 등에 근거하여 해석하고 진단한다. 지적장애가 심한 아동의 제한된 행동의 반복과 정서행동장애 중 강박장애아동의 강박적이고 틀에 박힌 행동 등은 자폐성장애아동의 행동과 공통적인 면도 있다. 또한 의사소통에 결함을 가진다는 점에서 자폐성장애와 청각장애도 유사한 특성을 지닌다. 의사소통을 잘하지 못하는 아동의 경우 자폐성향 때문인지, 청력손실로 인한 결함인지를 구별하는 것이 쉽지가 않다. 이를 구별하는 요소 중 하나가 사회적 행동에 대한 평가다. 사회적 행동을 평가하는 것에는 모방, 함께 집중하기(joint attention), 가상놀이, 애정적인 상호 관계 등이 포함된다.

그러므로 청각장애아동이 자폐성장애를 중복으로 가지고 있는지를 알아보고자 한다면 인지적 발달 수준을 고려하여 정신지체와의 중복 여부를 변별하고, 사회적 행동에 대해 평가하게 된다. 이런 과정에서 언어적 지시에 따른 반응으로만 평가할 것이 아니고, 사회적 행동이 요구되는 상황을 설정하여 아동의 반응행동을 관찰하여 평가하여야 한다.

(6) 청각 · 정서행동장애아동의 진단과 평가

대부분의 청각장애아동이 충동적, 미성숙, 자기중심적, 내적통제력 부족 등과 같은 정서 행동상의 문제를 가지는 것이 심리적 특성으로 보고되었다. 최근에는 이런 관점에 대해 청각장애아동의 제한된 의사소통으로 생기는 긍정적 정서발달의 지체현상으로 간주하면서 아동의 의사소통 발달 과정과 기능의 효율성을 이해하는 것이 문제행동을 평가하는데 중요한 요소임을 강조하고 있다.

정서적 측면을 사정하는 데 있어서 선천적 청각장애아동과 후천적 청각장애아동과의 차이를 고려해 볼 수 있다. 선천적 청각장애아동은 청력손실에 대해 '차이'로 받아들이고 우울감이나 분노를 나타내지 않으나, 후천적 청각장애아동은 신체적인 능력의 변화에 대해 좌절 혹은 분노를 분명히 표현하며 '상실'로 인식한다.

정서적 문제를 진단할 때 언어를 활용하는 유형의 자기보고(self-reports)나 투사법(예를 들면, 질문지법, TAT, 로샤 등)을 사용할 때는 주의를 기울여야 한다. 아동이 선호하는 의사소통 양식에 맞도록 비형식적인 자기보고법뿐 아니라 관찰 가능한 행동을 사정하는 데 초점을 맞추는 것이 바람직하다.

결론적으로 청각 · 중복장애아동의 교육적 요구를 진단하려고 할 때는 일차적으로 인지적 기능을 실시하여 인지적 능력을 토대로 정상적인 발달에서 벗어난 행동을 해석해야 한다. 표준화된 검사에서 비언어적 도구를 활용하고, 의사소통의 기능과 언어능력에 관한 검사는 전반적 영역에 대해 폭넓게 사정을 해야 하며, 표준화된 검사의 지침을 다르게 적용한 경우에는 규준을 적용하여 양적인 해석을 하지 않아야 한다. 그러므로 청각 · 중복장애아동의 진단 평가에서는 다영역 전문가의 팀 접근으로 실시되는 것이 가장 바람직하다.

2) 청각 · 중복장애아동의 교육적 조처

(1) 교육내용

중복장애아동이 가지는 특성을 청각 · 중복장애아동도 공통적으로 가지게 되나, 단일장애아동도 개별적인 독특한 요구가 각기 다른 것과 마찬가지로 중복장애아동도 개개인에 따라 교육적 요구와 특성이 다양하다. 그러므로 청각장애아동의 유형에 따라 적절한 사정을 하는 것이 중요하며, 이를 토대로 교육내용을 구성해야 한다. 특히 청각 · 중복장애아동에게 요구되는 것은 잔존청력을 활용하는 치료 지원서비스나 수화언어를 통한 의사소통능력 향상 등이 해당된다.

감각기능 향상 활용 가능한 감각을 최대한 이용하여 환경 탐색과 개념을 형성하게 한다.

인지적기술 향상 의사소통의 어려움으로 인지능력이 과소평가되는 경향이 있는데, 다양한 방법(공식적 및 비공식적 평가)으로 인지능력을 진단하고, 생활연령을 고려한 인지영역내용을 지도한다.

신체 운동능력 함양 정신지체와 지체장애 혹은 시각장애를 동반한 중복장애아동의 경우에는 스스로 안전을 지키고 자조 및 자립할 수 있도록 대 · 소 근육의 운동영역발달과 보행훈련 등도 포함하여 지도한다.

대인관계기술지도 자폐성장애를 중복한 경우에는 기본적이며 기능적인 대인관계가 형성될 수 있도록 지도하여야 하며, 다른 장애와의 중복인 경우에도 의사소통 양식의 선택에 따라 대인관계기술을 향상할 수 있도록 지도해야 한다.

언어능력 함양 청각 · 중복장애아동의 경우 구어를 통한 언어능력뿐 아니라 수화언어를 의사소통 양식으로 선택했을 때, 자폐성장애나 지체부자유 등이 중복된 경우에는 보완 · 대체 의사소통(AAC) 매체 등을 선택적으로 활용하여 기능적 의사소통능력과 언어능력이 향상될 수 있도록 지도한다.

학업 수행 관련 기술지도 학교생활 및 일상생활을 관찰하여 청각 · 중복장애아동의 정보처리 특성, 지적 능력 및 주의집중 특성을 파악하여 학업수행에 요구되는 기술을 지도한다.

문제행동 및 상담 실시 청각 · 중복장애아동은 자신의 감정 및 생각을 효율적으로 표현하지 못하는 경우가 많아 문제행동을 하게 되기도 한다. 그러므로 상담과 긍정적 행동지원 등을 통해 바람직한 행동을 하도록 지도한다.

직무 수행능력 함양 청각 · 중복장애아동의 유형과 특성에 따라 직업 환경과 목표가 달라지겠지만, 장애아동의 궁극적 목표와 삶의 질을 위해 직무수행능력을 기를 수 있도록 지도한다.

여가생활 지도 삶의 질 척도 중 중요한 요소 중 하나가 여가생활능력이다. 그러므로 학령기의 교육에서도 놀이와 여가를 즐길 수 있고, 긍정적인 자아개념과 행복감을 느낄 수 있도록 지도한다.

(2) 교육 환경 배치

중복장애아동은 대부분 특수학교에 배치되는 경우가 많으며 간혹 기숙제 특수학교에 재학하기도 한다. 청각 · 중복장애아동도 청각장애만 가진 아동에 비해 특수학교에 다니는 경우가 많기는 하나, 학습장애와 ADHD를 중복으로 가진 청각장애아동은 일반학교에 통합되는 경우가 많으므로 일반학급교사도 청각장애와 청각 · 중복장애아동의 특성을 파악할 필요가 있다.

최근에 우리나라의 특수학교에는 장애영역별이 아니라 근거리 중심의 장애학생과 학부모 선택으로 배치되고 있어서, 중복장애아동의 장애유형에 맞는 특수학교나 프로그램이 없는 실정이다. 또한 특수교사 양성과정에서도 장애영역별 전공이나 중복장애 전공에 관한 자격과정이 없으므로 중복장애의 요구에 맞는 교사를 갖추고 있지도 않다. 그러나 일반적으로 특수학교에 근무하는 특수교사는 장애아동의 다양한 특성을 잘 이해하고 개별적 요구에 적합한 교육내용과 방법을 습득하고 있기 때문에 특수학교를 선호하고 있다. 그러나 통합교육의 효과가 대인관계기술 함양과 의사소통능력 증진에 가장 의미가 크다고 보고되고 있으니, 청각 · 중복장애아동이 일반학교에 통합 배치하는 것도 고려해야 할 부분이다.

(3) 교육 방법

장애아동의 교육에서 교육적 효과를 높일 수 있는 요소는 조기 발견 및 진단, 그리고 조기중재가 될 것이다. 그러므로 청각 · 중복장애아동 교육에서도 중복장애의 유형과 정도를 떠나 조기발견과 조기중재가 강조된다.

청각 · 중복장애아동 진단과정에서 언급된 바와 같이 팀 접근법(team approach)이 교육 방법에서도 필수적으로 중요하다. 팀 접근법의 유형과 장단점을 토대로, 현실적으로 가능한 방법을 선택하여 지속적으로 적용하는 것이 필요하다. 청각사, 이비인후과 의사, 언어치료사, 조기중재 전문가, 임상심리사, 물리치료사, 작업치료사, 행동치료사, 특수교사, 직업재활교사 등과 같은 다양한 영역의 전문가가 아동의 서비스 요구와 발달주기에 따라 팀을 이루어 교육을 실시하여야 한다.

- 수화언어를 의사소통 양식으로 선택하는 경우에는 성인 수화언어 모델과의 상호작용을 적극적으로 실시하여 가능한 한 정상 언어발달 환경과 유사하게 제공한다.
- 청각적 보조도구를 적극적으로 활용할 수 있도록 청능재활훈련을 실시한다.
- 인지적 발달이 지체되는 경우 감각 운동과 구체적인 조작물을 통해 개념학습을 반복적으로 실시한다.
- 가능한 한 일상생활에서 활용할 수 있는 환경 중심으로 언어교육을 실시한다(naturalistic language approach).
- 잔존시력과 잔존청력을 최대한 활용하여 지도한다.
- 시력이나 청력이 점진적으로 손실되는 경우를 대비하여 적용 가능한 대체 수단에 대해 사전에 모색하고 지도한다.
- 또한 촉지각 등을 활용하는 교재 · 교구를 적극적으로 활용한다.
- 상동행동, 자해행동, 문제행동 등에 대해 상담과 행동치료 등을 실

시한다.

• 학습에 어려움을 보이는 경우에는 학습장애아동에게 적용하는 전략을 검토하여 청각장애를 중복으로 가진 아동의 특성에 맞게 수정하여 적용한다. 일반적으로 시각적 학습자에게 활용하는 방법이 효과적일 수 있다.

결론적으로 청각과 중복된 다른 장애영역에 대한 교육 방법을 터득하고, 현장에서 다양한 장애아동의 지도를 경험한 특수교사가 개별화된 프로그램으로 지도하여야 청각 · 중복장애아동의 교육 효과를 극대화할 수 있다.

참고문헌

강성종(2008). 중도 · 중복장애학생의 학교교육목표설정에 관한 연구. **중복지체부자유아연구, 51**(3), 119-142.

교육과학기술부(2012). 특수교육연차보고서.

국립특수교육원(2011). **특수교육실태조사**. 경기: 국립특수교육원.

김혜리(2011). 일본의 중도 · 중복장애학생 교육과정 분석 및 한국적 시사점 탐색. **특수아동 교육연구, 13**(3), 457-477.

서중현, 유은정, 백무진, 안성우, 최상배, 최영숙, 이광렬, 서유경(2010). **청각장애아동의 이해와 교과교육**. 서울: 학지사.

정인호(2009). 청각 · 중복장애아동 교육지원방안. 한국청각장애교육 100주년 기념국제학술대회. 237-257

최중옥, 김숙경, 김윤옥, 김진희, 남상석, 박희찬, 서현아, 오세철, 이해균, 정대영, 최성규(2000). **특수아동의 이해와 지도**. 서울: 교육과학사.

국립특수교육원(2009). **특수교육학 용어사전**. 서울: 도서출판 夏雨

Gallaudet Research Institute. (2011). *The 2009-10 Annual Survey of Deaf and Hard of Hearing Children and Youth.* GRI, Gallaudet University

Mar, H. (2003). *Psychological evaluation of children who are deaf-blind: an overview with recommendations for practice.* Retrieved May 6, 2003 from http://www.tr.wou.edu/dblink/eva.htm

Marschark, M. (2007). *Raising and Educating a Deaf Child, A Comprehensive Guide to the Choices, Controversies, and Decisions Faced by Parents and Educators.* Oxford University Press Inc.

Schum, R. (2004). Psychological assessment of children with multiple handicaps who have hearing loss, *The Volta Review, 104*(4), 237-255.

제 9 장
전환교육

특수교육의 궁극적인 목표는 장애를 가진 학생이 학교를 떠나 성인으로서 독립된 삶을 살아가도록 하는 데 있다. 학교에서 성인의 생활로 나아가는 것을 전환(transition)이라고 하는데, 중등교육을 마치고 졸업하는 장애학생이 성공적인 성인생활로 전환하는 비율은 매우 낮은 것이 현실이다. 그러므로 장애학생의 전환교육은 매우 중요한 문제이며, 우리는 청각장애학생이 중등학교 졸업 후의 생활을 잘 준비할 수 있도록 하기 위해 학교교육 현장에서 무엇이 필요한지에 대하여 생각해 볼 필요가 있다. 이 장에서는 전환교육의 의미와 현황을 살펴보고, 성공적인 전환교육이 이루어지기 위해 필요한 요소에 대하여 논의하고자 한다.

1. 전환교육의 의미

1) 전환교육의 개념

1960년대의 직업교육(vocational education), 1970년대의 진로교육(career education) 운동은 1990년대에 들어서면서 전환교육(transition education)으로 이어진다. 진로교육은 넓은 의미의 직업교육으로, Hoyt(1975)은 진로교육을 '한 사람이 자신의 생활 방식의 한 부분으로서 직업에 대해 배우고 직업을 갖기 위해 준비하는 동안 겪게 되는 경험의 총체' 라고 정의하였다(Sitlington & Clark, 2010). 진로교육은 일반교육에서 사용되는 반면, 전환교육은 특수교육 분야에서 주로 사용되는, 즉 장애학생을 위한 진로교육이라고 할 수 있다(국립특수교육원, 1998).

전환(transition)이란 학교 또는 기관프로그램에서 성인 서비스와 지역사회로의 참여로 이동하는 것을 설명하기 위해 사용되는 용어다. 전환교육은 많은 장애학생이 성공적인 사회 구성원이 되는 데 필요한 기술을 갖추지 못한 채 고등학교를 졸업하는 실태에 대한 비판과 장애학생의 독립생활을 지원하려는 사회 분위기에서 비롯되었다. 초기에는 학교 프로그램이 종료되고 성인기 생활의 시작이라는 맥락에서, 특히 고용으로의 전환(school-to-work)이라는 의미로 주로 사용되었지만, 이후 전생애적 관점을 취하게 됨에 따라 고용뿐 아니라 중등 이후 교육, 독립생활, 지역사회 참여, 사회적 관계 및 대인 관계까지 포함하는 개념으로 변화하게 되었다.

이러한 관점 변화는 「장애인교육법(IDEA)」(1990; 2004)에도 반영되었으며, 이 법에서는 다음과 같이 전환 서비스를 정의하고 있다(Sitlington & Clark, 2006).

> 전환 서비스는 장애아동을 위한 활동의 협응된 집합을 의미한다.
>
> ① 성과 지향적 과정 안에서 고안된 것으로, 장애아동이 학교에서 학교 이후의 활동으로 이동하는 것을 촉진하기 위하여 학업적 능력과 기능적 능력을 향상시키는 데 초점을 두며, 중등 이후 교육, 직업교육, 통합 고용(지원 고용 포함), 평생 및 성인 교육, 성인 서비스, 독립생활 혹은 지역사회 참여를 포함한다.
> ② 아동의 강점, 선호도, 관심 등 개별 아동의 요구 사항을 기본으로 해야 한다.
> ③ 교수, 관련 서비스, 지역사회 경험, 고용 및 다른 학교 이후의 성인 생활 목표, 적절할 때 일상생활기술과 기능적 직업 평가를 포함한다(Sec. 602).

또한 Halpern(1985)은 전환의 개념을 서비스 전달 개념으로 한정하지 않고, 학교에서 성인기의 삶으로 전환하는 과정으로 설명하면서 다음과 같이 정의하였다(Sitlington & Clark, 2006에서 재인용).

> 전환은 학생으로서 주로 행동하던 것에서 지역사회 내에서 시작되는 성인의 역할이 가정되는 위상으로의 변화를 의미한다. 이러한 역할은 고용, 중등 이후의 교육에 참여하기, 가정 부양하기, 지역사회에 적절히 참여하기, 만족스러운 대인 및 사회적 관계 경험하기를 포함한다. 전환을 강화하는 과정은 학교 프로그램, 성인 기관 서비스, 지역사회 내의 자연적 지원에의 참여와 협응을 포함한다. 전환의 기초는 진로 개발이라는 넓은 개념의 지침에 따라 초등학교와 중학교 시기에 이루어져야 한다. 전환 계획은 적어도 14세 이전에 시작되어야 하며, 학생은 이러한 계획에 대하여 전력을 다하여 최대의 책임을 지도록 노력해야 한다(p. 117).

전환 서비스는 학생이 고등학교까지를 마친 후 어떤 생활을 선택하게 되든 그것을 위한 준비가 되어 있도록 제공되는 서비스의 총체라고 할 수 있다. 예를 들면, 성인으로 자립한다는 것은 취업만을 의미하는 것이 아니라 가정을 꾸미고, 가족을 양육하고, 지역사회에 참여하고, 즐거움을 누리는 모든 일련의 활동을 포함한다(Heward, 2006). 다시 말하면, 성공적인 성인 생활이라는 것은 단순히 직업을 갖는 것 이상을 의미하므로 전환교육은 직업교육 이상의 의미를 가진다.

전환의 의미를 학교에서 고용으로의 전환이 아닌 학교에서 성인 생활로의 전환이라는 관점을 취하는 경우, 전환교육은 어떤 한 교과를 통해

표 9-1 직업교육, 진로교육, 전환교육의 정의

용 어	정 의
직업교육	개인이 일의 세계를 탐색하여 자신의 적성 · 흥미 · 능력에 맞는 일을 선택하고, 그 일에서 필요로 하는 지식 · 기능 · 태도 · 이해 및 판단력과 일에 대한 습관 등을 계발하는 형식 및 비형식적인 교육으로 정의하며, 좁은 의미로는 전문대학 졸업 이하의 학력을 요구하는 특정 직업에 종사하기 위하여 필요한 지식과 기능을 습득시킬 목적으로 이루어지는 실업교육, 기능교육, 직업훈련을 지칭한다.
진로교육	의미 있는 직업 또는 직업 가치를 선택하도록 도와주는 교육으로, 취학 전에 시작되어 평생 동안 실시되어야 하며, 진로교육 프로그램은 가정, 학교, 지역사회가 상호 긴밀한 연계 속에서 계획되고 실시되어야 한다.
전환교육	장애학생이 학교생활을 마치고 성인 사회의 생활로 옮아가는 과정을 순조롭게 하기 위해 마련한 교육 모형이다. 이 교육 모형은 다음 세 가지 조건을 갖추어야 한다. • 중등 이후 교육, 직업교육, 취업(지원고용 포함), 평생교육, 성인 서비스, 자립생활, 지역사회 활동에 참여하는 데 필요한 기술과 기능을 가르치는 결과 중심의 교육 • 반드시 학생 개개인의 욕구나 기호, 취미를 반영한 교육 • 필요에 따라서는 중증 장애인의 일상생활기능과 직업기능 평가를 포함하는 교육

출처: 국립특수교육원(2009).

이루어질 수 있는 것이 아니다. 즉, 전환교육은 그 자체로 교육활동을 구성하는 것은 아니지만, 교육과정을 매개로 하여 이루어져야 하는 부분임에는 분명하다(정희섭, 2004).

하지만 전환교육에 대한 다양한 관점으로 인하여 직업교육, 진로교육, 전환교육의 의미를 명확하게 무엇이라고 정의하기가 쉽지 않다. 많은 연구자가 각 용어에 대한 다양한 정의를 제시하고 있는데, 그중 국립특수교육원에서 편찬한 『특수교육학 용어사전』에서는 직업교육, 진로교육, 전환교육의 의미를 〈표 9-1〉과 같이 정의하고 있다.

2) 전환교육 모형

표 9-2 전환교육 모형의 종류

구 분	모 형	공통점	차이점
협의의 모형	Will의 모형	전환의 과정을 고등학교에서 성인 단계로 봄	고용 및 직업적응에 강조점을 둠
	Halpern의 모형		전환교육의 범위를 직업적응뿐 아니라 주거생활, 사회생활의 영역까지 확대
	Wehaman, Kregel & Barcus의 모형		성인기 취업 및 고용을 강조
	Wagner의 모형		대학, 직업학교와 같은 중등후기 교육, 고용, 사회활동, 주거와 재정 등에서의 독립 등에 초점을 둠
	Severson의 모형		지역사회 내에서의 적응 및 학교 졸업 후 환경에서의 추수 평가 강조
	국립특수교육원의 모형		성인기 취업을 강조
광의의 모형	Brolin의 모형	전환의 과정을 초등학교부터 중등학교 이후까지 평생의 과정으로 봄	지역사회의 적응, 성인으로서의 성공을 위한 능력을 강조
	Sitlington과 Clark의 모형		조기의 전환교육과 직업적응, 자립생활 강조
	김진호의 모형		성공적인 성인생활 강조

출처: 이성하(2012).

학교에서 성인기 삶으로의 전환에 대해 어떠한 관점을 취하는가에 따라서 전환교육 모형을 〈표 9-2〉와 같이 협의의 모형과 광의의 모형으로 나눌 수 있다. 협의의 모형은 고등학교 이후의 고용이나 취업에 초점을 두고 있는 반면, 광의의 모형은 전 생애에 걸친 전환과정에서 해결해야 할 과정에 더 중점을 두는 모형이다. 여기서는 대표적인 전환교육 모형이라고 할 수 있는 Will의 다리 모형, Halpern의 삼차원 모형, Sitlington과 Clark의 포괄적 전환교육 모형에 대해서 살펴보고자 한다.

(1) Will의 다리 모형

Will(1984)이 미국 특수교육 및 재활 서비스국(Office of Special Education and Rehabilitation Services)에 제출한 전환 모형은 [그림 9-1]과 같이 전환을 학교에서 직업으로의 다리 역할로 개념화하고 있는 대표적인 협의의 모형이다. Will의 다리 모형(Will's Bridges Model of School-to-Work Transition)의 기본목표는 학생이 학교를 졸업한 후 지역사회에 적응하는 데 필요한 적절한 직업기술을 갖추도록 학교 교육과정에서 특수교육과 직업교육을 확고하게 설정해야 한다는 것으로, 장애학생의 성공적인 전환을 위해 필요한 서비스의 특성이나 범위에 따라 세 가지 유형의 서비스, 즉 특별한 서비스가 필요 없는 전환 서비스(no special transition service), 시간 제한적 전환 서비스(time-limited

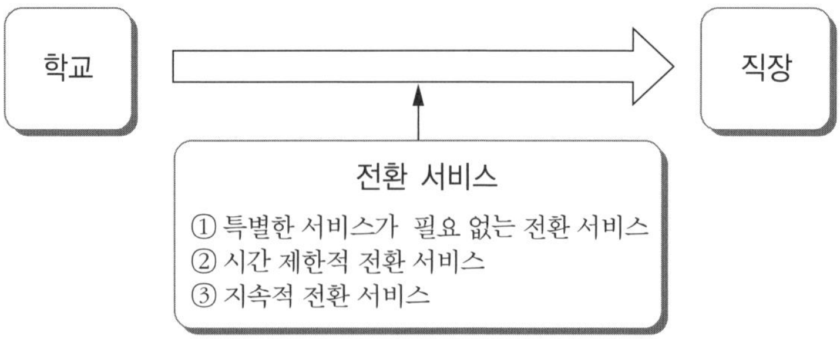

[그림 9-1] Will의 다리 모형

transition service), 지속적 전환 서비스(ongoing employment service)를 제안하였다(정희섭, 2004).

(2) Halpern의 삼차원 모형

Will의 다리 모형이 전환을 직업 적응에만 한정한 것과 달리 Halpern은 직업 적응과 더불어 지역사회에서의 성공적인 적응도 전환교육의 목표에 포함하는 삼차원 모형(Halpern's Three-Dimensional Model)을 [그림 9-2]와 같이 제안하여 전환교육의 개념을 확장시켰다. Halpern은 삼차원 모형에서 지역사회 적응을 위한 요소를 취업뿐 아니라 주거환경의 질과 사회·타인 관계 연결망을 추가하여 장애인의 전환에서 비취업적 요소를 강조하였다.

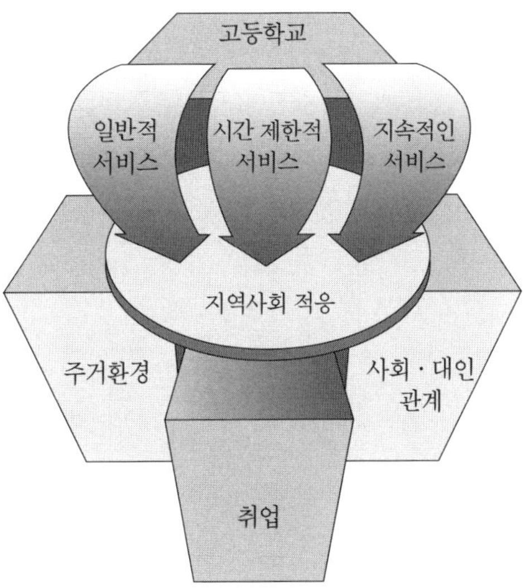

[그림 9-2] Halpern의 삼차원 모형

출처: Heward(2006).

지식과 기술영역

- 의사소통과 학업성취
- 자기결정
- 대인 관계
- 통합된 지역사회 참여
- 건강과 건강관리
- 독립적 · 상호 의존적 일상생활
- 여가와 레크레이션
- 고용
- 고등학교 이후 교육과 훈련

전환 진출 시점과 결과

발달/생활 단계	진출 시점
영유아 및 가정 훈련	유아원 프로그램과 통합된 지역사회로 진출
유아원 및 가정 훈련	초등학교 프로그램과 통합된 지역사회로 진출
초등학교	중학교 프로그램이나 단순직 고용 연령에 적절한 자기결정과 통합된 지역사회로 진출
중학교	고등학교 프로그램이나 단순직 고용 연령에 적절한 자기결정과 통합된 지역사회로 진출
고등학교	중등교육 이후의 교육이나 단순직 고용, 성인 · 평생교육, 전업주부, 자기결정을 통한 삶의 질과 통합된 지역사회 참여로 진출
중등 이후 교육	특수 분야, 기능직, 전문직, 관리직 고용, 대학원이나 전문학교 프로그램, 성인 · 평생교육, 전업주부, 자기결정을 통한 삶의 질과 통합된 지역사회 참여로 진출

교육 및 서비스 전달 체계

- 가정과 이웃
- 가족과 친구
- 공립 · 사립 영유아 프로그램
- 관련 · 지원 서비스를 동반한 일반교육
- 관련 · 지원 서비스를 동반한 특수교육
- 일반적인 지역사회 기구와 기관(위기관리 서비스, 시간제한적 서비스, 지속적 서비스)
- 도제제도 프로그램
- 학교 및 지역사회 작업 중심의 학습 프로그램
- 중등교육 이후의 직업 또는 응용기능 프로그램
- 지역사회대학
- 4년제 대학
- 대학원 또는 전문학교
- 성인 및 평생 교육 · 훈련

[그림 9-3] 포괄적 전환교육 모형

출처: Sitlington & Clark(2006).

(3) Sitlington과 Clark의 포괄적 전환교육 모형

Sitlington과 Clark(2006)은 일생에서 전환은 한 번이 아니라 여러 번이라는 광의의 모형 관점을 취하면서, 각 전환마다 달성해야 할 목표가 있다는 포괄적 전환교육 모형을 제안하였다. 포괄적 전환교육 모형에서는 발달 또는 생애 단계를 유아기에서 시작하여 전 생애에 걸치는 연속적인 과정으로 생각하며, 한 단계에서의 성공적인 전환이 이루어진다면 이후의 전환과정을 성공적으로 이끌 가능성이 높다고 보고 있다. 따라서 [그림 9-3]에서 제시한 것처럼 각 단계마다 일련의 기준결과나 진출 시기가 있으며, Sitlington과 Clark은 전환과정 중에 달성해야 할 목표를 지식과 기술 영역에 포함시켜 제시하고 있다. 결국 이 모형은 전환교육이 고등학교 졸업과 같은 어느 한 시점에서 갑자기 이루어질 수 있는 것이 아니라 각 발달 및 생활 단계에서 지속적으로 이루어져야 함을 시사하고 있다. 또한 성공적인 전환을 위해서는 교육 기관뿐 아니라 가정, 가족, 이웃, 친구를 포함하여 모든 관련 서비스의 협력을 강조하고 있다.

2. 청각장애학생을 위한 전환교육

1) 개별화 교육 계획과 전환교육

청각장애학생은 청력손실의 정도, 학업 수준, 의사소통 방식, 가족관계를 비롯한 환경 등의 특성이 유사하다고 할지라도 반드시 비슷하게 생각하거나 행동하지 않는다. 즉, 유사한 특성을 가진 청각장애학생이라고 할지라도 학교에서 획일적으로 제공하는 전환교육에 만족하지 못할 수 있으며, 그들이 원하는 것이 완전히 다를 수 있다는 것을 의미한다. 그러므로 청각장애학생 개개인마다 개별화 전환 계획(Individualized Transition Plan: ITP)이 필요하며, 이것이 개별화 교육 계획(Individualized Education

Program: IEP) 내에 포함되어야 한다.

미국의 경우를 보면 청각장애학생이 학교를 졸업하고 직업을 갖는 것을 촉진시키게 된 기반을 마련해 준 것은 「장애인교육법」(1990; 2004)과 「학교에서 직업으로의 기회법(School-to-Work Opportunities Act: STWOA)」(1994)이었다(Moores & Martin, 2006). 「장애인교육법」(1990)에는 16세부터 학생의 개별화 교육 계획에 필요한 전환 서비스에 관한 진술이 포함되어야 함이 최초로 명시되어 있으며, 특수교육자가 전환 계획 과정을 개시하는 데 책임이 있음을 분명히 하였다(Sitlington & Clark, 2006). 「학교에서 직업으로의 기회법(STWOA)」 역시 교육 프로그램에 16세 이상의 모든 장애학생의 전환 계획을 포함하도록 요구하였다. 또한 직업뿐 아니라 중등 이후 교육 또한 고용으로 생각하여 전환에 포함시킴으로써 학생이 높은 수준의 기술이 필요하고, 고임금을 받는 진로를 선택할 수 있도록 하는 것을 목적으로 하였다(Moores & Martin, 2006; Benz & Lindstorm, 1997: Sitlington & Clark, 2006에서 재인용).

개별화 교육 계획의 한 부분으로 포함되는 개별화 전환 계획에는 장애학생이 학교에서 성인 사회로 전환하는 것을 지원하는 교육활동이나 지원자료 또는 관련 서비스 등이 기술되어야 한다. 청각장애학생을 위한 개별화 교육 계획 · 개별화 전환 계획 팀은 네 가지 영역, 즉 '직업' '중등 이후 교육 · 훈련' '거주' '놀이 · 여가'에서 교육 성과와 목적을 구체화하여야 하며, 이러한 성과와 목적을 성취할 수 있는 개별화된 교수 프로그램과 활동을 발전시켜야 한다(Heward, 2006).

2) 개별화 전환 계획에 포함되어야 할 요소

개별화 교육 계획이 학생의 기술과 지식 습득을 위한 계획이라면, 개별화 전환 계획은 전환서비스에 대한 계획이다. 개별화 전환 계획은 필수적인 구성요소를 요구하지는 않지만 일반적으로 학생의 장기 목적

(goals), 학생의 단기 목표(objectives), 평가와 계획 및 수행에 참여하는 사람들, 시기와 기간, 전환 서비스 방법, 기관 간의 협력요소를 포함하여야 한다(Sitlington & Clark, 2010).

청각장애학생이 학교에서 사회로 성공적으로 전환하기 위해서 앞의 일반적인 구성요소 외에 다음과 같은 요소를 고려하는 것이 중요하다 (Moores & Martin, 2006).

(1) 장기적인 계획

전환에 대해서 배우는 것은 고등학교과정에서만 이루어지는 것이 아니라 모든 학생에게 초등학교과정부터 고등학교과정까지 계속적으로 이루어지는 과정(lifelong process)이 되어야 한다. 미국의 경우 16세부터 학생의 개별화 교육 계획에 필요한 전환 서비스에 대한 진술이 포함되어야 한다고 명시하고 있고, 우리나라에서도 「장애인 등에 대한 특수교육법」에서 중학교 이상의 과정에서 진로 및 직업교육에 대하여 언급하고 있으나, 진로 및 직업교육에 대한 내용은 가능한 한 빨리 포함시키고 학령기가 끝날 때까지 지속될수록 더 좋은 결과를 얻게 될 것이다.

(2) 장애 명칭보다는 진로(career)에 대한 강조

청각장애라는 명칭을 의식하여 할 수 없다는 것에 초점을 맞추기보다는 진로 전공 과목에 집중하는 것이 더 좋은 곳에 고용되는 결과를 산출할 수 있다.

(3) 직업기반(work-based) 학습활동

실제로 작업장에 나가서 직업 탐색, 직업 사정, 직업 관찰(job shadowing), 인턴십, 급여를 받는 일(paid work)을 해 보는 것 모두가 직업기반 학습활동이 된다.

미국의 「학교에서 직업으로의 기회법(STWOA)」(1994)은 전환 프로그램이 세 가지 요소, 즉 학교기반 학습활동, 직업기반 학습활동, 연계활동을 포함할 것을 요구한다(Sitlington & Clark, 2006). 학교기반 활동은 직업 인식, 탐색, 그리고 학생이 진로 전공을 선택하는 데서 학생을 돕기 위한 상담을 목표로 한다. 직업기반 학습활동은 직업 관찰, 현장 직무 훈련(on-the-job training) 및 직업 경험을 포함한다. 그리고 연계 활동은 고용주와 학생을 이어주는 것과 학생을 지역사회 서비스에 연결해 주는 것을 포함한다. 우리 현실을 볼 때 학교기반 학습활동에만 치우쳐 있지는 않은지 점검하고, 직업기반 학습활동과 연계활동을 활성화시키는 노력이 필요하다.

(4) 지역사회 자원에의 연결

김소연과 정은희(2007)의 연구를 보면 현재 청각장애학교에서 실시하고 있는 직업교과가 지역사회의 특성이나 현실성을 고려한 과목인가라는 물음에 '보통이다' 혹은 '그렇지 않다' 는 대답이 대다수를 차지하고 있다. 장애를 가진 학생도 궁극적으로는 학교를 졸업하고 지역사회의 일원으로 살아가야 한다는 사실을 생각하여 이러한 점을 개선할 필요가 있다. 이를 위해 학교도 특별한 조직을 만들어 전환 서비스를 제공하려 하기보다는 전환과정과 관련된 기관이나 조직을 하나의 협력팀으로 구성하는 방안을 마련해야 한다. 이러한 기관 간 협력은 자원, 정보, 기술의 공유를 통해서 환경의 복잡성과 불확실성에 유연하게 반응하고, 서비스를 필요로 하는 학생에 대한 통합적 지원을 가능하게 한다(한국청각장애교육 100주년 기념사업회, 2009).

3) 청각장애인의 직업 및 고용 안정성

청각장애인은 그 장애가 외형적으로 뚜렷이 드러나지 않으며, 다른 장애 유형에 비하여 이동 및 신변처리 등이 자유롭고, 작업을 수행하는 데 청력 손실로 인한 의사소통의 어려움을 제외하면 건청인과 크게 구별되지 않으므로 다른 장애영역에 비하면 상대적으로 직업 선택의 폭이 넓고, 취업도 용이하다. 청각장애인이 종사하는 직업은 주로 신체기능을 활용하는 생산직과 단순노무직으로 한정되는 경향을 보인다. 하지만 청각장애인에게도 고등교육을 받을 기회가 점차 넓어지고 있어 향후 사무직이나 전문직으로의 취업이 확대될 것으로 예상된다(국립특수교육원, 2012).

하지만 실제 작업현장에서는 청각장애인에 대한 고용 안정성이 이루어지지 못하는 실정인데, 이형열(2007)은 그의 연구를 통하여 청각장애인의 직업유지 요인이 다음과 같다고 하였다.

- 여성 청각장애인이 남성 청각장애인에 비해 임금에 대해 불만족하며, 위축감이 높고, 직업 유지 기간이 짧다.
- 특수학교 출신자가 일반학교 출신자에 비해 직무만족이 낮으며, 가족의 도움, 자부심, 자기조절 효능감, 자신감이 낮게 나타났다.
- 사업체 내에서 의사소통이 원활할수록 직업 유지 기간이 길다.
- 자기조절 효능감과 자신감이 높을수록 직업 유지 기간이 짧다.
- 가족의 관심과 도움이 높을수록 직업 유지 기간이 짧다.

직장 내에서의 의사소통이 원활한 정도는 청각장애인의 직업 유지 기간에 영향을 미칠 것으로 예상할 수 있으나, 자기조절 효능감과 자신감, 가족의 관심이 높을수록 직업 유지 기간이 짧다는 결과가 의외로 나타났다. 이러한 요인은 청각장애인만의 특성으로 자신감이나 가족의 지원을 받으면 조건이 더 좋은 직장으로 이직하려는 경향이 있다.

4) 청각장애학생의 전환교육을 위한 교사의 역할

미래의 고용 기회는 더 높은 수준의 문해능력과 수학능력을 요구할 것이다. 그러나 청각장애학생은 문해나 수학적인 능력이 낮기 때문에 이러한 능력이 부차적인 장애가 되어 상대적으로 낮은 수준의 기술을 요구하는 직업을 갖게 되는 경우가 많다(Stewart & Kluwin, 2001).

또한 의사소통과 언어의 문제는 청각장애학생의 고용과 관련하여 가장 중심이 되는 문제다. 다른 장애를 중복으로 갖지 않은 경우라면, 청각장애학생의 경우 의사소통의 문제를 제외하면 비장애학생과 조건이 다르지 않다고 말하는 연구자도 있다.

청각장애학생의 직업 선택과 관련된 문제점을 다음과 같이 요약할 수 있다.

- 청각장애학생은 의사소통의 어려움 때문에 또래의 건청학생과 동등한 학업성취를 이루지 못한다.
- 읽고 쓰기 및 수학 부분에서의 열등한 성취를 보이므로 고용에 장애가 된다.
- 의사소통의 어려움 및 낮은 학업성취로 인해 자기주장기술(self-advocacy skills)을 기르지 못하고, 이는 진로 및 직업 계획을 세우거나 추가적인 훈련을 요구하는 능력에 영향을 미치게 된다.

그러므로 Stewart와 Kluwin(2001)은 청각장애학생을 가르치는 교사가 다음과 같은 역할을 해야 한다고 제안하고 있다.

- 교사는 의사소통 방법론, 언어적 고려사항, 미래의 고용능력과 같은 청각장애학생과 관련된 문제에 대해 전문가의 역할을 해야 한다. 청각장애인이 취업을 하는 과정에서 청각장애인에 대해 부정적인 고용주나 사업가를 만나게 된다. 이때, 청각장애학생의 교사는 청각장애인이 작업을 수행하는 데 갖는 제한점이 건청인과 다르지 않으며 작업장에서 긍정적인 장점을 가지고 있음을 의도적으로 보여 주어

야 한다.

- 학생이 현장실습에 참여하기 위해 직장에서 제공해 줄 필요가 있는 조정 사항(accommodations), 특히 의사소통과 관련된 조정 사항에 대하여 전환 팀에 통보하여야 한다.
- 교사는 필요하다면 자격을 갖춘 직업 코치를 선택하는 것을 도와야 하며, 여건이 된다면 교사가 직업 코치가 되어 줄 수도 있다.
- 교사는 교실에서 직업 관련 어휘를 가르치거나 강화해야 한다. 몇몇 학생에게는 직업 경험과 관련된 전문적인 어휘를 배우는 것이 교과목 관련 단어를 배우는 것만큼 중요하다. 실제로 전문적인 어휘를 배우는 것은 특별한 직업에 대한 학생의 장기적인 관심에 영향을 준다.
- 교사는 학생을 전환교육 계획 평가에 포함시켜야 한다. 이러한 과정은 전환에 참여하는 청각장애학생에게만 중요한 것이 아니라 다른 학생을 위해 전환 계획을 향상시키는 데도 중요하다.

3. 우리나라의 진로 및 직업교육 현황 및 개선 과제

최근 교육 현장에서는 전환교육이라는 용어가 흔히 쓰이고 있으나 법적 용어로의 전환교육을 사용하지 않고 있다. 하지만 「장애인 등에 대한 특수교육법」에서 '진로 및 직업 교육'을 특수교육 대상자가 학교에서 사회 등으로의 원활한 이동을 위하여 관련 기관의 협력을 통해 직업재활훈련 및 자립생활훈련 등을 실시하는 것이라고 정의함으로써 '진로 및 직업 교육' 용어에 전환교육의 의미를 부여하고 있다. 이 장에서는 우리나라의 '진로 및 직업 교육' 현황을 살펴보고 향후 개선 과제에 대해 논의해 보고자 한다.

1) 개별화 교육계획에 전환 계획 포함 여부

우리나라의 경우 「장애인 등에 대한 특수교육법」에서 개별화 교육 계획의 작성은 의무화하고 있지만, 개별화 전환 계획에 대한 구체적인 언급은 하지 않고 있다. 이와 관련하여 개별화 교육 계획에 개별화 전환 계획을 포함시키는 조항이 필요하다는 주장이 제기되었지만(김형일, 2005) 개정 시 반영되지 않았다. 하지만 「2011 특수교육실태조사」를 보면 「2008 특수교육실태조사」에 비해 특수학교 교사가 전환교육 계획을 개별화 교육 계획에 포함시키는 비율이 증가한 것을 알 수 있다. 이는 전환교육 계획에 대한 법적 규제는 없지만 교육 현장에서는 전환교육이 진로 및 직업교육의 형태로 운영되고 있음을 알 수 있다.

표 9-3 특수학교(중 · 고) 개별화 교육 계획에 전환교육 계획 포함 여부 (단위: %)

전환교육 계획 포함 여부	2008 특수교육실태조사		2011 특수교육실태조사	
	중학교	고등학교	중학교	고등학교
포함하고 있음	74.8	75.4	84.0	86.6
포함하지 않음	25.2	24.6	16.0	13.4

출처: 노선옥 외(2008); 노선옥 외(2011).

2) 진로 및 직업교육 현황

우리나라의 '진로 및 직업교육'은 특수학교 내에 설치된 전공과의 운영과 관련되어 전개되기 시작하였으며, 많은 연구자가 특수학교의 전공과 운영과 직업교육의 실태를 실질적인 전환교육의 현실화 방안의 한 형태로 보고 문제점과 대안을 지적해 왔다(김동일, 김언아, 2003). 또한 현재 교육부에서는 특수교육 대상자를 위한 진로 및 직업교육 내실화 방안을 마련하여 특수학교(급)를 대상으로 중점적으로 추진하고 있다.

하지만 실제 교육 현장은 진로 및 직업교육을 실시하고 있는지, 하고

표 9-4 특수학교(급) 진로 및 직업교육 실시 유무 (단위: %)

구 분	특수학교				청각장애 특수학교	특수학급			
	유	초	중	고		유	초	중	고
실시함	66.7	94.6	98.0	100	78.5	33.3	47.2	89.8	99.2
실시하지 않음	33.3	5.4	2.0	-	21.5	66.7	52.8	10.2	0.8

출처: 노선옥 외(2011).

표 9-5 특수학교(급) 진로 및 직업교육 실시 형태 (단위: %)

구 분	특수학교			특수학급		
	초	중	고	초	중	고
교사나 관리자의 설명	57.1	29.2	30.0	20.1	17.6	12.4
동영상 또는 비디오 감상	2.4	6.6	7.0	10.0	4.2	3.7
현장방문이나 실습	28.6	50.0	54.0	49.0	65.7	75.9
지역사회 인사 등의 초청수업	-	0.9	2.0	1.7	2.4	2.1
역할놀이	11.9	8.5	3.0	13.8	4.5	1.7
기타	-	4.7	4.0	5.4	5.5	4.1

출처: 노선옥 외(2011).

표 9-6 중 · 고등학교 특수학교(급) 진로 및 직업교육 중점 지도 내용 (단위: %)

구 분	특수학교		특수학급	
	중	고	중	고
출근하기, 동료와 관계 맺기 등 일반적인 직무기술	21.0	21.4	25.6	22.4
각 직종별 구체적인 직무기능	20.0	16.1	24.2	22.8
일반적인 직무기술과 직종별 직무기능 모두	37.0	44.6	34.9	48.5
진로 · 직업교육을 위한 재활훈련	21.0	14.3	10.0	5.4
기타	1.0	3.6	5.2	0.8

출처: 노선옥 외(2011).

있다면 어떤 형태를 취하고 있는지에 대해 살펴보아야 한다. 〈표 9-4〉는 특수학교(급) 진로 및 직업교육 실시 여부 현황을 보여 주고 있다.

특수학교(급)에서는 학년이 올라갈수록 진로 및 직업교육을 실시하는 것으로 나타났으며, 고등학교에서는 거의 대부분 특수학교(급)에서 진로 및 직업교육을 실시하고 있었다. 하지만 청각장애 특수학교의 진로 및 직업교육 실시율은 지난 2008년 조사결과(67.6%)보다는 높은 78.5%로 나타나고 있으나, 여전히 다른 장애영역의 특수학교에 비해 낮은 실시율을 보이고 있다. 이러한 결과는 청각장애학생의 고등교육에 대한 진로 희망이 많아서 진로 및 직업교육을 실시하는 비율이 낮은 것으로 보인다.

특수학교(급)의 진로 및 직업교육 실시 형태는 〈표 9-5〉와 같이 현장방문이나 실습, 교사나 관리자의 설명 순으로 나타났다. 이러한 결과는 진로 및 직업교육이 교실 내의 수업으로만 가능한 것이 아니라는 것을 반증한다. 보다 효과적인 현장방문이나 실습에 의한 교육이 이루어지기 위해서는 관련 수업 지도 요령에 대한 체계적인 자료 개발과 연구가 병행되어야 한다.

현재 특수학교(급)의 중 · 고등학교에서는 지도하고 있는 진로 및 직업교육의 중점 지도 내용은 〈표 9-6〉과 같다. 중점 지도 내용을 살펴보면 약 40%의 중 · 고등학교에서 일반적인 직무기술과 직종별 직무기능 모두를 지도하고 있으며, 두 가지 중 하나만 가르치는 경우를 포함하면 70~90%의 중 · 고등학교 특수학교(급)에서 일반적인 직무기술이나 직종별 직무기능을 가르치고 있는 것을 알 수 있다. 이러한 결과로 미루어 볼 때 특수교육 대상자의 진로 및 직업교육을 위해 교육당국에서 많은 노력을 기울이고 있음을 알 수 있다.

3) 청각장애학생을 위한 진로 및 직업교육 현황

청각장애 학생을 위한 진로 및 직업교육 현황은 어떻게 이루어지고 있는지에 대해 정희섭 등(2005)이 2001년부터 2005년까지 특수학교(급)을 졸업한 미취업자를 대상으로 실시한 설문조사를 바탕으로 살펴보면 다음과 같다.

표 9-7 특수학교(급)에서의 직업 교육 만족도 (단위: %)

구 분	시각장애 학교	청각장애 학교	지체장애 학교	정신지체 정서장애 학교	고등부 특수학급	전 체
매우 충분하다	4.9	4.9	3.3	2.0	1.4	2.4
어느 정도 충분하다	24.2	4.9	8.8	7.8	14.1	9.8
보통이다	22.0	9.8	26.4	27.9	20.4	25.0
조금 부족하다	14.6	29.3	23.1	29.5	22.5	26.6
매우 부족하다	34.1	51.2	38.5	32.8	41.5	36.2
평균(5점 만점)	2.5	1.8	2.2	2.2	2.1	2.2

출처: 정희섭 외(2005).

〈표 9-7〉은 장애학생이 졸업 전에 취업을 위한 준비교육으로서 특수학교(급)에서 받은 교육에 대해 어느 정도 만족하는지에 대해 조사한 결과다. 특수학교(급) 졸업생 중 자신이 받은 교육이 취업을 위한 준비로서 매우 부족하다고 응답한 비율이 가장 높았다. 특히 청각장애 특수학교 졸업생의 경우는 50% 이상이 매우 부족하다는 의견을 보여 다른 장애영역에 비해 상대적으로 높은 것으로 나타났다. 이러한 결과는 청각장애 특수학교의 직업교과가 제조업이나 단순 노무직 관련 교과에 편중되어 있어, 청각장애학생의 높은 직업 욕구에 부합하지 못한 직업교육이 이루어졌음을 반증하고 있다.

특수학교(급)의 직업교육의 방향이 어떠해야 하는지에 대해 졸업생은 〈표 9-8〉과 같이 응답하였다. 이 결과에 의하면 정신지체학교나 정서장애학교 졸업생이 기초 작업기술과 작업태도 및 습관 형성에 대한 직업교육을 원하는 반면 감각장애학교 졸업생은 직무 관련 기술을 원하는 것을 알 수 있다. 특히 청각장애와 시각장애 졸업생은 직무 관련 기술을 선택한 비율이 다른 장애영역에 비해 높았는데, 이러한 욕구는 직무와 관련된 더 전문적인 기술을 필요로 하고 있음을 알 수 있다.

표 9-8 특수학교(급) 장애유형별 직업교육 방향 (단위: %)

구 분	시각장애 학교	청각장애 학교	지체장애 학교	정신지체 정서장애 학교	고등부 특수학급	전 체
작업 태도, 작업 습관 형성	19.5	22.0	16.5	24.3	16.2	21.5
직무 관련 기술	41.5	46.3	34.1	18.1	21.1	23.3
작업기술	9.8	9.8	13.2	9.8	12.0	10.6
대인관계기술	14.6	7.3	12.1	12.5	23.9	14.4
일에 대한 책임감	12.2	7.3	8.8	5.8	9.2	7.2
기초 작업기술	0	7.3	13.2	27.7	27.7	21.0
기타	2.4	0	2.2	1.8	2.8	2.0

출처: 정희섭 외(2005).

표 9-9 특수학교(급)에서 중점을 두어야 할 취업 준비 요소 (단위: %)

구 분	시각장애 학교	청각장애 학교	지체장애 학교	정신지체 정서장애 학교	고등부 특수학급	전 체
장애 특성과 적성 개발	7.3	–	2.2	11.6	7.7	8.9
장애 특성에 따른 직업교육	22.0	12.2	41.8	373	29.6	34.2
현실적인 직종 개발	41.5	46.3	24.2	13.2	15.5	18.2
현장 실무 중심 훈련	9.8	24.4	17.6	16.1	19.7	17.0
취업 후 추수지도	7.3	12.2	3.3	6.0	7.0	6.3
독립생활 사회적응 능력	12.2	4.9	7.7	11.8	17.6	12.1
여가생활 능력	–	–	2.2	2.9	1.4	2.2
기타	–	–	1.1	1.1	1.4	1.0

출처: 정희섭 외(2005).

또한 특수학교(급)에서 중점을 두어야 할 취업 준비 요소가 무엇인지에 대한 질문에 대해 〈표 9-9〉와 같이 청각장애학교 졸업생은 현실적인 직종 개발과 현장 실무 중심 훈련을 우선적으로 해야 한다고 응답한 비율이 높았다. 이러한 결과는 당시 운영되었던 청각장애학교 직업교과가 현실과 동떨어진 자수, 양재, 제과, 제빵, 목공예 등의 직종 훈련이 많이 이루어지고 있었음을 의미한다.

이상의 결과를 종합해 보면 청각장애학생은 비장애학생과 비슷한 수준의 직업 선택 욕구가 있음에도 불구하고 청각장애 특수학교에서는 현실과 동떨어진 직종에 대한 진로 및 직업교육이 많이 이루어지고 있음을 알 수 있다. 따라서 청각장애 특수학교에서는 학생의 직업 선택 욕구에 부합할 수 있도록 현장 실습 등 유연한 직업교육 교육과정을 운영할 필요가 있으며, 시대에 부합한 직업교과를 지도할 전담교사의 확충이 필요할 것으로 보인다(김소연, 정은희, 2007; 박희정, 2006).

4) 청각장애학생을 위한 진로 및 직업교육에 대한 개선 과제

지금까지 살펴 본 우리나라 현황과 청각장애학생을 위한 진로 및 직업교육 현황을 바탕으로 향후 청각장애학생을 위한 진로 및 직업교육에 대한 개선 과제를 교육과정, 교육환경 그리고 교수적인 측면에서 살펴보면 다음과 같다.

(1) 직업교과의 다양화

2005년을 기준으로 청각장애 특수학교에서 실시한 직업교과 중 가장 개설 빈도가 높은 것은 컴퓨터, 도예, 제과 · 제빵 순이었으며, 그 외 목공예, 상업미술, 양재, 공예 등에 대한 직업교육이었다(김소연, 정은희, 2007). 이러한 직업교과는 10여 년이 지난 지금까지 대부분 특수학교에서 그대로 유지되고 있다. 직업교과가 현실에 발맞춰 다양화되지 못하는 이유는 여러 가지가 있겠지만 학교 시설이나 기자재의 부족, 해당 직종을 지도할 수 있는 교사의 부족 등이 주된 요인이다. 하지만 급변하는 사회를 따라가기에는 학교의 인적 · 물리적 환경 개선은 한계가 있을 수밖에 없다. 따라서 청각장애학생을 위한 직업교과의 다양화를 위한 최선책은 융통성 있는 직업교육과정의 운영과 지역사회 여건을 고려한 현장 중심의 직업교육을 운영하는 것이다. 학교 내에서 시행하는 교육과정을 고집하지 말고 지역사회의 사업체를 이용하거나 외부 전문가를 이용한 직업교육이 이루어진다면 청각장애학생이 요구하는 다양한 직종에 대한 욕구를 충족할 수 있다.

(2) 직업교과 전담교사 확충

김소연과 정은희(2007)는 청각장애 특수학교에서 극소수의 특수교육교사(직업) 자격 소지자만이 직업교과를 담당하고 있다고 지적하면서 직업을 전공한 특수교육 교사의 확충이 필요하다고 주장하였다. 전공 교사의 부족은 청각장애학생의 취업과 직접 연관되는 전문적인 직무 관련 기술의 부족으로 이어질 수밖에 없다. 최근 특수학교에서는 직업교육을 전공한 특수교육 교사가 확충되고 있는 실정이지만 여전히 그 수가 부족한 것이 현실이다. 따라서 교육당국에서는 장기적으로 직업 교육 전공 특수교육 교사의 확충 방안을 시급히 마련하여야 하며, 지역사회의 인적 자원을 활용한 외부 산학 겸임교사나 실기 교사의 확충 방안에 대해서도 검토해야 한다.

(3) 청각장애학생과 환경에 대한 평가

직업을 선택하기 전에 청각장애학생의 직업능력에 대한 평가뿐 아니라 적성, 개성 등에 대한 평가 역시 필요하다. 미국의 경우 수화를 사용하거나 영어 읽기기술이 제한적인 청각장애학생을 위해 고안된 The Transition Competence Battery for Deaf and Hard of Hearing Adolescents and Young Adults나 The Transition Planning Inventory와 같은 직업검사 도구를 사용하여 구직기술, 직업적응기술, 직무 관련 사회적 기술, 금전관리기술 등을 평가하는 것이 가능하다. 그 외에도 성취도검사, 적성검사, 사회정서검사(social-emotional test) 등을 통해 청각장애학생의 적성, 기능, 사회적 능력 등에 대한 평가를 실시하고 있으며, 이러한 평가결과를 교육과정에 반영하여 운영하고 있다.

그러나 우리나라의 교육현장을 살펴보면 개개 학생의 적성과 흥미를 고려하거나 학생의 희망에 따라 직업교과를 선정하게 되는 것이 아니라, 학교의 시설 현황이나 확보된 교사 그리고 국가 수준 교육과정에 따라 직업교과를 선택하는 경우가 대부분이다(김소연, 정은희, 2007). 학생에 대한 직업교육을 위한 평가가 이루어지는 경우라고 하더라도, 기초학습기능검사와 지능검사를 가장 많이 실시하고 있으며, 극소수만이 직업적성 및 흥미검사와 진로발달 및 성숙도검사를 활용하고 있다(원성옥, 강윤주, 2005). 이러한 현실은 학생의 적성, 흥미에 적합한 교육이 이루어지지 못할 뿐 아니라 시대에 뒤떨어진 직업교과를 선택하여 운영할 가능성이 많다.

따라서 정상적인 직업교육이 이루어지기 위해서는 학생 개인의 요구와 흥미에 대한 직업평가가 반드시 이루어져야 하며, 〈표 9-10〉과 같은

표 9-10 개인의 요구와 흥미를 사정하는 데 활용될 수 있는 검사

표준화 검사	비형식적 검사
• 학습유형검사	• 상황적 혹은 관찰적 학습 유형 검사
• 학업성취도검사	• 교육과정 중심 사정
• 지능검사	• 교사 · 고용주 · 부모 등의 관찰보고서
• 적응행동검사	• 가정 · 지역사회 · 작업장에서의 상황적 사정
• 적성검사	• 개인의 특유한 환경적 사정
• 흥미검사	• 개인의 미래 설계 활동
• 성격검사	• 부모와 동료 등의 구조적 면담
• 삶의 질 검사	• 적응적 · 행동적 · 기능적 평가표
• 사회적 기능검사	• 사회생활사
• 직업 전 · 고용 가능성 검사	• 고용성 · 독립생활 · 개인적 · 사회적 기능의 평정척도
• 직업기능검사	
• 전환지식과 기능검사	

출처: 황도순(2003).

직무기능 이외의 학생 요구와 흥미에 대한 표준화 검사와 비형식적 검사를 실시하여야 한다(황도순, 2003).

또한 성공적인 진로 및 직업교육을 위해서는 개인에 대한 평가뿐 아니라 환경에 대한 다양하고 지속적인 평가도 필요하다. 환경에 대한 평가는 미래의 직업, 교육, 지역사회 환경에서 요구되는 정보를 수집하는 과정으로, 생활환경 분석, 직업 분석, 프로그램 분석, 미래 환경의 자원 분석 등을 통해 이루어질 수 있다. 이렇듯 개인에 대한 평가와 환경에 대한 평가를 연계시킴으로써 진로 및 직업교육의 적합성 여부를 평가할 수 있다(Sitlington & Clark, 2006).

(4) 전환교육 계획에 아동 포함시키기

청각장애학생의 전환교육에 관한 계획을 수립하기 위해서 학생 자신의 선택권은 매우 중요한 요소다(Garay, 2003). 미국의 경우 개별화 교육계획 회의에 아동을 포함시키도록 하고 있지만, 우리나라의 현실에 맞지 않다면 개별 및 집단상담, 부모면담, 수업 및 생활 태도 관찰 등을 통해서 아동의 요구 사항을 반영할 수 있다. 부모면담은 아동의 특성 및 요구 사항을 파악하기 위한 것이기도 하지만, 장애학생의 진로 및 직업교육에 있어 고용결과를 결정짓는 가장 중요한 요소다(Sitlington & Clark, 2006).

(5) 자기결정과 자기주장 기술 가르치기

급격하게 변화하는 오늘날의 노동시장에 대처하기 위해서는 직무기능과 같이 직업 자체를 위한 준비보다는 학생이 미래에 대처할 수 있는 준비를 할 수 있도록 도와주는 데 초점을 맞출 필요가 있다(Stewart & Kluwin, 2001). 이러한 준비 가운데 하나가 청각장애학생에게 자기결정(self-determination)과 자기주장(self-advocacy)기술을 가르치는 것이다.

자기결정이란 개인이 목표 지향적이고 자기조절적이며, 자율적인 행동에 참여할 수 있다고 하는 기술, 지식, 믿음이 조합된 것으로, 자신이 할 수 있고 유능하다는 믿음을 가지고 자신의 장점과 단점을 이해하는 것이다. 자기결정기술을 익히게 되면 자신의 생활을 통제할 수 있는 더 큰 능력을 갖게 되며, 사회에서 성인의 역할을 훌륭히 수행할 수 있게 된다. 자기주장기술은 자신이 필요한 것이 무엇인지 말하고 원하는 것을 얻을 수 있는 능력으로, 자기결정과정의 기초가 되며 미래를 계획하고 직업적 목표를 성취하기 위해 꼭 필요한 요소다(Miller et al., 2007).

대부분의 청각장애학생은 자신의 권리를 옹호하는 기술이 부족한 경우가 많다. 이러한 자기옹호기술의 부족으로 인해 졸업 후 고등교육이나 직업훈련의 기회를 갖지 못하는 경우도 있으며, 실직이나 불완전 고용 상태를 겪게 되거나 직장 내에서 의도하지 못한 차별에 노출될 가능성이 많다. 따라서 이러한 불이익을 받지 않게 하기 위해서 청각장애학생을 대상으로 자기옹호기술의 바탕이 되는 자기결정기술과 자기주장기술에 대한 체계적인 교육이 필요하다.

참고문헌

국립특수교육원(1998). **중증장애학생 전환교육의 실제**. 경기: 국립특수교육원.

국립특수교육원(2009). **특수교육학 용어사전**. 서울: 도서출판 하우.

국립특수교육원(2012). **미래를 열어주는 장애학생의 진로 · 직업교육**. 경기: 국립특수교육원.

김동일, 김언아(2003). 우리나라 전환교육 연구의 동향과 전망. **특수교육연구**, 10(1), 33-54.

김소연, 정은희(2007). 청각장애학교 직업교육과 사회취업과의 효율적 연계 방안. **특수교육저널: 이론과 실천**, 8(1), 189-214.

김형일(2005). 장애학생의 전환교육을 위한 정책적 지원 방안 연구. **특수교육연구**, 12(2), 3-25.

노선옥, 강영택, 금미숙, 안수경, 이미선, 이영숙, 이정현, 이효자(2011). 2011 특수교육실태조사. 경기: 국립특수교육원.

노선옥, 김현진, 김은숙, 박성우, 신재훈, 이정현(2008). 2008 특수교육실태조사. 경기: 국립특수교육원.

박희정(2006). 청각장애학교 직업교과 교육과정 운영에 대한 질적 연구. 대구대학교 교육대학원 석사학위 논문.

원성옥, 강윤주(2005). 청각장애학교에서의 진로교육 현황 및 개선방안. 특수교육재활과학연구, 44(4), 149-173.

이성하(2012). 발달장애인의 중등교육 이후 전환프로그램 모형 개발 연구. 대구대학교 대학원 박사학위 논문.

이형열(2007). 청각장애인의 직업유지 요인. 경기: 한국학술정보.

정희섭(2004). 특수학교(급) 교육과정과 전환교육의 연계 방안. 직무연수, 6, 77-91.

정희섭, 김현진, 김형일, 정동영, 정인숙(2005). 특수학교(급) 고등부 졸업생이 진로 실태 및 진로 지원체제 구축방안. 경기: 국립특수교육원.

한국청각장애교육 100주년 기념사업회(2009). 한국청각장애교육 100년사. 서울: 성광문화사.

황도순(2003). 청각장애학생의 전환능력 검사에 관한 연구. 특수교육논집, 7, 1-14.

Heward, W. L. (2006). 최신 특수교육(김진호, 박재국, 방명애, 안성우, 유은정, 윤치연, 이효신 역). 서울: 시그마프레스.

Sitlington, P. L., & Clark, G. M. (2010). 장애학생을 위한 전환교육과 전환서비스 (박승희, 박현숙, 박희찬, 이숙향 역). 서울: 시그마프레스.

Benz, M., & Lindstorm, L. (1997). *Building school-to-work programs: Strategies for youth with special needs*. Austin, Tx: Pro-Ed.

Garay, S. V. (2003). Listening to the voices of deaf students: Essential Transition Issues. *Council for Exceptional Children, 35*(4), 44-48.

Halpern, A. S. (1985). Transition: A look at the foundation. *Exceptional Children, 51*, 479-486.

Hoyt, K. B. (1975). *An introduction to career education.* Policy Paper of the United States Office of Education, DHEW Publications No. (OE) 75-00504. Washington, DC: U.S. Goverment Printing Office.

Miller, R., Lombard, R. C., & Corbey, S. A. (2007). *Transition Assessment: Planning Transition and IEP Development for Youth with Mild to Moderate Disabilities.* Boston: Allyn & Bacon.

Moores, D. F., & Martin, D. S. (Eds.) (2006). *Deaf Learners: Developments in Curriculum and Instruction.* Gallaudet University Press.

Sitlington, P. L., & Clark, G. M. (2006). *Transition Education and Services* (4th Ed.). Boston: Allyn & Bacon.

Stewart, D. A., & Kluwin, T. N. (2001). *Teaching Deaf and Hard of Hearing Students: Contents, Strategies, and Curriculum.* Boston: Allyn & Bacon.

Educating Hearing Impaired Student

제3부 | 청각장애아동교육

청각장애아동의 교과교육

제10장

청각장애교육 교육과정

1. 특수교육과정 개요

1) 특수교육과정의 의의와 법적 근거

우리나라 헌법 제31조 제1항에는 모든 국민은 능력에 따라 균등하게 교육 받을 권리가 있다고 밝히고 있다. 균등하게 교육받을 권리는 성별, 종교, 능력, 장애 여부 등과 상관없이 교육받을 수 있는 권리로 보고 있다(차상안, 2008). 그러므로 장애를 가진 학생도 헌법에 보장된 교육권을 바탕으로 일반 학생처럼 자아실현이라는 교육의 목표를 달성하기 위해서 균등하게 교육받을 기회를 보장받아야 할 뿐만 아니라 일반아동에게 제공되는 교육의 질(quality)과 동일한 교육적 서비스를 받아야 한다. 그러나 장애로 인하여 일반교육으로는 성취하지 못하는 부분이 있는 경우 국가는 교육의 질을 담보하기 위해서 그 교육내용이나 교육 방법 등에서 충분한 교육적 배려를 하여야 한다. 이러한 교육적 배려를 위하여 장애학생을 위한 교육과정을 국가가 별도로 마련하여 제공할 필요가 있다. 이러한 필요성을 바탕으로 장애학생을 대상으로 하는 국가 수준의 교육과정, 즉 특수교육 교육과정이 제정되었다.

특수교육 교육과정을 제정하여 장애학생에게 제공하여야 하는 법적인 근거를 살펴보면 장애인 등에 대한 「특수교육법」 제20조 제1항과 시행규칙 제3조의2를 들 수 있다. 「장애인 등에 대한 특수교육법」 제20조 제1항(교육과정의 운영 등)과 시행규칙 제3조의2(교육과정)에서는 다음과 같이 규정하고 있다.

「특수교육법」 제20조(교육과정의 운영 등)

① 특수교육기관의 유치원 · 초등학교 · 중학교 · 고등학교의 교육과정은 장애의 종별 및 정도를 고려하여 교육과학기술부령으로 정하고, 영아교육과정과 전공과의 교육과정은 교육감의 승인을 받아 학교장이 정한다.

② 특수교육기관의 장 및 특수교육대상자가 배치된 일반학교의 장은 제1항에 따른 교육과정의 범위 안에서 특수교육 대상자 개인의 장애 종별과 정도, 연령, 현재 및 미래의 교육 요구 등을 고려하여 교육과정의 내용을 조정하여 운영할 수 있다.

③ 특수학교의 장은 교육감의 승인을 받아 유치원 · 초등학교 · 중학교 · 고등학교 과정을 통합하여 운영할 수 있다.

「특수교육법 시행규칙」 제3조의2(교육과정)

① 법 제20조 제1항에 따른 특수교육기관의 교육과정은 유치원 교육과정, 공통 교육과정, 선택 교육과정 및 기본 교육과정으로 구분한다.

② 제1항에 따른 교육과정의 대상 및 내용은 다음 각 호와 같다.

1. 유치원 교육과정: 만 3세부터 초등학교 취학 전까지의 어린이를 대상으로 하고, 「유아교육법」 제13조 제2항에 따라 교육과학기술부장관이 정하는 유치원

교육과정에 준하여 편성된 과정

2. 공통 교육과정: 초등학생 및 중학생을 대상으로 하고, 「초 · 중등교육법」 제23조 제2항에 따라 교육과학기술부장관이 정하는 초등학교 및 중학교 교육과정에 준하여 편성된 과정
3. 선택 교육과정: 고등학생을 대상으로 하고, 「초 · 중등교육법」 제23조 제2항에 따라 교육과학기술부장관이 정하는 고등학교 교육과정에 준하여 편성된 과정
4. 기본 교육과정: 특수교육대상자의 장애 종별 및 정도를 고려하여 제2호 및 제3호의 교육과정을 적용하기 어려운 학생을 대상으로 하고, 대상자의 능력에 따라 학년의 구분 없이 다음 각 목의 어느 하나에 해당하는 교과의 수준을 다르게 적용할 수 있도록 편성된 과정
   가. 국어, 사회, 수학, 과학, 실과, 체육, 음악, 미술 및 교육과학기술부장관이 필요하다고 인정하는 교과
   나. 특수교육대상자의 진로 및 직업에 관한 교과

③ 제1항 및 제2항에서 규정된 사항 외에 교육과정의 내용 및 기준에 관하여 필요한 세부사항은 교육과학기술부장관이 정하여 고시한다.

앞에서 살펴본 것처럼 장애학생을 위한 특수교육과정은 제20조 제1항에서 알 수 있는 것처럼 특수교육기관의 유치원 · 초등학교 · 중학교 · 고등학교의 교육과정은 교육과학기술부령으로 정하도록 규정하여, 국가 수준의 교육과정으로 간주할 수 있다. 반면 영아교육과정과 전공과의 교육과정은 교육감의 승인을 받아 학교장이 정하도록 규정하고 있다.

한편 2010년 개정에서는 시행규칙 제3조의2를 신설하여 특수교육 교육과정에 대해 상세하게 규정하였다. 시행 규칙 제3조의2에서는 특수교육 교육과정의 법적인 근거로 「유아교육법」 제13조 제2항, 「초 · 중등교육법」 제23조 제2항, 시행규칙 제3조 제2항을 들고 있다. 「유아교육법」 제13조 제2항은 특수학교 유치원 교육과정에 준용하고, 「초 · 중등교육법」 제23조 제2항은 특수교육기관의 공통교육과정과 선택교육과정에

준하며, 「초 · 중등교육법」의 교육과정 적용이 어려운 학생에게는 기본 교육과정을 제공하도록 시행규칙 제3조의2에서 규정하고 있다. 그러나 특수교육기관의 유치원과 초 · 중등학교 학생에게는 일반학생에게 적용하는 「유아교육법」과 「초 · 중등교육법」을 준하여 공통교육과정과 선택 교육과정을 제정하여 적용하도록 되어 있지만, 사실상 일반교육과정과 동일한 교육과정이 적용되고 있다(박창언, 2011).

2) 2011 특수교육 교육과정

현행 특수교육 교육과정은 특수학교 교육과정이라는 용어로 출발하여 여러 차례 개정을 거쳐 2010년에 개정된 교육과정부터는 특수교육 교육과정이라는 용어로 사용하고 있다. 최근에 개정된 교육과정은 특수교육 교육과정의 총론을 개정한 2010 특수교육 교육과정(교육과학기술부 고시 제2010-44호, 2010. 12. 20.)과 총론 일부와 기본교육과정과 공통교육과정을 개정한 2011 특수교육 교육과정(교육과학기술부 고시 제2011-501호, 2011. 11. 16.), 그리고 일반 유치원 교육과정(3~5세 연령별 누리과정, 2012 개정)과 일반학교 초 · 중등학교 교육과정(2011 개정)이 각각 개정됨에 따라 총론 일부와 공통교육과정의 국어과 교육과정이 부분 개정된 특수교육 교육과정(교육과학기술부 고시 2012-32호, 2012. 12. 14.)을 들 수 있다.

(1) 2011 특수교육 교육과정 개정 배경

특수교육 교육과정은 일반 교육과정의 개정에 따른 연동개정과 현행 특수교육 교육과정에 대한 교육현장의 개선 요구 사항을 중심으로 개정이 이루어진다(이영숙, 2012). 2010 특수교육 교육과정(총론 개정)과 2011 특수교육 교육과정(기본교육과정 개정)이 이루어진 개정 배경을 간략히 살펴보고자 한다.

총론 개정 배경

① 특수교육 패러다임의 이동

우리나라의 특수교육도 과거의 의학적 모델(medical model)과 심리학적 모델(psychological model)에서 점차 벗어나 사회생태학적인 모델(social-ecological model)을 중심으로 변화하고 있다(정동영, 2011). 미발달되거나 부족한 기능을 장애학생이 개인적인 노력으로 극복해야 할 문제로 보기보다는 충분하고 효과적인 환경자원의 지원을 해야 하는 사회와 교육 환경에 그 책임을 두는 방향으로 특수교육의 서비스를 제공하는 사람들의 시각이 바뀌고 있다. 다시 말해서 특수교육 서비스 제공자 중심의 교육에서, 장애학생이 다양한 지역사회 환경 속에서 효율적으로 기능할 수 있을 만큼 충분한 지원과 환경조정이 주어지는 교육소비자 중심의 특수교육으로 변화하고 있다(서중현, 2012). 이러한 특수교육 패러다임의 변화는 일찍이 Skrtic(1995) 등의 주장에서 엿볼 수 있었으나, 이제는 우리나라에서도 교육과정의 변화를 가져오는 요인 중 하나로 작용하고 있다.

예를 들면, 의학적 모델에 치우친 종전의 특수교육 교육과정에서는 학생의 능력을 중심으로 교육과정을 적용하였다. 예를 들면, 기본교육과정을 공통교육과정이 이수 불가능하거나 적용이 어려운 중도의 인지장애학생에게 대체적으로 적용하는 교육과정으로 그 성격을 규정하고 있다(정동영, 2011). 그러나 2011 특수교육 교육과정에서는 의학적 모델에 경도된 교육과정에서 벗어나 생태환경적인 모델(scio-ecological model)에 입각하여 교육적 변화를 시도하였다(정동영, 2011).

② 일반교육과정에의 접근 강조

특수교육과정이 일반교육과정과는 별도로 적용됨에 따라 일반학생이 경험하는 모든 교육적 경험에서 장애학생이 제외될 수 있는 위험성이 있다(정동영, 2011). 이러한 배제 위험성은 헌법에서 보장하는 균등하게 교육받을 권리뿐만 아니라 장애를 이유로 차별을 금지하는 장애인 차별금지 및 권리구제에 관한 법률에도 저촉되는 것으로 보인다. 그러므로 일반학교 교육과정에서 제공되는 모든 교육적 경험을 장애학생도 제공받을 수 있도록 교육과정상 교수와 평가 방법의 조정이 이루어져야 한다(정동영, 2011). 2011 특수교육 교육과정은 이러한 일반 교육과정에의 접근을 용이하도록 여러 가지 개정을 가져왔다. 예를 들면, 특수교육 교육과정상 추구하는 인간상, 교육과정 구성방향, 학교과정별 교육목표를 2009 일반 초·중등학교 교육과정과 동일하게 개정하였고, 공통교육과정과 선택교육과정도 일반 초·중등학교 교육과정과 동일하게 각각 9년과 3년으로 개정하였다. 또한 교과군과 학년군의 편제를 2009 일반 초·중등학교 교육과정과 동일하게 개정하여 일반교육에의 접근을 강화하고 있다.

기본교육과정 배경 개정

① 일반교육과정 개정에 따른 추가적 개정

2011년도에 2009 일반 초·중등학교 교육과정의 총론과 교과 교육과정 내용이 개정됨에 따라 특수교육 교육과정도 연동되어 개정할 필요가 생겼다(이영숙, 2012). 2011년에 개정고시(교육과학기술부 고시 제2011-361호, 2011. 8. 9.)된 일반교육과정은 공통교육과정 기간을 9년으로 재설정하고, 고등학교 선택과목 재구조화, 학년군·교과군을 고려한 최소 필수 학습내용을 정선하여 교과내용을 약 20% 정도 감축하는 등 개정 조정이 이루어졌다. 이러한 일반교육과정의 개정은 특수교육 교육과정 중 기본교육과정에 개정을 가져왔다. 기본 교육과정이 공통교육과정과 선택교육과정에 참여하기 어려운 장애학생에게 적용할 수 있는 대체적인 교육과정이지만 기본교육과정이 교과 중심의 교육과정이고, 그 교과는 일반학교 교육과정상 교과 체제와 내용을 반영하는 교육과정이기 때문이다(이영숙, 2012).

② 현행 기본교육과정의 개선 요구

현행 특수교육 교육과정에 대한 학교현장에서의 개선 요구사항이 특수교육 기본교육과정의 개정을 가져왔다. 예를 들면, 교과내용 선정의 타당도, 내용 조직의 적절성, 교수-학습 가능성 등에 대한 개선 요구 사항을 고려하여 개정하였다(이영숙, 2012).

(2) 기본교육과정 개정

2011 특수교육 교육과정의 개정은 주로 기본교육과정을 중심으로 이루어졌다. 그 주요 개정사항을 살펴보면 다음과 같다.

- 기본교육과정을 학년군 단위로 구성하여 구분 적용한다. 학년군은 초등학교 1~2학년, 3~4학년, 5~6학년, 중학교 1~3학년, 고등학교 1~3학년으로 분류하고, 각 학년군별에 따른 교육과정을 적용한다.
- 기본교육과정 중 중 · 고등학교 교육과정에 선택교과를 제시하고 있다. 중학교 교육과정에는 재활, 여가활용, 정보통신활용, 생활영어 등 4개의 선택교과를 구성하고, 고등학교 교육과정에는 재활, 여가활용, 정보통신활용, 생활영어 등 4개의 선택교과 외에 생활경제, 보건, 재활과 복지과목을 선택교과로 제시하고 있다.
- 기본교육과정을 종전의 3단계 수준의 교육과정에서 5개 학년군별 교육과정으로 확대하였다. 그리고 학년군별 내용요소도 초등학교 고학년과 중학교 교육과정의 내용요소도 포함시키고 있다. 수준이 높아진 내용요소는 활동 소재와 학습 경험을 충분히 낮춘 생활 과제 중심으로 조정하였다(이영숙, 2012).
- 성취기준과 학습활동의 예를 구분하여 제시하고 있다. 성취기준은 주변 생활환경에서 경험할 수 있는 기능적 활동 중심으로 구성되며, 각 성취기준에 따른 학습활동의 예를 구분하여 제시함으로써 다양한 학습활동의 활용 가능성을 높이고자 했다(이영숙, 2012).

(3) 공통교육과정 개정

공통교육과정은 2009 일반 초 · 중등학교 공통교육과정이 일부 개정됨에 따라 개정되었다.

특수교육 공통교육과정상 국어, 영어, 체육 교과의 내용이 개정된 일반 국어과, 영어과, 체육과 교육과정의 내용 중심으로 변경되었다. 그리고 국어, 영어, 체육 3개의 교과내용에는 일반학교 공통교육과정의 교과 내용과 함께 시각장애, 청각장애, 지체부자유 등 장애 특성을 고려한 내용이 추가되어 있다.

2. 청각장애교육 교육과정

1) 특수교육 교육과정과 청각장애교육

우리나라에서 청각장애학생에게 적용되기 시작한 교육과정은 1967년에 제정된 농학교 교육과정이 최초다. 2012 특수교육 교육과정의 개정에 이르기까지 많은 개정을 거듭해 왔으나 청각장애아동만을 위한 교육과정보다는 주로 특수교육 대상자 전체를 대상으로 하는 특수교육 교육과정을 마련하여 청각장애아동에게도 적용하는 방법을 사용하였다. 다만 교육과정에 청각장애 특성을 고려한 추가적 사항이나 수정이 이루어져 왔다.

현행 특수교육 교육과정을 살펴보면 청각장애아동에게 적용할 수 있는 교육과정은 원칙적으로 공통교육과정과 선택교육과정이다. 그러나 2012 특수교육 교육과정 총론에서 밝히고 있는 것처럼 공통교육과정과 선택교육과정에 참여하기 어려운 청각장애학생에게는 기본교육과정을 적용할 수 있다. 특히 근래에 들어 청각장애학교에는 청각장애와 함께 다른 장애를 가진 중복장애학생이 많아지고 있다. 중복장애를 가진 청각장애학생에게 일반학교 교육과정과 유사한 특수교육 교육과정의 공통교육과정과 선택교육과정을 적용하기에는 다소 무리가 따를 것으로 생각된다. 그러므로 이러한 점을 충분히 고려하여 청각장애학교에서는 학교교육과정을 수립해야 한다.

2) 청각장애 관련 교육과정

2012 특수교육 교육과정에서는 청각장애의 특성을 고려하여 추가적인 사항을 규정하거나 일반교육과정을 일부 수정하여 보충 · 적용하고 있다. 청각장애의 특성에 밀접한 영향을 받는 교과는 국어와 영어인데, 이 두 교과를 중심으로 청각장애와 관련된 교육과정을 간략히 살펴보고자 한다.

교육목표

공통교육과정의 국어와 영어교과에서는 청각장애학생을 위해 '목표'에 다음과 같은 사항을 추가하고 있다.

(국어교과) 청각장애 학습자를 위한 국어 교과는 청각장애로 인한 언어발달 지연을 보상하고, 학습자의 의사소통 능력과 글을 읽고 쓰는 능력의 향상에 주안점을 둔다. 이를 위해 '듣기 · 수화 읽기 · 말 읽기' '말 · 수화하기' '읽기' '쓰기'의 네 가지 영역의 교수-학습이 상호 유기적인 관련을 맺으면서 통합적으로 운용되도록 한다. 특히, 청각장애 학습자가 사용하는 의사소통 양식에 따라 언어 기능을 신장시키고, 학습 성취 수준에 따른 개별화 학습이 이루어지도록 한다.

(추가) 마. 다양한 의사소통 양식을 활용하여 청각장애로 인한 언어 수용 및 표현의 어려움을 극복하고 원만한 국어생활을 영위한다(청각장애).

(영어교과) 청각장애학생을 위한 영어교과는 일반 공통교육과정의 영어교과 성격을 바탕으로 하되, 학생의 장애 정도 및 개별적 학습 특성과 개인차를 고려한 교수-학습을 권장한다. 특히 청각장애학생은 장애 특성상 경험의 질과 내용이 일반학생과 다르거나 제한적

일 수 있으므로, 언어의 네 가지 기능, 즉 듣기 · 말하기 · 읽기 · 쓰기 등에 관련된 자료와 경험을 풍부하게 제공할 수 있도록 고려한다. 청각장애학생에게는 청력 상태에 따라 적합한 의사소통 양식을 활용하고, 청각 결손을 보완할 수 있는 다양한 자료를 제공하도록 한다.

초등학교 영어는 영어에 대한 흥미와 관심을 가지고, 일상생활에서 사용되는 기초적인 영어를 이해하고, 표현하는 능력을 기르는 것을 목표로 한다.

(추가) 마. 영어 학습에 있어서 다양한 의사소통 양식을 활용한다(청각장애).

중학교 영어는 초등학교에서 배운 영어를 토대로 친숙하고 일반적인 주제에 관하여 기본적인 영어를 이해하고 표현할 수 있는 능력을 기르는 것을 목표로 한다. 그에 따른 세부 목표는 다음과 같다.

(추가) 마. 다양한 의사소통 양식을 활용하여 영어로 기본적인 의사소통을 할 수 있는 바탕을 마련한다(청각장애).

앞에서 살펴본 것처럼 청각장애의 특성을 고려하여 교육목표에서 추가적으로 다양한 의사소통 양식을 활용한다는 것과 청각장애로 또래 학생과 비교하여 충분한 언어적 경험을 하지 못할 것으로 예상되는 학생에게 의사소통과 관련된 읽기, 쓰기, 말하기, 듣기와 관련된 다양한 언어적 경험을 제공하는 자료의 활용을 강조하고 있다.

내용영역과 기준

공통교육과정의 국어와 영어교과에서는 청각장애학생을 위해 '내용의 영역과 기준'에 다음과 같은 사항을 보충하고 있다.

① 내용체계에서 국어와 영어교과 내용 중 '듣기와 말하기'에서 '듣기'는 '듣기 · 수화 읽기 · 말 읽기'로 '말하기'는 '말 · 수화하기'로 보충하고 있다. 이러한 보충은 청각장애학생이 듣기에 어려움을 가지므로 듣기 대신에 수화를 의사소통 수단으로 하는 학생에게는 수화를 읽는 것으로, 구어와 독순을 의사소통 수단으로 하는 학생에게는 말읽기로 그 내용을 보충하고 있다. 다음은 참고 목적으로 내용체계의 일부를 나열한 것이다. 구체적인 내용은 2012 특수교육 교육과정을 참조하기 바란다.

4. 내용의 영역과 기준

가. 내용 체계

–듣기(청각장애: 듣기 · 수화 읽기 · 말 읽기) · 말하기(청각장애: 말 · 수화하기)–

실제		
• 다양한 목적의 듣기 · 말하기 –정보를 전달하는 말 –설득하는 말 –친교 및 정서 표현의 말 • 듣기 · 말하기와 매체		
지식	기능	태도
• 듣기 · 말하기의 본질과 특성 • 듣기 · 말하기의 유형 • 듣기 · 말하기와 맥락	• 상황 이해와 내용 구성 • 표현과 전달 • 추론과 평가 • 상호 작용과 관계 형성 • 듣기 · 말하기 과정의 점검과 조정	• 가치와 중요성 • 동기와 흥미 • 공감과 배려 • 듣기 · 말하기의 윤리

② 국어교과에서는 국어의 영역별 성취기준과 내용 성취기준을 제시한 후, 별도로 '청각장애 특성을 고려한 영역별 성취기준 및 내용요소의 예'를 추가하고 있다. 추가된 부분은 국어내용영역 중 듣기 · 말하기 ·

읽기 · 쓰기 네 영역으로 구성되며, 각 영역의 성취기준마다 내용요소의 예를 구체적으로 들고 있다. 다음은 참고 목적으로 '청각장애 특성을 고려한 영역별 성취기준 및 내용 요소의 예' 중 듣기영역의 일부를 나열한 것이다. 구체적인 내용은 2012 특수교육 교육과정을 참조하기 바란다.

〈청각장애 특성을 고려한 영역별 성취기준 및 내용 요소의 예〉
-듣기(청각장애 : 듣기 · 수화 읽기 · 말 읽기)-

성취기준	내용 요소의 예
(1) 보장구(보청기, 인공와우)를 착용하고 소리를 주의 깊게 듣는다.	• 보장구 착용법 알기 • 보장구 사용법 익히기 • 음원의 위치 파악하기 • 음향의 특성 변별하기 • FM 보청기 활용하기
(2) 서로 다른 소리의 구형과 수화의 구도를 구분한다.	• 자음 · 모음의 구형 바로 알기 • 지문자, 생활 수화 단어 알기
(3) 말 · 수화를 사용하여 표현한 낱말을 듣기 · 수화 읽기 · 말 읽기로 해당하는 그림이나 사물과 연관 짓는다.	• 듣기 · 수화 읽기 · 말 읽기를 하여 알게 된 낱말과 그림 연관 짓기 • 듣기 · 수화 읽기 · 말 읽기를 하여 알게 된 낱말과 사물 연관 짓기
(4) 말 · 수화로 표현한 간단한 일상생활의 문장을 듣기 · 수화 읽기 · 말 읽기를 하여 내용을 파악한다.	• 집중하여 듣기 · 수화 읽기 · 말 읽기 • 듣고 본 내용을 중심 단어로 쓰기 • 말 · 수화를 사용하여 발표하기 • 친구의 발표 내용을 집중하여 듣고 문장 고쳐 보기

교수-학습 방법

국어와 영어교과의 '교수-학습 방법'에서도 청각장애를 고려한 일부 사항이 추가되고 있다. 다음에서 그 추가 사항을 간략하게 살펴보도록 하겠다.

(국어교과) '교수-학습 운용' 부분에 '청각장애학생을 위한 교수-학습 방법' 사항을 추가하고 있다. 다음은 참고 목적으로 추가 내용을 일부 나열한 것이다. 구체적인 내용은 2012 특수교육 교육과정을 참조하기 바란다.

(6) 청각장애 학습자를 위한 교수-학습 방법은 전술한 일반적인 내용을 바탕으로 하되, 다음 사항에 유의한다.
  (가) 학생 개개인에게 적합한 다양한 의사소통 양식을 활용하도록 한다.
  (나) 여섯 영역을 통합적으로 지도하되, 국어 사용의 기능을 지도하는 '말 · 수화하기' '듣기 · 수화 읽기 · 말 읽기' 영역에 중점을 두어 지도한다.
  (다) '말 · 수화하기'를 하려는 의욕과 참여도, 올바른 태도와 기능, 이를 통하여 표현하려는 내용의 선정과 조직, 그리고 효과적인 표현에 중점을 두어 지도한다.
  (라) '듣기 · 수화 읽기 · 말 읽기' 영역의 지도에서는 그에 대한 올바른 태도와 '듣기 · 수화 읽기 · 말 읽기'를 한 내용을 기억, 종합 및 요약하는 능력이 향상되도록 지도한다.
  (마) 학습 자료는 의사소통 양식과 관련된 각 학생의 특성과 국어과 성취 수준을 적절하고도 충분히 고려하여 그 질과 양을 선정 및 조정한다.
  (바) 가능한 한 모든 국어학습을 실제적인 활동을 통하여 실시함으로써 언어능력을 신장시키도록 한다.

(영어교과) '교수-학습 방법' 부분에 초 · 중등 청각장애학생을 고려한 '교수-학습 방법' 사항을 추가하고 있다. 다음은 참고 목적으로 추가내용을 일부 나열한 것이다. 구체적인 내용은 2012 특수교육 교육과정을

참조하기 바란다.

(파) 청각장애의 정도나 특성에 맞는 다양한 수준별 학습자료를 활용하여 영어에 흥미를 유발하며, 듣기를 대신할 수 있는 다감각적인 교수 방법을 통해 영어에 대한 자신감을 기를 수 있도록 한다(청각장애).

(하) 청각장애 특성을 고려하여 새로운 어휘에 대한 그림 사전이나 동영상, 플래시 자료와 같은 정보통신기술(ICT)자료를 적절히 활용하여 어휘에 대한 습득을 용이하게 한다(청각장애).

(갸) 청각장애 특성을 고려하여 초등학교 영어과 수준별 어휘표에 제시된 어휘의 철자 및 발음을 써 보거나 말하게 하고, 영어 알파벳의 수화 지문자 표현도 익힐 수 있도록 지도한다(청각장애).

(냐) 청각장애 특성을 고려하여 학습자료는 각 학생의 특성과 성취 수준에 맞게 그 질과 양을 선정 · 조정하되, 일반학교 교육과정상의 목표 및 내용 적용이 가능한 학생에게는 심화학습의 기회를 충분히 제공하도록 한다(청각장애).

평 가

국어와 영어교과는 공통교육과정의 '평가' 항목에 청각장애학생을 위한 사항을 추가하고 있다. 주요사항은 다음과 같다.

(국어교과) 공통교육과정의 '평가의 운용' 부문에 다음과 같은 사항을 추가하고 있다. 다음은 참고 목적으로 추가내용을 일부 나열한 것이다. 구체적인 내용은 2012 특수교육 교육과정을 참조하기 바란다.

(5) 청각장애학생을 위한 평가 시 다음 사항에 유의한다.

(가) 말하기영역이나 말하기와 관련된 내용은 수화하기를, 듣기

의 영역이나 듣기에 관련된 내용은 수화 읽기와 말 읽기를 포함시켜서 언어 사용기능과 언어에 대한 이해 및 일반적인 지식을 평가한다.

(나) 말하기 영역에 포함되는 수화하기의 평가는 의욕과 태도, 표현의 정확성과 효과, 내용의 적절성 등에 중점을 두어 평가한다.

(다) 듣기 영역에 포함되는 수화 읽기와 말 읽기의 평가는 수화 읽기 · 말 읽기를 한 내용의 기억, 종합 및 요약하는 능력에 중점을 두어 평가한다.

(라) 듣기(수화 읽기 · 말 읽기), 말하기(말 · 수화하기), 읽기, 쓰기는 유기적으로 연관 지어 평가한다.

(영어교과) 공통교육과정의 '평가 방법' 부문에 다음과 같은 사항을 추가하고 있다. 다음은 참고 목적으로 추가내용을 일부 나열한 것이다. 구체적인 내용은 2012 특수교육 교육과정을 참조하기 바란다.

(자) 청각장애학생은 읽기 · 쓰기 · 말하기 중심으로 평가를 실시한다(청각장애).

(차) 청각장애학생의 말하기 영역인 수화하기의 평가는 의욕과 태도, 표현의 정확성과 효과, 내용의 적절성 등에 중점을 두어 평가한다(청각장애).

그리고 '듣기 평가의 유의점'으로 다음 사항을 추가하고 있다.

(마) 청각장애로 인하여 듣기 평가가 어려운 경우에는 듣기를 대신할 수 있도록 대본을 제공하거나 수화통역 서비스 제공 등 듣기 평가를 대안할 수 있는 방안을 제공할 수 있도록 한다(청각장애).

참고문헌

교육과학기술부(2010). 특수교육 교육과정(교육과학기술부 고시 제2010-44호).

교육과학기술부(2011). 특수교육 교육과정(교육과학기술부 고시 제2011-501호).

교육과학기술부(2012). 특수교육 교육과정(교육과학기술부 고시 제2012-32호).

박창언(2011). 특수교육 교육과정의 법적 근거 규정의 문제점과 대안 탐색. 특수교육학연구, 46(1), 79-100.

이영숙(2012). 2011 특수교육 교육과정의 이해. 2011 특수교육 교육과정 현장 활용 세미나 자료집, 11-19. 경기: 국립특수교육원.

서중현(2011). 국어과 교육과정의 이해. 2011학년도 특수교육 교육과정 직무연수 자료집, 21-51. 부산: 부산대 사범대학교 부설 교육연수원.

정동영(2011). 특수교육 기본교육과정 적합성 제고방안(시안). 개정 특수교육 교육과정(시안) 공청회 자료집, 3-60. 경기: 국립특수교육원.

차상안(2008). 장애인의 교육을 받을 권리-구제절차를 중심으로. 서울대학교 대학원 석사학위 논문.

Thomas, M. S. (1995). Reconstructing special education for postmodernity. *Disability and Democracy, 12*(3), 34-41.

제11장 국어과 교수

1. 청각장애아동과 언어

청각장애아동은 다른 특수교육 대상자보다 언어 문제를 심각하게 고려해야 하는 장애 특성을 지니고 있다. 출생 전 혹은 출생 후 청력장애로 언어습득이 용이하지 않아서 언어의 이해와 표현에서 많은 제약점을 가지게 된다. 일반적으로 건청아동은 만 3세를 전후로 한국어 습득이 이루어지는데, 청각장애아동은 언어습득에 필요한 청각을 통한 음성언어에 접근이 어려워 언어발달에 부정적인 영향을 받는다. 그 결과 또래의 건청아동보다 낮은 언어발달단계에 머무르고, 나아가 부족한 언어발달은 학업성취력, 정서적 발달, 사회적 발달에 부정적인 영향을 미친다. 이러한 사실은 앞서 여러 장에서 논의한 청각장애와 언어, 정서, 사회성 발달 사항을 참조하기 바란다.

그러나 우리가 주목해야 할 것은 이와 같은 언어적 어려움은 청각장애아동의 모국어를 한국어로 가정했을 때 나타나는 현상이라는 점이다. 청각장애아동이 청력장애에도 불구하고 음성언어를 바탕으로 하는 한국어를 청각과 시각 등 감각기관을 통해서 획득하려고 할 때 나타나는 어려움이라고 생각된다. 청각장애아동은 한국어 외에 수화언어(sign language)라는 시각적인 언어를 선택해서 사용할 수도 있다. 다시 말해서 청각장애아동에게는 한국어와 수화언어라는 두 가지 언어 중 하나를 선택해서 모국어 내지는 학교 수업 시간에 교사와의 의사소통 수단으로 사용할 수 있다.

음성언어를 바탕으로 하는 건청인의 모국어를 자신의 모국어로 삼는 청각장애아동과 건청인의 모국어와 어휘, 문법, 화용론적 측면 등에서 많이 다른 수화언어를 모국어로 하는 청각장애아동을 비교한 연구결과를 살펴보면 많은 연구가 수화언어를 모국어 내지는 수업 시간에 교사와 의사소통 수단으로 사용하는 청각장애학생이 학업성취력이 우수하고, 정서적 발달, 사회적인 적응도 상대적으로 우수함을 보고하고 있다. 예를 들면, Marschark(2007)은 다른 모든 환경적 요인이 동일할 경우 미국 수화언어(American Sign Langugae: ASL)를 모국어로 하는 청각장애학생이 구어를 모국어로 하는 청각장애학생보다 학업적 성취나 사회적응 면에서 뛰어나다는 연구결과를 제시하였고, 청각장애아동에게 동시에 조기에 수화언어를 모국어로 배우게 하는 것이 학령기에 구어(spoken language)나 구어를 바탕으로 하는 문어(written language)를 배우는 것에 방해가 된다는 실질적인 증거는 없다고 했다. 그러므로 청각장애학생에게 한국어만을 고집할 것이 아니라 조기에 수화언어도 가르쳐서 청각장애학생의 인지발달과 정서, 사회성 발달을 도모하는 것이 유익할 수도 있다.

우리나라 청각장애아동이 사용하는 언어는 대부분 한국어가 아니라 수화언어로 생각된다. 이러한 사실은 김경진 등(2003)이 실시한 청각장애학교 국어과 교육 프로그램 개발을 위한 기초 조사에서 추정할 수 있다. 김경진 등(2003)은 전국 청각장애학교 18개를 대상으로 한 설문조사에서 교사가 학생과의 의사소통 수단으로 사용하는 것 중 토털 커뮤니케이션(total communication)이 67.0%로 가장 많고, 수화언어 25.2%, 구어와 기타 의사소통 수단은 7% 비율이라고 보고하고 있다. 토털 커뮤니케이션이 사실상 수화언어를 포함하고 있다는 점에서 구어보다 수화언어가 훨씬 많은 비율로 청각장애아동의 주된 언어(primary language)로 사용하고 있다는 것을 추정할 수 있다. 현실적으로도 청각장애학교에 재학 중인 청각장애학생은 대부분 초등부 고학년부터 수화언어를 모국어로 받아들이고, 그들 간의 의사소통 수단으로 사용할 뿐 아니라, 수화언어로 전달되는 농문화와 그 문화 속에 내재된 가치를 스스럼없이 내재화하고 있는 것으로 보인다.

그러나 청각장애아동을 둔 부모는 거의 대부분이 수화언어보다는 구어를 배우는 것을 자신의 아동에게 요구하고 있고, 어릴 때부터 언어치료나 구어발달 관련 서비스를 통해서 좀 더 많은 양의 구어 표현과 이해, 그리고 좀 더 정확한 구어 발성을 하는 것에 관심을 가진다. 이러한 현상은 부모가 수화언어에 대해서 잘 알지 못하거나 수화언어를 사용하는 것이 장애인이라는 표식(labelling)으로 간주해 사용을 못하는 것에서 비롯되기도 했다. 하지만 근본적으로는 청각장애아동을 둔 부모는 자신의 아이가 궁극적으로 살아가야 할 주류 사회에서 사용하는 언어가 수화언어이기보다는 부모가 사용하는 한국어임을 알기에 원활한 사회 적응과 직업생활을 도모하기 위해 한국어를 배우도록 선택하여 나타난 현상이라고 생각된다. 그러나 앞서 살펴보았듯이 현실적으로 일반학교에 통합되어 있는 청각장애학생을 제외하고 대부분의 청각장애학생은 조기에 배운 구어보다는 수화언어를 그들의 모국어로 사용하고 있다. 이렇게 수화언어를 주된 언어로 사용하고 있는 대부분의 청각장애학생에게 음성언어인 한국어를 바탕으로 이루어진 국어교과를 가르치는 것이 쉽지 않은 일이지만, 청각장애학생에게 국어교과를 가르치는 것이 매우 중요하다.

그래서 다음 장에서는 청각장애학생에게는 왜 국어교과가 중요하며, 청각장애학생에게 국어를 가르칠 때 가장 큰 어려움이 무엇인지를 알아보고자 한다.

2. 국어교과학습의 중요성

청각장애학생에게 국어교과가 지니는 중요성을 학업성취 측면과 사회적 발달 측면에서 살펴보자.

1) 학업성취

일반 건청아동과 마찬가지로 국어교과는 모든 과목의 학습을 수행하는 도구교과로서 중요성을 지닌다. 물론 국어교과의 문학 감상, 비평 등 그 내용의 측면을 고려하지 않고 도구교과만의 성격을 강조할 수는 없지만, 기본적으로 읽기, 쓰기, 말하기, 듣기의 능력을 바탕으로 학습이 이루어지므로 국어교과는 중요하다. 특히 청각장애학생이 국어교과의 저성취로 인해서 타교과의 학업적인 어려움이 가중되는 연구결과를 비추어 보면 국어교과의 학습 중요도를 알 수 있다.

Paul(1998, 2001)은 구어에 충분한 노출이 이루어지지 않은 청각장애학생과 건청학생을 비교했을 때, 자소 · 음소의 대응 지식이나 단어 지식, 문법 지식 등이 충분하지 않아서 낮은 언어발달단계에 머무르고, 이러한 불충분한 발달이 결국 전반적인 학업성취에 부정적인 영향을 준다고 하였다. 또한 Marschark(2007)도 청각장애학생의 언어적 장애로 교사나 부모와의 원활한 상호작용에 어려움이 있고, 이러한 어려움으로 말미암아 읽기와 쓰기 등의 초기발달이 충분히 이루어지지 않아 학업성취에 많은 어려움을 가진다고 하였다. 유은정 등(2010)은 청각장애학생의 유창한 구어능력 결핍과 충분하지 못한 언어 경험으로 인해 국어교과를 학습하는 데 어려움이 초래되며, 국어교과학습의 어려움이 타교과의 학습 어려움으로도 나타난다고 지적하고 있다. 이소현과 박은혜(2011)는 소리를 바탕으로 하는 청각장애학생의 자국어 결핍으로 국어교과뿐만 아니라 전반적인 학업교과 성취력이 떨어진다고 보고하고 있다. 이렇듯 불충분한 국어교과 학습은 학교에서의 학업적인 어려움을 초래할 수 있는 만큼 국어교과의 학습은 중요하다고 생각된다.

2) 자아실현과 사회적응

국어교과는 학업적인 측면 이외에도 청각장애아동 자신과 사회생활 등에도 영향을 미칠 수 있다. 한국어의 읽기와 쓰기 등 문식(literacy)에 낮은 수준을 가진 사람은 굳이 청각장애인이 아니더라도 사회생활에 어려움을 경험할 수 있고, 이러한 어려움은 결국 그 사회에서 원하는 직장을 얻거나 직업을 통하여 개인적인 목표를 실현하는 것에도 어려움이 따를 것이다. Cunningham과 Stanovich(1998)는 국어교과학습은 도구교과로서 학령기의 학업적 성취를 위해 필수적일 뿐만 아니라 사회생활의 성공과 나아가 자아실현에 중요한 역할을 한다고 밝혔다. Stewart와 Clarke (2003)도 청각장애학생에게 숙달된 읽기, 쓰기 등은 오늘날 고도화된 기술사회(highly technical society)에 적응하기 위해 꼭 필요한 학업기술이며, 충분한 문해기술(literacy skills)을 가지지 않는다면 사회 적응상 어려움을 가중시킬 수 있다고 주장했다. 박영목(2011)도 급변하는 21세기의 사회 공동체 속에서 성공적인 역할을 수행하기 위해서는 다양한 의사소통 형식이 요구되며, 이러한 의사소통 능력을 갖추기 위해서는 높은 수준의 문식력(high-level literacy)을 갖추어야 한다고 지적한다.

3. 국어교과학습의 어려움과 저성취 요인

앞에서 살펴본 것처럼 국어교과가 중요함에도 불구하고 청각장애학생은 또래 건청학생에 비하여 국어교과학습에 어려움을 겪으며, 그 결과 국어과의 낮은 학업적 성취력을 보여 주고 있다. Paul과 Quigley(1984)는 대부분의 청각장애학생이 성인기가 되어서도 국어 성취력이 초등학교 4학년생 수준에 머무르는 것을 고원현상(plateau)으로 지적하고 있다. 그 밖에도 건청학생과 청각장애학생의 국어교과의 학업적 성취에 대한 비교연구가 많았는데, 그들은 대부분 연구결과로 고등학교를 졸업한 청각장애학생의 국어 수준이 거의 초등학교 3~5학년생 수준에 머물러 있다고 밝히고 있다(예, Allen, 1986; Traxler, 2000).

청각장애학생이 국어교과에서 저성취 요인을 탐색한 연구는 주로 교사와 학생 간 의사소통의 어려움과 국어 교수-학습 방법의 부족을 주요 요인으로 보고하고 있다.

Marschark(2001)은 청각장애학생이 건청학생에 비하여 성공적이지 못한 국어학습의 결과 요인으로 청각장애학생의 의사소통의 어려움, 부적절한 교수 방법의 적용, 청각장애학생의 교육적 욕구에 맞는 교육과정의 수정과 적용의 부족 등을 들고 있다. 김경진 등(2003)은 국어교과의 성취 수준을 저해하는 요인으로서 의사소통의 문제와 청각장애학생의 학습 특성에 대한 이해 부족, 적절한 지도 방법의 부족, 지도영역에 대한 전문성 부족 등을 들고 있다. 또한 이상희와 박미혜(2011)가 밝힌 청각장애학생의 국어교과 성취 수준이 낮은 요인을 살펴보면 의사소통의 어려움, 학습자료의 부족, 적절한 국어지도 방법의 부재 등을 들고 있다. 의사소통의 어려움이나 교수 방법의 부족요인 외에도 청각장애학생의 원활한 국어습득을 저해하는 요인으로, 병리적인 요인으로는 청각장애의 시기와 손실 정도(예, Holt, 1993; Jensema, 1975; Paul, 2001; Powers, 2003) 등과 환경적인 요인으로는 부모의 사용 언어나 부모와의 상호작용 정도(예, August & Hakuta, 1997; Marschark, 2007)나 사회경제적 지위(예, Alexander, Entwisle, & Olson, 2001) 등을 들 수 있다.

4. 국어과 교수 방법

일반 학생에게 국어교과를 가르치는 교수 방법이 청각장애학생에게 적용될 수 있다. 그러나 청각장애라는 장애의 특성을 고려해야 하며, 수화언어를 모국어로 하는 청각장애학생을 생각해 보면, 일반학교에서 사용되는 교수 방법을 답습적으로 따르는 것보다 청각장애학생의 장애 특성과 함께 언어적 특성을 고려한 효과적인 교수 방법을 선택해야 한다. 다음에서는 청각장애학생에게 효과적인 주요 교수 방법(teaching approach)을 간략하게 살펴보고자 한다.

1) 상향식(bottom-up) 교수 방법과 하향식(top-down) 교수 방법

언어학자에 따르면, 인간이 언어를 이해하고 습득하는 모형을 크게 상향식 모델(bottom-up model)과 하향식 모델(top-down model), 그리고 두 모델을 절충한 상호작용 모델(interactive model)로 나누어 설명하고 있다(허용 외, 2008). 청각장애학생에게 국어를 가르칠 때 이 세 가지 모델에 근거하여 가르칠 수 있다.

(1) 상향식 모델

상향식 모델(bottom-up model)은 언어를 배우는 사람보다는 언어 자체에 더 강조점을 둔다. 즉, 먼저 외부에서 주어시는 언어기호를 정확하게 인지하는 것을 언어를 이해하고자 하는 사람의 의미구성보다 우선시한다.

이 모델에서는 언어를 가장 잘 구분할 수 있는 작은 단위(예, 음소, 글자소)부터 단어, 구, 절, 문장, 문단 순으로 가르쳐야 효과적인 언어 이해가 이루어진다고 보는 입장이다. 그러나 이 입장에서는 언어의 이해(comprehension)보다는 정확한 해독(decoding)이 중요한 과제로 제시되고, 언어의 기호를 분석하여 올바르게 인식하는 언어적 지식과 훈련에 초점을 둔다. 예를 들어, 음운인식(phonological awareness)에 대한 지식이 높은 아동은 그렇지 않은 아동보다 읽기 과제에서 상대적으로 높은 성취력을 보여 주는 사례를 상향식 모델의 근거로 제시하고 있다. Foy와 Mann(2006)도 단어를 올바르게 해독하기 위해서는 낱자 지식(letter knowledge)과 함께 음운인식능력을 반드시 갖추어야 하며, 그중에서도 음운인식능력이 매우 중요하다고 밝히고 있다(안성우 외, 2012에서 재인용). 이원령과 이상복(2003)도 음운인식능력은 읽기에 가장 중요한 선수요소라고 주장하고 있다.

청각장애학생에게 이와 같은 상향식 모델로 국어를 가르친다면 음소나 글자소의 구분 및 인식과 관련된 지식을 배우거나 훈련을 반복하는 방법으로 시작해야 된다. 언어의 작은 단위에서 숙달되면 좀 더 큰 단위로, 단순한 단위에서 복잡한 단위로 위계적으로 나아가는 방법으로, 각 하위단계에서의 숙달이 이루어지면 독해는 자동적으로 이루어진다고 간주한다. 그러나 이러한 방법은 단어나 문법에 치중하게 되고, 전체적인 텍스트의 이해와 감상을 놓치는 단점이 있다. 이러한 단점을 보완하기 위해서 언어를 배우는 사람의 이해를 강조하는 하향식 모델을 제시하고 있다.

(2) 하향식 모델

하향식 모델(top-down model)은 상향식 모델과는 반대로 외부의 언어보다는 언어를 이해하는 사람의 내부적인 역할을 더 강조하고 있다(허용 외, 2008). 즉, 외부에서 주어지는 언어적 자극의 해독(decoding)보다는 언어를 이해하고자 하는 사람의 내부적인 의미의 구성 노력을 중요시한다.

이 모델에서는 일단 외부의 언어자극이 들어오면 사람은 머릿속에 이미 가지고 있는 어떤 기존의 정보에 비추어 그 의미를 적극적으로 이해하려는 노력을 하는 적극적인 자세를 취한다고 주장한다. 이에 따라 이 모델에서는 음운인식 지식보다는 배경지식이 언어를 이해하는 과정에서 중요한 역할을 수행하므로 주로 폭넓은 배경지식을 가지게 하는 것에 초점을 두고 가르친다. Stewart와 Kluwin(2001)도 청각장애학생이 읽기에 어려움을 느끼는 것은 청각장애로 인한 의사소통의 어려움으로 맥락과 배경지식이 부족하기 때문이라고 한다(안성우 외, 2012에서 재인용). 또한 Schirmer 등(2000)도 청각장애학생은 또래의 건청학생만큼 충분한 배경지식을 가지고 있지 않으며, 이로 인해서 읽기 등에 성취력이 떨어진다고 보고했다(안성우 외, 2012에서 재인용).

청각장애학생에게 이와 같은 하향식 모델로 국어를 가르친다면 다양한 배경지식을 가르치는 것부터 시작해야 된다. 왜냐하면 배경지식이 많은 학생은 언어기호의 분석에 크게 의존하지 않고도 맥락이나 배경지식을 이용하여 새로운 단어의 의미를 추측해 내거나 그 내용을 이해할 수 있다고 본다. 그래서 수업시간에는 사전활동으로 주어진 텍스트의 배경지식에 대한 수업을 실시하는 것을 권하고 있다. 그러나 배경지식을 강조하는 하향식 모델은 의미를 구성하는 사람의 언어처리과정에 대한 구체적인 설명의 부족 등 언어의 습득과정을 효과적으로 설명하기에는 단점이 많다. 따라서 이러한 단점을 보완하기 위해서 상향식 모델과 하향식 모델을 같이 사용하는 상호작용 모델을 제시하고 있다.

(3) 상호작용 모델

상호작용 모델(interactive model)은 언어의 습득과정이 앞에서 살펴본 상향식 처리과정과 하향식 처리과정이 서로 상호작용하면서 이루어진다고 보는 입장이다. 즉, 언어의 이해는 구어나 문어의 언어기호에 대한 지식과 함께 언어를 접하는 사람의 배경지식도 함께 작용하여 이루어진다고 보는 입장이다. 그러므로 이 입장에서는 음운인식 지식과 함께 배경지식의 활용도 같이 가르치고자 한다. 글을 읽고 이해한다는 것은 결국 글자의 해독(decoding)과 독해(comprehension)가 같이 작용해서 일어나는 현상이기 때문이다. Stewart와 Kluwin(2001)도 이러한 이유로 청각장애학생의 문해능력(literacy)을 발달시키기 위해서는 상향식이나 하향식 한 가지 방법으로만 가르치지 말고 상호작용 모델로 가르칠 것을 권장하고 있다(안성우 외, 2012에서 재인용).

2) 명시적(explicit) 교수 방법과 암묵적(implicit) 교수 방법

학교현장에서 교사가 사용하는 교수 방법에는 여러 가지가 있지만 국어교과를 가르치기 위해서 사용하는 교수 방법 중 대표적인 것으로 명시적 교수 방법과 암묵적 교수 방법을 들 수 있다. 다음에서는 청각장애학생에게 적용 가능한 각 교수 방법에 대해서 간략히 알아보겠다.

(1) 명시적 교수 방법과 암묵적 교수 방법의 구분

학자마다 명시적 교수 방법과 암묵적 교수 방법의 구분에는 조금씩 차이가 있다. 주요 학자의 주장을 간략히 살펴보면, 먼저 Norris와 Ortega(2000)는 수업시작단계에서 수업목표로 삼는 법칙이나 원리(예, 영어 수업시 과거형의 규칙변화를 가르치는 수업목표로, -ed 혹은 어미의 y는 빼고 -ied를 붙인다는 원리)를 분명하게 제시 및 설명하는 것을 명시적 교수라고 한 반면, 암묵적 교수는 수업시작단계에서 수업목표로 삼는 법칙이나 규칙을 분명하게 제시하지 않고, 먼저 법칙이나 원리를 찾을 수 있는 예시자료를 학생에게 충분히 제공한 후에 최소한의 안내 설명을 해 주는 것을 그 첫 단계로 보고 있다. Andringa 등(2011)은 언어적 학습에서 명시적 교수는 학생으로 하여금 수업목표로 주어진 언어의 규칙을 의식적인 의도

(conscious intention)를 가지고 찾게 하는 수업인 반면, 암묵적 교수는 교사가 정해 둔 수업목표인 일정한 언어규칙을 찾고자 하는 의식적인 의도 없이 학생 스스로 의도대로 언어규칙을 탐색해 나가는 것을 의미한다고 말한다. Reider(2002)는 명시적 교수 방법은 교사 중심의 구조화된 수업 환경에서 수업목표에 따른 논리적인 순서(logical order)에 따라 교수하고, 학생은 좀 더 의식적으로 수업목표를 상기하면서 고도의 집중력을 가지고 수업내용에 집중하게 하는 방법이라고 제시한다. 반면 암묵적 교수 방법은 교사가 학생 주도의 활동을 면밀하게 계획하고 충분한 학습자료를 준비하여 학생이 수업목표를 거의 의식하지 아니하고 학생 주도활동에 참여하여 자연적으로(naturally) 교사가 의도한 학습이 이루어지게 하는 방법이라고 제시한다.

그러나 학자에 따라 명시적 교수 방법과 암묵적 교수 방법이 뚜렷하게 구분되기보다는 학생으로 하여금 학습목표에 주의력을 가지는 의식적인 과정(conscious process) 정도를 나타내는 연속체(continuum)상에서만 표시될 수 있다는 주장도 있다(Berry, 1994; Reber, 1993; Weinert, 2009에서 재인용). 다시 말해서 이들은 그 정도가 명확하게 있다, 없다로 단정해서 구분할 수 있는 것이 아니고, 어느 정도의 의식이 학생에게 작용되는가 하는 정도의 표시로만 가능하다고 주장한다.

표 11-1 명시적 교수 방법과 암묵적 교수 방법의 구분 기준

	명시적 교수 방법	암묵적 교수 방법
수업목표	수업시작 시점에 명확히 제시	명확히 제시하지 않음
수업전개	먼저 규칙을 설명한 후 예시 제시	규칙에 대한 설명 없이 예시를 먼저 제시
교사활동	교사의 적극적이고 구조화된 안내, 설명, 시범, 모델링 등	교사의 소극적이고 최소화된 안내, 설명
학생활동	교사의 구소화된 안내에 따라 규칙을 문제를 통해서 반복연습	학생 스스로 자료를 탐색하여 규칙에 대한 가설을 세움

앞에서 각 교수 방법의 구분을 살펴보았지만, 학자마다 약간씩 정의가 다르다. 이 장에서는 명시적 교수 방법과 암묵적 교수 방법을 각 학자의 정의를 고찰한 후 공통적인 요소를 고려하여 〈표 11-1〉에 명시하고자 한다.

(2) 명시적 교수 방법

〈표 11-1〉에 나타난 바와 같이 이 장에서는 명시적 교수 방법을 고도로 구조화된 학습 환경 속에서 특정 교수목표를 학생에게 분명하게 명시하여 학생의 주의력을 요구하며, 특정 교수목표를 달성하기 위해서 교사 중심의 설명과 시연, 모델링 등이 주어지고, 반복되는 학생의 연습활동과 피드백이 주어지는 교수 방법으로 규정하고자 한다. 즉, 명시적 교수 방법은 교사가 수업목표로 제시한 새로운 개념이나 원리, 규칙을 충분히 설명한 후 보기 문제를 통해서 해결과정을 여러 차례 시범이나 모델링 등을 하여 학생이 주어진 문제를 가이드라인에 따라서 풀어 가는 반복연습과 교사의 피드백으로 이루어진다. 이러한 측면에서 명시적 교수 방법은 교사가 학생으로 하여금 명시적 학습(explicit learning)을 하도록 하는 것으로, 연역적인 교수(deductive teaching)의 일종으로 볼 수 있다.

(3) 암묵적 교수 방법

암묵적 교수 방법(implicit teaching method)은 교사 입장에서는 특정 교수목표를 정확하고 구체적으로 계획하지만, 학생에게 제시하는 학습목표는 구체적이고 명확하지 않고 암시적으로 제시한다. 오히려 교사의 설명보다는 교사가 제공하는 다양한 학습자료나 연습 문제를 통해서 학생 스스로 원리나 규칙을 터득하도록 유도하는 교수 방법이다. 즉, 학생이 특정 학습목표를 배운다는 고도의 주의력과 학습이라는 인식을 거의 하지 않은 상태에서 교사가 제공하는 다양한 학습자료나 정보를 탐색하여 스스로 가이드라인을 형성하고, 그 가이드라인에 자신이 세운 규칙이나 개념을 차츰 올바르게 수정해 나가는 과정으로 이루어지며, 이 과정에서 교사의 개입은 최소한으로 제한된다. 이러한 측면에서 암묵적 교수 방법은 학생이 암묵적 학습(implicit learning)을 하게 하는 것으로 귀납적 교수 방법(inductive teaching)의 일종으로 볼 수 있다.

(4) 각 교수 방법의 활용

명시적 교수 방법은 수학이나 문법 같은 학습 상황에서 효과적일 수 있는 반면, 암묵적 교수 방법은 맥락을 고려하는 언어적 학습이나 실제 환경과 같은 자연스러운 상황에서 학습을 중시하여 언어습득이나 학습의 장기적인 효과 측면에서 우월한 것으로 보고하고 있다(Paradis, 2004). 이러한 정의를 바탕으로 명시적 교수 방법과 암묵적 교수 방법의 구분 기준을 다음과 같이 설정하고자 한다. Weinert(2009)는 명시적 교수 방법은 교사가 수업을 주도하고 통제하는 강의, 시범, 모델링 같은 수업에 많이 적용되는 반면, 암묵적 교수 방법은 학생의 자율적인 활동과 자료 중심의 수업에 많이 적용된다고 한다.

그러나 국내에서는 청각장애학생에게 국어교과를 가르칠 때 명시적 교수 방법과 암묵적 교수 방법 중 효과적인 방법에 대한 연구가 거의 없다. 앞서 살펴보았듯이 우리나라 청각장애학생의 국어교과 저성취 요인 가운데 교사와 학생 간 의사소통의 어려움을 들고 있는 사실을 고려하면 교사의 언어적 설명이나 모델링이 중심이 되는 명시적 교수 방법보다는 교사의 언어적 안내를 지양하고 학생의 적극적인 탐색이 중심이 되는 암묵적 교수 방법이 효과적일 수도 있다.

특히 청각장애학생이 구어가 아닌 수화언어를 모국어로 하는 경우 학교에서 배우는 국어는 그들에게는 제2의 언어가 된다. Paradis(2004)는 인간이 모국어를 배우는 과정에는 암묵적 언어능력이 중요함을 강조하면서, 특히 수업 장면에서 직접적인 명시적 주입보다는 암묵적인 언어능력을 고려하여 제2언어에 반복적으로 노출시키는 간접적인 교수 방법을 우선적으로 추천하고 있다(이갑희, 2011에서 재인용). 그러므로 수화언어를 모국어로 하는 청각장애학생에게는 모국어를 배우는 방식과 유사한 암묵적인 방법이 유리할 수도 있다. 그러나 모든 국어교과학습에 암묵적인 방법이 효과적인 것은 아니다. Andringa 등(2011)은 중등부 학생을 대상으로 문법을 가르치는 과제에서 각각 명시적 교수그룹과 암묵적 교수그룹으로 나누어 실험해 본 결과 명시적 교수기법이 문법 과제에서 좀 더 좋은 결과를 보여 준다고 보고하고 있다. 이와 같은 명시적 교수 방법과 암묵적 교수 방법은 양자택일의 문제로 접근하기보다는 언어학습에서 어떤 내용을 가르치느냐 혹은 어떤 연령대 학생에게 가르치느냐에 따라서 두 가지 방법을 같이 효과적으로 활용하는 것이 좋다.

5. 국어과 영역별 교수 방법

1) 읽기 영역의 교수 방법

(1) 청각장애아동의 읽기

읽기는 문자언어를 시각적으로 이해하는 과정이라고 할 수 있다. 한글은 음소문자로, 음성언어의 음가를 나타내는 각 글자소로 구성되어 있어 음성언어에 익숙하지 않은 청각장애아동에게는 어려움을 가져다 줄 수 있다. 특히 학교에서의 읽기 수업은 수화언어를 모국어로 하는 청각장애학생에게는 제2언어인 한국어의 문자를 학습해야 하는 어려움을 부여하고 있다.

청각장애학생과 건청학생의 읽기성취력을 비교한 많은 연구를 보면 고등학교를 졸업한 대부분의 청각장애인의 평균적인 읽기 수준은 초등학교 3~4학년생 수준에 머무른다고 밝히고 있다. 실제 학교현장에서 보면 간혹 읽기능력이 뛰어난 청각장애학생도 있지만, 대부분의 청각장애학생은 또래 건청학생의 읽기 수준에 못 미치는 것을 쉽게 찾아볼 수 있다.

이러한 청각장애학생의 읽기 저성취에 대해 연구가 많이 수행되었는데, 그 연구결과로 나타난 저성취 요인을 살펴보면 크게 두 가지로 나눌 수 있다.

청각장애아동에게 귀속되는 요인 청각장애아동의 읽기 저성취가 청각장애아동의 문제점으로 나타난다는 입장이다. 이 입장에서는 주로 청각장애아동의 '음운인식능력과 낱자지식, 자소대응원리에 대한 지식 부족' '읽기에 필요한 다양한 배경지식의 부족' '다양한 읽기전략의 부족' 등을 읽기 저성취 원인으로 들고 있다.

청각장애아동의 환경에 귀속되는 요인 건청아동검사용으로 표준화된 읽기검사 도구로 청각장애아동의 읽기능력을 측정한다는 것이 부적합하고, 가족요인으로 농부모와 건청부모의 요인, 교사의 요인으로 효과적인 다양한 교수 방법의 부족, 그리고 낮은 사회경제적인 지위(socioeconomic statue) 등을 저성취 유발요인으로 들고 있다.

(2) 청각장애아동의 읽기 교수 방법

청각장애아동의 읽기 교수 방법은 청각장애학생의 읽기 저성취요인을 어디에 두느냐에 따라 교수 방법의 강조점이 달라질 수 있다. 만약 읽기의 저성취를 가져오는 주된 요인을 음운인식능력의 부족으로 본다면 청각장애아동에게 음운인식 관련 과제의 교수 방법이 동원될 것이다. 이런 경우는 하향식 모델이 교수전략으로 적용될 수 있다. 혹은 저성취요인을 읽기전략의 부족이나 적용의 어려움에 둔다면 다양한 읽기전략을 가르치고, 여러 가지 읽기자료에 따라 신축적으로 전략을 적용하는 교수 방법을 실시할 것이다. 또한 교사의 불충분한 교수 방법으로 읽기학습이 효과적으로 이루어지지 못한 경우에는 교사의 다양한 읽기 교수 방법을 개발하여야 한다.

그러므로 특수교사가 청각장애아동에게 읽기를 효과적으로 가르치기 위해서는 음운인식이나 읽기전략의 적용부터 배경지식의 확장 등에 이르기까지 충분히 알고 있어야 장애아동과 과제의 특성에 따라 상향식 모델, 하향식 모델, 상호작용 모델을 효과적으로 선택하여 교수할 수 있다. 또한 교사는 교수 방법을 다양하게 알고 있어야 과제의 성격에 따라서 또는 청각장애아동이 구어와 수화언어 중 어느 언어를 모국어로 하느냐에 따라서 명시적 방법, 암묵적 방법 등 적절한 교수 방법을 적용하여 효과적으로 읽기를 가르칠 수 있다.

2) 쓰기 영역의 교수 방법

(1) 청각장애아동의 쓰기

쓰기는 음성언어를 표방하는 문자언어의 글자쓰기(spelling)와 글쓰기(writing)의 개념이 합쳐진 것으로 보인다. 쓰기는 말하기, 듣기, 읽기, 쓰기 영역 중 비교적 늦게 개발되는 영역으로, 일반 건청인 학생도 음성언어에 대한 정확한 이해와 표현능력이 어느 정도 구비되어야 자소대응원리를 이해하고, 그에 따라서 글자소를 인식하고 쓰기를 배우기 시작할 수 있다. 그리고 글쓰기에 필요한 적절한 어휘 선택, 정확한 어법, 맞춤법에 대한 지식을 배워야만 비로소 올바른 쓰기가 이루어질 수 있다.

그러나 청각장애아동의 경우에는 음성언어에 대한 충분한 이해와 표현능력이 부족하여 쓰기활동, 특히 글쓰기(writing)활동에서 많은 어려움을 보인다. Marschark 등(2002)에 따르면, 고등학교에 재학 중인 청각장애학생의 글쓰기 수준을 8~10세의 건청아동의 글쓰기 수준으로 보고하고 있다.

청각장애아동의 쓰기 특성을 구체적으로 살펴보면 어휘 면에서는 관사 · 조동사 · 전치사 · 접속사 등의 기능어 사용 빈도가 낮은 반면, 명사 · 동사 · 형용사 등의 내용어를 많이 사용하는 경향을 보인다. 또한 단어나 구의 생략 또는 첨가 등의 오류를 빈번하게 보인다. 통사 면에서 살펴보면 문장의 길이가 비교적 짧고, 중문과 복문의 사용 빈도가 낮다. 또한 문장구조도 주어+동사+목적어의 문형을 반복하여 사용하는 등 구조적으로 다양한 문장을 사용하지 않는다.

쓰기 표현을 살펴보면 중심 내용이 명확하지 않고 행동의 결과만을 나열하며, 배경 묘사, 감정 표현, 설명적 표현 기술 등이 부족하다(Marschark, 2007; Marschark, Lang, & Albertini, 2002; Moores, 2006: 안성우 외, 2012에서 재인용).

(2) 청각장애아동의 쓰기 교수 방법

청각장애학생의 쓰기의 특성을 앞에서 살펴보았지만 청각장애아동이 보여 주는 쓰기의 특성은 건청아동이 보여 주는 쓰기의 특성과 다르기보다는 수준이 낮은 것에서 비롯된 듯하다. 즉 청각장애아동과 건청아동의 쓰기의 발달과정은 비슷하나, 그 발달 수준이 낮은 것으로 생각된다. 미국의 청각장애학생의 쓰기 특성을 살펴보면 영어를 제2외국어로 배우는 건청학생이 보이는 오류 패턴과 비슷하다(Marschark, 2007)는 주장에서도 이러한 추측이 가능하다.

그러므로 청각장애학생에게 쓰기를 효과적으로 가르치기 위해서는 초급단계의 쓰기를 배우는 건청학생에게 적용할 수 있는 쓰기 교수 방법을 교사가 충분히 알고 있어야 한다. 특히 수화언어를 모국어로 하는 청각장애학생에게 그들의 제2언어인 한국어의 문어를 가르칠 때는 제2언어 교수 방법을 활용하면 쓰기를 효과적으로 가르칠 수 있다.

6. 국어과 교육과정

청각장애학생에게 국어교과를 가르칠 때 중요한 기준이 되는 것은 특수교육 교육과정이다. 왜냐하면 교사는 국가 수준의 교육과정을 바탕으로 구성된 학교교육과정에 나와 있는 국어의 교수목표, 내용, 교수 방법, 평가기준에 따라서 청각장애학생에게 국어 수업을 실시하는 것이 원칙이기 때문이다. 그러므로 여기서는 청각장애학생에게 국어를 어떤 목표를 가지고 어떤 내용과 방법으로 가르치고 평가하는지를 2012 특수교육 교육과정을 중심으로 알아볼 필요가 있다.

1) 공통교육과정 국어

(1) 국어과 교육목표

특수교육 교육과정의 공통교육과정에서는 국어 교과의 목표를 다음과 같이 규정하고 있다.

('국어' 교과의 목표) 국어활동과 국어와 문학을 총체적으로 이해하고, 국어활동의 맥락을 고려하여 국어를 정확하고 효과적으로 사용하며, 국어를 사랑하고 국어 문화를 누리면서 국어의 창의적 발전과 국어 문화 창조에 이바지할 수 있는 능력과 태도를 기른다.

가. 국어활동과 국어와 문학에 대한 기본적인 지식을 익힌다.
나. 다양한 유형의 담화와 글을 비판적이고 창의적으로 수용하고 생산한다.
다. 국어의 가치와 중요성을 인식하고 국어 생활을 능동적으로 하는 태도를 기른다.
라. 장애 특성에 따라 묵자 또는 점자를 사용하여 원만한 국어 생활을 영위한

다(시각장애).

마. 다양한 의사소통 양식을 활용하여 청각장애로 인한 언어 수용 및 표현의 어려움을 극복하고, 원만한 국어생활을 영위한다(청각장애).

이 목표는 일반학교 공통교육과정의 국어과 교육목표와 유사하며, 다만 특수교육 교육과정에서는 특수교육 대상자의 장애 특성을 고려하여 장애별로 목표를 추가하고 있다. 목표를 다음에 나오는 내용 체계와 연결해 보면 (가)항은 '지식'에 해당하는 목표이고, (나)항은 '기능', (다)항은 '태도'에 따른 목표진술로 보인다. 그리고 (마)항은 청각장애 특성을 고려한 목표다.

(2) 내용영역과 기준

국어의 내용 체계는 의사소통 능력에 초점을 두는 말하기, 듣기, 읽기, 쓰기의 네 가지 영역을 중시하는 입장과 국어(언어)에 대한 지식인으로서 문법, 감상, 비평에 대한 능력을 중시하는 문학영역을 포함해야 한다는 입장으로 나눌 수 있다. 특수교육 교육과정의 공통교육과정에서는 말하기, 듣기, 읽기, 쓰기의 네 가지 영역에 문법, 문학을 추가한 여섯 가지 영역으로 나누어 제시하고 있다. 이러한 영역의 제시는 특수교육 대상자의 국어목표가 의사소통 기술을 향상시키는 것을 넘어선 언어의 규칙을 탐색 및 이해하고, 나아가 문학적인 상상력과 비평까지 가능하도록 하는 것에서 비롯된다.

특수교육 교육과정의 공통교육과정에서는 국어의 여섯 영역의 내용 체계를 표로 간단히 보여 주고 있는데, 말하기와 듣기는 편의상 한 내용영역 체계로 묶어서 제시하고 있다. 그리고 5개 학년군별로 국어의 여섯 영역에서 학생이 성취하여야 할 내용을 성취기준과 함께 제시하고 있다. 다음에서는 듣기와 말하기 영역의 내용 체계를 예시로 보여 주고 있다. 나머지 영역의 내용 체계와 학년군별 내용은 교육과정을 참조하기 바란다.

다음 내용체계를 살펴보면 '실제'의 범주 아래 각 국어의 내용영역을 지식, 기능, 태도의 범주로 나누어 구분하고 있다. '실제' 범주는 학습자가 이해하고 표현해야 할 실제 언어자료 및 텍스트의 교육내용을 독립 범주로 설정하였다. 그리고 지식과 기능, 태도의 범주는 국어과의 내용이 인지적 영역의 내용과 정의적 영역의 내용으로 균형 있게 구성됨을 암시하고 있다. 국어교과의 인지적 교육내용으로서 학습자가 반드시 알아야 할 지식을 명제적 지식, 방법적 지식으로 나누고, 명제적 지식을 '지식' 요소로, 방법적 지식을 '기능'으로 구분한 것으로 생각된다. 한편 국어교과의 정의적 교육 내용인 태도, 습관, 흥미, 동기, 가치 등과 관련된 교육 내용은 '태도'라는 범주명을 사용하여 구분하고 있다.

<table>
<tr><th colspan="3">듣기(청각장애: 듣기 · 수화 읽기 · 말 읽기) · 말하기(청각장애: 말 · 수화하기)</th></tr>
<tr><td colspan="3">실제
• 다양한 목적의 듣기 · 말하기
–정보를 전달하는 말
–설득하는 말
–친교 및 정서 표현의 말
• 듣기 · 말하기와 매체</td></tr>
<tr><td>지식</td><td>기능</td><td>태도</td></tr>
<tr><td>• 듣기 · 말하기의 본질과 특성
• 듣기 · 말하기의 유형
• 듣기 · 말하기의 맥락</td><td>• 상황 이해와 내용 구성
• 표현과 전달
• 추론과 평가
• 상호 작용과 관계 형성
• 듣기 · 말하기 과정의 점검과 조정</td><td>• 가치와 중요성
• 동기와 흥미
• 공감과 배려
• 듣기 · 말하기의 윤리</td></tr>
</table>

(3) 교수-학습 방법

공통교육과정에서는 특수교육 대상자의 국어과 교수-학습 방법을 다음과 같이 규정하고 있다. 그러므로 청각장애학생에게 국어교과를 가르칠 때는 이 교수-학습 방법을 참조하여 실시해야 할 것이다. 다음에서는 교수-학습 방법에 대한 규정을 간략히 보여 주고 있다. 자세한 규정은 공통교육과정을 참조하기 바란다.

(교수-학습 계획)

(1) 교사가 교수-학습 계획을 수립할 때는 의미 있는 국어학습 경험을 통해 학습자의 창의적인 국어 능력이 향상되도록 각 영역별 횡적 연계성과 학년군별 내용의 종적 연계성 등을 유의하여야 한다.

(2) 학습자의 학습 준비도나 성취기준 도달 정도를 파악하고, 개인차를 해소하기 위한 교수-학습 방안을 계획한다.

(3) 국어 활동의 총체성을 고려하여 영역 간, 영역 내의 학습 요소를 통합하여 지도하기 위한 교수-학습 방안을 계획한다.

(교수-학습 운용)

(1) 교육과정의 '4. 내용'의 학년군별, 영역별 '성취기준'과 '국어 자료의 예'를 고려하여 교수-학습을 전개한다.

(2) 개인차를 고려한 교수-학습을 효율적으로 운용하기 위해서는 다음 사항에 유의한다.

(3) 영역 간, 영역 내의 학습 요소를 통합하여 지도할 때는 특정 영역에 치우치지 않고 영역 간의 공통점과 차이점을 고려하는 등 유의한다.

(4) 수업의 개선을 위해 교수-학습을 점검할 때는 학습목표와 내용에 맞게 수업을 창의적으로 계획하고, 실행하였는지 등의 사항을 유의한다.

(청각장애 추가 규정) 청각장애 학습자를 위한 교수-학습 방법은 전술한 일반적인 내용을 바탕으로 하되, 다음 사항에 유의한다.

(가) 학생 개개인에게 적합한 다양한 의사소통 양식을 활용하도록 한다.

(나) 여섯 영역을 통합직으로 지도하되, 국어 사용의 기능을 지도하는 '말·수화하기' '듣기·수화 읽기·말 읽기' 영역에 중점을 두어 지도한다.

(다) '말 · 수화하기'를 하려는 의욕과 참여도, 올바른 태도와 기능, 이를 통하여 표현하려는 내용의 선정과 조직, 효과적인 표현에 중점을 두어 지도한다.
(라) '듣기 · 수화 읽기 · 말 읽기' 영역의 지도에서는 그에 대한 올바른 태도와 '듣기 · 수화 읽기 · 말 읽기'를 한 내용을 기억, 종합 및 요약하는 능력이 향상되도록 지도한다.
(마) 학습자료는 의사소통 양식과 관련된 각 학생의 특성과 국어과 성취 수준을 적절하고도 충분히 고려하여 그 질과 양을 선정 및 조정한다.
(바) 모든 국어 학습을 가능한 한 실제적인 활동을 통하여 실시함으로써 언어능력을 신장시키도록 한다.

(4) 평 가

공통교육과정에서는 특수교육 대상자의 국어과 평가 방법을 다음과 같이 규정하고 있다. 그러므로 청각장애학생에게 국어교과를 가르칠 때는 이 평가 규정을 참조하여 실시하여야 한다. 다음에서는 공통교육과정상 평가 방법에 대한 규정을 요약한다. 자세한 규정은 공통교육과정을 참조하기 바란다.

(평가 계획)
(1) 영역별 평가 목표와 내용에 적합한 평가 방법으로 학습자의 국어능력을 타당하고 신뢰성 있게 평가할 수 있도록 계획한다.
(2) 학습자의 표현능력과 이해능력, 인지적 요소 · 행동적 요소 · 정의적 요소가 균형 있게 평가되도록 계획한다.
(3) 평가 목적, 평가 시기, 평가 상황 등을 종합적으로 고려하여 양적 평가와 질적 평가, 형식 평가와 비형식 평가, 간접 평가와 직접 평가, 선택형 평가와 수행 평가 등이 적절하게 활용될 수 있도록 계획한다.
(4) 평가 계획을 수립할 때는 교수-학습 과정과 평가를 연계하는 사항 등에 유의한다.

(평가 운용)

(1) 평가 목표는 지식, 기능, 태도, 실제의 측면을 종합적으로 고려하면서 교육과정의 학년군별, 영역별 '성취기준'이 잘 반영될 수 있도록 설정한다.

(2) 평가 내용은 교육과정의 학년군별, 영역별 '성취기준'을 근거로 선정한다.

(3) 평가 방법은 평가목표와 평가내용에 적합한 방법을 취한(청각장애 추가 부분) 청각장애학생을 위한 평가 시 다음 사항에 유의한다.

(가) 말하기영역이나 말하기와 관련된 내용은 수화하기를, 듣기영역이나 듣기에 관련된 내용은 수화 읽기와 말 읽기를 포함시켜서 언어 사용 기능과 언어에 대한 이해, 일반적인 지식을 평가한다.

(나) 말하기영역에 포함되는 수화하기의 평가는 의욕과 태도, 표현의 정확성과 효과, 내용의 적절성 등에 중점을 두어 평가한다.

(다) 듣기영역에 포함되는 수화 읽기와 말 읽기의 평가는 수화 읽기 · 말 읽기를 한 내용의 기억, 종합 및 요약하는 능력에 중점을 두어 평가한다.

(라) 듣기(수화 읽기 · 말 읽기), 말하기(말 · 수화하기), 읽기, 쓰기는 유기적으로 연관 지어 평가한다.

2) 중도 · 중복청각장애학생을 위한 교육과정

2012 특수교육 교육과정 편성 · 운영의 공통 사항에 따르면 청각장애와 함께 다른 장애를 가지는 중복장애학생에게는 다음과 같은 교육과정을 편성 및 운영할 수 있다.

- 기본교육과정을 운영하고 있는 특수학교에서는 교과군별로 50% 범위 내에서 시수를 감축하여 창의적 체험활동으로 편성할 수 있고, 그 교과내용도 관련 생활 기능영역으로 편성 및 운영할 수 있다.
- 일반학급이나 특수학급에 배치된 중도 · 중복청각장애학생에게는

그 수행 수준을 고려하여 교과내용을 관련생활 기능영역으로 편성 및 운영할 수 있다.

청각-기출문제

농학생의 읽기, 쓰기 특성(2009)

참고문헌

교육과학기술부(2010). 특수교육 교육과정(교육과학기술부 고시 제 2010-44호)

교육과학기술부(2011). 특수교육 교육과정(교육과학기술부 고시 제 2011-501호)

교육과학기술부(2012). 특수교육 교육과정(교육과학기술부 고시 제 2012-32호)

교육과학기술부(2007). 제7차 국어교육과정에 따른 고등학교 국어(상) 교사용지도서.

김경진, 강창욱, 손영애, 조혜선(2003). 청각장애 특수학교 국어교육프로그램 개발 기초연구. 특수교육저널: 이론과 실천, 12(4), 153-172.

박영목(2011). 국어과 교수학습 방법 연구. 서울: 도서출판 박이정.

안성우, 허민정, 서중현(2012). 학령전기 유아의 음운인식능력에 관한 연구. 언어치료연구, 21(3), 365-388.

이갑희(2011). 신경언어학과 영어교육. 서울: 한국문화사.

이소현, 박은혜(2011). 특수학생교육. 서울: 학지사

이원령, 이상복(2003). 음운인식훈련을 통한 읽기장애아동의 음운인식변화와 읽기능력에 관한 연구. 정서 · 행동장애연구, 10(2), 33-51.

유은정, 백무진, 안성우, 최상배, 최영숙, 서중현, 이광렬, 서유경(2010). 청각장애학생의 이해와 교육. 서울: 학지사

허용, 강현화, 고명균, 김미옥, 김선경, 김재욱, 박동호(2008). **한국어교육학 개론.** 서울: 도서출판 박이정

Andringa, S., Glopper, K., & Hacquebord, H. (2011). Effect of explicit and implicit instruction on free written response task performance. *Language Learning, 61*(3), 868-903.

Allen, T. E. (1986). pattens of academic achievements among hearing-impaired students: 1974 and 1983. In A. schidroth & M. Karchmer (Eds.), *Deaf children in America.* San Diego: College-Hill.

Alexander, K. L., Entwisle, D. R., & Olsen, L. S. (2001). Schools, achievement and inequality: A seasonal perspective. *Educational evaluation and policy analysis. 23*(2), 171-191.

August, D., & Hakuta, K. (Eds.) (1997). *Improving schooling for language-minority children: A research agenda.* Washington, DC: National Academy Press.

Berry, D. C. (1994). Implicit learning: Twenty-five years on: A tutorial. In C. Umilta & M. Moscovitch (Eds.), Attention and performance XV. *Conscious and unconscious information processing*, 775-782. Cambridge, MA: MIT Press.

Foy, J. G., & Mann, V. (2006). Changes in letter sound knowledge are associated with development of phonological awareness in pre-school children. *Journal of Research in Reading, 29*(2), 143-161.

Holt, J. (1993). Stanford Achievement Test - 8th edition: Reading comprehension subgroup results. *American Annals of the Deaf, 138*, 172-175.

Jensema, C. (1975). *The relationship between academic achievement and the demographic characteristics of hearing impaired children and youth.* Washington, DC: Office of Demographic Studies, Gallaudet College.

Marschark, M. (2007). *Raising and educating a deaf child.* New York: Oxford University Press.

Marschark, M., Lang, H. G., & Albertini, J. A. (2002). *Education Deaf Students.*

New York: Oxford University Press.

Moores, F. D. (2006). Print Literacy: The acquisition of reading and writing skills. In F. D. Moor & D. S. Martin (Eds.), *Deaf Learner: Developments in Curriculum and Instruction*. Washington DC: Gallaudet University Press.

Norris, J. M., & Ortega, L. (2000). Effectiveness of L2 instruction: A research synthesis and quantitative meta-analysis. *Langugae learning, 50*(3), 417-528.

Paul, P. V. (1998). *Literacy and deafness: The development of reading, writing and literate thought*. Boston: Allyn & Bacon.

Paul, P. V. (2001). *Language and deafness*(3rd ed.). San diego, CA: Singular.

Paul, P. V., & Quigley, S. P. (1984). *Language and deafness*. San diego, CA: College-Hill.

Powers, S. (2003). Influences of student and family factors on academic outcomes of mainstream secondary school deaf students. *Journal of Deaf Studies and Deaf Education, 8*(1), 57-78.

Paradis, M. (1994). Neurolinguistic aspects of implicit and explicit memory: Implication for bilingualism and second language acquisition. In N. Ellis(Ed.), *Implicit and explicit learning language*. New York, NY: Academic Press.

Reber, A. S. (1993). *Implicit learning and tacit knowledge: An essay on the cognitive unconscious*. New York: Oxford.

Reider, A. (2002). Implicit and explicit learning in incidental vocabulary acquisition. *Views, 12*(2), 24-39.

Traxler, C. B. (2000). The Stanford Achievement Test, 9th edition: National norming and performance standards for deaf and hard of hearing students. *Journal of Deaf Studies and Deaf Education, 5*, 337-348.

Weinert, S. (2009). Implicit and explicit modes of learning: similarities and differences from a developmental perspective. *Linguisitcs, 47*(2), 241-271.

제12장
수학과 교수

수학은 다른 교과학습을 위한 기초 교과의 역할과 동시에 논리적 사고를 기르는 교과이기 때문에 일반학생뿐만 아니라 특수교육을 받는 학생에게도 매우 중요한 교과다. 교육과학기술부(2011)에서는 수학을 수학의 기본적인 개념을 이해하고 기초기능을 익혀 주변의 사물과 현상을 수학적으로 관찰하고 해석하는 능력을 기르며, 실생활에서 부딪히는 여러 가지 문제를 합리적으로 해결하는 능력과 태도를 기르는 교과라고 정의하고 있다. 이러한 정의를 바탕으로 청각장애학생과 관련된 수학에 대한 기본 원리, 교육과정, 청각장애학생의 수학 학업성취도와 그 요인 및 교수-학습지도 방법에 대해 살펴보려고 한다.

1. 기본 원리

1) 수학교육의 목적

많은 특수교육교사가 왜 수학을 가르쳐야 하는지에 대한 고민을 많이 하게 되는데, 이에 대한 해답은 일반교육 수학과 교육과정에서 찾아볼 수 있다. 국민공통기본교육과정 수학과 중학교 해설서에서는 수학을 가르쳐야 하는 이유를 〈표 12-1〉과 같이 실용성, 정신도야성, 심미성, 문화적 가치로 설명하고 있다(교육부, 1999). 이러한 이유는 일반교육을 받는 학생뿐만 아니라 특수교육을 받고 있는 모든 학생에게 공통적으로 적용될 수 있다.

표 12-1 수학을 가르치는 이유

목 적	내 용
실용성	수학을 배우면 사회생활을 할 때나 다른 학문을 공부하는 데 도움이 된다. 컴퓨터와 첨단 과학기술의 발달은 거의 모든 분야에서 수학의 필요성을 증대시켰으며, 이에 따라 수학은 민주시민으로 성장하는 데 기본 소양이 되고 있다.
정신도야성	수학을 배우면 정신능력을 신장시킬 수 있다. 수학을 배움으로써 신장될 수 있는 능력은 합리적이고 논리적인 사고력, 추상적 사고력, 창의적 사고력, 비판적 능력, 기호화하고 형식화하는 능력, 단순화하고 종합화하는 능력 등이다.
심미성	기하학적 도형이나 황금 분할 등을 보면 그 절묘함과 정교성을 느낄 수 있으며, 수의 신비한 성질이나 수학의 형식성 등은 그 자체가 곧 아름다움이라 할 수 있다. 하지만 수학의 미적 가치의 문제는 주관적인 요소가 강하기 때문에 수학을 배우는 학생에게 수학의 심미성을 인식시키기는 어려운 면이 있다.
문화적 가치	인류가 오래전부터 오늘날까지 구축해 온 수학이라는 문화는 수용하고 전달할 가치가 있다.

2) 수학적 지식의 특성

수학이 어떤 학문이며, 수학 교육이 바람직한 인간 형성에 어떻게 이바지하고 있는가를 알기 위해서는 수학의 특성, 좀 더 구체적으로는 수학적 지식의 특성을 알아보는 것이 중요하다(황정숙, 2007). 수학적 지식의 특성을 정리하면 〈표 12-2〉와 같다.

표 12-2 수학적 지식의 특성

목 적	내 용
추상성	어떤 구체물의 집단에서 이질적인 성질을 제거하고 동질적인 성질만을 추출하여 얻은 이상화된 개념이다. 수학에서 다루는 대상은 모두 추상화하여 얻은 개념을 바탕으로 이들 개념의 상호 관련성을 이론적으로 따져 간다.
형식성	격식을 만들고 이에 따라 통일된 원리나 규칙을 만들어 내는 방법이다. 어떤 대상이 있을 때 이질적인 요소는 빼 버리고 동질적인 요소를 뽑아 내어 추상화 방법으로 바뀔 때 필요한 원리나 규칙을 발견하고 보다 편리한 활용 방법을 찾아간다.
일반화	추상화가 보다 넓은 개념으로 확장된 개념이다. 즉, 일반화는 하나의 대상에 대한 고찰에서 그 대상을 품는 집합으로 고찰의 대상을 넓힌다.
특수화	일반화와 대립되는 개념으로, 일반적인 형식에서 특정한 구체적인 내용을 포함해 가는 작용이라 볼 수 있다. 즉, 어느 대상의 집합에 대한 고찰에서 그 집합의 성질을 가지고 대상의 범위가 보다 작은 집합 또는 그중 한 개의 대상에 대해 고찰한다.
계통성	논리적인 연결성을 가지고 학습이 단계적으로 이어져 나가는 체계적인 연쇄 현상을 말한다. 하위 개념에서 상위 개념으로, 기본 원리에서 복잡하고 어려운 법칙으로, 체계적으로 형성되어 가는 것이 이에 속한다. 여기에 어떤 내용을 먼저 가르치고, 어떤 내용을 나중에 가르칠 것인가의 순서를 의미하는 경계성이 적절히 이루어질 때 학습의 연계성이 제대로 이루어졌다고 할 수 있다.
직관적 사고	전체를 영감에 의해서 감지하는 사고를 의미하는 것으로 직관적 사고는 논리적 사고의 기초가 되고, 논리적 사고를 연결시켜 주는 역할을 한다. 논리적 사고는 주어진 대상에서 결전을 분석적이고 단계적이며, 연혁적인 사고 과정을 통해 정당한 논리적 근거에 의해 이끌어 가는 사고를 뜻한다.

2. 교육과정

모든 교과학습을 이해하고자 할 때는 실제적인 교수활동을 이해하기에 앞서 해당 교과의 교육과정을 살펴보는 것이 중요하다. 2008 개정 특수학교 교육과정부터는 장애 영역에 구애 없이 모든 특수교육 대상자를 교육함에 있어 기본교육과정과 공통교육과정을 함께 사용할 수 있게 되었다. 또한 2011 특수교육 교육과정에서는 수학과의 다섯 영역을 수준별 3단계 구성 방식에서 5개의 학년군 구성 방식으로 변경하여 보다 연속성 있게 내용을 배열하였으며, 이를 실생활에 활용할 수 있도록 기능적인 내용으로 구성하였다. 여기서는 2011 특수교육 교육과정의 기본교육과정을 중심으로 수학과의 교육과정을 살펴볼 것이다. 공통교육과정의 자세한 내용은 국가 수준 교육과정을 참고하기 바란다.

1) 성 격

기본교육과정에서 제시하는 수학과의 성격은 수학의 기본 지식 및 기능 습득과 이의 활용 근거를 학생의 실생활에 두어, 수학적 지식과 기능을 실생활에서 나타나는 여러 가지 문제를 해결하는 데 활용하는 능력과 태도를 기르는 데 있다. 즉, 수학은 특수교육 대상 학생의 수학적 지식 및 기능 습득과 실생활에서 기능적인 활용능력을 기르는 데 중점을 두고 있는 교과다(교육과학기술부, 2011). 수학과는 과학과, 사회과를 비롯한 타교과의 성공적인 학습뿐 아니라 소비생활, 직업생활, 지역사회생활 등의 실생활에서 마주치게 되는 다양한 문제 상황을 합리적으로 해결할 수 있는 문제해결능력을 길러, 특수교육 대상 학생의 성공적인 사회 통합을 돕는 필수적인 교과로 특수교육 대상 학생에게는 필수적인 교과다.

2) 목표 및 내용 영역

수학과는 생활 속에서의 다양한 경험을 통하여 수학의 기본 개념과 기초 기능을 습득하여, 주변의 사물과 현상을 수학적으로 관찰하고, 해석하는 능력을 기르며, 실생활의 문제를 합리적으로 해결하는 능력과 태도를 기른다는 목표 아래 공통 교육과정과의 연계를 위해 '수와 연산' '도형' '측정' '규칙성' '확률과 통계'의 다섯 영역으로 구성하였다. 각 영역별 목표와 내용은 다음 〈표 12-3〉과 같다.

표 12-3 기본교육과정 수학과 영역별 목표 및 내용

영 역	영역별 목표와 내용
수와 연산	• 수의 종류와 자릿값을 이해하고 간단한 사칙연산을 한다. • 자연수, 분수, 소수, 정수의 개념과 사칙연산, 화폐
도형	• 여러 가지 모양을 알고, 평면도형과 입체도형의 특성을 이해한다. • 위치와 방향, 거리 개념, 평면도형과 입체도형의 개념과 성질
측정	• 시각과 시간 및 여러 가지 측정 단위를 알고 실생활에 활용한다. • 길이, 시간, 들이, 무게, 각도, 넓이의 개념과 성질
규칙성	• 물체, 무늬, 수의 배열에서 규칙을 찾아 설명하고 수나 식으로 표현한다. • 규칙 찾기, 규칙과 대응, 비와 비율
확률과 통계	• 사물을 기준에 따라 분류하고, 분류한 자료를 표와 그래프로 나타낸다. • 경우의 수를 바탕으로 한 확률의 의미 이해 및 자료의 정리와 표현

3) 내용 체계

기본교육과정에서는 수학과의 내용영역을 공통교육과정과의 연계를 위하여 수와 연산, 도형, 측정, 규칙성, 확률과 통계의 다섯 영역으로 구성하고, 각 영역을 난이도에 따라 5개의 학년군으로 조직하고 있다. 또한 전 영역에 걸쳐 기본 개념과 기능을 익히고, 이를 실생활에서 활용할 수 있도록 기능적인 내용으로 구성하고 있다. 내용체계에 대한 자세한 내용

표 12-4 기본 교육과정 수학과 영역

영역 \ 학년군 \ 학교급	초등학교			중학교	고등학교
	1~2학년	3~4학년	5~6학년	1~3학년	1~3학년
수와 연산	• 변별하기 • 짝짓기 • 순서짓기 • 구체물 가르기와 모으기 • 화폐의 종류	• 개수 세기 • 개수 비교하기 • 한 자리의 수 • 9 이하의 수 가르기와 모으기 • 덧셈식과 뺄셈식 • 합이 9 이하인 덧셈 • 피감수가 9 이하인 뺄셈 • 화폐의 액면가	• 두 자리의 수 • 세 자리의 수 • 합이 10인 덧셈 • 피감수가 10인 뺄셈 • 받아올림이 없는 두 자리 수 덧셈 • 받아내림이 없는 두 자리 수 뺄셈 • 받아올림이 있는 두 자리 수 덧셈 • 받아내림이 있는 두 자리 수 뺄셈 • 화폐의 교환	• 네 자리의 수 • 다섯 자리 이상의 수 • 분수의 이해 • 받아올림이 없는 세 자리 수 덧셈 • 받아내림이 없는 세 자리 수 뺄셈 • 받아올림이 있는 세 자리 수 덧셈 • 받아내림이 있는 세 자리 수 뺄셈 • 곱셈의 이해 • 화폐의 계산	• 소수의 이해 • 정수의 이해 • 나눗셈의 이해 • 자연수의 혼합 계산 • 화폐의 활용
도형	• 공간의 이해 • 여러 가지 모양	• 입체도형의 모양 • 평면도형의 모양	• 평면도형과 그 구성요소 • 도형의 기초 • 평면도형의 이동	• 원의 구성요소 • 여러 가지 삼각형 • 여러 가지 사각형	• 다각형의 이해 • 직육면체와 정육면체 • 입체도형의 공간 감각
측정	• 측정 가능한 속성 탐색 • 비교하기 • 일과 시간	• 양의 비교 • 임의 측정 단위 • 시각과 시간	• 길이 • 시간 • 달력	• 길이 • 무게 • 들이	• 각도 • 평면도형의 둘레 • 평면도형의 넓이
규칙성	• 규칙 찾기	• 규칙 찾기	• 규칙 찾기 • 규칙적인 무늬 만들기	• 규칙과 대응	• 비와 비율
확률과 통계	• 분류하기	• 분류하기 • 표와 그래프	• 자료의 정리	• 가능성 • 자료의 표현과 해석	• 비율 그래프

은 〈표 12-4〉와 같다.

4) 교수-학습 방법

과거의 수학과 교수-학습 방법은 주로 기초적인 수학적 사실을 가르치기 위해 목표 기술을 논리적으로 과제 분석하고, 이를 바탕으로 강화 원리를 사용하는 직접 교수에 중점을 두었다. 하지만 최근에는 수학 개념, 문제 해결, 수학적 사고 능력을 포함하는 인지적인 방향의 중재와 함께 화폐, 시간, 측정 단위 등을 익히는 데 필요한 기능적 수학 기술을 기반으로 한 창의적 사고 과정을 중요시하고 있다.

2011 특수교육 교육과정에서 제시하는 수학과 교수-학습 방법은 이전의 교육과정과는 달리 교수-학습 계획, 교수-학습 운용, 교수-학습 지도 지원으로 구분하여 제시하고 있다. 교수-학습지도지원을 제외한 각 부분에서 제시하는 수학과의 교수-학습 방법은 다음과 같다.

(1) 교수-학습 계획

유의미한 수학학습 경험을 통하여 학생이 생활 수학능력과 문제해결 능력이 향상되도록 다음 사항에 유의하여 수학과 교수-학습을 계획해야 한다. 먼저 학습목표는 교육과정에 제시된 성취기준을 고려하여 학생 수준에 맞게 설정하되, 수와 연산, 도형, 측정, 규칙성, 확률과 통계 영역이 유기적으로 연관되도록 해야 한다. 그리고 교수-학습 계획을 수립하거나 자료를 개발할 때는 학년군별로 제시된 내용에 구애받지 말고 내용의 특성과 난이도, 학교 여건, 학생의 수준 등을 고려하여 학년군별 내용과 순서 등을 재구성한다. 학습 내용은 학년군별 내용 간의 관련성, 영역별 내용 간의 연계성을 살려 학습목표 달성에 적합하게 설정하되 학생의 학습 수준을 고려하도록 한다. 또한 학생이 수학 수입을 통해 실생활에서의 수학 활용능력을 향상시킬 수 있도록 수업을 계획하기 위해서는 다음의 내용을 고려하여야 한다.

- 반드시 알아야 할 수학의 기초적인 개념과 실제적인 수학활동을 유기적으로 연관시킨다.
- 학습과제 분석, 과제 해결을 위한 절차와 방법, 사전 지식의 활용, 학습전략, 의사소통 방법, 피드백 제공, 특수교육 공학적 접근 등을 세부적으로 계획한다.
- 교육과정에 제시된 학년군 및 영역별 성취기준을 참고하여 다양한 교수–학습 자료를 개발한다.
- 실생활에서 구체적으로 학습하여 생활수학 능력을 향상시킬 수 있도록 계획한다.

그리고 학생이 교수–학습 상황에 능동적으로 참여함으로써 수학적 개념이나 원리를 이해하여 실생활에 적용하고, 수학적 문제 해결력, 수학적 힘, 수학적 태도, 수학적 의사소통능력을 표현하는 활동을 할 수 있도록 학습 환경을 조성해야 한다. 또한 수학능력이 일상생활이나 다른 교과의 학습에도 중요함을 강조하여 학생이 수학 교수–학습에 대한 능동적인 태도를 가질 수 있도록 다음 사항에 유의하여 계획해야 한다.

- 교수–학습 과정에서 성취한 수학능력을 학생 스스로 일상생활이나 다른 교과의 학습에 적극 활용할 수 있도록 다양한 학습 기회를 제공한다.
- 실생활이나 다른 교과에서 접할 수 있는 수학과 관련된 내용을 다룸으로써 수학에 대한 흥미와 관심을 가지게 하고, 수학의 필요성을 느낄 수 있게 한다.

교수–학습 자료를 개발할 때는 학습목표, 학습내용, 학습과정을 중시하여 개발하되 학생의 흥미 및 동기, 학습양식, 의사소통 방법 및 능력 등의 개인차를 고려해야 한다. 또한 실생활에서의 다양하고 풍부한 구체적인 소재로 실물, 동영상, 모형, 사진 등을 활용하여 학생의 수학학습 경험을 확대하고, 학습활동에 대해 흥미와 동기를 유발할 수 있도록 개발해야 한다.

학생의 학습 준비도나 성취기준의 도달 정도를 파악하여 개인차를 고려한 교수-학습 방안을 계획하고, 다양한 교수-학습 자료를 개발해야 한다. 또한 수학학습활동의 총체성을 고려하여 타 교과 간, 영역 간, 영역 내의 학습요소를 통합하여 지도할 교수-학습 방안을 계획해야 한다.

(2) 교수-학습 운용

교수-학습 운용에서는 교육과정에 제시된 학년군별 성취 기준을 고려하며, 학습목표는 학생 수준에 맞게 구체적이고 관찰 가능한 상태로 진술해야 한다. 그리고 학습내용은 구체적으로 안내하여 학생의 수준에 적합한 과제를 제시하여 구체적인 설명, 체계적 시범, 실생활 적용의 예시, 학생의 연습과 질문, 피드백 제공, 자기 점검, 그리고 평가 과정을 유기적으로 관련지어 지도해야 한다. 또한 생활 주변 현상이나 구체적 사실을 학습 소재로 하여 수학의 기초적인 개념, 원리, 법칙 등을 지도한다.

수학과 수업에서는 교육 내용과 학생의 특성을 고려하여 직접 교수, 자기 교수, 자기관리중재, 문제해결학습, 발견학습, 탐구학습, 신문활용교육, 마인드 맵, 개별화 학습, 컴퓨터 보조학습, 인터넷 활용교육, 협동학습, 보조공학 등 다양한 교수-학습 방법을 활용하여야 하며, 특히 다음 사항에 유의해야 한다.

- 교사와 학생, 학생과 학생 간의 적극적인 상호작용을 강조하여 학습의 효율성을 도모한다.
- 학생의 의사소통 방법 및 능력을 고려하여 다양한 반응을 촉진하고

격려하는 교수-학습 방법을 적극적으로 활용한다.

- 학생이 학습과정과 결과에서 스스로 선택과 결정을 할 수 있는 학습 활동을 강조한다.
- 학생이 학습과정에 능동적으로 참여하여 스스로 문제를 해결하고 창의적인 사고를 할 수 있는 학습 경험을 제공한다.

수학의 개념, 원리, 법칙을 알 수 있도록 생활 주변 현상, 사회 현상, 자연 현상 등의 여러 가지 현상을 학습 소재로 사용하여야 하며, 구체적 조작활동과 탐구활동을 통하여 학생 스스로 개념과 원리와 법칙을 발견하게 해야 한다. 또한 발견한 기본적인 개념, 원리, 법칙, 기능을 실생활에서 발생한 문제를 해결할 때 이용할 수 있게 한다.

교육과정에서는 수학적 문제해결, 추론능력, 의사소통능력, 창의력을 신장하고, 인성을 함양하며, 수학에 대한 긍정적인 태도를 신장하기 위해 〈표 12-5〉와 같은 방법을 제시하고 있다.

수학 교수-학습의 전 과정을 통하여 적절하고 다양한 교육 기자재를 활용함으로써 수학학습의 효과를 높이도록 해야 한다. 특히 계산능력 배양을 목표로 하지 않는 경우 복잡한 계산 수행, 수학의 개념, 원리, 법칙의 이해, 문제해결력 향상 등을 위하여 계산기, 컴퓨터, 교육용 소프트웨어 등의 공학적 도구와 다양한 교구를 확보하여 활용할 수 있게 하며, 실생활에 적용할 수 있도록 구체적인 실물과 모형을 준비하여 활용해야 한다.

표 12-5 다양한 수학적 능력을 신장하기 위한 방법

영 역	교수-학습활동 방법
수학적 문제 해결력	• 문제해결은 전 영역에서 지속적으로 지도한다. • 학생 스스로 문제 상황을 탐색하고, 수학적 지식과 사고 방법을 토대로 문제해결 방법을 적절히 활용하여 문제를 해결하게 한다. • 문제해결 방법과 과정, 문제를 만들어 보는 활동도 중시한다.

	• 생활 주변 현상, 사회 현상, 자연 현상 등의 여러 가지 현상에서 파악된 문제를 해결하면서 수학적 개념과 원리와 법칙을 탐구하고, 이를 일반화하게 한다.
수학적 추론 능력	• 귀납, 유추 등을 통해 학생 스스로 수학적 사실을 추측하고, 이를 정당화하거나 증명해 보게 한다. • 수학적 사실이나 명제를 분석하고, 수학적 관계를 조직하고 종합하며, 학생 자신의 사고과정을 반성하게 한다. • 수학적 추론을 통해 합리적으로 사고하는 능력을 키우고, 일상생활에서 자신의 의견을 정당화할 때 적절한 근거에 기초하여 논리를 전개할 수 있게 한다.
수학적 의사소통 능력	• 수학 용어, 기호, 표, 그래프 등의 수학적 표현을 이해하고 정확히 사용하게 한다. • 수학적 아이디어를 말과 글로 설명하거나 시각적으로 표현하여 다른 사람과 효율적으로 의사소통할 수 있게 한다. • 수학적 아이디어를 표현하고, 수학에 대해 토론하며 다른 사람의 수학적 아이디어와 사고를 이해하는 과정을 통해 의사소통의 중요성을 인식하게 한다.
수학적 창의력	• 수학적 문제해결력, 추론, 의사소통 능력을 통해 수학적 창의력의 신장이 이루어질 수 있도록 한다. • 다양한 아이디어를 산출할 수 있는 수학 문제와 과제를 통해 학생의 확산적 사고를 촉진시킨다. • 하나의 수학 문제에 대해 여러 관점에서 사고할 수 있게 한다.
인성 함양	• 하나의 수학 문제를 여러 가지 방법으로 해결한 후 그 해결 방법을 비교해 보며 더 높은 차원으로 확장해서 사고하게 한다. • 개념과 용어의 필요성을 인식하고 정의해 보게 한다. • 다른 학생의 풀이 방법과 의견을 존중하며, 이를 통해 타인을 배려하는 성품을 기른다. • 자신의 수학적 아이디어를 설득력 있게 논리적으로 표현하여 그 타당성을 입증하고 이에 기초하여 합리적으로 결론을 내리는 과정을 통해 민주시민의 소양을 기른다. • 수학 문제를 해결함에 있어 과정을 강조함으로써 결과에 이르는 과정이 중요함을 인식하게 한다.
수학에 대한 긍정적 태도	• 주변의 여러 가지 현상과 관련지어 수학을 배움으로써 수학에 대한 가치를 인식하고 수학의 필요성을 느낄 수 있게 한다. • 수학에 대한 흥미, 관심, 자신감을 갖도록 학습 동기와 의욕을 유발한다.

5) 평 가

기본교육과정 수학과에서의 학습결과에 대한 평가는 원칙적으로 준거 지향적이며 목표 지향적 평가를 실시한다. 준거 및 목표 지향적인 평가란 평가를 통해 상대적 우열을 가리는 것이 아니고 개인의 능력 수준에 따라 설정된 학습 도달 목표의 개인별 성취 수준의 평가를 말한다. 따라서 기본교육과정 수학과의 평가 방식은 결과보다는 과정을 중시하고, 지도과정의 적절성을 반영한 모든 자료를 활용하며, 사전에 출발점의 행동을 정확히 진단 및 평가하고, 개인의 능력에 따른 관찰 가능하고 측정 가능한 행동 목표를 구체적으로 설정하여 평가하여야 한다.

수학학습 평가는 평가 목표, 내용, 방법에 따라 계산기, 컴퓨터와 같은 공학적 도구와 다양한 교구를 이용할 수 있는 기회를 제공한다. 그리고 선택형 위주의 평가를 지양하고, 관찰, 평정척도, 면담, 수학학습일지, 포트폴리오, 자기평가 등의 다양한 평가 방법을 활용하여 수학학습에 대한 종합적인 평가가 이루어지도록 해야 한다.

3. 청각장애학생의 수학 학업성취도와 그 요인

1) 청각장애학생의 수학 학업성취도

청각장애학생이 건청학생보다 수학 학업성취에서 낮은 성취도를 보인다는 연구가 지금까지 많이 이루어졌다(Frostad, 1996; Nunes, 2004, Foisack, 2008 재인용). 1957년 영국의 국가농교사위원회(The National Council of Teachers of the Deaf)는 청각장애학생이 수학 성취도검사에서 평균 2.5년 뒤처진다고 하였으며, Wollman도 1965년에 이와 비슷한 결과를 발표하였다(Nunes & Moreno, 2002에서 재인용). 또한 1980년대

Wood와 그의 동료들이 청각장애 특수학교 졸업생과 일반학교 졸업생의 수학 연령을 비교한 결과 청각장애학생의 수학 연령이 건청학생의 수학 연령보다 3.2세 뒤처지는 것으로 나타났다(Wood et al., 1983a).

한편 2000년 미국에서 청각장애학생을 대상으로 스탠퍼드 성취도검사-9(Standford Achievement Test-9)를 실시하였는데, Traxler(2000)는 이 결과를 분석하여 청각장애학생이 수학적 절차(Mathematics Procedures)와 수학 문제해결(Mathematics Problem Solving)영역에서 평균 또는 평균 이하의 수준을 보인다고 하였다. 또한 Pagliaro(2006)는 4학년과 8학년에 재학 중인 미국의 청각장애학생 중 80% 이상의 학생이 기본 이하의 점수를 받았으며, 절반 정도의 학생이 각각 3학년과 5학년의 수행 수준보다 떨어지는 것을 확인하였다.

우리나라 청각장애학생의 수학 성취도에 대한 연구에서 평균적으로 초등부에서는 3.1학년, 중학교에서는 3.3학년, 고등학교에서는 5.4학년만큼 지체되고 있는 것으로 나타났다. 특히 고등학교 3학년에서는 평균 6.6학년 정도 지체되고, 상급 학년으로 갈수록 점점 다른 과목과 비교하여 두드러지게 나타났다(김정현, 김춘일, 1987). 구체적으로 7~14세의 청각장애학생은 산수 교과에서 3년 정도 지체 현상이 있다고 하였으며, 청각장애 특수학교 초등부 2~6학년을 대상으로 한 연구에서 청각장애학생의 수학교과 학력은 건청학생에 비해 유의미하게 낮은 것으로 나타났다(권요한, 1987; 임동규, 1991).

지금까지 수행한 국내외의 연구를 종합해 보면, 지역이나 연구 대상마다 조금씩의 차이는 있으나 전반적으로 청각장애학생의 수학 성취도가 건청학생에 비해 2~3.5년 정도 뒤처져 있음을 알 수 있다.

2) 수학 성취도에 영향을 미치는 요인

청각장애학생의 수학 성취도가 건청학생에 비해 떨어지는 요인에 대한 연구를 바탕으로 수학 성취도에 영향을 미치는 요인을 선행 경험의 부재, 정보 처리에서의 어려움 및 언어에서의 어려움을 중심으로 살펴보면 다음과 같다.

(1) 선행 경험의 부재

청각장애 여부와 상관없이 학생에게 직간접적인 경험은 학업성취도에 직접적으로 영향을 미친다. 학교에서의 직접적 경험도 중요하지만 가정이나 일상생활에서의 간접적 경험, 즉 우연학습(incidental learning)*은 학업성취도에 영향을 미치는 중요한 요인이다(Gregory, 1998; Swanwick et al., 2005). 따라서 청각장애로 학교나 일상생활에서 우연학습을 하지 못한다면 학업성취도의 저하로 이어질 수밖에 없다. 청각장애학생이 겪는 우연학습에서의 어려움을 학령기 전과 학령기 동안으로 나누어 살펴보면 다음과 같다.

학령기 전 경험의 부재 건청아동은 태어나면서 주위 환경에서 자연스럽게 일상언어에 노출되고, 이렇게 노출된 언어를 기반으로 수, 더하기, 빼기와 같은 수학에 관한 언어를 이해하고 사용할 수 있는 기반을 마련한다(Ray, 2001). 이에 비해 청각장애아동은 청각장애로 인하여 부모나 보호자와의 정상적인 상호 작용에 어려움을 가지므로 일상적인 언어에 노출이 어렵게 된다. 이러한 일상언어 노출의 결핍은 부모나 보호자의 설명, 가르침, 대화 등을 통해 우연히 획득되는 수 헤아리기, 시간, 거리, 크기 등과 같은 기본적인 수학적 개념을 형성하지 못하게 한다(Gregory, 1998). 결국 시간이 지날수록 기본적인 수학적 개념의 결손이 계속 누적

*수학에 대한 우연학습이란 우리가 일상생활에서 우연적으로 얻는 수학과 관련된 학습 기회를 말하는 것이다. 예를 들면, 신발가게에서 50% 할인판매나 할인점에서의 '하나를 사면 한 개가 공짜'라는 판매 전략, 대통령 선거나 국회의원 선거 때 득표율에 대한 텔레비전 시청의 기회 등을 말한다. 이러한 기회를 통해 자연스럽게 수학적 개념을 습득할 수 있다.

되면 학습 초기단계에서 성숙되지 않거나 올바르지 않은 도식(schema)을 가지게 되어 수학에서의 수행능력이 부족하게 된다.

학령기 동안 경험의 부재 난청청각장애학생은 학령기 동안에도 라디오나 텔레비전 등과 같은 정보원에 대한 접근과 우연학습 기회의 부족에 따라 학습수행능력이 떨어진다고 많은 연구자가 지적하고 있다(Furth, 1966; Nunes & Moreno, 2002; Rapin, 1986). 또한 부모의 과보호나 학교 내 수화언어 통역자의 부족 등과 같은 가정과 학교에서의 직접적인 학습에서의 제한도 학습 경험의 부족을 일으킬 수 있다. 실제로 일부 청각장애학생의 가정에서는 경제적인 어려움 때문에 청각장애아동이 홀로 가정 내에서 유기되고 있으며, 일반교육에 통합된 청각장애학생은 적절한 교육 서비스를 제공받지 못하고 교실에서 방치되는 경우도 많이 있다. 그러므로 이러한 원인으로 인한 경험의 제한은 학업성취도에 직간접적으로 영향을 미치게 된다.

청각장애아동의 다양한 경험 제한 때문에 학업성취도가 떨어지는 것을 예방하기 위해, 교사는 청각장애학생에게 수학적 지식을 형성할 수 있는 적절한 경험을 제공해야 한다(Ray, 2001). 이러한 경험을 제공하기 위해서는 학생의 현재 상태와 발달 정도에 대한 정확하고 사실적인 진단이 먼저 선행되어야 한다. 그리고 청각장애학생이 우연학습으로 자연스럽게 학습하지 못하는 여러 가지 경험을 학교 교육과정에 포함시켜 다양한 경험을 최대한 많이 제공하여야 한다.

이러한 교육과정 구성의 한 방법으로 건청학생이 학교 밖에서 자연스럽게 배울 수 있는 내용을 학교 교육과정에 포함시키는 중핵 수학 개념(core mathematical concepts)을 사용할 수 있다. Nunes와 Moreno(2002)는 청각장애학생은 건청학생이 우연학습을 통해 비형식적으로 학습하는 덧셈 원리(additive composition), 덧셈 추론(additive reasoning), 곱셈 추론

표 12-6 중핵 수학 개념을 위한 중재 프로그램의 예

구성 요소	의 미	프로그램의 예
덧셈 성질	모든 수는 다른 수의 합으로 나타낼 수 있음을 이해하는 것	80원이 50원짜리 1개와 10원짜리 3개로 구성됨을 알기
덧셈 추론	덧셈과 뺄셈은 서로 관계가 있음을 아는 것	12개의 장난감 중 상자에 있는 장난감을 수 막대를 통해 덧셈과 뺄셈 방법으로 알아내기
곱셈 추론	곱셈과 나눗셈이 서로 관계가 있음을 아는 것	한 학생에게 풍선 3개가 주어진다면 4명에게 필요한 풍선의 개수 알아내기
비와 분수	비와 분수의 관계를 아는 것	피자 한 판을 여러 가지 방법으로 나누어 먹기

출처: Nunes & Moreno(2002).

(multiplicative reasoning), 비율(ratio), 분수(fraction) 등과 같은 기본적인 수학 기술에 대한 이해가 부족하다고 지적하였다.

그리고 그들은 이에 대한 해결책으로 중핵 수학 개념의 도입을 주장하였으며, 〈표 12-6〉과 같은 중재 프로그램을 사용하여 그 효과성을 검정하면서 적절하고 구조화된 중재는 청각장애아동의 학업성취도를 향상시킬 수 있다고 하였다(Nunes & Moreno, 1998: Blatto-Vallee et al., 2007에서 재인용).

(2) 정보 처리에서의 어려움

구성주의자는 수학학습과 문제해결에서 단기기억과 장기기억의 중요성을 강조하고 있는데(Lang & Pagliaro, 2007), 이러한 입장에서 보면 청각장애학생은 단기기억과 장기기억*에서 정보를 부호화할 때 건청학생과 질적으로 다른 방법을 사용한다는 것을 고려할 필요가 있다(Marschark et

* 엄밀히 말하면 정보처리적 관점에서 각 용어에서 차이가 있기는 하지만, 여기에서는 단기기억(short-term memory)과 작동기억(working memory)을 유사한 개념으로, 장기기억(long-term memory)과 의미기억(semantic memory)을 유사한 개념으로 설명한다.

al., 2002).

단기기억은 한 번에 다룰 수 있는 정보의 양이 적고, 정보가 단기기억 내에 남아 있는 시간이 매우 짧기 때문에 수화를 이용해 부호화하는(sign language-based coding) 청각장애학생은 음성언어를 부호화로 사용하는 (speech-based coding) 건청학생에 비해 단기기억에서의 정보 처리에 훨씬 더 어려움을 겪을 수 있다(Marschark et al., 2002). 이러한 단기기억에서의 어려움 때문에 청각장애학생은 수를 기억하지 못하거나 계산을 느리게 수행하게 된다(Epstein et al., 1994).

하지만 청각장애학생이 겪는 단기기억에서의 어려움은 교사가 효율적으로 수화언어를 사용하거나 적절한 자료 제시 방법을 사용함으로써 도움을 줄 수 있다(Lang & Pagliaro, 2007). 즉, 교사가 문제 상황과 유형을 묘사할 때 수화언어나 자료의 역동적인 시각적 특성을 잘 활용하면 청각장애학생의 단기기억 처리 부담을 덜어 줄 수 있다(Ansell & Pagliaro, 2000). 또한 청각장애학생의 강점인 시각적 학습을 기반으로 교육과정을 재구성함으로써 단기기억에서의 문제를 해결할 수 있다는 연구자도 있다(Swanwick et al., 2005).

한편 장기기억은 수학 문제를 해결하고 문제를 표상(representation)할 때 필요한 개념을 활성화하는 데 사용된다. 따라서 장기기억에서의 어려움을 줄이기 위해서는 장기기억에 보관된 개념을 잘 회상할 수 있는 전략을 마련하는 것이 필요하다. 청각장애학생은 수화언어를 사용하기 때문에 수화언어와 관련된 수학 단어의 회상전략이 필요하다. 이러한 회상전략으로 Lang과 Pagliaro(2007)는 수학 단어의 수화언어 가능성(signability), 심상성(imagery), 구체성(concreteness), 친밀성(familiarity)을 높이는 것이 수학 성취도를 높일 수 있다고 주장하였다. 수화언어 가능성이란 수학 단어를 수화언어로 구성하면 단어 회상력을 높일 수 있다는 것을 말하는 것으로, 한 단어 수화언어나 지화로 제시된 단어는 여러 단어의 수화언어로 구성된 단어보다 회상력이 더 높게 나타났다. 심상성은 수화언어를 시각적 형태가 아닌 심상 형태(mental picture)로 파악하는 것이 회상력을 높일 수 있다는 것을 의미하며, 이러한 심상성을 통해 단어를 듣고 정신적으로 표상하거나 문제를 묘사할 수 있는 능력이 수학 문제해결과 관련되어 있음을 알 수 있다. 구체성은 수화언어를 구체적으로 제시한다면 주의력에 대한 부담을 감소시켜서 보다 빨리 회상할 수 있게 된다는 것을 뜻하고, 친밀성은 친밀하게 느끼는 수화언어를 보다 빨리 회상할 수 있다는 것을 뜻한다.

(3) 언어에서의 어려움

청각장애학생은 모든 학습의 근간이 되는 언어에서의 어려움을 가장 심각하게 겪고 있다. 청각장애학생에게 언어의 어려움은 수학적 개념에 대한 장벽으로 존재한다(Foisack, 2005).

청각장애학생의 읽기 이해 수준은 문제해결 수준과 관련이 있으며, 수학 계산 문제는 청각장애학생이 이해하기에는 어려운 언어 형식을 포함하고 있다. 조건, 비교, 부정, 추리, 생략, 부호 등에서 청각장애학생은 어려움을 느낀다(Pau, 1995). 또한 청각장애학생은 만약, 왜냐하면 등과 같이 수학 문제를 읽는 사람에게 지표가 되는 단어를 해석하지 못하기 때문에 문제 맥락의 중요한 연결고리를 확인하는 데도 어려움을 느낀다(Gregory, 1998). 또한 수학에서 사용되는 특정 언어 구조, 대명사, 긴 단락 등을 어려워하며, 수학에서 사용되는 어휘, 즉 수학적 언어가 수학 밖에서 사용되는 어휘와 의미가 다르기 때문에 청각장애학생의 어려움은 더욱 가중된다(Rudner, 1978; Kidd et al., 1993: 김경진, 2007에서 재인용).

한편 건청학생은 수를 헤아릴 때 낮은 음성을 사용하여 수를 세는 전략(sub-vocal, convert counting strategies)을 흔히 사용하는 데 반해, 청각장애학생은 이러한 전략을 제대로 사용하지 못하여 계산과 암산에서 어려움을 겪는다(Hitch et al., 1983). 일반적으로 이러한 전략은 언어(구어)의 경험과 숫자에 대한 정보를 중재하기 위한 수단으로 알려져 있다.

청각장애학생의 언어에 대한 어려움의 해결책으로, 먼저 청각장애학생의 내적 언어능력을 증진시키기 위해서 음성 정보를 증진시켜야 한다. 그리고 수학 문제를 읽으면서 의미를 분석하는 동안 지표 단어의 차이점을 파악하도록 도와주어야 한다. 이러한 지표 단어로는 조건(만약, ~때), 비교, 부정, 추리, 낮은 수준의 대명사 등이 있으며, 지표 단어를 통하여 수학적 개념이 드러나게 하는 다양한 방법을 사용할 수 있다(Traxler, 2000).

(4) 학습에서 수화언어 사용의 어려움

청각장애학생에게 수학적 개념을 명확히 하기 위한 언어적 접근 방법으로 많은 연구자는 수화언어를 사용하는 이중언어적인 학습법이 가장 효과적이라고 주장한다(Bellugi et al., 1994; Braden, 1994; Nunes & Moreno, 2002). 특히 수학에서 수화언어를 잘 사용하면 수화언어 자체의 시·공간적 특성에 의해 크기, 위치, 공간적 관계와 같은 개념을 잘 가르칠 수 있다(Gregory, 1998). 하지만 현실에서는 모든 청각장애학생이 수화언어를 사용한 수업을 받지 못하며, 수화언어를 사용하여 수업을 받았다 하더라도 수화언어를 사용하여 평가받지는 않는다.

하지만 이러한 현실적인 어려움에도 많은 연구자가 학습에서 수화언어의 우수성을 공감하고 있다(Bellugi et al., 1994; Braden, 1994; Foisack, 2008). 수화언어 사용자는 연속적으로 제시되는 정보에는 약점을 가지는 반면, 시야의 영역 내에 있는 사물 간의 공간적인 관계를 인식하는 시·공간적인 능력(visuospatial abilities)(Foisack, 2008; Marschark, 2003; Moreno, 2000)과, 사물을 머릿속에서 다른 각도로 회전시켜 인식하는 능력(mental rotation skills)이 우수하다(Emmorey et al., 1993). 따라서 수화언어 사용자가 가지고 있는 이런 시·공간적인 강점을 잘 활용한다면 수학 성취도에 긍정적으로 영향을 미칠 수 있다(Blatto-Vallee, 2007).

3) 학업성취도와 관계없는 요인

청각장애학생의 수학 성취도를 예견하는 요인에 관한 연구에서는 다음과 같은 요인이 청각장애학생의 수학 성취도와 관련이 없다고 진술하고 있다.

- 청력손실과 수학 성취도는 직접적인 관련이 없다(Nunes & Moreno, 1997, 2002; Wood et al., 1983a). 청력손실이 직접적인 관련이 없다는 근거로는 중중 청각장애학생의 약 15%가 수학 표준화검사에서 평균이나 평균 이상의 수행을 보이고 있어 모든 청각장애학생의 학업성취도가 떨어지는 것이 아니며, 청각장애학생의 청력손실의 수준과 수학 성취도의 상관관계가 통계적으로 유의미하지 않거나 연관성이 아주 적게 나타난 것을 들 수 있다.
- 교육적 배치와 수학 성취도는 적절한 연관성이 없다(Zweibel & Allen, 1988; Kluwin & Moores, 1989; Holt, 1994). 일반적으로 특수학교보다 통합 환경에 배치되는 청각장애학생의 학업성취도가 훨씬 높은 것으로 생각하기 쉽지만, 이러한 교육적 배치와 학업성취도의 상관관계는 나타나지 않았다.
- 청각장애학생의 수학적 발달은 건청학생의 발달에 비해 지체를 보일 뿐 왜곡되거나 다른 양상으로 나타나는 것이 아니다(Blatto-Vallee et al., 2007; Hitch et al., 1983; Nunes & Moreno, 1997; Secada, 1984; Wood et al., 1983b). 이러한 사실은 청각장애학생의 수학적 발달을 왜곡의 개념이 아닌 발달상 지체의 개념으로 접근할 수 있는 이론적 근거를 마련하였다고 할 수 있다.

4. 교수-학습지도의 실제

1) 수학과 학습지도에 따른 학습 특성

표 12-7 각 지도 영역에 따른 청각장애학생의 학습 특성

영 역	강점 및 약점
수	• 청각장애아동은 자연수, 정수, 분수보다 추상적인 소수의 개념을 이해하기 어려워함
연산	• 자연수, 분수, 소수의 사칙연산을 비교적 잘 이해함 • 서술형 문제에서의 응용력이 부족함
도형	• 평면도형과 입체도형의 구성요소와 간단한 성질을 이해함 • 융통성과 추상성의 부족으로 공·감각적 개념 형성이 어려움
측정	• 원리나 법칙의 적용을 실생활에 연계하여 지도하였을 때 아주 효과적임 • 들이나 부피 단위의 기초 개념에 대한 이해가 부족함
관계	• 청각장애학생의 논리적 사고의 결함으로 반복적이고 개별화된 학습지도가 이루어져야 함

출처: 박효수(1999).

수학을 배울 때 건청학생과 청각장애학생은 학습내용의 이해와 수용면에서 차이를 보일 뿐만 아니라 추상적·창의적·응용적인 문제해결에서도 차이를 보이고 있다. 따라서 학습내용을 효율적으로 학습시키기 위해 수, 연산, 도형, 측정, 관계 영역과 같은 수학의 각 지도 영역별 청각장애학생의 학습 특성을 종합하여 살펴보면 〈표 12-7〉과 같다.

2) 교수지도의 실제

청각장애학생은 교과서를 활용한 수입이 아닌 수학에 대해 사고하게 하는 활동을 통해 수학적 성취를 이룰 수 있다. Stewart와 Kluwin(2001)

이 제시한 '수학에 대해 사고하게 하는 활동을 가르치기 위한 방법'을 정리하여 제시하면 다음과 같다.

(1) 지식구조를 스스로 구성할 수 있는 교수 방법 사용하기

교사는 일방적으로 복잡한 지식구조를 가르치는 것보다 학생이 이미 알고 있는 것부터 새로운 정보를 받아들여 스스로 지식구조를 구성할 수 있도록 도와주는 활동에 더 역점을 기울여야 한다. 이러한 활동을 구체적으로 실천한 Fredrickson과 Stewart(1988)는 청각장애학생이 구체적인 활동에서 추상적인 활동으로 옮겨가도록 도와주는 체계를 고안하였다. 이 체계에서는 다음의 세 단계 활동을 통해 학습을 진행하도록 구성되어 있다.

- 구체적인 재료를 다룬다.
- 문장이나 구어 규칙과 같은 반추상적인 방식으로 수학적 개념을 개념화한다.
- 추상적이거나 상징적인 수준에서 원리를 개념화한다.

다음의 예시는 Fredrickson과 Stewart(1988)가 곱하기 개념을 가르치면서 자신들의 시스템을 사용한 예다.

[예시 1]

곱셈의 개념은 덧셈의 개념과 밀접하게 연결되어 있으므로 초기 과제는 학생을 반복적인 덧셈에 노출시키는 것이다.

활동 1. 15개의 타일을 학생 각자에게 나누어 주고, 타일을 적어도 두 묶음은 같은 수가 되도록 다양한 묶음으로 나누게 한다.

활동 2. 활동 1을 수행하고 난 후 교사와 학생은 다음과 같은 상호 작용을 한다.

교사 : 어떤 덧셈식을 만들었는지 말해 줄 사람 있니?

학생 : 저는 3개, 3개, 3개, 6개로 타일을 나누었어요.
교사 : 잘했구나. 네가 한 것이 무엇인지 나타내 주는 계산식을 보여 줄 수 있겠니?
학생 : (3+3+3+6이라고 쓴다.)
교사 : 3개짜리 묶음은 몇 개지?
학생 : 3개요.
교사 : 그것을 기록하는 간단한 방법을 보여 줄게.
(칠판에 3×3+6=15라고 쓴다.) 그리고 3×3에 동그라미를 칠 거야.

(2) 다양한 도구 사용하기

원활한 교수-학습을 위해 학생이 지식을 구성하고, 문제를 해결하고, 아이디어를 의사소통하기 위해서는 다양한 도구를 능동적으로 사용할 수 있어야 한다. 이러한 도구로는 손으로 다룰 수 있는 재료, 계산기, 비디오테이프, 컴퓨터, 관련 과학기술 등이 있다. 최근에는 신문을 활용한 NIE(Newspaper in education)학습이 많이 활용되고 있는데, 교수에서도 신문을 활용하여 수업을 할 수 있다. 신문을 활용하여 수학 수업을 하기 위해서는 신문을 통해 아이디어를 얻고, 읽은 것과 관련하여 사용 가능한 수학적 활동을 목록으로 구성하여 정리해 두어야 한다. 다음의 예는 신문 기사를 이용하여 수학적 활동을 할 수 있는 여러 가지 방법 중 하나를 나타낸 것이다.

[예시 2]
한 모델이 광고 출연료로 1,000만원을 벌었다는 신문 기사를 사용하여 다음과 같은 활동을 할 수 있다.

- 천 원짜리 지폐로 1,000만 원을 쌓으려면 높이가 얼마가 되는가?
- 천 원짜리 지폐의 끝을 연결하면 얼마나 멀리 갈 수 있는가?
- 십 원짜리 동전을 사용하여 1,000만 원을 평형저울 위에 놓으면 균형을 맞추기 위해 몇 명의 학생이 필요한가?

(3) 수학을 실생활에 적용하기

청각장애아동은 일상생활에서 시간을 중심으로 의사소통을 할 때 어려움을 겪는다(Gregory, 1995; Moreno, 2000). 다시 말하면, 청각장애아동은 일련의 사건을 시간에 따라 나열할 때 건청아동에 비해 더 많은 어려움을 겪는다. 예를 들면, 버스가 가면서 버스 정류장에서 타고 내린 사람을 계산하는 문제에서 청각장애아동은 건청아동에 비해 성취도가 훨씬 떨어진다. 이러한 개념은 수학학습에서 덧셈과 뺄셈을 수행하는 데 중요한 인자로 작용한다(Nunes & Moreno, 2002). 따라서 일상생활에서 발생하는 여러 가지 일을 시간에 따라 정리하는 활동을 하면 기초적인 수 계산에 도움이 된다.

또한 수학을 가정, 학교, 사회 등의 실생활에 직접 적용해 봄으로써 보

표 12-8 실생활에서 수학적 활동을 하는 방법

영 역	활동 방법
측정	• 학교 현관에서 도로까지의 거리 측정하기 • 현관에서 주차장까지 가는 다양한 경로 측정하기 • 한 개의 주차 공간을 채울 수 있는 학생의 수 측정하기 • 학교 내에서 가장 키가 작은 나무의 높이 측정하기 • 일정한 시간마다 학교를 지나가는 차의 수 측정하기
어림하기	• 학교 운동장 둘레를 따라 주차할 수 있는 차량의 수 어림하기 • 학교 건물 한 쪽 벽면 벽돌의 수 어림하기 • 하룻동안 학교를 지나갈 차의 수 어림하기
그래프	• 매 수업 시간 마지막 1분 동안에 학교를 지나가는 차의 수를 그래프로 나타내기 • 주차장 내에 있는 차의 색깔을 그래프로 나타내기 • 휴식 시간 동안 서로 다른 유형의 활동을 하고 있는 학생의 수를 그래프로 나타내기
기하	• 학교 건물의 뒤를 볼 때 가장 분명히 보이는 형태 묘사하기 • 사다리꼴, 원, 평행사변형 등으로 묘사될 수 사물 관찰하기
분수	• 학교 건물의 1/4이 완전히 덮였을 때 길에서 보이는 교실의 수 나타내기 • 주차장의 3/5이 찼을 때 주차 공간을 사용할 수 있는 공간 나타내기

다 실제적인 수학학습이 가능하다. 하지만 실생활에 적용하기 위해서는 다양한 아이디어가 필요하다. 그중 가장 간단한 방법은 학교 가까운 곳에 직접 가서 다양한 수학적 개념을 학습하게 하는 것이다. 〈표 12-8〉은 학교나 그 부근의 실생활 모습을 통해 활동할 수 있는 다양한 방법을 나타낸 것이다.

(4) 수학 교수를 교육과정에 통합하기

많은 청각장애학생은 대부분 다른 사람과 유창하게 의사소통을 하지 못하며, 비교적 가족과 잘 의사소통하는 가정에서도 일상생활에서 수학에 대한 대화를 하지 않는다. 따라서 청각장애학생에게 수학이 실제 생활에서 어떻게 적용되는지에 대해 가르치는 것은 전적으로 교사에게 책임이 있다 해도 과언이 아닐 것이다. 하지만 현실적으로 교사는 수학을 가르치는 데 교수적 접근법이나 교수 준비도에 관심을 기울이기보다는 청

표 12-9 다른 교과에서 수학적 활동을 통한 교육과정 통합의 예

과 목	수학과 관련된 학습 내용의 예
읽기	• 15분, 30분, 45분, 60분 동안 읽은 페이지 수 알아보기 • 책상 높이까지, 천장까지, 달까지 책을 쌓는다면 얼마나 많은 책이 필요할지 어림잡아 계산하기
사회	• 14세기의 탐험 시대가 얼마나 오래 전의 일인지 물어보기 • 여행이 얼마나 오랫동안이었는지 계산하기 • 항해 중 하루에 배는 얼마나 멀리까지 운행했는지 계산하기 • 오늘날의 비행기와 디젤 연료를 사용하는 배로 길을 갈 때 비교하기
과학	• 태양 주변을 도는 행성의 수와 위성의 수를 세어 보고 비교하기 • 1960년대 당시 태양계에 있는 것으로 생각되었던 달의 수와 우리가 현재 알고 있는 수 비교하기
체육	• 학생이 한 학기 동안 1km를 달리는 데 걸리는 시간의 변화 계산하기 • 2분 동안 농구공을 드리블할 수 있는 수를 어림잡아 계산하기 • 공을 얼마나 멀리 던질 수 있는지 어림잡아 보게 하고, 이러한 어림과 실제로 던진 거리 사이의 차이를 계산하게 하기

각장애학생의 언어적 문제에 과도하게 집중하는 경향이 있다(Swanwick et al., 2005).

따라서 교사는 청각장애학생에게 가르치는 모든 과목에서 수학적 활동을 찾아야 한다. 다른 과목에서 수학적 활동을 수행할 수 있는 기회는 아주 많다. 물론 특정 과목의 모든 활동에서 수학적 활동을 할 필요는 없지만, 청각장애학생에게 새로운 수학적 개념을 가르칠 때는 되도록 많은 과목에서 그 개념을 적용할 수 있도록 계획을 수립하고 시행해야 한다. 〈표 12-9〉는 다른 교과에서 수학적 활동을 할 수 있는 예를 보여 준다.

(5) 가족 참여시키기

교사는 부모나 보호자와의 지속적인 대화를 통해 부모나 보호자가 되도록 여러 가지 상황에서 학생의 수학과 관련된 어휘를 반복하고 강화시킬 수 있도록 지원해야 한다(Ray, 2001). 예를 들면, 세탁물을 분류하게 하거나 부엌에서 일을 돕게 하는 등의 활동을 통해 수학적 개념과 어휘를 강화시켜야 한다. 이러한 활동 중 몇 가지에 대해서는 가족이 아동을 도와주었다는 확인을 받아오게 함으로써 간접적으로 가족을 학습에 참여시킬 수 있다(Pagliaro, 2006). 이러한 교사의 활동은 가정에서 부모와 아동 간의 수학적 활동을 수행하게 할 뿐 아니라 의사소통을 더욱 활발하게 하는 효과도 있다(Stewart & Kluwin, 2001).

3) 수학지도 시 고려사항

청각장애학생을 위해 수학지도를 할 때 고려할 점은 다음과 같다(국립특수교육원, 2007).

- 인지과정을 향상시킬 수 있는 프로그램을 실시하여야 한다.
- 중재적 발판(mediated scaffolding)을 제공해야 한다. 중재적 발판은

학생이 성공적으로 학습할 수 있도록 새로운 기술을 수행하는 동안 학생이 지원받을 수 있는 수단을 의미한다. 이러한 지원은 학생이 그 기술을 능숙하게 할 수 있게 됨에 따라 점차적으로 줄여 나가야 한다. 발판 제공은 교사의 시범과 모델링 후, 그리고 독립 수행 전에 해야 한다.

- 청각장애학생의 특성에 맞게 교과서를 재구성한다.
- 개인의 능력에 맞는 철저한 맞춤형 개별화 교육을 실시한다.
- 많은 수학적 기술을 피상적으로만 다루지 말고 다양한 영역에 걸쳐 지식 획득에 기초가 되는 중요한 개념을 완전히 숙달하도록 가르쳐야 한다. 중요한 개념에는 사칙연산, 자릿값, 분수, 어림짐작하기, 확률, 부피와 면적, 문장제 문제해결 등이 해당된다.
- 학생이 성공적으로 학습할 수 있도록 교사는 시범과 모델링 등 다각적인 지원을 해야 한다.
- 수업내용을 제시할 때는 선행 조직자를 활용한다.
- 새로운 기술을 학습하기 전에 선수학습을 숙달시켜야 한다. 이상적으로는 새롭고, 보다 복잡한 기술을 배우기 며칠 전에 선수학습요소를 소개하고 복습해야 한다.
- 복습은 유창하게 할 수 있을 정도로 충분하게 이루어져야 하며, 시간적으로 간격을 두고, 누적적으로 일반화를 촉진할 수 있도록 다양해야 한다.
- 수업을 설계할 때는 학생의 오류 유형을 반영하여야 한다. 수업 설계 시 서로 다른 유형의 문제를 구별할 수 있도록 체계적인 연습을 시켜야 하며, 혼동이 되는 개념이나 용어는 따로 분리하여 가르치고, 각 개념을 설명하기 위해 광범위하고 다양한 예를 사용하여야 한다.
- 수업내용은 구체적 · 표상적 · 추상적 순서로 계열화하여 제시하여야 한다.

- 학생의 수행을 적극적으로 자주 모니터링하고, 이를 바탕으로 수업과 교육과정을 수정하여야 한다.
- 정기적으로 적절한 피드백을 제공하며, 학생의 수행 오류에 대해서는 즉각적이고 교정적이며, 정교화된 피드백을 제공하여야 한다. 흔히 교사는 장애학생에게는 비장애학생보다 피드백을 더 적게 제공하는 경향이 있다.
- 완전학습(mastery learning)을 시켜야 하며, 재미있는 연습 기회를 제공해야 한다. 완전학습이 이루지면 교사와 학생은 적절한 선수 지식 및 기능을 갖추고, 또한 보다 큰 자신감을 갖추면 다른 수준의 학습으로 넘어가도록 한다.
- 구체적인 조작물, 계산기, 컴퓨터 등을 적극적으로 활용하여야 한다.
- 학생이 수학 학습에 대해 긍정적인 태도를 갖도록 지도한다.
- 각각 개별적으로 배운 전략을 통합할 수 있는 기회를 제공해야 한다. 서로 다른 유형의 문제를 구별할 수 있게 하기 위해서는 통합하는 연습(예, 분수를 풀면서 동시에 덧셈과 곱셈을 연습하도록 하기)이 필요하다.
- 수학학습에는 태도, 신념, 동기 등이 중요한 역할을 한다. 수학교수는 성공을 보장하고, 긍정적인 태도를 촉진하도록 설계되어야 한다.

수학학습에 대해 긍정적인 태도를 갖도록 하기 위한 방법은 다음과 같다.

- 학생에게 도전감을 줄 수 있고, 성취할 수 있는 교수목표를 설정한다.
- 과제 분석과 선수 기능에 기초하여 학생에게 성공 기회를 제공한다.
- 학생이 어떻게 하고 있는지 피드백을 제공하기 위해 향상 정도를 도표로 제공한다.
- 실제 생활에서의 문제와 수학과의 관계에 대해 토의한다.

- 학생의 학습 능력에 대해 긍정적인 기대를 갖고 의사소통한다.
- 자신의 노력 여하에 따라 학업성취가 달라진다는 생각을 학생이 이해하도록 돕는다. 학생이 자신의 성공과 실패를 어떻게 설명하는지 주의 깊게 살펴보고, 자신이 통제할 수 있고, 변화시킬 수 있는 것에 원인을 돌릴 수 있도록 지도한다.

결론적으로 청각장애학생의 수학지도는 학업성취를 향상시키기 위해 교육적 배치 장소와 관계없이 각 학생의 특성에 적절한 교수를 제공하고, 교수의 질을 높이는 것이 중요함을 알 수 있다. 즉, 청각장애학생의 성공적인 수학과 학습 조건은 전문 교과 지식, 청각장애에 대한 이해와 적절한 교수 기술을 갖춘 교사, 학생에 대한 높은 기대 수준, 폭넓은 내용 제시, 개별적인 관심, 모니터링, 자신감과 자존심을 높여 줄 수 있는 프로그램의 활용 등이라고 할 수 있다. 그리고 무엇보다도 중요한 것은 청각장애학생 스스로가 수학의 필요성을 인식하게 하고, 모든 일상생활에서 수학학습이 가능하도록 하는 환경을 구성하는 것이다.

참고문헌

권요한(1987). 농아동의 인지적 특성. 대구대학교 대학원 박사학위 논문.

국립특수교육원(2007). 장애학생 수학과 교수-학습지도. 경기: 국립특수교육원 부설 원격교육연수원.

교육부(1999). 중학교 교육과정 해설(III). 서울: 대한교과서주식회사.

교육과학기술부(2011). 특수교육 교육과정(고시 제2011-501호).

김경진(2007). 청각장애아동의 덧뺄셈 수학문장제 해결능력. 단국대학교 대학원 석사학위 논문.

김정현, 김춘일(1987). 특수학교 교육과정의 문제점 분석. 대구: 대구대학교 특수교육연구소.

박효수(1999). 청각장애아의 수학학습 특성과 지도방법. 수학교육 논문집, 8(1), 519-528.

임동규(1991). 청각장애학생의 교과 학력에 관한 연구. 단국대학교 대학원 석사학위 논문.

정명희(2004). 청각장애학생과 건청학생의 산술문장제 해결 능력에 대한 비교 연구. 대구대학교 대학원 석사학위 논문.

황정숙(2007). 청각장애학교 중등부 수학교육의 실태와 문제점에 대한 질적 연구. 대구대학교 대학원 석사학위 논문.

Ansell, E., & Pagliaro, C. (2000). Effects of a signed translation on the types and difficulty of arithmetic story problems. *Focus on Learning Problems in Mathematics, 23*, 41-69.

Bellugi, U., O' Grady, L., Lillo-Martin, M., & O' Grady, H. M. (1994). Enhancement of spatial cognition in Deaf children. In V. Volterra & E. Erting (Eds.), *From Gesture to Language in Hearing and Deaf Children*. Washington, DC: Gallaudet University Press.

Blatto-Vallee, G., Kelly, R., Gaustad, M., Porter, J., & Fonzi, J. (2007). Visual-spatial representation in mathematical problem solving by Deaf and hearing students. *Journal of Deaf Studies and Deaf Education, 12*(4), 432-478.

Braden, J. P. (1994). *Deafness Deprivation and IQ*. London: Plenum Press.

Emmorey, K., Kosslyn, S. M., & Bellugi, U. (1993). Visual imagery and visual-spatial language. *Cognition, 46*, 139-181.

Epstein, K., Hillegeist, E. G., & Grafman, J. (1994). Number processing in Deaf college students. *American Annals of the Deaf, 139*(3), 336-347.

Foisack, E. (2005). Deaf children' s concept formation in mathematics. *Journal of Cognitive Education and Psychology, 4*(3), 375-376.

Foisack, E. (2008). Learning mathematics in a bilingual context. http://www.mai.liu.se/SMDF/madif6/Foisack.pdf.

Fredricksson, T., & Stewart, D. (1988). From the concrete to the abstract: Mathematics for Deaf children. *American Annals of the Deaf, 133*, 51-55.

Frostad, P. (1996). Mathematical achievement of hearing impaired students in Norway. *European Journal of Special Needs Education, 11*(1), 66-80.

Furth, H. G. (1966). *Thinking without language: Psychological implications of deafness*. New York: Free Press.

Gregory, S. (1995). *Young deaf children and their families*. Cambridge: Cambridge University Press.

Gregory, S. (1998). Mathematics and Deaf children. In S. Gregory, P. Knight, W. McCracken, S. Powers, & L. Watson (Eds.), *Issues in Deaf Education*. London: Fulton.

Hitch, G. J., Arnold, P., & Phillips, L. J. (1983). Counting processes in Deaf children' s arithmetic. *British Journal of Psychology, 74*(4), 429-437.

Holt, J. A. (1994). *Interpreting the scores: A users guide to the 8th education standford achievement test for educators of Deaf and hard of hearing students*. Washington, DC: Gallaudet University Press.

Kidd, D. H., Madsen, A. L., & Lamb, C. S. (1993). Mathematics vocabulary: Performance of residential Deaf students. *School Science and Mathematics, 93*, 418-421.

Kluwin, T. N., & Moores, D. F. (1989). Mathematics achievement of hearing impaired adolescents in different placement. *Exceptional Children, 55*(4), 327-335.

Lang, H., & Pagliaro, C. (2007). Factors predicating recall of mathematics terms by Deaf students: Implications for teaching. *Journal of Deaf Studies and Deaf Education, 12*(4), 449-460.

Marschark, M. (2003). Cognitive functioning in Deaf adults and children. In M. Marschark & P. E. Spencer (Eds.), *Oxford handbook of deaf studies, language, and education* (pp. 264-277). New York: Oxford University Press.

Marschark, M., Lang, H. G., & Albertini, J. A. (2002). *Educating Deaf students: From reseach to practive*. New York: Oxford University Press.

Moreno, C. (2000). Predicting numeracy in hearing impaired children. Ph.D. Thesis, London, Institute of Education.

Nunes, T. (2004). *Teaching mathematics to deaf children*. London: Whurr.

Nunes, T., & Moreno, C. (1997). Solving word problems with different ways of representing the task. Equals. *Mathematics and special education needs, 3*(2), 15-17.

Nunes, T., & Moreno, C. (1998). Is hearing impairment a cause of difficulties in learning mathematics? In C. Donlan (Ed.), *The development of mathematical skills* (pp. 257-254). Hove, Britain: Psychology Press.

Nunes, T., & Moreno, C. (2002). An intervention program to promote Deaf pupils' achievement in mathematics. *Journal of Deaf Studies and Deaf Education, 7*, 120-133.

Pagliaro, C. M. (2006). Mathematics education and the Deaf learner. In D. F. Moores & D. S. Martin, (Eds.), *Deaf learners development in curriculum and instruction*. Gallaudet University Press.

Pau, C. S. (1995). The Deaf child and solving problems of arithmetic. *American Annals of the Deaf, 140*(3), 287-294.

Rapin, I. (1986). Helping Deaf children acquire language: Lessons from past. *International Journal of Paediatric Otorhinolaryngology, 11*, 213-223.

Ray, E. (2001). Discovering mathematics: The challenges that Deaf/hearing-impaired children encounter. http://www.education.auckland.ac.nz/webdav/site/education/shared/about/re-search/docs/FOED%20Papers/Issue%2011/ACE_Paper_6_Issue_11.doc.

Rudner, L. M. (1978). Using standard tests with the hearing-impaired: The problem of item bias. *Volta Review, 80*, 31-40.

Secada, W. G. (1984). Counting in sign: the number string, accuracy and use. Unpublished doctoral dissertation. Department of Education, Northwestern University, Evanston, Illinois.

Stewart, D. A., & Kluwin, T. N. (2001). *Teaching Deaf and Hard of Hearing Students: content, strategies, and curriculum*. Boston: Allyn and Bacon.

Swanwick, R., Oddy, A., & Roper, T. (2005). Mathematics and Deaf children: an exploration of barriers to success. *Deafness and Education International, 7* (1), 1-21.

Traxler, C. B. (2000). The stanford achievement test, 9th edition: National norming and performance standards for deaf and hard of hearing students. *Journal of Deaf Studies and Deaf Education, 5*(4), 337-348.

Wollman, D. C. (1965). The attainments in English and arithmetic of secondary school pupils with impaired hearing. *Teacher of the Deaf, 159*, 121-129.

Wood, D., Wood, H., & Howarth, P. (1983a). Mathematical abilities of Deaf school leavers. *British Journal of Developmental Psychology, 1*, 67-73.

Wood, D., Wood, H., & Howarth, P. (1983b). The mathematical achievements of Deaf children from different educational environments. *British Journal of Educational Psychology, 54*, 254-264.

Zweibel, A., & Allen, T. (1988). Mathematics achievement of hearing impaired students in different educational settings: A cross-cultural perspective. *Volta Review, 90*(6), 287-293.

제13장 사회과 교수

1. 기본 원리

1) 특수교육의 교과교육 특성

2011 특수교육 교육과정 공통교육과정을 살펴보면 특수교육 역시 일반교육과 마찬가지로 교육과정이 교과와 창의적 체험활동으로 구분되고, 이중 교과활동에 시간 배당이 많이 된 것을 볼 때 학교교육에서 교과의 비중이 높다고 할 수 있다. 연간 총 수업 시수에서 교과가 차지하는 비중은 2008 개정 특수학교 교육과정에서는 약 85% 정도였으나, 2011 특수교육 교육과정에서는 84~91%를 차지하고 있어 점점 특수교육 교육과정에서 교과지도를 중시하고 있다고 볼 수 있다.

교과교육은 그 성격상 기본적으로 지식에 대한 교육을 근간으로 하며, 특수교육 현장의 교과교육은 일반교육 교과교육과 특성적인 면에서 다음과 같은 차이를 보인다.

첫째, 특수교육 교과교육은 지식, 기능, 태도의 통합적인 측면을 강조한다. 장애학생은 학습한 지식적인 요소가 기능과 태도의 요소로 자연스럽게 전이되고 일반화되기가 어려운 경우가 있기 때문에 특수교육 교사는 지도 계획부터 지식과 기능, 태도 측면의 각 요소를 결합하여 지도하는 경향이 있다. 예를 들면, 교사가 셈하기를 지도할 때 셈하기 지식은 가게에서 가격을 보고 적절하게 물건을 구입하는 기능적 요소로 확대되도록 계획할 수 있고, 이러한 기능적 연습을 통해 장애학생이 물건 구입의 올바른 태도를 익힐 수 있도록 지도할 수 있다.

둘째, 특수교육 현장에서 교사가 지식 요소를 지도할 때 지식 요소는 단순히 지식 요소의 습득을 목표로 하는 것이 아니라, 그 지식요소와 사회생활과의 관련성과 활용성을 강조한다. 일상생활과 관련이 없는 지식은 죽은 지식이며, 일상생활의 편의를 증진시키지 않은 지식 역시 죽은 지식이라는 생활 중심 교육과정의 철학이 잘 적용된다고 볼 수 있다.

셋째, 특수교육과정의 내용을 구성할 때 구성 방법이 일반교육과정의 수준 하강식 또는 희석식 교육과정(watered-down curriculum) 구성이 아니라 장애학생의 요구와 필요에 따른 구성이 되어야 한다는 점이다. 특수교육 현장에서 수준 하강식 교육과정으로 교육과정을 수정하는 경우가 많은데, 수준 하강식 교육과정은 장애학생이 필수적으로 학습하여야 할 기본적인 지식이나 경험을 접할 수 없게 단절하는 교육과정이 될 가능성이 많다(한국특수교육교과교육학회, 2008). 장애학생에게 적절한 교과교육이 되기 위해서는 장애학생의 필요에 기반을 두어 교육과정을 개발하되, 교육목표, 교육내용, 교육 방법, 평가 방법 등 교육과정의 재구성을 통해 학생의 교육적 요구에 적합화하는 작업이 필요하다. 이러한 교육과정 적합화 과정은 교사 개인이 수행하기에는 한계가 있으므로 다양한 연결망을 통해 협조적으로 진행하고, 작업된 완성물은 서로 공유하도록 진행하는 것이 바람직하다.

우리나라에서 특수교육 교과교육의 특성이나 위상 정립에 대한 논의는 2007년 한국특수교육교과교육학회의 창립과 함께 본격적으로 시작되었다고 볼 수 있는데, 한국특수교육교과교육학회(2008)에서는 특수교육 교과교육론의 위상을 일반교육 교과교육론을 근본으로 하고, 그것을 장애학생에게 적용하는 과정에서 고려해야 할 사항을 포함하는 것으로 설정하였다. 즉, 특수교육 교과교육론은 일반교육 교과교육론과 완전히 구분되는 별개가 아니라, 기본적인 개념과 성격을 공유하면서 장애학생을 위해 고려해야 할 추가적인 내용을 포함한다. 그런 의미에서 보면 특수교육 교과교육론은 특수교육과정론과 개별교과교육론(예, 국어과 교육, 사회과 교육 등)을 연결하는 중계 과목의 성격을 띠고 있다.

우리나라 특수교육과의 특수교육교사 양성과정을 살펴보면 특수교육과라기보다는 특수교육 방법과라고 보는 것이 더 적절할 정도로 장애아동 이해와 교육 방법에 편향되어 있다. 특수교육 전공 학생은 장애학생의 정의와 분류, 진단 및 교수법을 위주로 공부하기 때문에 교육 방법에 대해서는 공부할 수 있지만, 교육내용에 대해서는 공부가 부족하여 실제 특수교육 현장에서 혼란이 가중되고 있다. 이에 따라 한국특수교육교과교육학회(2008)에서도 특수교육이 언급하지 않고 있는 교육내용은 바로 교과교육이 되어야 한다고 강조하면서 특수교육이 치료, 훈련, 보호와 구별되는 핵심 개념도 교과교육에서 찾을 수 있다고 하였다. 특수교육이 교육다운 것이 되기 위해서는 교과교육을 본래의 자리로 되돌려 놓는 일이 중요하다. 이는 특수교육이 교과교육을 실행하지 않으면 특수교육이 되지 않는다는 것을 의미한다.

이와 같이 학교교육의 핵심은 교과교육이라 할 수 있으며, 학교교육의 근본적인 문제를 개선하는 지름길은 교과교육의 개선에서 찾을 수 있다(전병운, 유재연, 2009). 전병운과 유재연(2009)은 교과교육학의 발전을 위해서는 전문 연구 인력의 양성, 연구 기회의 확대, 교과교육학을 현장에서 실천하는 교사를 제대로 교육시키기 위한 교원교육 프로그램의 개선

등이 요구된다고 하였다. 또한 각 교과의 내실화를 기하기 위해서 학생의 개인차를 극복하는 방안 마련과 학생 수준에 맞는 다양한 교재 및 교구의 개발이 시급하며, 다양한 교수매체를 활용하여 학생이 학습 의욕과 흥미를 유발할 수 있도록 해야 한다고 하였다.

2) 사회과 교육의 개념

미국의 경우 1950년대 이전에 역사 또는 지리라는 이름으로 사회교육이 이루어졌지만, 1957년 스푸트니크 충격 이후에 교육과정 개혁을 논의하면서 과학과, 수학과, 사회과의 개혁이 진행되어 지금의 사회과 교육의 형태로 발전하였다. 이때부터 사회과는 지리뿐만 아니라 경제, 정치과학, 사회학, 인류학, 심리학과 철학의 일부 요소가 혼합된 간학문적인 특성을 띠게 되었다(Moores & Martin, 2006).

사회과는 처음부터 미국의 사회적 상황과 필요에서 발생된 교과였기 때문에 사회적 상황과 요구가 변화되면서 그 사회에서 요구되는 시민성이 다르게 규정되고, 그에 따라 시민성을 육성하려는 사회과 교육의 개념도 변해 왔다. 미국의 경우 원주민과 이민자와의 갈등, 다양한 인종 간의 갈등 등을 평화적으로 해결하여 사회통합과 질서 유지의 필요성이 생겼다. 이에 1915년 미국교육학회의 사회과위원회에서 '애국시민의 양성'을 목표로 사회과(social studies)를 만들었다. 물론 애국시민을 기르기 위한 교육이 20세기 초반에 갑자기 시작된 것은 아니다. 사회과라는 용어를 사용하지는 않았지만 애국시민, 문화유산 전달로서의 교육이 이루어졌고, 점차 사회과 교육의 목표인 시민성 교육(citizenship education)으로 통합되었다(박상준, 2007). 이후 1994년 미국사회과교육협회(National Council for the Social Studies: NCSS)는 사회과를 다음과 같이 정의하였다.

> 사회과는 시민의 능력을 신장시키기 위해 다양한 인문학과 사회

> 과학을 통합한 교과다. 사회과는 그런 분과 학문을 통합하는 종합적이고 체계적인 연구결과를 제공한다. 사회과의 기본 목적은 학생이 상호 의존적인 세계에서 문화적으로 다양하고 민주적인 사회의 시민으로서 공공의 선을 위해 지적이고 합리적인 의사결정을 내릴 수 있는 능력을 개발하도록 도와주는 것이다.

이 정의에서 사회과의 궁극적인 목표는 합리적인 의사결정능력 신장이며, 사회 문제와 관련된 자료를 학제적으로 접근해야 함을 강조하고 있다.

그러면 우리나라의 사회 상황에서 요구되는 사회과 교육이란 무엇인가? 우리나라의 사회과 교육은 미국의 사회과 교육을 거의 그대로 도입하였기 때문에 미국 사회과 교육의 개념 정의 및 발달사와 유사하다고 볼 수 있다. 2009년 개정 일반학교 사회과 교육과정에는 사회과를 '사회생활에 필요한 지식과 기능을 익혀 이를 토대로 사회현상을 올바르게 인식하고, 민주사회 구성원에게 요청되는 가치와 태도를 지님으로써 민주시민으로서의 자질을 갖추도록 하는 교과'라고 정의하고 있으며, 사회과의 목적은 '민주시민으로서 올바른 자질을 기르는 데 있다.'라고 하였다(교육과학기술부, 2012). 즉, 사회과는 민주시민으로서의 자질을 육성하는 시민성 육성을 본질적인 목표로 하는 교과다.

사회과의 내용은 지리, 역사 및 제 사회과학의 개념과 원리, 사회 제도와 기능, 사회 문제와 가치, 연구 방법과 절차에 관한 요소를 통합적으로 선정하여 조직되었다. 사회과 교육은 사회에서 요구하는 인간상에 따라 변화되었는데, 박상준(2007)은 미국의 사회과 교육의 개념 변화를 〈표 13-1〉과 같이 제시하였다.

표 13-1 미국의 사회과 교육의 개념 변화

시대 \ 구분	사회적 상황	시민성의 개념	사회과의 정의
20세기 초반	이민사회의 갈등 애국심 결여 공업화, 도시화	애국심 규범의 준수 권위에 복종	전통적 문화유산의 전수
20세기 중반	스푸트닉 충격 교육과정 개혁 운동 신사회과 운동	사회과학적 지식 이해 사회과학적 탐구 능력	사회과학적 지식과 탐구방식의 교육
20세기 후반	사회문제의 다양화 사회 갈등의 증가 세계화, 정보화	합리적 의사결정 능력 문제해결 능력	합리적 의사결정과 사회적 행위의 실천 교육

3) 청각장애학생을 위한 사회과 교육의 특성

사회과는 다른 사람과의 관계와 환경에서 발생하는 상호 작용에 대한 연구이므로 다른 사람과 상호 작용하는 학생을 포함하게 된다. 그래서 청각장애학생에게 사회과는 신변 자립부터 시작하여 청각장애인과 청인의 의사소통, 배경 상황, 갈등 상황, 문제해결, 역사, 농문화 등 다양한 교과영역을 다루게 된다.

청각장애학생을 위한 교과는 학습 과제가 언어능력과 상당히 연관되어 있다. 그래서 청각장애학생을 위한 대부분의 교과지도를 할 때는 국어과 지도의 요소(어휘력, 문법 등)를 병행하여 지도하게 되는 경우가 많다. 사회과 역시 언어능력과 상당히 관련 있는 교과이지만, 사회과는 특별히 사회적 행동뿐만 아니라 언어, 과학, 수학의 요소도 포함하는 유일한 과목이며, 건강, 음악, 예술도 다룬다(Stewart & Kluwin, 2001). 예를 들면, 사회과에서 14세기에 페스트가 유럽 사회에 퍼졌다는 것을 배운다고 할 때 이 하나의 사건이 많은 지도자, 노동자, 농부의 죽음을 야기했으며 중동에서 유럽까지 그리고 한 도시에서 다른 도시까지 쥐가 옮긴 벼룩과

진드기에 의한 페스트 질병 전염과 관련된 과학에 대해서도 다룬다. 또 전염이 빠르고 유효하게 나타날 수 있게 한 사람, 가정, 도시의 비위생적인 조건 등을 들어 건강을 다루고, 인구의 격감과 관련해서는 수학에 대해서도 다룬다. 예를 들면, '페스트로 420만 명으로 추정되는 유럽 인구의 1/3이 죽었고, 많은 도시가 인구의 50% 이상을 잃었는데, 만약 페스트가 퍼지지 않았다면 오늘날 유럽 인구는 얼마가 되었을까?'와 같은 내용을 다룰 수 있다. 위생에 대한 관심은 비위생적인 생활의 결말을 나타내는 것으로 체육 관련 내용도 다룰 수 있다.

사회과는 청각장애학생의 문해 능력(literacy skill)의 발달과 촉진을 위해서도 중요한 과목이다. 최근 전자 교과서와 다양한 학습자료의 개발로 영상 자료가 많이 보급되기는 하였지만, 여전히 중요한 교과 지식은 읽기능력을 통해 학습하게 되는 경우가 많다. 어려운 읽기자료의 경우에 교사가 자료를 수정해 주거나 어휘자료를 추가하거나 영상이나 수화언어자료를 첨가하는 등의 교과서 수정 작업이 필요하다. 청각장애학생은 읽기자료와 교사의 설명을 통해 학습내용을 이해할 수 있으며, 읽기능력 향상이 사회생활과 학교생활에 필수적인 요소라는 것을 체득하게 된다.

또한 사회과는 농사회(Deaf community) 및 농문화(Deaf culture)와 관련된 정보를 제공하여 농 정체성(Deaf identity)을 확립하는 데 도움을 줄 수 있는 교과다. 사회과에서 르네상스 관련 내용을 다루면서 이 당시에 말을 하지 못하고 글을 모르는 청각장애인이 재산권을 행사하기가 어려웠다는 것을 배울 수 있다. 이 당시의 청각장애인은 자신의 생계를 유지하기 힘들었고, 동시대 사람들은 청각장애인은 합리적인 사고가 불가능한 것으로 인식하고 있었다. 그때 수도사 Pedro Ponce de Leon(1520~1584)은 두 귀족 청각장애인에게 읽기와 쓰기를 지도하였고, 그때부터 청각장애교육이 시작되었다는 것을 알게 되었다.

청각장애학생에게 사회과 교육의 또 다른 의미는 다양한 사회 갈등 상황과 문제해결에 대한 정보를 제공한다. 흔히 청각장애는 정보장애라는 말을 많이 한다. 우연학습의 기회 부족으로 청각장애학생은 제한된 사회에 대한 정보와 경험을 가질 가능성이 높다. 사회과에서는 실제 사회에서 발생하는 다양한 갈등 상황과 정보를 제공하고, 문제해결과정에 대한 논의를 통해 문제를 해결하는 과정에 대한 내용을 다룸으로써 청각장애학생이 사회 구성원으로 살 수 있도록 지원하는 역할을 한다. 문제 해결을 위한 교수-학습 방법으로는 난상 토론(브레인스토밍), 문제해결학습, 협력학습 등 다양하다.

이러한 사회과의 성격 때문에 청각장애학생에게 사회과를 지도하는 교사는 주제교수법(thematic teaching)을 지지하게 되었고, 가급적 사회과 교수를 할 때 사회 관련 주제를 중심으로 교육 내용을 편성하는 것이 효율적이라고 생각하게 되었다(Stewart & Kluwin, 2001).

2. 교육과정

현재 사회과에서 역사와 지리가 강조되고 있지만, 그 이외의 중요한 많은 다양한 사회과의 내용이 있다. 또한 다른 교육과정에 비해 사회과는 정치적인 영향을 더 많이 받을 수 있으며, 특히 보수적 특징이 강한 사회과에서는 역사와 지리만을 강조하는 사실 중심 교과의 성향이 강하다(Moores & Martin, 2006). 그러나 교사는 역사, 지리뿐만 아니라 다른 사회과 영역을 고려하여 균형 잡힌 사회과 교육과정을 편성하고 운영해야 한다. 특히 청각장애학생을 대상으로 한 사회과 교육에서는 사실 기억보다는 사회 현상을 이해하고, 문제해결을 위한 합리적인 의사결정능력을 향상시키는 것이 중요하다. 각급 학교에서는 국가 수준 교육과정과 시도교육청의 교육과정 편성 및 운영 지침을 참고하여 학교교육과정 편성 및 운영을 위해 노력해야 한다. 또한 청각·중복장애학생을 위해서는 기본교육과정의 사회과 교육과정을 참고하여 학교교육과정을 편성할 필요가 있다.

1) 사회교과의 위계

우리나라 2009년 개정 사회과 교육과정은 공통교육과정(초등학교 1학년~중학교 3학년)과 선택교육과정(고등학교)으로 구분된다. 공통교육과정은 사회(초등학교 3학년~중학교 3학년)와 역사(중학교)로 구성되어 있으며, 선택교육과정은 일반과목과 심화과목으로 세분화되어 있다.

학년		
초등학교 1~2학년	바른 생활	
초등학교 3~6학년	사회과(지리, 일반사회, 역사)	
중학교 1~3학년	사회과(지리, 일반사회)	역사과
고등학교 1~3학년	일반과목(사회, 한국 지리, 세계 지리, 한국사, 동아시아사, 세계사, 경제법과 정치, 사회 · 문화)	심화과목(국제 정치, 국제 경제, 국제 관계와 국제 기구, 세계 문제, 비교 문화, 사회 과학 방법론, 한국의 사회와 문화, 국제법, 지역 이해, 인류의 미래 사회, 과제 연구)

[그림 13-1] 사회과 학년별 구성도

2) 사회과 교육목표

(1) 사회과 목표 진술 방법

사회과 교육의 목표가 민주시민으로서의 자질 육성, 즉 시민성의 육성이라는 점에는 이의가 없지만, 시민성에 대한 관점이 시대의 변화에 따라 과학적 사고력이 발달된 시민, 정치적 · 사회적 · 경제적 과정에 참여하는 사람, 합리적 의사결정과 사회적 행위를 실천하는 사람 등으로 변화되었다(박상준, 2007). 또한 교육목표의 영역으로 지식, 기능, 가치 요소가 중요하게 인식되었다.

(2) 사회과 목표

사회과 목표는 사회 현상에 관한 기초적 지식과 능력은 물론, 지리, 역사 및 제 사회 과학의 기본 개념과 원리를 발견하고 탐구하는 능력을 익혀 우리 사회의 특징과 세계의 여러 모습을 종합적으로 이해하며, 다양한 정보를 활용하여 현대 사회의 문제를 창의적이며 합리적으로 해결하고, 공동생활에 스스로 참여하는 능력을 기르는 데 있다. 이를 바탕으로 개인의 발전은 물론, 사회, 국가, 인류의 발전에 기여할 수 있는 민주시민의 자질을 기를 수 있다. 사회 교과의 전반적인 목표는 다음과 같다(교육과학기술부, 2012).

- 사회의 여러 현상과 특성을 그 사회의 지리적 환경, 역사적 발전, 정치 · 경제 · 사회적 제도 등과 관련지어 이해한다.
- 지표 공간의 자연 및 인문 환경에 대한 이해를 통해 지역에 따른 인간 생활의 다양성을 파악하고, 지리적 지식과 기능을 습득하여 지리적 문제를 해결한다.
- 각 시대의 특색을 중심으로 우리나라의 역사적 전통과 문화의 특수성을 파악하여 민족사의 발전상을 체계적으로 이해하며, 이를 바탕으로 인류생활의 발달 과정과 각 시대의 문화적 특색을 파악한다.
- 사회생활에 관한 기본적 지식과 정치 · 경제 · 사회 · 문화 현상에 대한 기본적인 원리를 종합적으로 이해하고, 현대사회의 성격 및 민주적 사회생활을 위하여 해결해야 할 여러 문제를 파악한다.
- 사회 현상과 문제를 파악하는 데 필요한 지식과 정보를 획득, 분석, 조직, 활용하는 능력을 기르며, 사회생활에서 나타나는 여러 문제를 합리적으로 해결하기 위한 탐구능력, 의사결정능력 및 사회참여능력을 기른다.
- 개인과 사회생활을 민주적으로 운영하고, 우리 사회가 당면한 문제에 관심을 가지고 민주 국가 발전과 세계의 발전에 적극적으로 이바지하려는 태도를 가진다.

3) 사회과 내용 체계

표 13-2 사회과 내용 체계도

<table>
<tr><th>학 년</th><th>지리영역</th><th>일반사회영역</th><th>역사영역</th></tr>
<tr><td>초등학교
3~4
학년</td><td>• 우리가 살아가는 곳
• 달라지는 생활 모습
• 촌락의 형성과 주민 생활
• 민주주의와 주민 자치</td><td>• 이동과 소통하기
• 우리 지역, 다른 지역
• 경제생활과 바람직한 선택
• 지역 사회의 발전</td><td>• 사람들이 모이는 곳
• 도시의 발달과 주민 생활
• 다양한 삶의 모습
• 사회 변화와 우리 생활</td></tr>
<tr><td>초등학교
5~6
학년</td><td>• 살기 좋은 우리 국토
• 환경과 조화를 이루는 국토
• 우리 이웃 나라의 환경과 생활 모습
• 세계 여러 나라의 환경과 생활 모습</td><td>• 우리 경제의 성장
• 우리나라의 민주 정치
• 우리 사회의 과제와 문화의 발전
• 정보화 · 세계화 속의 우리</td><td>• 우리 역사의 시작과 발전
• 세계와 활발하게 교류한 고려
• 유교 문화가 발달한 조선
• 조선 사회의 새로운 움직임
• 근대 국가 수립을 위한 노력과 민족 운동
• 대한민국의 발전과 오늘의 우리</td></tr>
<tr><td rowspan="2">중학교
1~3
학년</td><th colspan="2">지리영역</th><th>일반사회영역</th></tr>
<tr><td colspan="2">• 내가 사는 세계
• 인간 거주에 유리한 지역
• 극한 지역에서의 생활
• 자연으로 떠나는 여행
• 자연재해와 인간 생활
• 인구 변화와 인구 문제
• 도시 발달과 도시 문제
• 문화의 다양성과 세계화
• 글로벌경제와 지역 변화
• 세계화 시대의 지역화 전략
• 자원의 개발과 이용
• 환경 문제와 지속 가능한 환경
• 우리나라의 영토
• 통일 한국과 세계시민의 역할</td><td>• 개인과 사회생활
• 문화의 이해와 창조
• 사회의 변동과 발전
• 정치생활과 민주주의
• 정치과정과 시민 참여
• 경제생활의 이해
• 시장 경제의 이해
• 일상생활과 법
• 인권 보장과 법
• 헌법과 국가 기관
• 국민경제와 경제 성장
• 국제경제와 세계화
• 국제사회와 국제정치
• 현대사회와 사회 문제</td></tr>
</table>

※ 중학교 역사, 고등학교 선택 교육과정 제외

3. 교수-학습지도 방안

제7차 특수학교 교육과정부터 청각장애학생은 국민공통기본교육과정에 준하여 교과지도를 하도록 되어 있다. 여기서는 일반적인 사회과 지도 방법에 대해 기술한다.

1) 일반적인 사회과 지도 원리

미국의 경우 1960년대 이후에 사회과 교육을 위한 프로젝트에 다양한 연구가 진행되어 사회과 교육 방법으로 다음과 같은 지도 방법을 고려하였다(Moores & Martin, 2006).

- 과거의 표층적인 연구법이 아닌 심층적인 연구법을 활용한다.
- 지식 중심 접근보다 개념 중심 접근을 한다.
- 사회현상 연구에서 단학문적 접근보다는 문화적 · 사회적 · 경제적 · 지리적 · 정치적인 다양한 관점을 포함한 간학문적 접근을 한다.
- 수업자료로 실증적인 역사자료를 활용하여 사건이 일어난 상황에 대한 자신의 생각을 표현하게 한다.
- PPT, 영상, 빔프로젝터와 같은 자료를 활용하여 시각적으로 사회과를 접하게 한다.
- 학생에게 학습 주제와 관련된 자신의 생각과 의견을 제시하고, 반박할 수 있는 논쟁의 기회를 제공한다.
- 지역 박물관 견학과 같은 현장학습의 기회를 제공한다.
- 특정 주제와 관련된 지역사회의 전문인사를 수업에 초대한다.
- 역할극과 모의수업, 지역사회 봉사와 같은 경험을 통해 사회 현상에 실제로 참여하는 경험을 제공한다.

2009 개정 일반학교 교육과정에서는 사회과 지도 방법으로 학습목표와 내용을 고려하여 직접 교수법, 문제해결학습법, 창의성 계발학습법, 반응 중심 학습법, 탐구학습법, 현장학습법, 개별화 학습법, 정보통신기술(ICT) 활용학습법, 가치탐구학습법, 토의 · 토론식 교수법, 협동학습법 등 다양한 교수-학습 방법을 활용하도록 하였다(교육과학기술부, 2012).

2) 사회과 교수-학습 방법

전숙자(2007)는 사회과 교육의 새로운 접근 방법을 〈표 13-3〉과 같이 제시하였다.

표 13-3 사회과지도 방법

<table>
<tr><td colspan="4">NIE</td></tr>
<tr><td rowspan="8">웹자료</td><td rowspan="2">사회과 수업과 웹자료</td><td colspan="2">하이퍼텍스트</td></tr>
<tr><td colspan="2">하이퍼미디어</td></tr>
<tr><td rowspan="3">매체</td><td colspan="2">멀티미디어</td></tr>
<tr><td colspan="2">컴퓨터</td></tr>
<tr><td colspan="2">디스코그래피</td></tr>
<tr><td rowspan="2">WBI 모형</td><td colspan="2">해리스 모형</td></tr>
<tr><td colspan="2">파커로던 모형</td></tr>
<tr><td>ICT 활용 수업</td><td colspan="2"></td></tr>
<tr><td rowspan="4">고등 사고력 함양을 위한 읽기 · 쓰기</td><td rowspan="4">독서를 통한 교과 내용 이해</td><td rowspan="4">읽기전략</td><td>KWL 방법</td></tr>
<tr><td>토론 연결망</td></tr>
<tr><td>개념지도</td></tr>
<tr><td>정보 검색 차트</td></tr>
<tr><td rowspan="5">기타 교수-학습 방법</td><td rowspan="2">의사소통하기</td><td>듣기 · 말하기</td><td></td></tr>
<tr><td>쓰기</td><td></td></tr>
<tr><td>현장답사</td><td colspan="2"></td></tr>
<tr><td>초대연사</td><td colspan="2"></td></tr>
<tr><td>시연</td><td colspan="2"></td></tr>
</table>

(1) NIE

NIE(Newspaper in Education, 신문 활용 교육)는 매일 보도되는 신문 기사를 교과내용과 연관시켜 가르치는 것이다. 사회는 급변하는 데 비해 교육과정이 개정되는 것은 일정한 시간이 필요하므로 사회 변화를 잘 반영하는 신문을 활용하여 다양한 사회 현상을 제공할 필요가 있다. 신문은 살아 있는 지식을 전달한다는 점, 쉽게 접할 수 있는 매체라는 점, 현재의 사건뿐만 아니라 과거의 사건도 다룰 수 있다는 장점이 있다. 또한 신문에 실려 있는 사진과 그래프, 삽화를 수업자료로 활용하여 읽기 기능을 촉진시킬 수 있다.

그러나 학습 자료로서 신문이 가진 장점에도 불구하고 NIE를 사회과 수업에 접목하고자 하는 경우에는 다음과 같은 사항에 유의해야 한다.

- 신문사나 기자의 편견이 개입되어 교재의 공정 중립성이 훼손될 가능성이 있다.
- 언제 어떤 기사가 나올지 예측하기 힘들기 때문에 교수-학습 계획을 세우는 데 어려움이 있다.
- 사회의 어둡고 부정적인 면만을 다룰 가능성이 있다.
- 교사가 정보를 교재화하는 데 시간적 여유와 교사의 역량이 필요하다.
- 글로 된 기사가 많아 학생의 흥미를 유지시키기 어려운 경우가 있다.

특히 청각장애학생의 읽기 수준은 초등학교 3~4학년 수준으로 신문을 자유롭게 읽고 이해하기에 어려움이 있다. 그러므로 교사는 신문 기사의 난이도에 유의해야 하며, 도표나 그래프를 적극 활용하는 것이 중요하다. 또한 시사적인 내용을 제시하여 학생의 흥미와 동기를 유발할 수 있도록 해야 한다.

(2) 웹자료

사회과 교사는 교수-학습지도 계획 시 대량의 정보와 시청각 이미지를 학생에게 제공할 수 있어야 한다. 더 나아가 웹을 기반으로 한 설문조사, 토론학습, 공동협력연구 등의 웹기반교수(Web Based Instruction: WBI)를 활용할 수도 있다. 또한 교육 전반에서 컴퓨터 공학을 응용한 e-learning, u-learning 시스템이 구축되어 새로운 교수-학습 방법이 연구되고 있다. 사회과 교육에서 유용하게 사용되는 웹자료는 하이퍼텍스트(hypertext)와 하이퍼미디어(hypermedia)를 활용하여 구성되는 자료다.

하이퍼텍스트와 하이퍼미디어는 둘 다 정보를 비선형적인 방식으로 제공하는 것으로, 학생이 학습 유형과 필요에 맞게 정보를 찾아볼 수 있는 상호작용적이고 비직선적인 전자교과서 또는 소프트웨어 프로그램을 의미한다. 이런 자료는 다양한 학습을 가능하게 하는 역동적인 자료로 활용될 수 있고, 보조자료서 교사의 역할을 강조하여 교사와 학생 간의 상호 작용을 증가시킬 수 있다.

물론 이러한 웹자료도 단점이 있는데, 학습자가 체계적인 교육내용의 선정과 조직의 혼란, 신기성에 의한 낮은 학습 효율성 문제, 매체 중독 우려 등이 있다. 그러나 이러한 많은 문제에도 불구하고 웹자료는 특수교육 현장에서의 ICT 활용 수업, CAI(Computer Assisted Instruction), 강화제로서의 웹자료 등 다양하게 활용되고 있다는 장점이 있다.

청각장애학생에게 효율적인 웹자료가 되기 위해서는 내용 선정, 개념 설명, 어휘 사전 제공, 수화언어 통역 제공, 동영상자료 제공 등 교육과정 재구조화가 필요하다.

(3) 고등 사고력 함양을 위한 읽기와 쓰기

읽기에 대한 최근의 관점은 학습자가 단순하게 책을 읽고 수동적으로 내용을 받아들이는 수신자가 아님을 강조하고 있다. 이는 학습자가 독서를 하면서 자료의 의미를 이해하고 의미를 재구성하여 자료와 의사소통

〈현행 신문 읽기 방법〉

- 경제기사를 관련 경제 개념과 연관시켜 알기 쉽게 풀어 주는 방법
- 논란이 되는 경제 쟁점을 제공하고 자신의 의견을 서술하도록 하는 방법
- 경제기사를 스크랩하고 중요한 부분에 밑줄을 쳐서 설명을 덧붙이게 하는 방법
- 기사 자체를 문제로 만들어 풀어 보게 하는 방법

(제2회 매일경제 NIE경진대회 최우수 교사부문, 출처: 2005. 04. 20. 매일경제)

⬇

〈마토렐라가 제시한 효과적인 읽기 방법〉

- 신문기사를 읽고 요약한 후 헤드라인 작성해 보기
- 경제기사에 사용된 개념을 찾고 어려운 개념이 사용된 문장을 다시 기사로 재구성하기
- 두 개의 경제 신문에서 같은 사건을 다루고 있는 기사를 찾아 사건의 인과관계를 찾고 서술 관점 비교해 보기

[그림 13-2] 효과적인 읽기를 통한 지도 방법

할 것을 주장한다. 읽기 자료로 사용되는 것은 교과서와 참고서, 신문, 시사 잡지 등을 포함한 정기간행물, 문학작품, 예술작품 등이다. 전숙자(2007)는 NIE와 효율적인 읽기 방법을 [그림 13-2]와 같이 비교하여 제시하였다.

읽기를 활용한 수업은 NIE와 비교할 때 읽기와 쓰기가 통합되며, 자료에 대한 좀 더 종합적인 접근을 요구한다. 신문과 정기간행물은 현재의 쟁점에 대해 풍부한 자료를 제공해 주며, 학생이 학교에서 배운 교육과정과 현실 사이의 간격을 좁혀 흥미와 관심을 이끌어 낼 수 있다. 이를 효과적으로 읽는 방법으로 마토렐라(Martorella)는 다음 여섯 가지를 제시하였다(전숙자, 2007 재인용).

- 기사의 요지로부터 헤드라인 뽑아 보기
- 구어체 표현, 은유 등 표현을 찾아 고쳐 보기
- 새로운 개념을 찾고, 어려운 개념을 포함한 문장 해석하기

- 같은 사건에 대한 설명 비교해 보기(인과 관계 찾기, 사실과 의견 구분하기)
- 기사의 중심 내용 찾기
- 정보의 분류와 조직화 방법 인식하기

또한 마토렐라는 활자화된 자료와 마찬가지로 그림, 사진, 슬라이드 등의 시각적 자료를 효과적으로 읽기 위해 다음과 같은 기본적인 질문을 제시하였다(전숙자, 2007에서 재인용).

- 그림이 나타내고 있는 내용 파악하기(무엇을 나타내고 있는가?)
- 그 정보가 사실인지 혹은 허구인지 구분하기(현실을 반영한 것인지, 아니면 재창조된 것인지 구분하기)
- 그 정보를 다른 정보와 연관시키기(이미 알려진 사실과 어떤 관련이 있는가?)
- 자료 요약하기(적당한 제목은 무엇인가?)

4. 청각장애학생의 사회과 지도 시 고려사항

교수-학습지도에서는 청각장애학생에게 그들과 교과의 특성을 고려한 교육이 필요하다. 따라서 청각장애학생을 위한 사회과 수업은 청각장애학생을 위한 그들의 유연한 문제해결능력과 효과적인 개념 형성을 위한 수업설계가 구안될 수 있는 구조화된 수업요소 탐색의 필요성이 요구된다. 강민주와 최성규(2012)는 청각장애학생을 위한 사회과 수업에서 중요한 내용으로 다음을 하였다.

- 언어능력과 인지능력을 고려한 탐색

- 시각적인 장점과 잠재능력을 고려한 수업 구조화 요소의 탐색
- 그들만의 사회적 경험이 반영된 설계

1) 문제해결 맥락학습 강조

청각장애인에게 '정보장애'라는 말은 정보의 취득이 어려워 사건 중심의 지식습득이 어려운 측면을 지적하기도 하지만, 더 나아가 취득한 사건에 대한 지식을 사회 현상과 관련시키고 확대하는 부분에서의 어려움을 의미하기도 한다. 이런 측면에서 보면 날짜, 위치, 사람의 이름과 같은 사건과 주제 중심의 관습적 사회과 지도(conventional social studies teaching)는 정보를 그대로 되뇌기만 하여 빈약한 학습결과를 초래한다. 그러므로 학생이 지식에 대해 깊이 생각하여 적용하는 데 능동적으로 참여하도록 하기 위해 문제해결 맥락(problem-solving context)을 활용하는 것이 효율적이다(Stewart & Kluwin, 2001). 문제해결 맥락학습은 주제(topic)와 사건을 가르치는 것에 중점을 두는 것이 아니라 개념을 기본으로 하는 교육과정을 활용하여 기본 개념을 학습하고, 기본 개념이 사회 현상으로까지 확장될 수 있도록 제반 사회활동과 관련지어 주제를 다루는 것이다. 주제가 의미 있는 것이 되기 위해서는 교실 맥락과 사회 맥락, 학생의 물리적이고 심리적인 특성을 포함한 많은 조건을 충족시켜야 한다. 즉, 학습 주제가 학생과 문화적으로 관련되게 제시하는 것이 중요하다. 더 나아가 학습 주제가 농문화와 교육과정적으로 통합된다면 청각장애학생의 사회과 학업성취는 향상된다는 공감대가 형성되었다(Moores, 1996).

2) 개념 형성의 중요성 강조

청각장애교육에서 오랫동안 쟁점이 되었던 내용은 청각장애학생의

바람직한 의사소통 양식(communication mode)에 관한 것이었다. 아직까지도 이 쟁점에 대한 논의가 계속되고 있다. 그러나 분명한 것은 이 문제가 선택의 문제지 바람직함의 문제는 아니라는 점이다. 특히 사회과는 내용 교과이고, 복잡한 어휘와 추상적인 개념, 그리고 다양한 갈등이 내재된 사회 현상을 다루는 교과다. 이러한 이유로 사회과에는 추상적이고 복잡한 개념이 많이 등장하는데, 교사가 내용 전달과 논의에 집중하기 위해서는 청각장애학생이 지각하고 이해할 수 있는 의사소통 양식으로 의사소통하는 것이 중요하다. 즉, 구어냐, 수화언어냐의 의사소통 양식보다는 의미 전달이 이루어지는 것이 중요하다. 한편 수화언어 표현은 추상성을 나타내는 측면에서는 다소 취약할 수 있지만, 개념화와 개념을 전달하는 측면, 전달력 측면에서 우수하기 때문에 청각장애 특수학교에서 고학년으로 올라갈수록 수화언어의 활용이 증가하는 경향이 있다.

그러므로 청각장애학생을 대상으로 사회과를 지도하는 교사는 개념 형성과 활용을 위하여 청각장애학생이 이해할 수 있는 양식으로, 문화적으로 관련된 내용을 다양하게 지도해야 한다. 또한 이러한 내용을 청각장애학생이 사회현상에 적용하여 개념화할 수 있도록 지도하는 것이 사회과 교육의 관건이라고 할 수 있다.

3) 협력학습의 강조

교사가 청각장애학생에게 구어를 가르치는 주된 이유는 이들이 듣는 세상에 살고 있으며, 청인과 협력적으로 지내는 것을 배워야 하기 때문이다. 이와 마찬가지로 청각장애학생에게 수화언어를 가르치는 주된 이유는 이들이 성장하면 수화언어를 사용하는 다른 농인과 사회화되면서 농문화를 향유하는 농사회의 구성원이 되는 것을 배워야 하기 때문이다. 사회과학습 방법 중에서 협력학습(cooperative learning)은 사회 구성원과 공유감각을 가지고 이들과 협력하여 생활하는 방법을 배우는 학습 모형이라 할 수 있다. 또한 학생이 구조화된 학업 과제에서 또래와 협력하여 작업함으로써 그들 자신의 학업적 성장과 사회적 성장이 어떻게 향상되는지 깨닫게 해 주는 학습 방법이다. 청각장애학생은 의사소통 기회의 부족으로 자칫 자기 자신에게 갇히거나 반대로 다른 사람의 의사를 무시하고 지나친 자기 표현 욕구를 지니는 경우가 있으므로 협력학습을 통해 자기 표현 욕구를 적절히 통제할 수 있도록 하는 것이 좋다. 협력학습을 지지하는 증거로 Stahl(1994)은 협력학습을 경험한 학생은 다음과 같은 경향이 있다고 하였다.

- 학업 시험, 특히 목표로 한 산출목적과 관련된 시험에서 더 높은 점수를 받는다.
- 비평적 추론능력과 전략에서 더 능숙함을 보인다.
- 학습하고자 하는 내재적 동기화의 수준이 더 높다.
- 개인적으로서 그리고 집단 구성원으로서 덜 분열적이다.
- 과제, 학업, 집단 상호 작용 활동에 더 많이, 더 높은 질적 수준으로 참여한다.
- 공동의 목표를 달성하기 위해 소집단 상황에서 협력적으로 작업한다.
- 타인과 효율적으로 일하는 데 필요한 긍정적 태도를 많이 갖고 있다.
- 교사, 교장, 그리고 그 외 학교 직원에 대해 더 긍정적인 태도를 갖고 있다.
- 집단 상황 내에서 기꺼이 긍정적으로 공유하고 상호 작용한다.
- 인간의 질을 기본으로 한 우정을 더 많이 지속한다.
- 다양한 민족이나 인종의 사람과 더 긍정적인 관계를 유지한다.
- 다양한 맥락에서 다른 학생과의 개인적인 접촉을 자발적으로 증가시킨다.
- 더 기꺼이 여러 사람 앞에서 자신의 생각을 말하고 토의한다.

- 더 긍정적인 자아개념과 자기존중감을 가진다.
- 학업적 연구에 더 많이 흥미를 갖고 기꺼이 참여한다.

4) 수행 평가 강조

청각장애학생을 평가 시 경험하는 문제는 평가 방법에 대한 것이다. 교사는 다양한 교수-학습 활동을 진행하고 평가하면서 일반적으로 지필 평가와 수행 평가를 활용하는데, 지필 평가는 청각장애학생이 아주 힘들어하는 평가 방법이다(조일연, 1992). 어떤 측면에서 보면 청각장애학생에게 지필 평가는 사회과 교과 평가라기보다는 국어 이해력 평가가 되는 경우가 많다. 이러한 이유로 사회과 평가 시에 수행 평가의 비중을 높이는 것이 필요하며, 수행 평가의 내용도 다양화하여 평가 내용이 사회과 성취도 평가가 될 수 있도록 주의해야 한다.

5) 농사회와 농문화 교육을 통한 농정체성 교육

한국의 다문화교육은 소수자의 문화적 · 언어적 특성과 다양성을 인정하기보다는 한국사회와 문화에 적응하도록 돕는 단일성 추구에 의해 이루어지고 있다. 청각장애교육에 있어서도 청각장애인의 문화적 · 언어적 특성과 다양성을 인정하기보다는 청능훈련을 통해 일반사회에 동화되도록 하는 것이 강조되었다고 볼 수 있다. 이런 상황에서 강창욱(2010)은 청각장애학생의 올바른 정체성 형성을 위하여 농문화를 이루고 있는 농사회가 우리 사회 속의 하위문화 공동체로 새롭게 인식되어야 하며, 이것이 사회과 교육과정에 다문화교육의 차원에서 반영되어야 한다고 주장하면서 청각장애학생을 위한 사회과 교육에 농인학(Deaf study)을 포함시켜야 한다고 하였다. 강민주와 최성규(2012)의 연구에서도 청각장애학교에서 사회과를 지도하는 교사는 청각장애학교 사회과의 목표와 내용에 농문화 특성에 대한 이해와 발전방안에 대한 내용을 비중 있게 다뤄야 한다고 생각하고 있었다. 즉, 청각장애학생을 대상으로 사회과를 지도하기 위해서는 일반교육과정에서 다루는 사회과의 목표와 내용뿐만 아니라 청각장애학생의 특성을 고려한 사회과의 목표와 내용의 수정이 필요하다.

6) 교육과정 재구성

제7차 특수학교 교육과정에서 청각장애학생의 교육과정 적용은 공통교육과정에 준하도록 되어 있으며, 이 기조는 2011 특수교육 교육과정에도 유지되고 있다. 제7차 특수학교 교육과정 이전에는 장애영역별 · 과목별 교육과정이 별도로 개발되었고, 이에 따라 교과서 역시 별도로 개발되었기 때문에 청각장애학생의 교육적 특성에 맞춘 교과서로 사회과 교육이 가능했다. 그러나 7차 교육과정부터는 사회과교육 시 국민공통기본교육과정에 준하는 장애학생의 특성을 고려하여 운영하도록 원론적인 지침만 나와 있고, 별도의 교육과정과 교과서가 개발되지 않아 교과서가 청각장애학생의 읽기 수준보다 상당히 어려워져 사회과지도에 많은 어려움이 있다.

사회과 교과서는 학생이 학습해야 할 사실이나 개념이 단순한 사회 현상의 기술에서 고차원적인 사고 기능까지 포함하고 있기 때문에 청각장애학생의 어휘 및 구문 능력, 언어발달 수준과 지식 기반에 비추어 볼 때 현 교과서를 그대로 수업에 활용하기에는 무리가 따른다. 이에 따라 김을집, 안성우, 최상배(2003)는 청각장애학생 사회과지도를 위하여 교과서를 재구성하여 제시하였다. 재구성한 교과서에는 어휘 설명을 추가하고, 어려운 구문은 쉽게 단문으로 제시하였다. 연구결과 교과서를 재구성하여 제시했을 때 어휘력과 학업성취도가 유의미하게 향상되었다. 이 결과는 교과서와 교수자료 등 교육과정을 재구성하는 것이 청각장애학생의 사회과학습에 필요함을 나타낸다.

청각장애학생을 위한 교육과정 재구조화 시 고려해야 하는 것으로 박남수(2004)와 박남수, 최성규, 박귀메(2005)는 이중문화 접근에 기초한 사회과 교육과정 재구성이 학습에 대한 흥미 유발, 청각장애인으로서의 긍정적인 정체성 형성, 사회 문제 해결능력 향상 등에 긍정적인 효과가 있다고 하였다. 즉, 사회과 교육과정 재구성 방안으로 농문화를 일반교육과정과 함께 지도하는 방안을 제시하였는데, 이러한 지도는 청각장애학생이 사회 현상을 이해하고 학습 과제에 동기를 유발하는 데 효과적이라고 하였다.

이러한 접근 방법은 최근의 청각장애학생 사회과 지도의 새로운 경향이라 할 수 있으며(Moores & Martin, 2006; Stewart & Kluwin, 2001), 이중언어 · 이중문화 접근법 적용과 맞물려 사회과 교육의 새로운 접근법으로 각광받고 있다.

참고문헌

강민주, 최성규(2012). 청각장애학생을 위한 중학교 사회과 수업 구조화 요소 탐색. **특수교육학연구**, 47(1), 1-38.

강창욱(2010). 청각장애 특수학교 사회과 교육과정 구성의 다문화교육적 대안. **특수교육저널: 이론과 실천**, 11(4), 119-141.

교육과학기술부(2012). **사회과 교육과정**. 서울: 교육과학기술부.

교육과학기술부(2011). **2011년 개정 특수교육 교육과정**. 서울: 교육과학기술부.

김을집, 안성우, 최상배(2003). 사회과 교과서 내용 재구성이 중학부 청각장애학생의 어휘 습득 및 사회과 학업성취도에 미치는 영향. **언어치료연구**, 12(1), 161-176.

박남수(2004). 청각장애학교 사회과 교육과정 재구성 방안: 청각장애 문화의 통합. 언어치료연구, 13(2), 75-92.

박남수, 최성규, 박귀메(2005). 이중문화접근에 기초한 청각장애학교 사회과 교육과정 재구성 및 교재 개발. 언어치료연구, 14(4), 123-153.

박상준(2007). 사회과교육의 이론과 실제. 경기: 교육과학사.

전병운, 유재연(2009). 특수교육과 교과교육. 경기: 교육과학사.

전숙자(2007). 고등 사고력 함양을 위한 사회과 교육의 새로운 이해. 경기: 교육과학사.

조일연(1992). 평가방법에 따른 청각장애학생의 교과학력 비교 연구. 단국대학교 대학원 석사학위 논문.

한국특수교육교과교육학회(2008). 특수교육 교과교육론. 경기: 교육과학사.

Moores, D. F. (1996). *Educating the deaf: Psychology, principles, and practices* (4th ed.). Boston: Houghton Mifflin.

Moores, D. F., & Martin, D. S. (2006). *Deaf learner: Developments in curriculum and instruction*. Gallaudet university press.

Stahl, R. J. (1994). Cooperative learning: A social studies context and an overview. In R. J. Stahl (Ed.), *Cooperative learning in social studies: A handbook for teacher, 1-17*. CA: Addision-Wesley.

Stewart, D. A., & Kluwin, T. N. (2001). *Teaching deaf and hard of hearing students: Content, strategies, and curriculum*. Boston: Allyn and bacon.

〈참고 사이트〉

미국사회과교육협회 http://www.socialstudies.org

제14장
과학과 교수

잘 구성된 과학실에서 신기한 도구를 가지고 실험을 하는 과학 수업은 청각장애학생의 시각적 호기심을 채워 주기에 적합한 교과다. 또한 과학 교과는 수업에서 관찰, 실험, 보고서 작성 등의 방법을 많이 사용하기 때문에 시각에 의존하여 정보를 수집하는 청각장애학생의 특성에도 적합한 교과라고 할 수 있다(Lang & Steely, 2003). 하지만 청각장애학생에게 과학을 가르치는 특수교육교사는 청각장애학생이 실험이나 관찰학습에 있어 한계를 가지고 있으며, 정작 가르치려고 하는 기본 개념조차 이해하지 못한다고 말한다.

이러한 현실의 괴리는 왜 존재하는 것일까? 과학교과가 일상생활에서 주변 환경에 대한 관찰과 흥미로운 실험, 즉 청각장애학생이 선호하는 시각적인 활동을 기반으로 하는 학문이기 때문에 비교적 청각장애학생이 접근하기 쉬운 학문이라고 생각하기 쉽다. 하지만 우리나라보다 청각장애교육이 훨씬 발달한 미국에서조차 2000년대 중반에서야 과학교육을 위해 관찰과 실험에 기초를 둔 지식체계를 개발하기 시작한 것을 보면 과학 교과가 청각장애학생에게 결코 쉽게 적용할 수 없는 과목이라는 것을 알 수 있다.

이 장에서는 과학의 정의, 공통교육과정과 기본교육과정의 과학교과 구성을 비교해 보고, 청각장애학생이 과학교과에서 겪는 어려움, 마지막으로 청각장애학생에게 과학교과를 가르치는 효율적인 방법에 대해 알아보기로 한다.

1. 과학의 정의

과학은 관찰을 통하여 우리를 둘러싼 세계에 대해 이해하는 학문이다. 즉, 식물이 자라고, 계절의 변화가 생기며, 하늘에서 비가 오고, 물체가 움직이는 것 등 우리를 둘러싼 자연의 모든 현상을 관찰을 통하여 이론적으로 체계화시키는 학문이다(Stewart & Kluwin, 2001). 또한 과학이란 단지 과학적 사실만이 아니며, 일반적인 원리, 과학적 법칙 및 이론과 같은 일반화, 그러한 과학적 사실과 일반화를 얻기 위한 경험적 자료를 찾고 정리하는 활동 등을 포함한다(박승재, 조희형, 1994). 이 정의를 종합하면 과학은 우리 주위의 세계를 관찰함으로써 탐구 방법, 탐구를 통해 얻어진 지식의 체계, 그리고 이러한 지식의 체계를 얻고자 하는 모든 활동을 말한다.

그러면 과학과 교육은 무엇을 의미하는 것일까? 과학과 교육은 넓은 의미로는 과학에 관한 지식과 태도의 교육, 또는 현상을 과학적으로 관찰하여 처리할 능력을 양성하는 교육으로 해석할 수 있으며, 좁은 의미로는 과학 지식과 과학적 방법의 이해에 목적을 둔 교육, 즉 자연 현상을 과학적으로 관찰하여 얻은 원리와 법칙을 이해함으로써 일상적인 생활과 행동에서 바람직한 방향으로의 변화를 기대하는 교육을 의미한다(조

희경, 최경희, 2008)

한편 2011년 고시된 초 · 중등학교 교육과정의 공통교육과정(이하 공통교육과정이라 함)과 특수교육 교육과정의 기본교육과정(이하 기본교육과정이라 함)에서는 과학 교과를 과학의 기본 개념을 이해하고 과학 탐구 능력과 과학적 태도를 함양하여 창의적이고 합리적으로 문제를 해결하는 데 필요한 과학적 소양을 기르기 위한 교과라고 정의하고 있다(교육과학기술부, 2011a, 2011b). 다만 기본교육과정에서는 특수교육대상자의 수준에 적합한 과학과 내용을 구성하기 위한 다음과 같은 별도의 지침을 제시하고 있다(교육과학기술부, 2011b).

- 과학의 기본적인 개념을 일상적인 자연 현상과 생활 경험 및 친근한 상황 속에서 이해하게 한다.
- 학습한 여러 가지 과학 지식과 탐구 방법을 활용하여 생활과 사회의 문제를 적극적 · 자주적으로 해결하려는 태도를 기르게 한다.
- 과학기술의 발달이 우리의 생활과 사회에 많은 영향을 미치며, 이들이 상호 관련되어 있음을 인식하도록 한다.

2. 과학과 교육과정

1) 교육과정 체계

2011년 고시된 공통교육과정(교육과학기술부, 2011a)과 기본교육과정(교육과학기술부, 2011b)의 과학교과의 교육과정 체계를 비교하면 〈표 14-1〉과 같다. 즉, 공통교육과정에서는 '슬기로운 생활'과 '과학', 선택교육과정의 '과학' 등의 심화 과목이 연계되도록 구성되어 있는 반면, 기본교육과정에서는 하나의 '과학' 교과를 초등학교 1학년부터 고등학

표 14-1 과학 교과 체계 비교

구 분	초등학교 1, 2학년	초등학교 3학년~ 중학교 3학년	고등학교 1~3학년
초·중등학교 교육과정	슬기로운 생활	과학	과학, 물리Ⅰ·Ⅱ, 화학Ⅰ·Ⅱ, 생명과학Ⅰ·Ⅱ, 지구과학Ⅰ·Ⅱ
특수교육 교육과정	과학		

교 3학년까지 전 학년에 걸쳐 적용하도록 구성되어 있다.

'과학'의 내용을 살펴보면 공통교육과정과 기본교육과정 모두 '물질과 에너지'와 '생명과 지구'의 2개 분야로 구성되어 있다. 기본 개념과 탐구 과정이 학년 군과 분야 간에 연계되도록 하였으며, 과학을 기술, 공학, 예술, 수학 등 다른 교과와 관련지어 통합적이고 창의적으로 사고할 수 있는 능력을 신장시키도록 구성한 점은 공통교육과정과 기본교육과정 모두 동일하다.

2) 교육과정 편제

2011년 고시된 공통교육과정의 '과학' 교과와 기본교육과정의 '과학' 교과의 교육과정 편제를 비교해 보면 〈표 14-2〉〈표 14-3〉과 같다. 공통교육과정 '과학'과 기본교육과정 '과학'은 공통적으로 '물질과 에너지' '생명과 지구'를 내용으로 구성되어 있으며, 각 학년군별로 2개 분야가 서로 연계되도록 구성하고 있다. 공통교육과정과 기본교육과정의 '과학' 교과에서 공통으로 사용된 단원의 수를 비교하여 보면[1] 〈표 14-4〉와 같다.

1) 〈표 14-2〉와 〈표 14-3〉에서 같은 단원명은 서로 밑줄을 그어 표시하였으며, 이는 단원명이 같다는 것이지 단원 내용과 난이도가 같다는 것을 의미하지 않음

표 14-2 공통교육과정 과학 교과 편제

분야 \ 학년군	초등학교 3~4학년	초등학교 5~6학년	중학교 1~3학년		
물질과 에너지	• 물체의 무게 • 물체와 물질 • 액체와 기체 • 소리의 성질 • 자석의 이용 • 혼합물의 분리 • 거울과 그림자 • 물의 상태 변화	• 온도와 열 • 용해와 용액 • 산과 염기 • 물체의 빠르기 • 전기의 작용 • 여러 가지 기체 • 렌즈의 이용 • 연소와 소화	과학이란?	• 힘과 운동 • 열과 우리 생활 • 분자 운동과 상태 변화 • 물질의 구성 • 빛과 파동 • 물질의 특성 • 일과 에너지 전환 • 전기와 자기 • 화학 반응에서의 규칙성 • 여러 가지 화학 반응	과학과 인류문명
생명과 지구	• 지구와 달 • 동물의 한살이 • 동물의 생활 • 지표의 변화 • 식물의 한살이 • 화산과 지진 • 식물의 생활 • 지층과 화석	• 날씨와 우리 생활 • 식물의 구조와 기능 • 태양계와 별 • 우리 몸의 구조와 기능 • 지구와 달의 운동 • 생물과 환경 • 생물과 우리 생활 • 계절의 변화		• 지구계와 지권의 변화 • 광합성 • 수권의 구성과 순환 • 기권과 우리 생활 • 소화 · 순환 · 호흡 · 배설 • 자극과 반응 • 태양계 • 생식과 발생 • 유전과 진화 • 외권과 우주개발	

※밑줄: 공통 교과목

'물질과 에너지' 영역에서는 공통교육과정의 중학교 5개 단원, 초등학교 14개 단원이 기본교육과정 단원명과 동일하였으며, '생명과 지구' 영역에서는 중학교 5개 단원, 초등학교 13개 단원이 기본교육과정과 단원명이 같았다. 이러한 결과를 통하여 기본교육과정에서 공통교육과정 초등학교 내용을 거의 대부분 포함하고 있으며, 중학교 내용은 기본적인 내용만을 다루고 있음을 알 수 있다.

개정 기본교육과정에서는 5단계 학년군 편제를 적용함에 따라 기존

표 14-3 기본교육과정 과학 교과 편제

영역 \ 학년군 \ 학교(급)	초등학교			중학교	고등학교
	1~2학년	3~4학년	5~6학년	1~3학년	1~3학년
물질과 에너지	• 물체의 관찰 • 물체의 성질 • 물체의 분류 • 자석 놀이 • 빛과 그림자 • 여러 가지 소리	• 물체와 물질 • 액체의 성질 • 기체의 성질 • 혼합물 분리 • 도구의 사용 • 자석의 이용 • 거울과 그림자 • 소리의 성질	• 물의 상태 변화 • 물의 힘 • 용해와 용액 • 물체의 무게 • 전기의 작용 • 렌즈의 이용 • 온도와 열	• 산과 염기 • 기체의 부피 변화 • 여러 가지 기체 • 연소와 소화 • 힘과 운동 • 전기와 자기 • 빛과 파동 • 열의 이동	• 분자의 운동 • 화학 반응 • 생활 속 화학 • 전기 에너지의 이용 • 빛과 소리의 이용 • 열과 우리 생활 • 일과 에너지 전환
생명과 지구	• 주변의 동물 • 주변의 식물 • 나의 몸 • 방향과 방위 • 물과 물놀이 • 흙, 모래, 자갈 • 공기와 바람	• 동물의 한살이 • 동물의 생활 • 식물의 한살이 • 식물의 생활 • 낮과 밤 • 지표의 변화 • 지층과 화석 • 지구와 달	• 식물의 구조와 기능 • 우리 몸의 구조와 기능 • 생물과 환경 • 날씨와 생활 • 계절의 변화 • 지구와 달의 운동 • 태양계와 별	• 작은 생물과 우리 생활 • 식물의 에너지 • 소화와 배설 • 자극과 반응 • 지구계와 지권 • 수권과 우리 생활 • 기권과 우리 생활	• 순환과 호흡 • 생식과 발생 • 유전과 진화 • 생태계와 우리 생활 • 태양계의 이해 • 외권과 우주 개발 • 지구와 우리 생활

※밑줄: 공통 교과목

표 14-4 기본교육과정에 사용된 공통교육과정의 학교급별 단원의 수

영 역	초등학교	중학교
물질과 에너지	14개 단원	5개 단원
생명과 지구	13개 단원	5개 단원

3단계 수준(Ⅰ~Ⅲ 수준) 구성 체계에 비해 높은 난이도의 교과내용을 더 많이 포함할 수 있게 되었다. 따라서 청각장애학생을 교육할 때 기본교육과정을 이용하여 충분한 개념학습을 한 후 공통교육과정을 사용한다면 청각장애학생이 과학교과를 보다 쉽게 배울 수 있다.

3) 과학과 교육목표

공통교육과정의 과학과 교육목표는 다음과 같다.

자연 현상과 사물에 대하여 흥미와 호기심을 가지고 탐구하여 과학의 기본 개념을 이해하고, 과학적 사고력과 창의적 문제 해결력을 길러 일상생활의 문제를 해결할 줄 아는 과학적 소양을 기른다.

- 자연 현상을 탐구하여 과학의 기본 개념을 이해한다.
- 자연 현상을 과학적으로 탐구하는 능력을 기른다.
- 자연 현상에 대한 흥미와 호기심을 갖고, 문제를 과학적으로 해결하려는 태도를 기른다.
- 과학, 기술, 사회의 관계를 인식한다.

공통교육과정의 과학과 교육목표는 과학적 기본 개념에 대한 이해, 문제 해결을 위한 과학적 소양에 주안점을 두고 있다. 이와 더불어 과학의 기본 개념 이해, 과학적 탐구능력, 문제를 과학적으로 해결하려는 태도, 그리고 과학 · 기술 · 사회의 관계 인식을 세부 교육 목표로 하고 있다.

한편 기본교육과정의 과학과 교육 목표를 살펴보면 다음과 같다.

생활 주변의 사물과 자연 현상에 대한 흥미와 호기심을 바탕으로 생활 주변의 사물과 자연 현상에 대한 특성과 기본 지식을 이해하고 탐구하려는 태도를 기르며, 일상생활과 관련된 자연 현상에서 나타나는 문제를 해결할 수 있는 과학적 소양을 기른다.

- 여러 가지 물체와 물질과 관련된 과학적 지식과 탐구능력을 함양하여 자연 현상과 일상생활의 문제를 과학적으로 해결할 수 있는 능력을 기른다.
- 물질과 에너지와 관련된 과학적 지식과 탐구능력을 함양하여 자연 현상과 일상생활의 문제를 과학적으로 해결할 수 있는 능력을 기른다.
- 생활 주변의 생물에 대하여 흥미와 호기심을 가지고 기본 개념을 이해하며, 생물과 관련된 현상과 문제를 해결할 수 있는 과학적 소양을 기른다.
- 자연 현상과 태양계에 대한 과학적 지식과 탐구능력을 함양하고, 합리적으로 생활 과제를 해결할 수 있는 기능을 기른다.

기본교육과정 과학과의 교육목표는 기본 지식의 이해, 탐구 태도, 문제해결을 위한 과학적 소양을 기르는 데 주안점을 두고 있으며, 세부적으로 보면 각 내용영역에서의 과학적 해결능력, 과학적 소양 그리고 생활 과제를 해결할 수 있는 기능을 기르는 데 목표를 두고 있다.

4) 교수-학습 방법

공통교육과정과 기본교육과정에서 공통적으로 제시하고 있는 과학과에 대한 학습지도 방법 아홉 가지는 다음과 같다.

- 강의, 실험, 토의, 조사, 견학, 과제 연구 등의 다양한 교수-학습 방법을 적절히 활용하여 지도한다.
- 학생의 능력과 흥미 등 개인차를 고려하여 학습 동기 유발을 위해 간단하고 흥미로운 탐구활동으로 지도한다.
- 탐구수행의 모든 과정에서 의사소통이 원활하게 이루어지도록 하고, 탐구결과를 다양하게 표현하는 활동을 통해 새로운 지식과 개념을 일반화할 수 있도록 지도한다.
- 탐구활동을 모둠 학습으로 진행할 경우 과학 탐구에서 상호 협력이 중요함을 인식시킨다.
- 학생 중심의 활동이 이루어지도록 하고, 의사소통을 할 때는 자신의 의견을 명확히 표현하며 다른 사람의 의견을 존중하는 태도를 갖도록 한다.
- 학생의 지적 호기심과 학습 동기를 유발할 수 있는 발문을 하고, 개방형 질문을 적극 활용한다.
- 학생의 구체적 조작활동을 우선으로 하고, 컴퓨터를 활용한 실험과 인터넷과 멀티미디어 등을 적절히 활용한다.
- 첨단 과학과 시사성 있는 과학내용 등을 도입하여 과학에 대한 흥미와 호기심을 유발한다
- 학생의 창의성을 계발하고, 인성과 감성을 함양하기 위하여 기술, 공학, 예술, 수학 등 다른 교과와 관련지어 통합된 내용(STEAM)을 적절한 수준으로 도입하여 지도한다.

한편 특수교육대상자의 특성을 고려하여 기본교육과정에서만 제시하고 있는 교수-학습지도 방법 여섯 가지는 다음과 같다.

- 학생이 탐구활동의 목적과 방법을 이해할 수 있도록 다양한 방법으로 반복하여 지도한다.

- 탐구활동은 주로 기초 탐구과정(관찰, 분류, 측정, 예상, 추리 등)을 활용하여 지도하며, 해당 학생의 학년군의 진전에 따라 학년군별 중점 기초탐구과정을 누가적으로 활용한다.
- 주변에서 쉽게 볼 수 있고 친숙한 현상에 대하여 인지 갈등을 유발하여 학습동기를 북돋우며 새로운 과학적 사실과 개념으로 인도하는 발문을 한다.
- 과학 지식 습득에 치중하기보다는 학생이 탐구활동과 과학적 사고에 관심을 갖도록 한다. 이를 위하여 과학적 사실이나 개념을 주입하여 암기하게 하기보다는 자연 현상을 관찰하고 오감을 활용하여 경험하고, 능동적으로 조작하고 변형해 보도록 지도한다.
- 자연 현상과 관련된 어려운 과학 용어 및 개념은 쉬운 용어로 대체하여 학습함으로써 과학적 사실의 의미를 이해하도록 지도한다.
- 자연 현상과 관련한 사전 경험이나 사전 지식에 대해 이야기를 나누며, 의사소통을 통해 오개념을 확인하고 인지 갈등을 유발할 수 있도록 지도한다.

3. 청각장애학생의 과학 성취도

1) 청각장애학생의 과학 성취도 수준

일반적으로 청각장애학생의 학업성취도는 건청학생의 학업성취도에 비해 읽기, 독해력, 쓰기 등 언어능력과 관련된 교과와 셈하기와 같은 수학에서 뒤떨어진다고 알려져 있다(김지숙, 2001; Marschark, Lang, & Albertini, 2002; 유은정 외, 2010). 과학성취도와 관련하여 임동규(1991)는 청각장애학생 집단의 성적이 자연 과목에서 과학 용어에 관한 지식과 과학의 개념에 관한 지식에서는 높은 정답률을 보였으나 현상의 관찰능력,

비교, 분류하는 능력 등에서는 낮은 점수를 나타내었다고 지적하였다.

이런 연구결과가 없더라도 청각장애학생이 언어와 수에 대한 학업성취도 면에서 건청학생에 비해 떨어지기 때문에 우리는 과학을 비롯한 대부분의 교과에서도 청각장애학생의 학업성취도가 떨어질 것이라고 쉽게 예견할 수 있다. 청각장애학생의 과학 성취도가 낮다고 예견할 수 있는 근거는 다음과 같다.

첫째, 청각장애학생은 건청학생에 비해 비과학적인 개념을 더 많이 갖고 있으며, 구체적이고 직관적인 개념은 쉽게 학습하나 추상적이고 비직관적인 개념은 학습하는 데 어려움이 있다(Ingvild & Oyvind, 2001). 예를 들면, 청각장애학생은 '자동차' '휴대전화' 등과 같은 구체적인 개념은 쉽게 학습하지만, '중력' '마찰' '관성' 등 추상적인 개념을 학습하는 데는 어려움이 있다(양미숙, 1997).

둘째, 과학 교과의 주요 특징인 관찰을 통한 개념발달영역에서 청각장애학생은 건청학생에 비해 낮은 점수를 보인다. 하미경 등(2002)은 청각장애학생은 비언어적 지능검사에서 평균 범위를 나타내지만, 언어 경험의 부족으로 인해 개념발달영역에서 낮은 점수를 얻는다고 하였다.

셋째, 청각장애학생은 관찰, 분류, 유추, 문제해결 등의 탐구능력영역에서 건청학생보다 낮은 성취를 보인다(임동규, 1991; 박현, 2000). 탐구능력에서 낮은 성취를 보이는 이유는 청각장애학생은 논리적 사고보다는 직관적 사고를 하는 경향이 많기 때문이다. 또한 판단 및 추론 등의 사고과정에서도 어려움을 겪어 과학 성취도에 부정적인 영향을 미치게 된다(양미숙, 1997).

이상의 근거를 정리해 보면 청각장애학생이 추상적이고 비직관적인 개념의 이해, 관찰을 통한 개념발달, 탐구능력에서 어려움을 겪고 있음을 알 수 있고, 이러한 어려움으로 인해 과학에서 낮은 성취도를 받을 것이라고 예견할 수 있다.

2) 청각장애학생의 과학 성취도에 영향을 주는 변인

청각장애학생이 과학교과에서 학업성취도가 낮은 원인을 크게 청각장애 자체 요인, 청각장애로 인한 내재적인 요인, 환경적인 요인으로 구분할 수 있다. 청각장애 자체 요인으로는 청각장애를 발견한 시기와 교육 시작 시기, 청력손실 정도, 가족 간의 의사소통 방법 등을 들 수 있다. 청각장애 자체 요인은 학교 등 교육 환경하에서 변화시킬 수 없는 부분이지만 청각장애학생을 가르칠 때 참고해야 하는 주요한 요인이다. 청각장애로 인한 내재적인 요인은 청각장애로 인한 부차적 장애, 즉 듣지 못함으로 인해 발생되는 언어 경험과 배경 지식의 부족, 개념 습득에 필요한 어휘 부족 등을 들 수 있다. 이러한 내재적인 요인은 가정이나 학교에서 환경과 교육과정을 잘 구성한다면 어느 정도 청각장애학생에게 보상해 줄 수 있는 요인이다. 마지막으로 환경적인 요인은 청각장애학생이 있는 환경의 개선을 통해 충분히 변화될 수 있는 요인으로, 과학에 대한 토론을 할 수 있는 기회 부족과 과학을 가르치는 교사의 변인 등이 있다.

(1) 청각장애의 발견 및 교육 시작 시기

청각장애학생을 가능한 한 빨리 발견하고, 빨리 교육을 시작할수록 그 학생의 학업성취에 긍정적인 영향을 제공한다(김지숙, 2001). 출생 후 6개월 이전에 청력손실이 확인되어 조기 중재를 시작한 정상적인 인지능력을 가진 청각장애아동의 수용언어와 표현언어를 건청아동과 비교하였을 때 정상 범위에 있다는 연구결과가 있다(Yoshinage-Itano et al., 1998). 이러한 연구결과로 미루어 볼 때 청력손실을 빨리 확인하고 가능한 한 조기에 중재를 시작할 수 있다면 청각장애학생도 건청학생과 유사한 학업성취 수준과 정상적인 일상생활이 가능할 것으로 예측된다.

(2) 청력손실의 정도

일반적으로 청력손실의 정도가 클수록 언어발달 지체도 크다고 알려져 있다. 특히 표현어휘 수준은 청각장애학생의 청력손실 정도에 따라 유의미한 차이가 있다(Brannon, 1968). 하지만 수용어휘 수준은 청력손실의 변인이 겨우 1% 정도만 영향을 미친다는 연구결과도 있다(Calderon & Naidu, 2000). 이러한 결과는 청력손실 정도가 청각장애학생의 표현어휘 수준에는 영향을 많이 미치지만, 수용어휘 수준에는 영향이 거의 없음을 의미한다. 다시 말하면 청력손실 정도가 심한 청각장애학생의 언어능력이 건청학생에 비해 반드시 떨어진다고 단언할 수 없다는 것을 알 수 있다. 오히려 청력손실 정도가 크다 할지라도 조기 발견을 통한 조기 중재를 실시한다면 이후 성공적인 학업성취를 이룰 가능성이 높다.

(3) 가족 간의 의사소통 유무

청각장애학생은 청각기능의 장애로 건청학생에 비해 소리에 노출되는 경험이 적기 때문에 한정적인 경험을 가지는 경우가 많다. 일상생활에서의 경험 부족 때문에 청각장애학생과 가족 간의 의사소통에 어려움이 나타난다. Hoff(2001)은 청각장애부모를 가진 청각장애학생 집단의 언어능력이 건청부모를 가진 청각장애학생 집단에 비해 우수하다고 그의 연구에서 말하고 있다. 이러한 결과를 통하여 청각장애부모를 가진 청각장애학생은 수화언어를 사용하여 어릴 때부터 부모와 의사소통을 하기 때문에 자연스럽게 언어능력이 향상되었음을 알 수 있다. 언어능력의 향상은 학업성취도 향상으로 자연스럽게 이어진다.

하지만 95% 이상의 청각장애학생은 건청부모 슬하에서 자라며, 대부분의 건청부모는 청각장애학생을 양육하는 과정에서 자녀의 청력손실 정도와는 관계없이 주된 의사소통 방법으로 음성언어를 사용한다(Moores, 2006). 청각장애학생이 일상생활 속에서 부모나 형제, 자매가 사용하는 음성언어를 수용하는 데 한계가 있기 때문에 우연학습 기회가 제한되며,

언어적 도식 형성이 어렵게 된다(김영욱, 2001). 따라서 부족한 언어 도식으로 인하여 부모와 청각장애를 가진 자녀 간의 의사소통이 단절되고, 다시 우연학습의 기회나 경험 부족, 언어 도식 형성 곤란, 의사소통 단절이라는 악순환이 거듭된다. 결국 이 악순환은 학령기에 접어들면서 학업 성취도가 낮아지는 결과로 나타나게 된다.

(4) 학생의 언어 경험 및 배경지식

교실, 실험실, 체험학습 현장에서의 경험은 학생에게 새로운 이해와 개념을 형성하는 데 도움이 되는 정보를 제공하며, 이런 정보를 통해 학생은 학습을 하게 된다. 하지만 새로운 정보를 잘 이해하기 위해서 학생은 간접적 경험이나 우연 학습을 통해 습득한 경험적 지식을 많이 가지고 있어야 한다(Stewart & Kluwin, 2001). 간접 경험과 우연학습은 구조화된 환경뿐 아니라 일상생활, 친구와의 놀이, 여행, 책 등을 통해 자연스럽게 이루어진다.

하지만 청각장애학생은 간접 경험과 우연학습의 양이 건청학생에 비해 상대적으로 적다. 이는 청각장애로 인한 의사소통상의 문제에 기인하기도 하고, 청각장애학생이 정보를 습득하는 독특한 양식에 기인할 수도 있다. 청각장애학생은 추상적인 단어보다 친숙한 행위와 관련된 동사, 의미가 고정된 명사 등을 좀 더 쉽게 이해하는 경향이 있어 습득 어휘가 빈약하고, 어휘나 정보를 습득할 때 자신만의 독특한 분류 체계를 형성한다(김지숙, 2007). 독특한 어휘와 정보 분류 체계를 가진 청각장애학생이 건청학생과 동일한 경험에 노출되더라도 건청학생과 다른 경험적 지식을 습득하는 것은 어쩌면 당연한 현상일 것이다.

청각장애학생에게 선행 경험과 우연학습의 부족은 과학 교과에만 해당되는 것은 아니다. 가정이나 일상생활에서의 간접적 경험은 학업성취도에 영향을 미치는 중요한 요인이다(Gregory, 1998; Swanwick et al., 2005). 간접적 경험을 통해 습득한 경험적 지식이 많을수록 학생은 새로운 개념을 더 잘 이해하도록 한다.

(5) 과학적 개념습득에 필요한 어휘 부족

언어를 통하여 우리는 생각을 공유하고, 질문을 하고, 의견을 내고, 타인과 논쟁을 한다. 학생이 관련 언어를 더 많이 알면 알수록, 기억하고 있는 어휘가 많으면 많을수록 의미를 구성하고 재구성하는 유연성과 능력은 더 커진다(Scott, 1992). 다시 말하면 학생은 학습과정에서 능동적으로 임하게 할 수 있는 언어적 도구, 즉 관련 어휘를 많이 가지고 있어야 한다는 것이다(Stewart & Kluwin, 2001).

하지만 청각장애학생은 과학교과와 관련된 어휘가 부족한 경우가 많다. 심지어 일상생활에서 흔히 사용하는 화석, 자전, 증발과 같은 어휘조차도 이해하지 못하는 경우가 많다. 청각장애학생의 과학 어휘가 부족한 이유는 어휘에 노출된 직간접적 경험 부족이 주요 원인이겠지만 일부는 교사의 잘못된 선입관 때문이기도 하다(Menhusen & Gromme, 1976, 특수과학교육연구회, 2011에서 재인용). 많은 교사가 교과에서 사용하는 과학 어휘가 청각장애학생의 언어 수준에 비해 너무 어려울 것이라고 생각하여 이를 보다 쉬운 용어로 대체하여 사용하는 경우가 많다. 하지만 이러한 방법은 청각장애학생이 일반적으로 사용하는 과학 어휘를 습득하지 못하게 하여 과학에 대한 올바른 개념을 형성하는 것을 방해할 수도 있다.

(6) 과학과 관련된 문제에 관한 토론의 부족

성인중재 상호작용과 또래중재 상호작용은 청각장애학생의 언어와 사회성발달에 결정적인 역할을 한다. 쉽게 말하면 동일한 흥밋거리에 대해 성인이나 또래와의 심도 있는 논의나 토론을 한다면 청각장애학생의 언어발달과 사회성발달에 도움이 된다. 특히 과학활동에 관한 토론을 통해 과학 개념에 대한 사고를 구조화시킬 수 있다(Stewart & Kluwin, 2001).

청각장애학생과의 토론에서 중요한 것은 청각장애학생이 참여할 수 있는 동일한 의사소통 방법을 사용하는 것이며, 그 다음으로는 눈을 마주치고 청각장애학생이 가지고 있는 경험적 지식으로부터 주의를 이끌어 내어 말을 할 수 있는 기회를 자주 제공하는 것이다. 말할 기회를 만드는 것은 학생의 어휘를 확장시키는 데 도움을 주며, 이것은 과학 지식에 대한 개념 형성에 도움이 된다(Stewart & Kluwin, 2001).

(7) 교사 변인

청각장애학생의 과학 성취도에 영향을 미치는 마지막 변인은 교사다. 청각장애학생의 학력 격차는 학년이 올라갈수록 차이가 나기도 하지만, 지도하는 교사의 교육철학이나 교육 방법에 의해서도 차이가 난다(최성규, 1997). 즉, 교사가 긍정적인 교육철학을 가지고 올바른 교육 방법을 사용한다면 청각장애학생의 학업성취도를 향상시킬 수 있다.

대부분의 청각장애학생은 과학 과목이 어렵다고 생각하고 있지만, 더 심각한 것은 교사 또한 과학 용어나 개념을 가르치는 것을 어렵다고 생각한다는 것이다(양미숙, 1997). 대부분의 교사는 과학과 같이 외관상으로 복잡하고 어려워 보이는 교육과정의 경험을 장애학생에게 제공하는 것을 꺼려해 왔다. 과학이 장애학생에게 너무 어려운 과제이며, 장애학생은 과학을 배울 능력이 부족하고 흥미도 없으며, 실험기구의 조작이 어려워 다칠 수도 있다는 교사의 선입관이 지배적이기 때문이다(Menhusen & Gromme, 1976, 특수과학교육연구회, 2011에서 재인용).

많은 연구자는 통합 환경하에서 교육받은 청각장애학생을 단순히 듣지 못하는 학생으로 보아서는 안 된다고 강조한다(Marschark et al., 2002). 청각장애학생은 독특한 특성을 나타내며, 어떤 환경하에 있더라도 교사는 교육 환경에서 청각장애학생을 이해하도록 노력해야 한다. 많은 교사가 청각장애학생을 가르치고자 노력하고 있지만 효과적인 지도 방법에 대해서 잘 모르고 있는 경우가 많다. 청각장애학생의 독특한 교육적 요구를 충족시켜 최대한의 능력을 개발할 수 있도록 돕기 위해서는 교사의 전문성이 교육 현장에서 발휘되어야 한다. 즉, 교사가 청각장애 교육 및 교과교육과 관련된 지식과 기술을 습득하면 청각장애학생은 학업성취 수준을 높일 수 있다.

4. 청각장애학생을 위한 교수-학습의 기본 원칙

반드시 과학 수업에만 적용되는 것은 아니지만 일반적으로 청각장애 학생과 함께 과학 수업을 할 때 기본적으로 지켜야 할 것 중 중요한 열 가지의 교수-학습 기본 원칙을 제시하면 다음과 같다(김지숙, 2007; Lang, 2006).

첫째, 수업을 할 때 가르친 개념을 정확히 이해했는지를 지속적으로 점검해야 한다. 이해를 점검하는 방법 중 가장 많이 사용하는 것은 질문을 하는 방법인데, 청각장애학생에게 질문할 때는 구체적으로 질문하거나 선택형 질문을 하는 것이 바람직하다. 일반적으로 "이해했니?"라고 질문하면 대부분의 청각장애학생은 충분히 이해하지 않았을 경우에도 "안다." "이해했다."라고 말하는 경향이 있기 때문에 가능하면 선택형이나 선다형으로 질문하여 정답을 선택하도록 하는 것이 학생의 이해도를 확인하는 데 도움이 된다.

둘째, 청각장애학생은 시각적인 정보에 더 의존하므로 교사, 발표하는 사람 등 말하는 사람의 얼굴 표정과 입 모양이 잘 보일 수 있도록 환경을 구성해야 한다. 교실 안의 조명과 햇빛 때문에 눈이 부시거나 교사의 얼굴에 그림자가 진다면 시각적인 정보를 활용하기 어렵다. 또한 칠판에 글씨를 쓰면서 설명하거나 학생의 등 뒤에서 말을 하거나 입을 손이나 책으로 가리지 않도록 주의해야 한다.

셋째, 개념을 설명할 때는 되도록 청각장애학생이 원하는 방법을 사용하는 것이 가장 효과적이다. 일반적으로 추상적 개념을 말로만 설명하는 것보다 시각자료를 활용하는 것이 효과적이다. 그러나 시각자료와 함께 개념을 설명하면 대부분 개념을 이해할 것이라고 생각하지만 청각장애 학생마다 개인차가 존재하므로 이를 고려하여 학습을 진행해야 한다. 교사의 설명만으로 충분한 학생, 수화언어가 꼭 필요한 학생, 읽기능력이 뛰어나서 자막이 필요한 학생 등 학습자의 요구를 반드시 고려해야 한다.

넷째, 기본 개념 및 어휘학습을 촉진하기 위해서 수업 전에 칠판에 핵심 개념과 어휘를 써서 설명을 한 다음 본 수업을 하는 것이 사전 지식이 없는 청각장애학생에게는 도움이 된다. 핵심 개념을 먼저 설명하고 난 후 수업을 진행하면 학생이 전체 수업에 대한 이미지를 갖고 수업에 참여하므로 수업내용을 이해하고 습득하는 데 도움이 된다.

다섯째, 토론수업을 할 때 참가자의 이름을 호명해 주고, 다른 학생이 발표한 내용을 간략하게 요약해 줌으로써 교실에서 고립되지 않고 수업에 적극적으로 참여하게 해야 한다. 또한 청각장애학생이 발표를 할 경우 발음이 명료하지 않아 이해하기 힘들면 문자로 표현할 기회를 제공해야 한다.

여섯째, 청각장애학생은 읽기능력뿐 아니라 쓰기능력에도 어려움이 있기 때문에 되도록 배운 내용을 정확한 문장으로 정리할 기회를 제공하는 것도 개념을 가르치는 데 도움이 된다.

일곱째, 청각장애학생이 개념을 이해하지 못했을 때 적절하게 질문하는 방법을 알려주어야 한다. 학업성취가 더 낮아지는 원인 중 하나는 실패가 누적됨으로 오는 자신감의 상실이기 때문에 학업성취도가 낮은 학생은 질문을 하지 않으려는 경향이 있다.

여덟째, 말하기 · 듣기 · 읽기 · 쓰기의 언어영역이 고르게 발달하지 않을 수 있으므로 교사는 학생이 어떤 부분에서 특히 취약한지 확인한 후 학업지도를 해야 한다. 읽고 이해할 수 있지만 듣고 이해하는 것은 어렵다든지, 자신의 생각을 글로 표현할 수 있지만 말로 하는 것은 어려울 수 있으며, 그 반대의 경우도 있을 수 있다. 또한 글을 쓰는 수준도 표현력이나 문법 측면에서 또래 학생보다 많이 떨어지는 학생도 있다.

아홉째, 대부분의 청각장애학생은 건청학생보다 쉽게 피로를 느끼므로, 이에 대한 배려가 필요하다. 청각손실로 인해 단어를 보고 듣기 위해 건청학생보다 더 많이 집중해야 하므로 심리적으로 수업이나 활동에 참여하지 못하기 때문에 신체적으로나 심적으로 피로를 느끼게 된다. 이러한 요인은 청각장애학생의 주의집중을 짧게 만들고, 수업에 동기와 흥미가 결여되므로 주의 깊은 관찰이 필요하다.

열째, 교사는 과학교과에서 청각장애학생이 자기효능감을 높이도록 노력해야 한다(Lang, 2006). 자기효능감은 곧 있을 상황에 필요한 행동의 원리를 조직화하고 수행하는 자신의 능력에 대한 믿음, 즉 자신감이다(Bandura, 1986). 청각장애학생에게 과학 수업에서 긍정적인 자신감을 심어 주는 대표적인 방법은 친숙한 롤 모델을 보여 주는 것이다. 청각장애를 가지고 사회적으로 성공한 사람의 롤 모델을 자주 제시한다면 청각장애학생은 자존감과 개념습득과 함께 과학과 관련된 직업을 추구하려는 동기가 높아질 것이다(Moores & Martin, 2006).

5. 과학과 교수-학습 방법

청각장애학생을 위한 과학교과를 위한 교수-학습 방법으로는 ICT(정보통신 기술)를 활용한 교수 방법, 협동학습 방법, 순환학습 방법, 시범 및 실험, 과학적 탐구 모형, 탐구학습 모형 등 많은 교수-학습 방법을 사용할 수 있다(김지숙, 2007). 여기서는 과학과 교수-학습 방법 중 탐구학습 모형과 Stewart와 Kluwin(2001)이 소개하는 사회적 구성주의 교수-학습 전략을 소개하고 난 후, Lang이 제안하는 청각장애학생 과학지도에 대한 열 가지 강조점에 대해 알아보기로 한다.

1) 탐구학습 모형

탐구학습 모형은 가설검증학습 모형이라고도 하며, 과학 개념과 탐구 기능을 종합적으로 적용한다는 점에서 실제적 활동의 검증 실험이나 열린 탐구와 유사하다. 이는 탐구과정을 강조하고 과학의 본성을 익히는 것을 강조하여 일반적으로 초등 고학년에서 적용할 수 있으며, 비교적 많은 시간과 토의가 필요한 상위 수준의 모형이다. 이 수업 모형은 학습 주제가 원인과 결과, 즉 '만일 ~라면 ~가 될 것이다.'와 같은 내용으로 구성되어 있을 때 적용 가능한 모형이며, 1~2차시에 이루어질 수도 있으나 학습 주제에 따라서는 여러 차시에 걸쳐 행해질 수도 있다. 유의할 점은 학습 주제의 선정, 탐구 활동의 범위, 문제해결과정의 선택의 폭을 학생에게 주어 자유로운 탐구 활동이 수행될 수 있도록 해야 한다(권택환 외, 2010).

탐구학습모형을 청각장애학생에게 적용하기 위해서는 핵심 어휘에 대한 사전 교육과 탐구 방법에 대한 명확한 지시가 선행되어야 한다. 만일 이러한 사전 교육이 없이 탐구학습을 바로 진행한다면 청각장애학생은 무엇을 해야 할지 몰라 혼란을 겪을 가능성이 높다.

2) 사회적 구성주의 교수-학습 전략

사회적 구성주의 관점에서는 학습을 '환경과 학습자 간 상호작용의 과정'이라고 정의한다. 즉, 사회적 구성주의에서는 본질적으로 사람의 과학적 지식은 사회적 · 문화적 힘의 배경 내에서 구성되므로, 학습은 개인 학습자의 행위라기보다는 학습자 집단 간 사회적 상호작용의 산물이라는 관점을 가진다(Barba, 1995).

Stewart와 Kluwin(2001)은 그들의 저서 '농 · 난청학생의 지도'에서 사회적 구성주의 관점에서의 교수 기법으로 다음과 같은 일곱 가지 단원지도요소를 선정하여 적용할 것을 권하고 있다.

(1) 단원 및 수업 준비하기

단원 및 수업 준비하기 단계는 교사가 가르칠 교육과정과 지도목표를 설정하는 단계다. 과학 단원을 설계하는 데 있어 교육 과정 중심 교과서를 사용하거나, 여러 교과 영역을 통합하여 주제 중심으로 지도하는 것 등 다양한 방법으로 가르칠 요소를 추출하여 재조직화할 수 있다. 특히 교과 단원을 읽기, 쓰기와 관련된 다른 교과와 통합시킬 때는 다른 요소가 충분히 반영될 수 있도록 신중하게 고려해야 한다.

이때 주의해야 할 점은 청각장애학생의 언어 수준에 따라 과학의 수준을 결정해서는 안 된다는 것이다. 즉, 청각장애학생의 언어 수준이 낮다고 해서 과학 개념조차 낮은 수준으로 결정해서는 안 된다. 언어능력이 부족한 학생이라 할지라도 연령에 적합한 과학 개념을 배워야 하며, 이를 가르치기 위하여 교사는 단원을 재조직화하여 구조화해야 한다.

또한 교사가 교육과정에서 가르칠 내용을 추출할 때 각 학생의 학습 수준에 적합한 상이한 학습목표를 설정하여야 한다. 학습목표는 "옥수수 씨를 관찰하여 식물의 두 가지 기능을 기술할 수 있다."와 같이 결과의 측면에서 진술되어야 하며, 수업을 마친 후 학생이 할 수 있는 것이 무엇인지를 기록해야 한다.

(2) 수업 설계하기

교사는 가르칠 내용과 학습목표가 설정되면 학습목표를 적절히 달성할 수 있는 수업을 설계해야 한다. 수업의 형태는 관찰, 실험, 조사 등 다양한 형태가 될 수 있다. 하지만 교사가 청각장애학생을 위한 어떤 형태의 수업을 결정하든지 간에 학생의 언어적인 어려움을 항상 고려해야 한다.

(3) 학생에게 과학 어휘 소개하기

학생에게 과학 어휘를 소개하고, 사용하게 하는 것은 청각장애학생을 교육하는 데 매우 중요한 일이다. 과학 어휘를 학습하게 하는 것은 단지 과학 수업에서만이 아니라 가정이나 학급에서 평소 생활할 때도 가능한 한 많이 사용하도록 환경을 구성해야 한다.

학생에게 과학 어휘를 소개하기 위해서 교사가 먼저 해야 할 일은 [그림 14-1]과 같이 핵심 어휘 목록을 만드는 것이다. 핵심 어휘 목록에서 이미 학생이 배운 어휘는 무엇인지, 아직 배우지 못한 어휘는 무엇인지를 파악하고, 어휘의 사전적 의미를 명확히 파악하고 난 후 수화언어로 어떻게 나타내는지도 조사해야 한다. 만일 수화언어 단어가 없다면 학생과 약속된 새로운 수화언어를 만드는 것보다 지문자를 활용하여 사용하거나 단어 카드를 사용하는 것이 학생에게 과학 어휘를 습득하게 하는 더 좋은 방법이다.

그리고 교사가 핵심 어휘 목록을 만드는 것 이외에도 학생이 스스로 핵심 어휘를 이용하여 어휘 목록을 만들어 보게 할 수 있다. 학생은 교사가 만든 목록처럼 구체적이지 않아도 되므로 재미있는 그림이나 표를 이

단원: 식물의 성장 방법 날짜:

핵심지도 낱말	수화(S), 지문자(fs)	학습 여부	지도활동 · 강화
웅달	S, fs	○	설명, 주석 달기, 보고서 쓰기
광합성	fs	×	설명, 주석 달기, 보고서 쓰기
못자리	fs	×	주석 달기, 편지쓰기, 현장견학
증발	fs	○	설명, 보고서 쓰기
이산화탄소	fs (CO2)	×	설명, 주석 달기, 차트, 그림 그리기
영양소	S, fs	×	설명, 실험, 보고서 쓰기, 발표

출처: Stewart & Kluwin(2001).

[그림 14-1] 핵심 어휘 목록

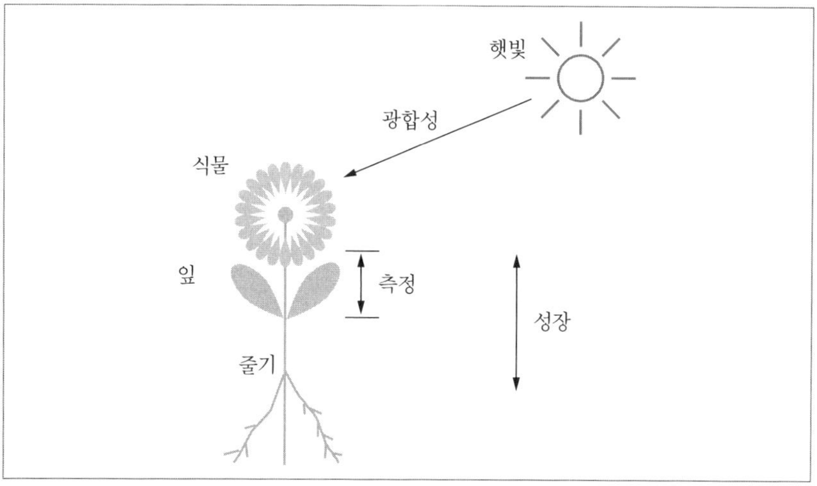

출처: Stewart & Kluwin (2001).

[그림 14-2] 그림 어휘 목록의 예

용해서 핵심 어휘를 나타내게 하고, 이를 포트폴리오에 보관하도록 하면 학습과 평가를 동시에 진행할 수 있다. [그림 14-2]는 청각장애학생이 그린 식물 그림에 이름을 붙이고, 광합성과 같은 핵심 어휘를 과정과 연계시켜 보도록 한 그림 어휘 목록의 예다.

(4) 과학 토론에 학생 참여시키기

학생을 과학 토론에 참여시키기 위해서는 과학교과에서 과학자의 언어를 학생에게 가르칠 필요가 있다. 과학자의 언어를 학생이 사용하게 하기 위해서는 먼저 과학 어휘를 학습하게 해야 하며, 다음으로는 학생 자신의 호기심을 질문의 형태로 바꾸는 연습을 시켜야 한다. 또한 학생이 다른 사람이 이해할 수 있는 방법으로 질문에 대답하는 감각을 발달시키도록 도와주어야 한다. 이러한 활동을 하기 위해서는 어떻게 질문하고, 대답하는지를 교사가 시범을 보이는 것도 도움이 된다.

다음 〈표 14-5〉와 같이 교사는 질문의 답을 찾아가는 전략을 학생에

표 14-5 질문의 답을 찾아가는 다섯 단계의 전략

단 계	내 용
단계 1	• 질문이 무엇인가? • 질문내용을 잘 이해하고 있는가? • 나는 다른 방식으로 질문을 반복할 수 있는가?
단계 2	• 나는 질문에 대답하기 위해 무엇을 알고 있어야 할 필요가 있는가? • 무엇을 찾아야 할지 알 만큼 질문을 충분히 이해하고 있는가? • 누가 질문을 이해하도록 나를 도와줄 수 있는가?
단계 3	• 답을 찾기 위해 어떻게 시작해야 하는가? • 질문에 대답하려면 필요한 정보를 얻기 위해 나는 무엇을 할 수 있는가?
단계 4	• 질문에 대답하기 위해 필요한 정보를 얻으려면 어디로 가야 하는가? • 책을 읽음으로써, 실험을 해서, 도움을 줄 누군가에게 물어봄으로써 답을 얻을 수 있는 질문인가?
단계 5	• 나는 질문에 대답할 준비가 되었는가?

출처: Stewart & Kluwin(2001).

게 가르쳐야 한다. 결국 과학 토론은 학생이 과학적 개념에 대한 생각의 틀을 정립하는 데 도움을 줄 수 있다.

(5) 실제 경험 계획하기

청각장애학생은 언어를 접할 수 있는 기회가 적어 우발학습의 기회를 놓치는 경우가 많기 때문에 현장학습은 과학 지식을 습득하는 데 매우 중요한 활동이 된다. 현장학습은 학생을 위한 실제 언어와 학습 경험을 사전에 계획하고 실시해야 한다. 단순히 교사가 모여서 현장학습을 계획하고 준비하기보다는 계획과 준비 단계부터 마무리단계까지 학생을 참여시켜 현장학습을 실시한다면 보다 풍부한 경험을 제공할 수 있는 기회가 될 것이다.

현장학습 외에도 실제 학습 경험을 강화하기 위한 다른 방법으로는 학생이 실험에 필요한 재료를 직접 구하게 하는 방법이 있다. 학생이 실험에 필요한 물건의 목록을 작성하게 하고, 이를 구하기 위한 계획을 세우게 하면 학생은 관련 어휘에 자연스럽게 노출된다. 또한 재료를 어떻게 모았는지를 설명하는 짧은 문단의 글을 작성하게 하는 것도 효과적이다.

과학교과내용에 대한 탐구활동은 청각장애학생의 새로운 이해와 개념 형성에 도움이 된다. 여러 가지 탐구활동은 새로운 정보를 이해하기 쉽게 한다. 이러한 새로운 정보가 많으면 많을수록 청각장애학생은 과학교과내용에 대한 이해를 더 잘 할 수 있게 된다. 즉, 탐구활동을 통한 실생활 학습 경험은 청각장애학생의 지식을 강화시켜 줄 수 있다(특수과학연구회, 2011).

(6) 읽기 센터 만들기

교사는 단원의 주제와 관련된 읽기자료를 수집하여 교실에 가르칠 과학 단원과 관련된 읽기 센터를 만들어야 한다. 읽기 센터를 만들 때는 학생 스스로 읽기 센터를 설계하고 만들어 보게 함으로써 읽기 센터가 학생이 방문하고 싶은 장소가 될 수 있도록 노력해야 한다. 읽기 센터를 만들 때 가장 중요한 것은 학생에게 다가갈 수 있는 수준의 읽기자료를 제공하여 접근 가능하고, 실제적인 센터가 되도록 해야 한다는 것이다.

(7) 평가하기

Stewart와 Kluwin(2001)은 청각장애학생의 과학 평가로 포트폴리오 평가를 제안하고 있다. 과학교육에서의 학생활동에 대한 포트폴리오는 '실험' '현장견학' 그리고 '관찰에 기초해서 쓴 보고서' '과학 주제와 연관된 가상의 이야기' '실험과 관련된 그림'과 같이 어떤 개념에 대해 학생이 이해하고 있는 것을 보여 주는 모든 것을 담을 수 있다. 특히 Stewart와 Kluwin(2001)은 학생의 어휘 차트, 쓰기자료, 개념지도(concept maps), 비디오나 글로 만들어진 발표자료, 학생이 쓴 저널이나 일지 등을 포트폴리오에 포함할 것을 제안하고 있다.

3) 청각장애학생의 과학지도를 위한 열 가지 강조점

Lang은 청각장애학생을 가르치고 교육과정을 개발할 때 명심해야 할 열 가지의 주요 고려사항을 다음과 같이 제시하고 있다(Stewart & Kluwin, 2001).

(1) 인지적 사고의 촉진

과학과 교육과정을 구성할 때 실습활동도 중요하지만 두뇌를 이용하는 조작활동은 더욱 중요하다. 조작활동은 자료 조작, 가설 수립, 학습할 때 질문에 답하기 등의 활동을 의미한다. 또한 청각장애학생이 효율적인 읽기를 수행하기 위하여 학생의 장기기억과 단기(작동)기억을 강화시킬 다양한 조작활동을 교육과정에 포함시켜야 한다.

(2) 비판적 사고

비판적 사고를 향상시키기 위해서는 학생에게 지속적으로 질문하도록 하고, 자신의 생각을 기초로 질문에 대한 해답을 스스로 결정하도록 해야 한다. 따라서 교육과정에는 실험 계획 수립, 배웠던 핵심 내용에 대한 논의 등과 같은 활동이 포함되어야 한다.

(3) 문식성

청각장애학생의 문식성 향상을 위한 활동이 교육과정에 포함되어야 한다. 문식성 향상을 위한 비형식적 쓰기학습전략, 교과서 외의 잡지, 신문 등 다양한 읽기 자료를 활용한 읽기 활동을 포함하여 과학 문식성뿐 아니라 국어 문식성이 함께 발달되도록 해야 한다.

(4) 내용 지식

청각장애학생을 대상으로 수행한 연구에서 유능한 교사의 가장 중요한 특성이 교사가 가진 내용 지식임을 보여 주는 연구가 많다. 과학교육을 전공으로 하지 않은 교사는 적절한 지식과 기술을 습득하기 위해 과학교육과 관련된 전문적인 계발을 위해 개인적으로 노력해야 한다. 또한 수업 준비를 위해 인터넷을 활용하거나 여러 도서와 자료를 활용할 수 있으며, 국가 수준 교육과정을 기반으로 하는 여러 가지 지침서를 사용할 수 있다.

(5) 자아존중감

역사적으로 과학 분야에 공헌한 청각장애를 가진 과학자에 대해 소개하거나 그 외 공학, 수학, 의학, 발명 분야에서 뛰어난 업적을 남긴 청각장애인에 대한 정보를 제공함으로써 학생의 자아존중감을 향상시킬 수 있다. 청각장애를 가진 과학자에 관한 읽기자료를 제공하거나, 학생에게 역할 모델이 될 만한 사람을 초청하고, 관련 정보나 영감을 제공해 줄 수 있는 활동을 통하여 과학에 대한 학생의 동기를 높이도록 노력해야 한다.

(6) 높은 기대감

장애를 가졌음에도 성공한 과학자의 일생을 연구해 보면 그들의 성공 요인은 교사, 부모, 상담자 등 주위 어른이 보여 주었던 긍정적인 태도가 중요한 요인으로 작용했음을 알 수 있다. 그러므로 교사는 자신이 가르치는 청각장애학생에게 높은 기대감을 가짐으로써 학생에게 동기를 부여해야 한다.

(7) 다양한 경험

강의 중심의 수업만을 고집하지 말고, 실험, 협동학습, 현장학습 등과 같은 다양한 활동을 학생에게 제공해야 한다. 청각장애학생은 다양한 경험이 쌓이면 쌓일수록 어휘력이 폭넓어지고, 읽기능력이 향상되어 학업성취도가 향상될 것이다.

(8) 학생과의 의사소통

학습하는 동안 대화 형식의 학습 방법은 학생과 친밀감을 높여 준다. 이러한 대화 형식의 학습을 하기 위해서는 청각장애학생과의 의사소통 방법을 먼저 결정해야 한다. 의사소통을 통해 학생이 과학내용을 제대로 이해했는지 잘못 이해했는지를 확인할 수 있으며, 대화를 통해 친밀감을 형성하게 되면 과학의 학업성취도는 자연스럽게 향상된다.

(9) 테크놀로지의 이용

자막이 포함된 영상자료, 인터넷을 통한 원격교육 등과 같은 테크놀로지를 통해 학생이 과학에 접근할 수 있게 하여야 한다. 이메일을 통해 일지를 기록하는 것, 워드를 이용한 기록, 녹화된 과학 실험에 자막을 이용하는 것 등과 같은 것이 학습 도구가 될 수 있다. 또한 이러한 테크놀로지의 이용은 세상에서 사용하는 여러 가지 공학기술에 대한 지식을 청각장애학생에게 제공해 준다는 의미도 가진다. 그러나 교수전략으로 테크놀로지를 사용하기에 앞서 테크놀로지 사용이 학습에 이득이 되는가에 대한 충분한 평가가 이루어져야 한다.

(10) 활동을 통한 연구

활동을 통한 연구는 교사가 새로운 전략을 시도하고, 전략의 효과를 비형식적으로 평가하며, 특정 학생이나 집단을 교육하기 위한 가장 효과적인 방법을 찾는 과정 내에서 수정을 하면서 진행할 수 있다. 이러한 방법으로 단위 수업을 지도하는 것은 과학적 방법과 매우 유사하며, 교사는 항상 어떤 변인(전략, 자료)이 학생의 학습에 가장 긍정적인 효과를 가지는지를 판단하여야 한다.

참고문헌

권택환, 강대식, 김상선, 김은주, 서혜정, 신재한, 신재훈, 이점조, 임문택, 정경렬, 하미애(2010). 특수교육 교과교육론-수업모형에 따른 지도의 실제-. 경기: 양서원.

교육과학기술부(2011a). 과학과 교육과정(고시 제2011-361호).

교육과학기술부(2011b). 특수교육 교육과정(고시 제2011-501호).

김영욱(2001). 청각장애아동 교육의 이해. 서울: 도서출판 양지.

김지숙(2001). 시각자료와 설명자막의 활용이 청각장애학생의 과학개념 이해에 미치는 효과. 단국대학교 석사학위논문.

김지숙(2007). 청각장애학생의 과학개념특성과 과학 교수 방법 고찰. 특수교육요구아동연구, Vol. 19, 21~38.

박승재, 조희형(1994). 학습론과 과학교육. 경기: 교육과학사.

박 현(2000). 청각장애학생의 과학 탐구 능력 평가에 관한 연구. 국민대학교 석사학위논문.

양미숙(1997). 청각장애 학교 과학과 교육과정 운영에 관한 분석 연구. 단국대학교 석사학위논문.

유은정, 백무진, 안성우, 최상배, 최영숙, 서중현, 이광렬, 서유경(2010). 청각장애아동의 이해와 교과교육. 서울: 학지사.

임동규(1991). 청각장애학생의 교과학력에 관한 연구. 단국대학교 석사학위논문.

조희경, 최경희(2008). 과학교육의 이론과 실제. 경기: 교육과학사.

최성규(1997). 청각장애아의 심리. 서울: 도서출판 특수교육.

최성규(2009). 과학교과 어휘에 대한 수화언어 조어 활동이 청각장애학생의 사회 · 정서 적응력에 미치는 효과. 특수교육저널: 이론과 실천, Vol. 10(2). pp. 175-193.

특수과학교육연구회(2011). 특수학생의 과학교육. 경기: 볼록미디어.

하미경, 강경희, 장진섭(2002). 특수과학교육론. 경기: 교육과학사.

Edward, J. K. (2005). 모든 학생들을 성공적으로 가르치기 위한 효과적인 교수 자료 및 수업의 원리(이대식, 이창남 역). 서울: 시그마프레스.

Moores, D. F., & Martin, D. S. (2006). 청각장애학생의 교수학습방법(최성규, 허명진, 송혜경, 김미희, 김태임 옮김). 서울: 시그마프레스.

Stewart, D. A., & Kluwin, T. N. (2001). 농-난청학생의 지도-내용 전략-교육 과정(강창욱 역). 서울: 도서출판 파란마음.

Bandura, A. (1986). *Social foundations of thought and action: A social cognitive therory*. Englewodde Cliffs, NJ: Prentice Hall.

Barba, R. H. (1995). *Science in the multicultural classroom: A guide to teaching and learning*. Boston: Allyn & Bacon.

Brannon, J. B. (1968). Linguistic word classes in the spoken language of normal, Hard-of-hearing and deaf children. *Journal of Speech and Hearing Research, 11*, 279-287.

Calderon, R., & Naidu, S. (2000). Further support for the benefits of early identification and intervention for children with nearing loss. *Volta Review, 100*(5), 53-84.

Gregory, S. (1995). *Young deaf children and their families*. Cambridge: Cambridge University Press.

Hoff, E. (2001). *Language development*(2nd ed.). CA: Wordsworth/Thomson Learning.

Ingvild, R., & Oyvind, M. (2001). Configuration and dynamics of the Earth-Sun-Moon system an investigation into conception of deaf and hearing pupils. *International Journal of Science Education, 23*(4), 423-440.

Lang, H. (2006). Teaching science. In D. Moores & D. Martin (Eds.), *Deaf Learners: Developments in curriculum and instruction*. Washington DC: Gallaudet University Press.

Lang, H., & Steely, D. (2003). Web-based science instruction for deaf students: What research says to the teacher. *Instructional Science, 31*(4-5), 277-298.

Marschark, M., Lang, H. G., & Albertini, J. A. (2002). *Education Deaf Students*. New York: Oxford University Press.

Menhusen, B. R., & Gromme, R. O. (1976). *Science for handicapped Children-why?.* Science and children.

Moores, D. (2006). Print Literacy : The acquisition of reading and writing skills. In D. Moores & D. Martin (Eds.), *Deaf Learners: Developments in curriculum and instruction.* Washington DC: Gallaudet University Press.

Scott, J. (1992). *Science language and links.* Portsmouth, NH: Heinmann.

Swanwick, R. Oddy, A., & Roper, T. (2005). Mathematics and Deaf children: an exploration of barriers to success. *Deafness and Education International,* 7(1), 1-21.

Yoshinaga-Itano, C., Sedey, A. L., Coulter, D. K., & Mehl, A. L. (1998). The language of early−and later−identified children with hearing with hearing loss. *Pediatrics, 102,* 1161-1171.

제15장

영어과 교수

우리나라의 청각장애학생에게 영어란 외국어일 수도 있고, 제2외국어일 수도 있다. 이는 청각장애학생의 모국어를 수화언어로 볼 것인가 혹은 국어로 볼 것인가 하는 관점의 차이를 반영하는 것이며, 이러한 관점의 차이는 청각장애학생에게 영어를 가르칠 때 어떤 방법론을 적용할 것인지에도 영향을 미친다. 어느 쪽이든 청각장애학생이 영어를 배운다는 것이 쉽지 않음은 분명한 사실이다. 그러나 영어에 흥미를 갖고 영어로 의사소통할 수 있는 능력을 갖추는 것은 다른 문화를 이해할 수 있게 해 주고, 더 많은 정보에 접근할 수 있게 해 주며, 학업성취와 직업적 성취를 이루는 데도 필수적인 부분이므로 학교에서 반드시 길러야 할 능력 중의 하나다. 이에 이 장에서는 청각장애학생이 배우게 될 영어교과 교육과정에 대해 먼저 살펴본 후, 영어교과 교수 방법에 대해 논의할 것이다.

1. 영어과 교육과정

특수교육 교육과정에 의하여 청각장애학생은 공통교육과정과 선택교육과정에 따라 교육을 받게 된다. 따라서 일반 아동과 마찬가지로 청각장애학생은 초등학교 3학년 때부터 영어 교육을 받는다. 그러나 청력손실의 정도가 심하거나 중복장애를 가지고 있어 공통교육과정과 선택교육과정을 적용하기 힘든 청각장애학생에게는 교육과정을 수정하는 것이 필요하다. 여기에서는 먼저 영어과 교육과정의 기본적인 내용을 살펴보고자 한다.

1) 영어과 교육목표

특수교육 교육과정에 제시되어 있는 영어과의 기본 성격은 다음과 같다. 초등학교의 영어교육은 일상생활에서 사용하는 기초적인 영어를 이해하고 표현하는 능력을 길러 주는 교과로서, 음성언어를 중심으로 의사소통 능력의 바탕이 되는 언어기능교육에 중점을 둔다. 문자언어교육은 쉽고 간단한 내용의 글을 읽고 쓸 수 있는 내용으로 하되 음성언어와 연계하여 내용을 구성한다. 중학교에서의 영어교육은 학생의 기본적인 일상 영어에 대한 이해와 함께 외국의 문화를 이해하고, 고등학교의 영어과 선택교과목을 이수하는 데 기반이 되는 영어능력을 기르는 데 중점을 둔다(교육과학기술부, 2011).

즉, 영어교과의 중요한 목표는 일상생활에서 필요한 영어를 이해하고 사용할 수 있는 기본적인 의사소통능력을 기르는 것이다. 또한 외국 문화를 바르게 이해하여 우리 문화를 발전시키고, 외국에 소개할 수 있는 바탕을 마련하고자 한다. 이를 위한 영어과 목표는 다음과 같다(교육과학기술부, 2011).

- 평생교육으로서의 영어에 대한 지속적인 흥미와 자신감을 갖도록 한다.
- 일상생활과 일반적인 화제에 관하여 의사소통할 수 있는 기본능력을 기른다.
- 외국의 다양한 정보를 이해하고, 이를 활용할 수 있는 능력을 기른다.
- 외국 문화를 이해함으로써 우리 문화를 새롭게 인식하고, 올바르고 균형 잡힌 태도와 자세를 기른다.

이 목표는 일반학교 국민공통교육과정의 영어교과 목표와 동일하며, 특수교육 교육과정에서는 공통교육과정 영어과 성격을 바탕으로 하되, 학생의 장애 정도 및 개별적 학습 특성과 개인차를 고려한 교수-학습을 권장하고 있다. 특히 청각장애학생은 장애 특성상 경험의 질과 내용이 일반 학생과 다르거나 제한적일 수 있으므로, 언어의 네 가지 기능, 즉 듣기, 말하기, 읽기, 쓰기에 관련된 자료와 경험을 풍부하게 제공할 수 있도록 하고, 청력 상태에 따라 적합한 의사소통 양식을 활용하며, 청각 결손을 보완할 수 있는 다양한 자료를 제공하도록 하고 있다(교육과학기술부, 2011). 학교(급)별 구체적인 목표는 특수교육 교육과정을 참고하기 바란다.

2) 내용영역과 기준

내용영역은 언어기능, 의사소통활동, 언어재료로 나누어져 있으며, 각 영역별 내용 체계는 다음과 같다.

(1) 내용 체계

언어기능 언어의 네 가지 기능, 즉 듣기 · 말하기 · 읽기 · 쓰기를 점진적으로 함양할 수 있도록 언어기능을 통합적으로 사용할 수 있는 능력을 기르도록 한다. 청각장애학생의 경우 듣기에는 수화 읽기와 말 읽기가, 말하기에는 수화하기가 포함되어 있다.

언어 구분 / 언어기능	음성언어	문자언어
이해기능	듣기 (청각장애: 듣기 · 수화 읽기 · 말 읽기)	읽기
표현기능	말하기 (청각장애: 말 · 수화하기)	쓰기

의사소통활동 의사소통활동은 음성언어활동과 문자언어활동으로 이루이지며, 교육과정에 세시된 '의사소통 기능과 예시문' 및 '의사소통에 필요한 언어 형식' 에 제시된 항목을 참조한다.

의사소통활동	내 용
음성언어활동	음성언어활동은 【별표 2】의 '의사소통기능과 예시문' 에 제시된 항목을 주로 사용하되, 【별표 4】의 '의사소통에 필요한 언어 형식' 에 제시된 항목도 참고
문자언어활동	문자언어활동은 【별표 4】의 '의사소통에 필요한 언어 형식' 에 제시된 항목을 주로 사용하되, 【별표 2】의 '의사소통 기능과 예시문' 에 제시된 항목도 참고

언어재료 자연스러운 의사소통 활동을 위하여 다음의 소재, 언어, 어휘, 단일 문장의 길이(초등학교)를 참고하여 교육활동을 구성할 수 있다(세부사항은 특수교육 교육과정 참조).

영 역	내 용
소재	• 【별표 1】의 '소재'를 참조하여 적절한 것을 선택하여 사용 • 학생의 흥미, 필요, 인지적 수준 등을 고려하여 학습 동기를 유발할 수 있는 내용 • 의사소통 기능을 이해하고 활용하는 데 도움이 되는 내용 • 주제, 상황, 과업 등을 고려한 내용 • 상호 작용에 적합한 내용 • 영어권 및 비영어권의 문화 이해에 적합한 내용 • 창의성 및 논리적 · 비판적 사고력 배양에 도움이 되는 내용
언어	• 자연스러운 언어습득과 실제적인 의사소통활동에 도움이 되는 언어 • 일상생활에서 많이 쓰이는 언어 • 학생의 인지발달단계와 수준을 고려한 언어 • 소리와 문자의 관계, 소리와 의미의 식별, 말의 연결, 말의 속도에 따른 음운 변화, 상황에 따른 음운 변화 및 자연스러운 발화 등의 학습에 도움이 되는 언어 • 청각장애의 특성을 고려하여 문자언어를 적극적으로 사용 • 시각장애의 특성을 고려하여 문자 매체인 점자 숙달을 강조
어휘	• 각 학년군에서 사용할 수 있는 새로운 어휘 수는 다음과 같다. −초등학교 3~4학년: 240 낱말 내외 −초등학교 5~6학년: 260 낱말 내외(누계: 500 낱말 내외) −중학교 1~3학년: 750 낱말 내외(총계: 1,250 낱말 내외) • 【별표 3】의 '기본 어휘 관련 지침과 어휘 목록'에 제시된 내용 참조
단일 문장의 길이	• 초등학교 3~4학년: 7 낱말 이내 • 초등학교 5~6학년: 9 낱말 이내 (단, 그리고, 그러나, 또는, 왜냐하면을 사용하는 경우에는 예외로 한다.)

(2) 학년군 성취기준과 영역 및 학습내용 성취기준

성취기준이라는 용어의 개념 속에는 목표와 학습내용이 포괄적으로 들어 있다. 즉, 학생이 영어과에서 달성해야 할 교육과정상의 교육목표와 교육내용을 통합하여 학생이 도달해야 할 능력 또는 특성의 형태로 진술하고 있다(김희영, 2009). 세부기준은 특수교육 교육과정을 참고하기 바라며, 초등학교 3~4학년군의 말하기(청각장애: 말 · 수화하기) 영역의 성취기준을 예시로 제시하였다.

(나) 말하기(청각장애: 말 · 수화하기)

① 소리를 따라 말한다.

①-1. 알파벳과 낱말의 소리를 듣고 따라 말한다.

①-2. 영어의 강세, 리듬, 억양에 맞게 따라 말한다.

② 낱말이나 문장을 말한다.

②-1. 실물이나 그림을 보고 낱말이나 한 문장으로 말한다.

②-2. 주변의 사물과 사람에 관해 한두 문장으로 말한다.

②-3. 한두 문장으로 지시하거나 명령을 한다.

②-4. 쉽고 친숙한 일상 표현을 한다.

③ 말하거나 묻고 답한다.

③-1. 한두 문장으로 자기소개를 한다.

③-2. 일상생활에 관해 쉽고 간단한 표현으로 묻고 답한다.

③-3. 지나간 일에 관해 간단히 말한다.

④ 챈트나 노래, 게임을 한다.

④-1. 쉽고 간단한 게임이나 놀이에 참여하여 말한다.

④-2. 쉽고 간단한 챈트나 노래를 강세, 리듬, 억양에 맞게 부른다.

⑤ 알파벳을 지문자로 표현한다(청각장애).

⑥ 알파벳을 리듬에 맞춰 말한다(청각장애).

예시에서 보는 바와 같이 청각장애학생의 경우 지문자와 수화를 읽고 쓰는 것에 대한 내용이 추가되어 있으며, 그 외 성취기준은 공통교육과정과 동일하다.

3) 교수-학습 방법

교수-학습의 계획을 수립하고, 방법을 선정하며, 자료 개발 방향 등을 제시하고 있는 부분이다. 여기에서는 교수-학습 방법을 선정하는 데 청각장애학생을 위해 추가된 내용만을 소개한다.

(파) 청각장애의 듣기 능력을 보완하기 위해 다감각적인 보조 교재를 통해 영어에 대한 성취감을 갖도록 한다.

(하) 청각장애 특성을 고려하여 새로운 어휘에 대한 그림 사전이나 동영상, 플래시 자료와 같은 정보통신기술(ICT) 자료를 적절히 활용하여 새로운 어휘에 대한 습득을 용이하게 한다.

(갸) 청각장애 특성을 고려하여 영어과 수준별 어휘표에 제시된 어휘의 철자 및 발음을 지도한다.

(냐) 청각장애 특성을 고려하여 각 단원의 학습 초기에서 모국어의 충분한 이해 및 익히기 과정을 거치도록 내용을 구성한다.

(댜) 시각 · 청각장애 특성을 고려하여 학습 자료는 각 학생의 특성과 성취 수준에 맞게 그 질과 양을 선정 및 조정하되, 일반학교 교육과정상의 목표 및 내용 적용이 가능한 학생에게는 심화학습의 기회를 충분히 제공하도록 한다.

4) 평 가

영어과의 평가는 영어로 의사소통을 하는 능력을 평가하는 것으로, 모든 평가 체제 및 방법은 일반 학교의 것에 준하되, 청각장애학생을 평가할 때는 다음과 같은 사항에 유의하도록 한다.

평가 방법 선정의 방향

(자) 청각장애학생은 읽기, 쓰기, 말하기 중심으로 평가를 실시한다.

(차) 청각장애학생의 말하기 영역인 수화하기의 평가는 의욕과 태도, 표현의 정확성과 효과, 내용의 적절성 등에 중점을 두어 평가한다.

듣기 평가상의 유의점

(마) 청각장애로 인하여 듣기 평가가 어려운 경우에는 듣기를 대신할 수 있도록 대본을 제공하거나 수화통역 서비스 제공 등 듣기 평가를 대안할 수 있는 방안을 제공할 수 있도록 한다.

2. 청각장애의 특성과 영어 교수-학습

청각장애아동은 일반아동과 같은 문해능력을 익힐 수 있는 시적 능력을 갖고 있다. 물론 이 경우 출생 후부터 구어든 수어든 확실한 의사소통 수단을 갖게 되었는지, 교육적으로 관련된 다른 장애가 없는지, 우연 학습의 기회가 충분히 제공되었는지, 문해능력을 키우는 데 도움을 주는 양육환경이었는지 등을 고려해야 하겠지만, 청각장애를 갖고 있음에도 일반아동과 같은 문해능력을 갖추고 학업적 성취를 이루는 사례가 있다(Moores, 2006). 그러나 현실에서는 대다수의 청각장애학생이 이와 같은 성취를 이루지 못한다. 게다가 우리나라 청각장애학생의 경우 국어능력에 대한 관심과 노력에 비하여 영어능력을 향상시키는 문제는 상대적으로 관심을 많이 받지 못했다.

청각장애학생의 영어교육에 대하여 지금까지 이루어진 연구를 살펴보면, 주로 교사를 대상으로 하여 영어교육 혹은 교육과정의 운영 실태나 개선 방안을 알아보거나 영어 수업에 대한 학생의 만족도를 알아보는 데 그쳤다(김혜정, 2005; 김희영, 2009; 박정희, 2006). 그리고 청각장애학생의 국어능력을 살펴보는 많은 연구가 있는 것과 대조적으로, 청각장애학생의 영어능력을 알아보는 연구 혹은 영어교과지도에서 청각장애학생이 어떤 오류 형태를 보이는지 등에 대한 연구는 아직까지 국내에서 수행되지 않고 있다(성기록, 2009). 따라서 청각장애학생에게 어떤 교수 방법을 적용해 볼 수 있는지, 또한 그 교수-학습의 결과가 어떠했는지에 대해 말하기 어렵다.

그러나 청각장애아동에게 영어를 효율적으로 가르치기 위해서 먼저 청각장애의 특성이 영어교수와 학습에 미치는 영향에 대해 생각해 보아야 한다. 이에 여기에서는 언어의 네 가지 기능인 듣기, 말하기, 읽기, 쓰기 능력을 중심으로 청각장애학생의 영어능력 및 영어 교수법에 대해 살펴보고자 한다.

1) 듣기와 말하기

청각장애아동의 청력은 난청(hard of hearing)부터 농(d/Deaf)까지 다양하기 때문에 듣기능력과 말하기능력도 다양하게 나타날 수 있다. 그러나 청력손실을 이유로 청각장애학교에서 이루어지고 있는 영어 수업은 듣기와 말하기는 생략되는 경우가 많고, 가장 많이 하는 교육활동은 단어와 문장을 쓰고 외우는 것이다. 영어과 교육과정에서는 생활 중심의 의사소통능력 향상을 중시하고 있는데, 단어와 문장을 쓰고 외우는 것과 같은 단순 반복활동으로는 학생의 흥미를 유발하기도 힘들고 의사소통능력을 향상시키기도 어렵다. 또 청각장애 특수학교에서 사용하는 영어 교과서의 경우 건청학생을 기준으로 만들어져 있어 듣기 영역을 많이 포함하고 있는데, 청각장애학생의 관심과 수준에 맞게 교과서 내용을 재구성하고 난이도를 조정할 필요가 있다(김희영, 2009).

청각장애학생을 위한 영어 듣고 말하기에서는 큐드 스피치(Cued Speech)의 사용을 고려해야 한다. 1966년 Orin Cornett이 개발한 큐드 스피치는 음소 수준에서 구어를 시각적으로 전달하는 의사소통 양식으로, 손의 모양과 손의 위치를 매개 변수로 한다(Hage & Leybaert, 2006). 독순(lip reading)과 잔존 청력을 사용하여 얻는 정보는 언어의 음운과 문법 규칙성을 감지할 수 있을 만큼 정확하지 않다. 그런데 큐드 스피치는 구어지각에 영향을 미쳐서 조기에 큐드 스피치에 노출될수록 음운적 정보 처리능력이 향상된다. 이것은 농학생에게만 해당되는 것이 아니라 인공와우이식을 한 아동에게도 마찬가지다. 인공와우이식을 했다고 해서 청각적 정보를 완전히 이해할 수 있는 것이 아니기 때문에 큐드 스피치는 말소리와 단어를 판별하는 데 유용하게 사용될 수 있다.

2) 읽 기

읽기는 의미를 끌어내기 위해 문자를 해독하는 인지과정으로, 일반적으로 해독(decoding)과 이해(comprehension)의 두 가지 활동으로 이루어진다(유은정 외, 2010). 영어의 알파벳은 구어(spoken language)를 반영하여 만들어진 것이기 때문에 활자를 해독하려면 음소(phoneme)와 문자소(grapheme), 즉 소리와 문자의 대응 관계를 학습해야 하는데, 일반적으로 아동은 소리와 문자의 대응 관계를 배우기 이전에 이미 음운론, 형태론, 통사론, 화용론적인 면에서 언어를 능숙하게 사용할 수 있다. 그런데 청각장애아동의 경우 구어와 활자 부호 사이의 이러한 대응 관계를 알고 읽기와 쓰기를 배우는 것이 어렵다. 이는 청력손실로 인하여 구어 정보를 받아들이는 것이 어렵기 때문이며, 음소와 문자소의 관계가 단순한 일대일 대응이 아니기 때문이다. 예를 들면, 영어의 경우 26개의 알파벳으로 43 혹은 44개의 음소를 나타내야 하는데, 이와 같은 영어의 특성은 청각장애학생이 읽기를 배우는 것을 더 어렵게 하는 요인이다(Moores, 2006).

우리나라 청각장애아동의 영어 읽기능력을 살펴본 연구는 없지만, 영어권 농학생을 대상으로 한 연구를 보면 이들의 읽기능력은 평균적으로 4~6학년 수준이며, 3% 정도만이 또래의 건청학생과 같은 수준의 읽기능력을 보이고, 30% 이상은 기능적으로 글자를 읽지 못하는 상태로 고등학교를 졸업한다(Marchark, Lang, & Albertini, 2002). 우리나라 청각장애학생의 영어 읽기능력도 이와 비슷할 것이라고 유추해 볼 수 있다.

읽기능력에 영향을 미치는 요인으로 고려되는 것 중 하나는 바로 음운인식(phonological awareness)기술이다. 읽기를 잘 하는 농학생은 그렇지 못한 농학생에 비하여 음운인식기술이 더 발달되어 있다(Moores, 2006). 건청 아동은 영어의 음운을 인식할 때 국어의 음운과 비교하면서 언어학적 접근을 시도하는 반면, 청각장애아동은 국어 음운인식기술이 건청아동에 비하여 낮기 때문에 영어의 음운을 익히는 데 더 많은 노력을 필요로 한다(성기록, 2009). 그러나 음운인식기술은 읽기능력발달을 위해 필요한 것이기는 하지만 충분 조건은 아니며, 소리와 활자의 관계에 대한 수업활동을 통해 가르쳐야 한다(Nielsen & Luetke-Stahlman, 2002; Moores, 2006에서 재인용).

청각장애학생은 듣기에 어려움이 있다는 이유로 영어 단어 읽기를 학습할 때 한글로 영어 단어의 발음을 써서 읽는 것에 익숙하다(김병아, 2008). 앞서 말한 것처럼 영어 알파벳은 구어를 반영하여 만들어진 것이기 때문에 활자를 읽기 위해서는 음소와 문자소의 대응 관계를 배워야 한다. 김병아(2008)에 따르면, 청각장애학생을 대상으로 파닉스(phonics)훈련을 시킨 집단이 한글로 발음을 써 준 집단보다 단어 읽기를 더 잘했다.

3) 쓰 기

쓰기는 정보를 전달하기 위해 문자를 사용하여 부호화(encoding)하는 과정으로, 철자쓰기(spelling)와 작문하기(composition)가 포함된다. 쓰기를 배우려면 인지적이고 언어적인 능력이 필요할 뿐만 아니라 글을 쓸 때 관여하는 근육운동(graphomotor)을 통제할 수 있어야 하고, 그와 동시에 쓰고자 하는 것에 대한 흥미와 동기를 유지해야 한다. 또한 음운론, 형태론, 통사론, 의미론에 대한 지식을 발달시키고, 문어의 활자와 관습적 약속에 대한 개념을 배워야 하며, 쓰기를 하는 동안 사용할 수 있는 인지전략도 배워야 한다. 그 외에도 문어의 형식과 기능, 그것이 가질 수 있는 의미를 이해하고, 사회적 관계도 고려해야 한다(Williams, 2011). 이처럼 쓰기는 읽기보다 더 복잡한 과정이며, 쓰기기술을 측정하고 수량화는 것이 어렵기 때문에 읽기에 비해 연구가 많이 이루어지지 않았다.

국내 청각장애학생의 영어 쓰기능력을 살펴본 연구는 없지만, 외국 문헌을 보면 청각장애학생의 쓰기능력은 전반적으로 또래에 비해 지체되어 있다. 청각장애학생은 일반적으로 건청또래에 비해 문장이 더 짧고,

구조적으로도 변화가 별로 없는 문형을 반복적으로 사용하는 경향이 있다(Marschark, Lang, & Albertini, 2002). 이들의 쓰기 특성은 일탈된 것이 아니라 건청아동과 같은 단계를 거치지만 지체되어 있다(청각장애학생이 쓰기에서 보이는 특성에 대해서는 11장 국어과 교수의 내용을 참고하기 바란다).

3. 청각장애학생을 위한 영어 교수활동

1) 그림책(storybook) 읽기와 사전 사용하기

풍부한 어휘 지식(vocabulary knowledge)을 갖고 있다는 것은 이후 읽기를 잘할 수 있다는 것을 의미한다. 또한 어휘 수업은 아동의 언어발달에도 영향을 준다. 그런데 이 어휘는 사회 문화적인 과정을 통해서 습득된다(Williams, 2012). 즉, 어휘는 일상생활 속에서 의도된 것이든 우연이든 다양한 경험을 하고, 상호 작용을 하면서 습득된다. 그런데 청각장애학생은 교과를 이해하는 데 필요한 다양한 단어를 배울 기회가 부족하며, 이들의 단어 학습을 도와주는 어휘 수업을 해주는 것이 효과적일 수 있다. Haynes와 Baker(1993)에 따르면, 영어를 제2외국어로 배우는 사람이 읽기에서 보이는 가장 큰 약점은 읽기전략이 부족한 것이 아니라 영어 어휘가 부족하기 때문이라고 하였다(Hamilton, 2012에서 재인용).

그림책 읽기는 언어의 모든 구성요소를 발달시킬 수 있는 맥락을 제공해 준다(Williams, 2012). 아동은 교사가 그림책을 읽어 주는 것을 들으면서, 구어와 대응되는 그림을 보고, 읽은 내용에 대해 대화를 나누며, 이전에 경험했던 내용과 이야기를 연결시킬 수 있다. 이러한 활동을 통해 청각장애학생은 텍스트에 사용된 특정 단어의 의미를 알게 되고, 그 단어의 의미와 사용에 대한 지식을 구성해 나갈 수 있다. 청각장애학생의 텍스트 이해능력을 가장 잘 예측하게 해주는 것은 이전에 읽기를 얼마나 많이 했는가 하는 것이다(Hamilton, 2012). 그러므로 청각장애학생의 읽기능력을 향상시키기 위해서는 그림책 읽기를 포함하여 다양한 자료를 읽는 활동이 필요하다.

또한 사전을 사용하도록 하는 것 역시 단어학습과 읽기 이해를 촉진해주는 유용한 방법 중 하나다(Hamilton, 2012). 사전을 사용하는 것은 외국어 학습자에게 가장 많이 사용되는 방법이기도 하며, 페이퍼북 형태의 사전뿐 아니라, 전자 사전이나 스마트폰 앱(apps)을 사용할 수도 있다.

2) 상호작용적 쓰기

언어는 실제적인 목적을 가지고 쓰이는 과정에서 습득되는 것이므로, 철자와 문장 부호 바르게 쓰기, 정확한 표현 사용하기 등을 반복 연습하기보다는 재미있는 책을 읽고 의미 있는 글쓰기를 하는 과정을 통해 듣기, 말하기, 읽기, 쓰기의 기능이 통합적으로 길러질 수 있다. 쓰기 기술을 가르치는 데 기초가 되고, 실제적인 쓰기 활동의 맥락 내에서 진행할 수 있는 활동으로 Williams(2011)는 상호작용적 쓰기를 제안한다.

상호작용적 쓰기는 먼저 교사와 아동이 작문할 내용에 대해 이야기를 나누는 것으로 시작한다. 그러고 나서 무엇을 쓸지 협력하여 계획을 세운 후, 교사는 구어로 말한 것을 큰 칠판에 쓰기 시작한다. 이때 교사는 '소리 내어 생각하기(think aloud)' 방법을 사용함으로써 쓰기과정을 명시적으로 보여 준다. 예를 들면, "난 단어 사이에 띄어쓰기를 할 거야. 그렇게 해야 다른 사람들이 내가 쓴 것을 읽을 수 있거든." 이나 "이럴 때는 '예쁘다' 라는 단어보다 '멋지다' 라는 단어가 더 어울릴까? '멋지다' 를 쓰는 게 좋을까?" 등과 같이 말할 수 있다. 이와 같은 명시적인 모델링은 청각장애학생이 쓰기를 하는 동안 무엇을 생각하고, 무엇을 결정해야 하는지를 보여 줄 수 있다.

3) 그 외의 교수전략

Luckner, Slike와 Johnson(2012)은 청각장애학생을 가르칠 때 다음과 같은 활동을 할 것을 제안한다. 이러한 활동의 목적은 어휘발달을 촉진하는 동시에 즐거움을 주는 것이다.

(1) 미리 가르치기

학습할 자료를 검토하고, 몇 가지 주요 단어 및 개념을 선택한 후, 이것이 수업에서 어떻게 사용될지를 체계적으로 보여 준다.

(2) 흥미 유발하기

학생이 흥미를 갖고 있는 영역을 찾아서 그 주제와 관련된 다양한 읽기자료를 수집한다.

(3) 관계 맺기

주제와 관련된 읽기 자료를 사용하여 학생과 간단하게 비공식적인 대화를 한다. 이때 읽기에 포함된 아이디어와 정보에 초점을 맞춘다.

(4) 연결하기

청각장애학생이 선행 경험을 읽기내용에 연결하고, 자신의 경험이 읽기재료에 나온 정보와 일치하는지 아닌지 생각해 볼 수 있도록 읽기 주제에 대하여 학생이 사용한 문장을 활용한다.

(5) 시범 보이기

교사가 그림, 중심 단어, 도표, 지문을 보고 의미를 추론할 때 '소리 내어 생각하기(think aloud)' 기법을 사용하고, 이때 교사는 자신의 추론이 옳은지를 결정하기 위해 어떻게 체크하는지에 대한 정보를 함께 보여 준다.

(6) 문제 해결하기

학생이 학교 밖에서 좋아하는 활동(예를 들면, 컴퓨터 게임하기, 좋아하는 TV 프로그램을 볼 때 자막 사용하기, 문자 메시지를 주고받을 때 등)을 할 때 어떻게 텍스트를 기반으로 의미를 추론하는지, 그들이 종종 마주치는 문제가 무엇인지 확인하고, 이러한 문제를 어떻게 풀 수 있는지 브레인스토밍(brainstorming)을 한다.

(7) 직접 교수

일견 단어(sight words), 관련어(root word), 접두사 · 접미사 · 형태소, 파닉스, 유창성, 서술적 · 설명적 읽기 전략에 대해서는 직접 교수를 제공한다.

4. 청각장애학생의 영어교과지도 시 고려사항

청각장애학생을 위한 영어 교수-학습을 계획할 때는 다음 사항을 고려해야 한다.

1) 수화의 사용

농학생의 수화능력과 읽기능력 간에 정적 상관 관계가 있음을 보여 주는 선행연구가 많이 있다(최상배, 안성우, 2003; Paul, 2003). 부모가 농인 농아동은 건청부모를 둔 농아동보다 읽기 수준이 2학년이나 더 높게 나타났다(Paul, 2001). 수화를 잘하는 농학생은 내적 언어가 잘 형성되어 있으며, 수화를 능숙하게 사용함으로써 언어적 상호 작용을 더 활발하게 할 수 있고, 이로 인해 읽기를 더 잘 배우게 된다.

이러한 내용을 근거로 청각장애학생에게 영어를 가르치는 데 있어서도 수화를 사용해야 한다고 주장하는 연구가 있다(성기록, 2009). 즉, 영어도 결국 하나의 언어이며, 언어는 상호 작용을 통해 습득되기 때문에, 영어 수업 중 교사와 청각장애학생이 자유롭고 효율적으로 상호 작용할 수 있기 위해서는 수화 사용이 필요하다고 본다. 성기록(2009)은 청각장애학생을 지도하는 교사의 수업 설계에서는 청각장애아동과의 언어적 정보를 소통할 수 있는 방안이 충분히 고려되어야 한다고 하였으며, 이를 위해 특히 미국식 수화(ASL)를 사용하여 청각장애학생에게 영어를 가르칠 것을 제안하였다. 또 Moores(2006)는 미국식 수화와 영어를 기반으로 한 수화(English-based signing)를 함께 사용하는 것이 학급 내에서 가장 효과적인 의사소통 양식이라고 보았다. 이는 영어를 기반으로 한 수화가 영어의 어순이나 통사를 그대로 따르고 있어 영어 문해능력을 키우는 데 도움을 주기 때문이다.

2) 학습자 스타일에 따른 권장 언어활동

아이들은 선호하는 학습 스타일이 다양하여, 청각형 · 시각형 · 신체활동형 · 촉각형 학습자일 수 있다(King & Mackey, 2012). 청각형 학습자는 노래와 이야기 듣기 등의 활동을 좋아하지만, 우리 청각장애학생의 경우 여기에 해당되는 경우는 드물다. 그러나 청각장애학생은 글자와 그림을 보고 연관 짓는 것을 좋아하는 시각형 학습자, 스포츠나 야외학습, 그리기, 낙서하기, 연기하기 등을 즐기는 신체 활동형 학습자, 손가락으로 그리거나 요리를 해 봄으로써 더 기억을 잘 하는 촉각형 학습자일 수 있다. 그러므로 영어교과 수업에서도 청각장애학생의 학습 스타일에 따라 활동을 다양화하는 것이 필요하다.

아동은 단지 교사가 그들에게 시켜서가 아니라 자신이 흥미 있어 하는 것에 대해서 듣고 말하며, 성인보다 언어 사용을 통하여 더 많은 활동을 하고 싶어 한다(Celce-Murcia, 2004). 또한 언어는 맥락을 통해 학습된다.

이 말은 이야기 전달하기, 그림 설명하기, 음식 주문하기, 문어 이해하기, 편지 쓰기 등 언어를 직접 활용해 봐야만 해당 언어의 활용법을 배우게 된다는 것이다(킹 & 매키, 2012). 그러므로 모든 종류의 자료를 사용하고, 언어를 사용하여 놀 수 있는 환경을 만들어 줄 필요가 있다.

참고문헌

강수연(2012). 청각장애학교 중학생의 영어수업에 대한 만족도 및 개선 방안. 아주대학교 교육대학원 석사학위논문.

교육과학기술부(2011). **영어과 교육과정**. 서울: 교육과학기술부.

김병아(2008). 파닉스 유추를 활용한 청각장애학생의 영어 단어 읽기. 단국대학교 대학원 석사학위논문.

김혜정(2005). 제7차 교육과정에 의한 청각장애 특수학교 중학부 영어교육 실태 연구. 조선대학교 교육대학원 석사학위논문.

김희영(2009). 청각장애 특수학교 중학부 영어 교육의 실태 및 개선 방안. 창원대학교 교육대학원 석사학위논문.

박정희(2006). 청각장애학교 영어과 교육과정의 적정성 분석. 창원대학교 교육대학원 석사학위논문.

성기록(2009). 미국수화 사용 영어수업에 의한 청각장애 초등부 아동의 어휘력 향상 및 담임 교사의 인식 변화. 대구대학교 박사학위 논문.

유은정, 백무진, 안성우, 최상배, 최영숙, 서중현, 이광렬, 서유경(2010). **청각장애 학생의 이해와 교육**. 서울: 학지사

최상배, 안성우(2003). 수화언어 능력과 읽기 능력 간의 상관관계 분석. **특수교육연구, 10**(1), 151-168.

Celce-Murcia, M. (2004). **교사를 위한 영어교육의 이론과 실제**(임병빈 외 공역). 서울: 경문사.

King, K., & Mackey, A. (2012). 2가지 언어에 능통한 아이로 키우기(박주영, 김지현 공역). 서울: 마이북스.

Hage, C., & Leybaert, J. (2006). The effects of cued speech on the development of spoken language. In P. E. Spencer & M. Marchark (Eds.), *Advances in the Spoken Language Development of Deaf and Hard-of-Hearing Children*. New York: Oxford University Press.

Hamilton, H. (2012). The efficacy of dictionary use while reading for learning new words. *American Annals of e Deaf, 157* (4), 358-372.

Luckner, J. L., Slike, S. B., & Johnson, H. (2012). Helping students who are deaf of hard of hearing succeed. *Teaching Exceptional Children, 44* (4), 58-67.

Marchark, M., Lang, H. G., & Albertini, J. A.(2002). *Educating Deaf Students*. New York: Oxford University Press.

Moores, D., & Martin, D. S. (2006). *Deaf learners: developments in curriculum and instruction*. Washington DC: Gallaudet University Press.

Moores, F. D. (2006). Print Literacy: The acquisition of reading and writing skills. In F. D., Moore & D. S. Martin (Eds.), *Deaf Learner: Developments in Curriculum and Instruction*. Gallaudet University Press.

Paul, P. V. (2001). *Language and deafness* (3rd ed.). San diego, CA: Singular.

Williams, C. (2011). Adapted interactive writing instrution with kindergarden children who are deaf or hard of hearing. *American Annals of the Deaf, 156*(1), 23-34.

Williams, C. (2012). Promoting vocabulary learning in young children who are d/Deaf and hard of hearing: Translation research into practice. *American Annals of the Deaf, 156*(5), 501-508.

찾아보기

인명

내 용

저자소개

유은정
대구대학교 대학원 문학박사(특수교육전공)
현) 인제대학교 특수교육과 교수

백무진
부산대학교 의과대학 의학박사
현) 인제대학교 의과대학 해운대백병원 이비인후과 교수

안성우
오하이오 주립대학교 철학박사(특수교육전공)
현) 부산대학교 사범대학 특수교육과 교수

최상배
부산대학교 대학원 특수교육학 박사
현) 공주대학교 특수교육과 교수

서중현
오하이오 주립대학교 교육학 박사과정(특수교육전공)
현) 부산대학교, 인제대학교 외래교수

이광렬
부산대학교 대학원 특수교육과 박사과정
전) 부산배화학교, 부산솔빛학교 교사
현) 부산광역시 교육청 특수교육지원센터 교사

서유경
부산대학교 대학원 특수교육학 박사
현) 부산대학교 특수교육과 강사

허민정
부산대학교 대학원 특수교육학 박사
현) 동아와우청각언어센터 원장, 동명대학교 언어치료학과 겸임교수

청각장애아동교육
-이론과 교과지도-

2013년 8월 30일 1판 1쇄 발행
2015년 7월 30일 1판 3쇄 발행

지은이 • 유은정 · 백무진 · 안성우 · 최상배 · 서중현 · 이광렬 ·
서유경 · 허민정
펴낸이 • 김진환
펴낸곳 • (주) 학지사
121-838 서울특별시 마포구 양화로 15길 20 마인드월드빌딩
대표전화 • 02-330-5114 팩스 • 02-324-2345
등록번호 • 제313-2006-000265호

홈페이지 • http://www.hakjisa.co.kr
커뮤니티 • https://www.facebook.com/hakjisa

ISBN 978-89-997-0188-7 93370
정가 18,000원

이 도서의 국립중앙도서관 출판시도서목록(CIP)은 서지정보유통지원시스템 홈페이지(http://seoji.nl.go.kr)와 국가자료공동목록시스템(http://www.nl.go.kr/kolisnet)에서 이용하실 수 있습니다.
(CIP 제어번호: CIP2013014997)